böhlau

Legal Area Studies

Edited by
Martin Löhnig and Anna Moszyńska

Volume 8

Danuta Janicka

Verbrechen, Strafen und Kriminalprävention

Studien zur neuesten Geschichte des polnischen Strafrechts und zur Rechtswissenschaft

Übersetzung Elżbieta Marszałek, Reinhard Lauterbach

BÖHLAU

Dieser Band wurde mit Unterstützung der Nikolaus-Kopernikus-Universität in Toruń, des University Centre of Excellence – Interacting Minds, Societies, Environments (IMSErt), im Rahmen des Projekts „Excellence Initiative – Research University“ gedruckt.

Bibliografische Information der Deutschen Nationalbibliothek:
Die Deutsche Nationalbibliothek verzeichnet diese Publikation in der Deutschen Nationalbibliografie; detaillierte bibliografische Daten sind im Internet über https://dnb.de abrufbar.

Coverabbildung: © Piotr Florianowicz
Umschlaggestaltung: Michael Haderer, Wien
Satz: le-tex publishing services, Leipzig
Druck und Bindung: Hubert & Co., Ergolding
Printed in the EU

Vandenhoeck & Ruprecht Verlage | www.vandenhoeck-ruprecht-verlage.com
E-mail: info@boehlau-verlag.com

ISBN (print): 978-3-205-22253-8
ISBN (e-lib): 978-3-205-22255-2
ISBN (e-book): 978-3-205-22254-5

Meinen geliebten Eltern gewidmet: meiner Mutter Jadwiga Kowalska sowie dem Andenken meines Vaters Marian Kowalski

Inhaltsverzeichnis

Abkürzungsverzeichnis

AfS	Archiv für Strafrecht
AK	Archiwum Kryminologiczne
AKrym	Archiwum Kryminologii
AMSiK	Archiwum Medycyny Sądowej i Kryminologii
ArchRWPhil.	Archiv für Rechts- und Wirtschaftsphilosophie
AUL	Acta Universitatis Lodziensis
AUWr	Acta Universitatis Wratislaviensis
CPH	Czasopismo Prawno-Historyczne
CPiE	Czasopismo Prawnicze i Ekonomiczne
CSL	Czasopismo Sądowo-Lekarskie
FP	Farmacja Polska
GAiPP	Gazeta Administracji i Policji Państwowej
GłP	Głos Prawa
GP	Gazeta Prawnicza
GS	Głos Sądownictwa
GSP	Gdańskie Studia Prawnicze
GSW	Gazeta Sądowa Warszawska
JOR	Jahrbuch für Ostrecht
KHKM	Kwartalnik Historii Kultury Materialnej
KHNiT	Kwartalnik Historii Nauki i Techniki
KPCiK	Kwartalnik Prawa Cywilnego i Karnego
KSHPiP	Krakowskie Studia z Historii Państwa i Prawa
KSP	Krakowskie Studia Prawnicze
MHI	Miscellanea Historico-Iuridica
MI	Miscellanea Iuridica
MschKrim	Monatsschrift für Kriminalbiologie und Strafrechtsreform
NDB	Neue Deutsche Biographie
NKPK	Nowa Kodyfikacja Prawa Karnego
OE	Osteuropa
OnD	Opieka nad Dzieckiem
OS	Opiekun Społeczny. Miesięcznik Poświęcony Zagadnieniom Służby Społecznej w Stolicy
ÖZS	Österreichische Zeitschrift für Strafrecht
Pal.	Palestra
PiOS	Praca i Opieka Społeczna
PiP	Państwo i Prawo

PK	Prawo Kanoniczne
PKHN PAU	Prace Komisji Historii Nauki Polskiej Akademii Umiejętności
PKr	Problemy Kryminalistyki
PL	Przegląd Lekarski
PP	Przegląd Policyjny
PPE	Przegląd Prawno-Ekonomiczny
PPiA	Przegląd Prawa i Administracji
PPiN	Postępy Psychiatrii i Neurologii
PPK	Przegląd Prawa Karnego
PPr	Prokuratura i Prawo
PS	Przegląd Sądowy
PolS	Polityka Społeczna
PSB	Polski Słownik Biograficzny
PSiA	Przegląd Sądowy i Administracyjny
PW	Przegląd Więziennictwa
PWP	Przegląd Więziennictwa Polskiego
RAiP WSH	Roczniki Administracji i Prawa, Wyższa Szkoła Humanistyczna
RDSG	Roczniki Dziejów Społecznych i Gospodarczych
RPEiS	Ruch Prawniczy, Ekonomiczny i Socjologiczny
RPN	Res Publica Nova
RT	Rocznik Toruński
RUW	Roczniki Uniwersytetu Warszawskiego
SDPiPP	Studia z Dziejów Państwa i Prawa Polskiego
SI	Studia Iuridica
SIL	Studia Iuridica Lublinensia
SP	Studia Prawnicze
SWNS PAN	Sprawozdania Wydziału Nauk Społecznych PAN
SZS	Schweizerische Zeitschrift für Strafrecht
TP	Themis Polska
WF	Wiadomości Farmaceutyczne
WPP	Wileński Przegląd Prawniczy
ZfO	Zeitschrift für Ostrecht
ZNR	Zeitschrift für Neuere Rechtsgeschichte
ZNUJ	Zeszyty Naukowe Uniwersytetu Jagiellońskiego
ZP UKSW	Zeszyty Prawnicze UKSW
ZStW	Zeitschrift für die gesamte Strafrechtswissenschaft
ZW	Zeszyty Wiejskie

Einführung

Die hier vorgelegte Auswahl von Studien von Prof. Danuta Janicka ist thematisch der neuesten Geschichte des polnischen Strafrechts und der entsprechenden juristischen Lehrmeinung gewidmet. Sie bilden ein geschlossenes Ganzes, das die Auffassungen von Gelehrten des 19. und 20. Jahrhunderts zu Grundfragen des Strafrechts, die Darstellung und Charakteristik einzelner Kodifikationen sowie die Besprechung einiger konkreter strafrechtlicher Regulierungen umfasst. Es fehlt auch nicht an grundsätzlichen und theoretischen Aspekten; auch praktische Fragen, die sich aus einigen Problemen der Rechtsanwendung im nach 1918 wiederentstandenen Polen - der „Zweiten Republik" - ergaben, finden Erwähnung. Fast in jedem Text finden sich rechtsvergleichende Passagen, in erster Linie durch den Vergleich des polnischen Strafrechts jener Zeit zu den gleichzeitigen Auffassungen in der Rechtswissenschaft anderer europäischer Staaten. Die Abhandlungen gelten somit einem breiten Themenspektrum und entsprechen damit dem Ideal, das der Autorin seit langem vorschwebt: „Ein Professor soll alles über etwas wissen, und etwas über alles". Das „Etwas" des ersten Satzglieds ist die Geschichte des modernen Strafrechts in Polen und Europa. Zweifellos ist Prof. Janicka heute eine der anerkanntesten Forscherinnen auf diesem Gebiet in Polen.

Das Interesse von Frau Professor Danuta Janicka an der Geschichte des Strafrechts entwickelte sich schon während ihres Studiums, das sie unter Prof. Stanisław Salmonowicz mit einer Magisterarbeit zum preußischen Strafgesetzbuch von 1851 abschloss. Die Auswahl dieses Themas war kein Zufall - ihr Betreuer war ein hervorragender Kenner sowohl der Geschichte Preußens als auch des modernen Strafrechts. Die Analyse der preußischen Kodifikation, die für ihre fortschrittlichen Regulierungen bekannt war, war auch deshalb von Bedeutung, weil das preußische Strafgesetzbuch von 1851 die Ausgestaltung des allgemeinen Strafrechts im vereinten Deutschland (StGB von 1871) prägte. Einer ähnlichen Thematik galt einer der ersten wissenschaftlichen Beiträge der damaligen Nachwuchswissenschaftlerin Danuta Janicka, der 1988 in den „Wissenschaftlichen Heften der Nikolaus-Kopernikus-Universität" („Zeszyty Naukowe UMK") erschien: es ging um einen Vergleich der Freiheitsstrafen im preußischen Strafgesetzbuch von 1851 und seinem österreichischen Pendant von 1852.

Fragen des materiellen und prozessualen Strafrechts waren auch das Thema der Dissertation von Danuta Janicka. Die Wahl der untersuchten Zeit und der Quellen lag auf der Hand: es ging um das Kulmer Recht, das im Preußen Königlichen Anteils im 16. Jahrhundert kodifiziert worden war. Der Fachbereich Rechts- und Verwaltungswissenschaften der UMK war zu jener Zeit bekannt für Studien zum

Kulmer Recht, die von Professor Zbigniew Zdrójkowski geleitet wurden und auf ganz Polen ausstrahlten. Professor Zdrójkowski, Altmeister der Toruner Rechtshistoriker, betreute vorher das Jurastudium von Danuta Janicka und koordinierte ihren individuellen Ausbildungsplan. Nach knapp drei Jahren legte Danuta Janicka ihre Dissertation über das Straf- und Strafprozessrecht in den drei Fassungen des Kulmer Rechts aus dem 16. Jahrhundert vor. Die Arbeit stellte nicht nur die Regelungen zur Strafbarkeit und zum Strafprozessrecht dar, die in den preußischen Städten in der Praxis angewandt wurden, sondern auch die Fortentwicklung des Kulmer Rechts unter dem Einfluss des in Westeuropa an Bedeutung gewinnenden römischen Rechts in der Ausprägung der italienischen Renaissance. Die jüngste, dritte Fassung des Kulmer Rechts von 1594 übernahm zahlreiche Elemente aus dem berühmtesten Strafgesetzbuch der frühen Neuzeit, der 1532 im Heiligen Römischen Reich Deutscher Nation erlassenen Constitutio Criminalis Carolina. Sie fand auch in diese modernste Sammlung des Kulmer Rechts Eingang.

Mit dieser Arbeit wurde Danuta Janicka 1990 am Fachbereich Rechts- und Verwaltungswissenschaften der UMK, wo sie ihr ganzes Studium absolviert hatte, promoviert. Ihr Doktorvater war Professor Stanisław Salmonowicz, ein Kenner der Geschichte von Preußen Königlichen Anteils und des Kulmer Rechts in der frühen Neuzeit. Die Dissertation wurde unter dem Titel „Das Strafrecht in den drei Fassungen des Kulmer Rechts im 16. Jahrhundert" („Prawo karne w trzech rewizjach prawa chełmińskiego z XVI wieku") 1992 auch als Buch veröffentlicht, außerdem entwickelten mehrere Aufsätze der Autorin Einzelaspekte weiter. Es ist keine Übertreibung festzustellen, dass das in Teilen des frühneuzeitlichen Polens geltende Kulmer Recht die Zugehörigkeit unserer Region zum europäischen Rechtskreis bezeugt. Diesem europäischen Rechtskreis im weiteren Sinne wandte sich Danuta Janicka in den nächsten Jahren ihrer Arbeit zu.

Bei der Wahl ihres Habilitationsthemas griff Dr. Januta Janicka in gewisser Weise auf die Epoche zurück, die sie bereits in ihrer Magisterarbeit behandelt hatte: sie begann über die deutsche Strafrechtswissenschaft des 19. Jahrhunderts zu forschen. Dieses Forschungsgebiet war damals kaum beachtet und galt in der Rechtswissenschaft als schwieriges Randthema. Das Ergebnis von Danuta Janickas mehrjährigen Studien u. a. am Max-Planck-Institut für Europäische Rechtsgeschichte in Frankfurt am Main war die umfangreiche Habilitationsschrift „Die Lehre von Schuld und Strafe in der Geschichte der klassischen Schule der Strafrechtswissenschaft in Deutschland in der ersten Hälfte des 19. Jahrhunderts" („Nauka o winie i karze w dziejach klasycznej szkoły prawa karnego w Niemczech w 1 połowie XIX wieku"), Toruń 1998. Diese Monographie verschaffte der Autorin einen weit über die Universität Toruń hinausgehenden Namen und ging in den Kanon der wichtigsten Veröffentlichungen zur Geschichte des Strafrechts in der polnischen Rechtswissenschaft ein. Gründliches Quellenstudium und eindringliche Analyse erlaubten der Autorin, die sog. klassische deutsche Strafrechtsschule, die die Grundlage für die modernen Strafrechtssysteme im ganzen kontinentalen Europa legte, kritisch darzustellen. Prägend war diese Schule auch für Rechtswissenschaftler in Polen. Zu den größten Errungenschaften der klassischen Schule gehören solche modernen Gedanken wie das Legalitätsprinzip bei der Strafverfolgung, die Unterstellung eines freien Willens als Bedingung für schuldhaftes Handeln und damit auch der strafrechtlichen Verantwortlichkeit sowie die Konzeption des Strafzwecks und der notwendigen Entsprechung zwischen Straftat und Strafe. Das Habilitationskolloquium von Dr. Janicka fand 1998 an der Universität Toruń statt.

Die klassische deutsche Strafrechtsschule, wie sie Dr. Janicka in ihrer Habilitationsschrift beschrieben hat, übte auch prägenden Einfluss auf die polnische Rechtswissenschaft aus. Sie gestaltete das Rechtsdenken polnischer Juristen sowohl während der Zeit der Teilung Polens als auch im wiederentstandenen polnischen Staat. Im Hinblick hierauf begann die nunmehr den Titel des Dr. habil. führende Danuta Janicka den nächsten Zyklus ihrer Forschungsarbeiten auf dem Gebiet der komparativen Rechtswissenschaft. Erste Ergebnisse stellte sie auf einer Sitzung des Komitees für Wissenschaftsgeschichte der Polnischen Akademie der Gelehrsamkeit (Polska Akademia Umiejętności) in Kraków mit einem Referat über die Auseinandersetzung zur Theorie der Strafe zur Zeit der klassischen Strafrechtsschule in Deutschland und im geteilten Polen im 19. Jahrhundert dar. Der Text wurde im Jahr 2000 in Kraków publiziert. Seitdem gilt das Interesse von Professor Janicka unverändert verschiedenen Aspekten des frühneuzeitlichen und modernen Strafrechts in der Region Pommern, in Polen, Deutschland und Europa. Auch ihre Forschungen zum Kulmer, preußischen und deutschen Recht setzte sie fort. Letztere wurden auch in Deutschland wahrgenommen und trugen Danuta Janicka so spektakuläre Auszeichnungen wie der Eike-von-Repgow-Preis der Otto-Guericke-Universität Magdeburg und der Stadt Magdeburg 2004 (erste ausländische Wissenschaftlerin) und die langjährige Mitgliedschaft in einer der Kommissionen der Sächsischen Akademie der Wissenschaften in Leipzig ein.

2010 wurde Danuta Janicka zur ersten Titularprofessorin am Fachbereich für Rechts- und Verwaltungswissenschaften an der Universität Toruń ernannt. Auch nach dem Erhalt des Professorentitels vernachlässigte sie ihre vorherigen Forschungsfelder nicht. Ihre wissenschaftlichen Interessen schlugen sich in grundlegenden quellenkundlichen Studien nieder. Die Lektüre der Werke führender polnischer Strafrechtswissenschaftler gab ihr den Anstoß, ein Stipendium des polnischen Nationalen Wissenschaftszentrums zu beantragen. In der Zeit dieses Stipendiums entstanden zahlreiche Aufsätze und insbesondere das Buch „Das strafrechtswissenschaftliche Denken in Polen im 19. und 20. Jahrhundert: Autoren und ihre Werke. Von der klassischen zur soziologischen Schule" („Polska myśl prawnokarna XIX–XX wieku: autorzy i ich dzieła. Od szkoły klasycznej do socjologicznej") (mit einem Nachwort von Jerzy Lachowski, Toruń 2017). Diese Studie bietet einen Abriss der Strafrechtslehre im geteilten Polen vom 19. Jahrhundert bis zum Beginn des

Zweiten Weltkriegs, sie stellt Leben und Werk der wichtigsten Wissenschaftler dieser Disziplin dar und präsentiert Auszüge aus den wichtigsten und wirkmächtigsten Werken polnischer Juristen jener Zeit.

Die Arbeit an diesem Buch eröffnete der Autorin neue Forschungsperspektiven, nämlich Studien zu den Leistungen einzelner, insbesondere polnischer, Vertreter der Strafrechtswissenschaft. Weitere Publikationen von Danuta Janicka waren dem Werk großer Rechtsgelehrter gewidmet, u. a. der Professoren Edmund Krzymuski, Juliusz Makarewicz, Wacław Makowski, Aleksander Mogilnicki, Władysław Wolter und vieler anderer. Einige dieser Theoretiker waren auch unter den Mitgliedern der polnischen Kodifikationskommission, die in den 1920er Jahren ein neues polnisches Straf- und Strafprozessrecht schufen. Diese beiden Gesetzeswerke traten 1932 bzw. 1928 in Kraft. Dabei muss betont werden, dass die Vertreter der polnischen Strafrechtswissenschaft jener Zeit in engem Kontakt mit der juristischen Fachwelt in ganz Europa standen; viele hatten im Ausland studiert, beherrschten Fremdsprachen und nahmen am internationalen wissenschaftlichen Austausch teil. Es war damals in Europa guter Ton in der Rechtswissenschaft, dass man auch den internationalen Gedankenaustausch pflegte und beobachtete, was sich in anderen Ländern auf dem jeweiligen Fachgebiet tat. Schon seit dem Anfang des 20. Jahrhunderts hatten polnische Strafrechtler sowohl auf der theoretischen, als auch auf der praktischen Ebene langjährige Debatten darüber geführt, wie man die Kriminalität bekämpfen und effiziente Strafprozesse führen könne. Ihre Werke, darunter Lehrbücher, Monographien, Kommentare, Abhandlungen, Aufsätze und kürzere Texte, enthalten viele Konzeptionen und Beobachtungen, die bis heute von Wert sind, vor allem über das Wesen des Verbrechens und die Persönlichkeit des Straftäters, die strafrechtliche Prävention, die Jugendkriminalität, das Verhältnis von Schuld und Strafe, die Bewährungsauflagen und andere Mittel der Strafverfolgung. Leider wurde ihr Beitrag, obwohl manches davon bis heute gültig ist, infolge des Verlaufs der polnischen Geschichte in einigen Fällen vergessen. Bis heute gibt überdies kein grundlegendes Lehrbuch zur Geschichte des Strafrechts in polnischer Sprache, ganz zu schweigen von einem solchen Lehrwerk über die Geschichte der Strafrechtswissenschaft in Polen.

Die Forschungen von Frau Professor Janicka haben sich zum Ziel gesetzt, diese Lücken nach und nach zu füllen und insbesondere die Erinnerung an die vorstehend erwähnten hervorragenden polnischen Strafrechtler und Kriminologen wiederzubeleben. In ihrer Bedeutung gar nicht zu überschätzen ist ihre Initiative, Artikel und Abhandlungen aus deren Feder zu sammeln, die bisher teils überhaupt noch nicht veröffentlicht wurden, teils in heute schwer zugänglichen Zeitschriften und Sammelbänden verstreut sind. Die nachstehend edierten 10 Texte stellen eine ausgezeichnete Zusammenfassung langjähriger Forschungsarbeiten dar. Die Auswahl hat dabei durchaus auch einen praktischen Aspekt: die hier publizierten Texte sind nützlich nicht nur für Forscher auf dem Gebiet der Geschichte des Strafrechts, sondern auch für Vertreter der Strafrechtslehre unserer Zeit.

Abschließend muss daran erinnert werden, dass Danuta Janicka über all ihren Forschungsinteressen die Lehre keineswegs vernachlässigt. Im Gegenteil versucht sie ständig, ihr Interesse an der Geschichte des Strafrechts an die Studierenden weiterzugeben. Dies geschieht vor allem in den oft überlaufenen Seminaren für Magisterkandidaten*Innen, die geradezu die Form eines persönlichen Tutoriums auf deren weiterem wissenschaftlichem Weg annehmen. Seit 2018 bietet Danuta Janicka auch eine äußerst populäre fakultative Vorlesung zur Strafrechtsgeschichte und Strafrechtsphilosophie an. Sie beschränkt sich dort nicht darauf, den Studierenden die wichtigsten Aspekte des modernen Strafrechts darzustellen - so die Gründe der Kriminalität, Fragen der Schuld, der Strafe und anderer Sanktionen im Licht von Lehrmeinung und Gesetzgebung des 19. und 20. Jahrhunderts. Fester Bestandteil ihrer Lehrveranstaltungen ist, dass sie die Studierenden auffordert, eigene Standpunkte zu oft komplizierten wissenschaftlichen Konzeptionen und Theorien sowie gesetzgeberischen Lösungen auf dem Gebiet der Strafrechtswissenschaft des 20. Jahrhunderts zu entwickeln und vorzutragen. Für Fragen aus dem Kreise der Hörerinnen und Hörer ist sie stets offen und verwirklicht so das antike Prinzip *Docendo discimus* - im Lehren lernen wir selbst.

Anna Tarnowska

Introduction

This selection of analytical studies by Professor Danuta Janicka is devoted to the recent history of the Polish criminal law and the doctrine of law. It constitutes a coherent whole and offers the views of nineteenth and twentieth century scholars on fundamental issues of criminal law; the presentation and evaluation of selected codifications, and the characteristics of specific regulations in criminal law. It does include axiological, theoretical, and even practical aspects that result from selected problems related to application of the law in Poland – the Second Republic of Poland – reborn after World War I. Comparisons appear in almost every text, mainly in the form of references to the trends and views in legal sciences valid in Europe at that time. The spectrum of considerations is therefore wide and consistent with the ideal that has been guiding the author for a long time: "A professor should know a little about everything and everything about one thing". This "one thing" is the history of modern criminal law in Poland and Europe. Undoubtedly, Professor Janicka is currently one of the most recognised and esteemed Polish researchers in this field.

Professor Danuta Janicka became interested in the history of criminal law during her university studies while writing her Master's thesis on the 1851 Prussian criminal code under the academic supervision of Professor Stanisław Salmonowicz. The choice of the topic was not random as the supervisor was an outstanding expert in both the history of Prussia and modern criminal law. The analysis of the Prussian code, known for its progressive regulations, was also important because it determined the shape of all-German criminal law after the unification of Germany in the nineteenth century. One of the first papers of Danuta Janicka, MA, at that time, published in the "Zeszyty Naukowe UMK" in 1988, was devoted to similar issues; it is a comparative study on deprivation of liberty in the 1851 Prussian Criminal Code and the Austrian Criminal Act of 1852.

Issues of substantive and procedural criminal law were also the subject of the doctoral dissertation of Danuta Janicka, MA. The choice of the period and sources was obvious and natural - it was about the Chełmno law [Culm law], developed in Royal Prussia in the sixteenth century. At that time, the Faculty of Law and Administration of Nicolaus Copernicus University was famous for its research on the Chełmno law that was conducted under the supervision of Professor Zbigniew Zdrójkowski and recognised all over Poland. Professor Zdrójkowski himself, an expert for Toruń-based historians of law, was Danuta Janicka's academic tutor and coordinator of the individual study programme. After less than three years of research, Danuta Janicka, MA, submitted her doctoral dissertation on criminal law and trial in three revisions of the Chełmno law in the sixteenth century. The doctoral dissertation described not only the regulations relating to criminal liability and procedure, applied in cities in Prussia, but also the evolution of the Chełmno law, which was affected by the Roman-Italian criminal law that was common in Western Europe. The most recent, third edition of the Chełmno law of 1594, included numerous elements derived from the most famous criminal code of the early modern era, i. e., the German Constitutio Criminalis Carolina of 1532, thus becoming the most modern collection of the Chełmno law.

In 1990, Danuta Janicka, MA, was awarded the PhD degree in Legal Sciences at her home Faculty of Law and Administration, NCU. The supervisor of her doctoral dissertation was Professor Stanisław Salmonowicz, a researcher in the history of Royal Prussia and the Chełmno law in the modern period. The result of her doctoral dissertation was her first book entitled Criminal law in three revisions of the Chełmno law of the sixteenth century (Toruń 1992), as well as a number of papers. It would be no exaggeration to say that the Chełmno law system in force in the old Polish lands evidenced the fact that our region was a member of the grand European family of law. It was the latter that soon became the subject of scholarly interest of the new Doctor of Legal Sciences.

While searching for the topic of her post-doctoral research, Danuta Janicka, PhD, decided to change the historical period and undertook research on nineteenth century German criminal law. At that time, it was a field of science slightly off the main research areas of legal studies still almost untouched academically and difficult. Several years of studies, conducted e. g., at the Max Planck Institute of European History of Law (Max-Planck-Institut für Europäische Rechtsgeschichte) in Frankfurt am Main, resulted in an extensive post-doctoral dissertation entitled The Doctrine of culpability and punishment in the history of the classical school of criminal law in Germany in the first half of the nineteenth century (Toruń 1998). This book was one of the most important publications in the history of criminal law in the Polish literature in the field. Thorough library research and careful analysis allowed the author to offer a critical presentation of the German classical school, which laid the foundations for the construction of modern criminal law systems and exerted a significant influence on lawyers from all countries of continental Europe, including Polish scholars. It is in the classical school programme that, e. g., such modern issues as the legalism of repressive punishment, the assumption of the existence of free will as a condition for culpability and at the same time criminal liability, as well as the concepts of intentional punishment and punishment proportionate to crime. Dr Janicka's post-doctoral examination was held at Nicolaus Copernicus University in 1998.

The German classical school, described in Danuta Janicka's post-doctoral dissertation, also exerted a significant impact on Polish legal theory. It determined the legal thought of Poles during the partitions and in the reborn Republic of Poland.

Considering the above, the new doctor habilitatus started comparative law studies. She presented initial research results at a meeting of the Committee on the History of Polish Science at the Polish Academy of Arts and Sciences in Kraków; the paper delivered then focused on disputes over the theory of punishment in the classical school of criminal law in Poland and Germany in the nineteenth century and was published somewhat later (Kraków 2000). Since then, various aspects of the history of modern and contemporary criminal law in the Pomeranian region, Poland, Germany and Europe have remained the focus of ongoing interest for Professor Janicka, regardless of the continuation of her research on the Chełmno, Prussian and German laws. The latter brought her remarkable awards: the Eike von Repgow Award that she received in 2004 (as the first foreigner) from Otto von Guericke University Magdeburg and the authorities of the City of Magdeburg, and long-standing membership in one of the commissions of the Saxon Academy of Sciences and Humanities in Leipzig.

In 2010, Danuta Janicka became the first female Full Professor at the Faculty of Law and Administration in Toruń. Even after receiving the title of Professor of Law, she did not abandon the aforementioned research fields. These preferences found their expression in meticulous source studies. Reading the works of Polish scholars – experts in penal sciences – became a source of inspiration for applying for a grant from the National Science Centre. This grant, implemented with Professor Janicka as its principal investigator, resulted in numerous publications, particularly the book Polish criminal law thought of the nineteenth and twentieth centuries: authors and their works. From the classical school to the sociological school (with an afterword by Jerzy Lachowski, Toruń 2017). This book includes an outline of the development of criminal law doctrine in Poland beginning from the nineteenth century until the end of the interwar period, information about the life and achievements of the most eminent scholars as well as fragments of selected and most important works by Polish authors.

The work on this book opened up new research perspectives for the author, including studies on the achievements of scholars of criminal law, and especially of the Polish doctrine of law. In her subsequent works, Professor Janicka analyses the achievements of outstanding scholars, e. g., Professors Edmund Krzymuski, Juliusz Makarewicz, Wacław Makowski, Aleksander Mogilnicki, Władysław Wolter and many others. Many of these theoreticians were actively working on the codification of the Polish substantive and procedural criminal law in the interwar period and contributed to the development of the first modern codes: the 1932 Criminal Code and the 1928 Code of Criminal Procedure. It should be emphasised that scholars in the criminal sciences in Poland remained at that time in close contact with the European doctrine of law owing to their studies abroad, knowledge of foreign languages, participation in international academic and scholarly life as the mutual exchange of ideas and scholarly observations within legal sciences was a commonly accepted standard at that time in Europe. From the early twentieth century, Polish criminal law experts, both theoreticians and practitioners, had endless debates on effective methods of combating crime and for efficient court proceedings. Their output – textbooks, monographs, commentaries, dissertations, papers and contributions – offers many concepts, ideas and observations that remain valid today, especially on the essence of crime and the personality of the offender, crime prevention, juvenile delinquency, culpability and punishment, probation measures and other means of repressive punishment. Importantly, sometimes their achievements, of unquestionable importance for the present times, have been forgotten or remain in the shadows of Polish historiography. Moreover, there is still no basic textbook in Polish on the history of criminal law, let alone a textbook on the history of criminal law in Poland.

Professor Janicka's research is aimed to gradually fill this gap and, in particular, to restore the memory of the aforementioned Polish criminal law experts and criminologists. Her initiative to collect papers and dissertations so far scattered in many journals and collective volumes, and partially unpublished to date, is extremely valuable. These ten texts will be, on the one hand, an excellent summary of the achievements of several years of research. On the other hand, the utilitarian dimension of this volume is to be appreciated, as the texts are useful not only for researchers working on the history of criminal law, but also for those in contemporary criminal law studies.

It should be finally emphasised that for years Professor Danuta Janicka has been sharing her interests in the history of criminal law with students. She does this primarily in MA seminars (that are extremely popular among students) and often taking place in the forms of tutorials understood as very individualised academic supervision. Since 2018, Professor Janicka has been giving a very popular elective lecture on the history of criminal law & philosophy. She does not limit herself to teaching students about the fundamental aspects of modern criminal law such as the causes of crime, culpability, punishment and other means of repressive punishment in the context of the doctrine of law and legislation of the nineteenth and twentieth centuries. She asks students to express their views and opinions on complex research concepts and theories as well as legislative solutions in criminal studies that were advocated in the twentieth century. She does not avoid answering questions often asked by the audience as she follows the ancient principle *Docendo discimus*.

Anna Tarnowska

Axiologische Prioritäten der polnischen Strafrechtsdoktrin im 19. Jahrhundert (in den Systemen von Maciejowski, Hube, Budziński und Krzymuski)

Non ergo a praetoris edicto, ut plerique nunc, neque a duodecim tabulis, ut superiores, sed penitus ex intima philosophia hauriendam iuris disciplinam putas[1]

Marcus Tullius Cicero, De legibus, Buch I, Kapitel 5, § 17

1. Einführende Bemerkungen

Schon in der Antike hat das Thema der Legitimität des Rechts, seiner Gerechtigkeit und seiner Ziele sowohl Philosophen als auch Juristen beschäftigt. Weise Männer und Vertreter der Jurisprudenz haben immer wieder versucht, die Frage nach der Rolle des Strafrechts, den Gründen seiner Existenz, dem Wesen und der Bedeutung der strafrechtlichen Sanktion zu beantworten[2]. Ihr Verhältnis zum analysierten Gegenstand war in der Regel abstrakt, und die Ergebnisse ihrer Überlegungen waren von prinzipiell metaphysischem Charakter.

Diese Herangehensweise an die Thematik von Verbrechen und Strafe hat sich bis in die Neuzeit und sogar bis ins 19. Jahrhundert gehalten. Allerdings wurden die hergebrachten Auffassungen durch die Aufklärung des 18. Jahrhunderts und die damit einhergehenden humanitären Überlegungen in den Grundfesten erschüttert. Nicht nur Rechtsgelehrte, sondern auch Praktiker schalteten sich in die Bewegung zur Reform des Straf- und des Strafprozessrechts ein. Die strengen strafrechtlichen Sanktionen und die Willkür bei der Strafzumessung wurden vielfach kritisiert; stattdessen verlangten die Autoren Strafen, die zur Resozialisierung beitragen und verhältnismäßig gegenüber den begangenen Straftaten sein sollten. Die Folge waren auch Forderungen nach neuen Strafgesetzbüchern[3].

---

1 Rechtliches Wissen soll man nicht aus den Verordnungen des Prätors schöpfen, wie es heute viele tun, oder aus den zwölf Tafeln, wie es die Alten taten – sondern aus einem tiefen Verständnis der Philosophie. Diese Worte hat Cicero seinem Freund Atticus in den Mund gelegt. Online-Zugang zum lateinischen Text: http://www.thelatinlibrary.com/cicero/leg.shtml (letzter Zugriff am 10.01.2025).

2 J. M. Kelly, Historia zachodniej teorii prawa, übers. D. Pietrzyk-Reeves et al., Kraków 2006, passim.

3 D. Janicka, Nauka o winie i karze w dziejach klasycznej szkoły prawa karnego w Niemczech w 1 połowie XIX wieku, Toruń 1998, S. 27–30.

Im 19. Jahrhundert begannen Juristen, wieder intensiv an der Strafrechtsdogmatik zu arbeiten. Sie stießen damit eine neue Debatte über die Anwendung des Strafrechts und insbesondere des angemessensten Umgangs mit Verbrechen und denen, die sie begehen, an. Gern griffen sie dabei auf Begriffssysteme, Sprache und Methode der Philosophie ihrer Zeit zurück. Sie übernahmen von ihr bestimmte Menschenbilder und damit verbundene Wertesysteme, sie erlegten dem Strafrecht bestimmte konkrete Einschränkungen auf und suchten angemessene Motive für strafrechtliche Sanktionen[4].

Zu einer Wende kam es ab 1870, als unter dem Einfluss der Entwicklung der Naturwissenschaften, darunter der Medizin, aber auch unter dem intellektuellen Einfluss von Positivismus, Materialismus und Evolutionismus in Europa neue wissenschaftliche Theorien entstanden. In den 1870er Jahren machte in Italien der Arzt und Psychiater Cesare Lombroso von sich reden, als er die These propagierte, es gebe geborene Verbrecher. Diese Behauptung ging einigen Schülern Lombrosos zu weit, und sie wandten sich kriminologischen, psychologischen und soziologischen Forschungen zu. Die italienische Schule verlor schon bald Einfluss zugunsten der sogenannten modernen oder soziologischen Strafrechtsschule. Deren Kerngedanke, der sich bald auch auf andere Länder Europas verbreitete, war die Wahrnehmung des Straftäters als spezifisches Opfer – sowohl genetisch ererbter als auch durch Erziehung oder Milieu erlernter Eigenschaften. Die Folge dieser Konzeptionen war der Vorschlag, den Grad der strafrechtlichen Verantwortlichkeit zu differenzieren[5].

Ziel des vorliegenden Aufsatzes ist es, die Werte darzulegen, die einigen Konzeptionen des Strafrechts zugrunde lagen, die von hervorragenden polnischen Gelehrten im 19. Jahrhundert entwickelt wurden. Die Autoren wirkten zwar in einem geteilten Land, aber sie orientierten sich sehr gut in den gesamteuropäischen wissenschaftlichen Trends, nutzten diese und gelangten gelegentlich zu eigenen originellen Lösungen. Im Rahmen dieser kleinen Ausarbeitung können nicht alle Beispiele ethischer Muster analysiert werden, die zum Fundament der polnischen Strafrechtslehre wurden. Absicht der Autorin ist lediglich der Versuch einer Antwort auf die Frage, wie die führenden Vertreter der polnischen Jurisprudenz die Menschennatur und den Charakter sowie die Rolle der kriminellen Strafe von ihren Grundwerten her interpretierten. Außerdem soll der Frage nachgegangen werden, ob die polnischen Rechtsgelehrten, die sich an verschiedene philosophische Schu-

4 Ebd. S. 25 ff., 52 ff., 98 ff. Vgl. J. M. Kelly, Historia (vgl. Anm. 2), S. 366 ff.

5 J. M. Kelly, Historia (vgl. Anm. 2), S. 418–419. Vgl.: M. Frommel, Internationale Reformbewegung zwischen 1880 und 1920, in: J. Schönert (Hrsg.), Erzählte Kriminalität. Zur Typologie und Funktion von narrativen Publizistik und Literatur zwischen 1770 und 1920, Tübingen 1991, S. 482–486. Vgl. auch: D. Janicka, Niebezpieczny przestępca w doktrynie prawa karnego przełomu XIX i XX wieku, in: Kuba rozpruwacz i inni, Hrsg. V. Kwiatkowska-Wójcikiewicz, Toruń 2015, S. 9–32.

len anlehnten, ähnliche oder unterschiedliche Wertesysteme auf dem ausgewählten Gebiet des Strafrechts formuliert haben[6].

2. Die Hauptzentren der polnischen Rechtswissenschaft im 19. Jahrhundert

Die wichtigsten Zentren der Rechtswissenschaft auf polnischem Territorium waren im 19. Jahrhundert Warschau und Krakau. In Warschau wurde das juristische Denken an folgenden Hochschulen gepflegt: der Universität, später an der sogenannten Hauptschule (Szkoła Główna) und schließlich an der Kaiserlich-Russischen Universität Warschau. Hier waren Gelehrte wie Romuald Hube, Franciszek Maciejowski oder Stanisław Budziński tätig[7]. Später, ab etwa 1870, verlagerte sich das Zentrum der polnischen Rechtswissenschaft nach Krakau an die dortige Jagiellonen-Universität. An deren Juristischer Fakultät nahm Edward Krzymuski (1851–1928) seine Tätigkeit als Wissenschaftler und Dozent auf und führte sie über lange Jahre fort; er selbst hatte die Kaiserliche Universität in Warschau absolviert und war ein Schüler des bereits erwähnten Stanisław Budziński[8].

Gegen Ende der 1880er Jahre gelangten neue wissenschaftliche Trends auch in die polnischen Gebiete, insbesondere die Ansichten der schon angeführten

---

6 Die Forschungen der Autorin über die Entwicklung der polnischen Strafrechtswissenschaft, zu denen der vorliegende Beitrag gehört, wurden im Rahmen eines Projektzuschusses Nr. 2014/15/B/HS5/03161. des Nationalen Wissenschaftszentrums NCN gefördert. Höhepunkt der Forschungen ist das Buch der Autorin: Polska myśl prawnokarna XIX–XX wieku: autorzy i ich dzieła. Od szkoły klasycznej do socjologicznej, Toruń 2017.

7 Vgl. ausführliche biographische Literatur: G. Bałtruszajtys (Hrsg.), Profesorowie Wydziału Prawa i Administracji Uniwersytetu Warszawskiego 1808–2008, Warszawa 2008; I. Andrejew / Z. Zdrójkowski, Nauka prawa karnego w środowisku warszawskim w dobie Szkoły Głównej, RUW 5, 2 (1964); M. Paszkowska, Nauka prawa karnego w środowisku „Gazety Sądowej Warszawskiej" (1873–1918), Warszawa 2010. In Warschau war außerdem Walenty Piotr Miklaszewski (1839–1924) tätig, der Professor der Warschauer Universität, der künftige Mitglied der Kodifikationskommission und der Vorsitzende ihrer Sektion für Strafprozessrecht – vgl. W. Sobociński, Miklaszewski Walenty Piotr, PSB, Bd. 21, Wrocław-Warszawa-Kraków-Gdańsk 1976, S. 66–68.

8 Vgl. J. Stelmach, W. Uruszczak (Hrsg.), Złota księga Wydziału Prawa i Administracji: [600-lecie odnowienia Akademii Krakowskiej], Kraków 2000; P. M. Żukowski, Profesorowie Wydziału Prawa Uniwersytetu Jagiellońskiego, Bd. 2: 1780–2012, Hrsg. D. Malec, Kraków 2014. Vgl. auch populärwissenschaftliche Bearbeitung von K. Pol, Poczet prawników polskich XIX–XX w., Aufl. 2, Warszawa 2011. Vor Krzymuski war in Krakau u. a. Professor Michał Koczyński tätig, der aus politischen Gründen seines Postens enthoben wurde – vgl. M. Patkaniowski, Koczyński Michał (1821–1903), PSB, t. 13, Wrocław-Warszawa-Kraków 1967–1968, S. 243–244.

italienischen Rechtsschule[9]. Im letzten Jahrzehnt des 19. Jahrhunderts erschien das berühmte Werk von Lombroso in einem Warschauer Verlag auf polnisch[10]. Zur selben Zeit setzte Juliusz Makarewicz, ein junger Doktor der Jagiellonen-Universität, eine Debatte in Gang, die man mit dem berühmten „Kampf der Schulen" in der deutschen Jurisprudenz vergleichen kann[11]. In der Nachfolge von Makarewicz beschäftigten sich auch andere polnische Juristen mit den Gründen von Kriminalität und dem Phänomen des Straftäters; diese Bemühungen gingen auch in den ersten Jahren des 20. Jahrhunderts weiter.

3. Einige Bemerkungen über Leistungen und Forschungspositionen von Hube, Maciejowski, Budziński und Krzymuski

Die genannten vier Vertreter der Wissenschaft gingen in die polnische Geschichte als Begründer von Systemen des Strafrechts ein[12]. Der älteste von ihnen war Franciszek Maciejowski (1798–1873), Richter im Königreich Polen und begeisterter Jurist, der erst gegen Ende seines Lebens – nach der Eröffnung der Hauptschule in Warschau einen Lehrstuhl erhielt[13]. Nur um wenige Jahre jünger als Maciejowski

---

9 Die neuen Strömungen weckten das Interesse von Juristen, die in Galizien und im Königreich Polen tätig waren – vgl. ihre ersten Berichte: E. Krzymuski, Szkoła pozytywna prawa karnego we Włoszech, PSiA 14 (1889), Hf. 1–5, S. 1–96; J. Rosenblatt, O obecnych szkołach prawa karnego i ich metodzie, PPiA 1887, S. 489 ff.; F. Gryziecki, Do reformy prawa karnego, Lwów 1891; W. Spasowicz, Najnowsze prądy w nauce prawa karnego, Petersburg 1892; P. Stebelski, Nowe kierunki w nauce prawa karnego, PPiA 1893, S. 165 ff.; A. Moldenhawer, Szkoła antropologiczno-kryminalna, Niwa 1893, Nr. 3–6.

10 C. Lombroso, Człowiek zbrodniarz w stosunku do antropologii, jurysprudencyi i dyscypliny więziennej: zbrodniarz urodzony: obłąkaniec zmysłu moralnego, übers. J. L. Popławski, Bd. 1–3, Warszawa 1891–1892. Vgl. die erste polnischsprachige, aus dem Deutschen übersetzte Broschüre, die Lombrosos Ideen förderte: H. Kurella, Lombroso i jego teoria, übers. J. Szenhak, Warszawa 1897.

11 J. Makarewicz, Klasycyzm i pozytywizm w nauce prawa karnego, PPiA 21 (1896), Hf. 8–9, S. 698–727 und 847–870. Derselbe Text wurde im Deutschen in ZStW 17 (1897), S. 590–637 veröffentlicht. Vgl. D. Janicka, O pionierach nauk kryminologicznych w Polsce, CPH 68, 1 (2016), S. 29–50; D. Janicka, Makarewicz a Liszt. Próba analizy porównawczej, CPH 67, 1 (2015), S. 107–126.

12 Vgl. D. Janicka, Spór o teorie kary w dobie klasycznej szkoły prawa karnego na ziemiach polskich i niemieckich w XIX wieku, PKHN PAU, Bd. 2 (2000), S. 118. Neben den bereits erwähnten herausragenden Vertretern der Jurisprudenz wirkten auch viele andere Juristen mit Publikationen in der Presse, die sich im 19. Jahrhundert lebhaft entwickelte – vgl. W. Witkowski, Aleksander This i Jan Kanty Wołowski: wybitni prawnicy Królestwa Polskiego, Lublin 2001, S. 11–25; S. Milewski, A. Redzik, Themis i Pheme: czasopiśmiennictwo prawnicze w Polsce do 1939 roku, Warszawa 2011, passim.

13 Mehr über Leben und Werk von Maciejowski siehe: M. Zabłocka, Franciszek Maciejowski (1798–1873), in: G. Bałtruszajtys (Hrsg.), Profesorowie (vgl. Anm. 7), S. 55–56; I. Andrejew / Z. Zdrójkowski, Nauka (vgl. Anm. 7), S. 99–100; W. Sobociński, Maciejowski Franciszek (1798–1873), PSB, Bd. 19, S. 53–54.

war Romuald Hube (1803–1890); er begann seine Karriere als Dozent an der Warschauer Universität. Nach der Niederlage des Novemberaufstands (1830–1831) und der Schließung der Hochschule trat er in den russischen Beamtendienst ein und war in St. Petersburg, unter anderem für lange Jahre in der russischen Kodifizierungskommission aktiv, indem er am russischen Strafgesetzbuch und dessen für die polnischen Verhältnisse modifizierter Version mitarbeitete[14]. Stanisław Budziński (1824–1895) war dagegen Absolvent der Universität Moskau und kehrte nach dem Examen ins Königreich Polen zurück, wo er sowohl als Richter tätig war, als auch an den offiziellen Kodifizierungsarbeiten seinen Anteil hatte. Nach der Schaffung der Warschauer Hauptschule wurde er an ihr Professor und behielt diese Stellung auch nach dem Januaraufstand (1863–1864) und der hieran anschließenden Umwandlung der Hochschule in die Kaiserlich-Russische Universität Warschau[15]. Edmund Krzymuski (1851–1928) wiederum war ein Schüler von Stanisław Budziński und Absolvent der Kaiserlich-Russischen Universität. Er habilitierte sich später an der Jagiellonen-Universität, wo er anschließend eine Professur erhielt und im Laufe der Jahre auch Dekan der Juristischen Fakultät sowie Rektor der Universität wurde. Krzymuski war unter den vier genannten Juristen der einzige, der die Wiederherstellung der polnischen Unabhängigkeit noch erlebte, und in den Jahren der Zweiten Polnischen Republik war er einer der herausragendsten Angehörigen der polnischen Kodifikatonskommission, die das polnische Strafgesetzbuch ausarbeitete[16].

---

14 Mehr über Leben und Werk von Hube siehe: W. Sobociński, Hube Romuald Jan Ferdynand (1803–1890), PSB, Bd. 10, Wrocław-Warszawa-Kraków 1962–1964, S. 70–73; A. Rosner, Romuald Jan Ferdynand Hube (1803–1890), in: G. Bałtruszajtys (Hrsg.), Profesorowie (vgl. Anm. 7), S. 39–42; I. Andrejew / Z. Zdrójkowski, Nauka (vgl. Anm. 7), S. 93–99; J. Bardach, Nauka historii państwa i prawa w Królestwie Polskim doby Szkoły Głównej, RUW 1964, Bd. 5, Hf. 2, S. 109–119; A. Grześkowiak, Poglądy Romualda Hubego na karę, CPH 26, 2 (1974), S. 151–166; A. Zębik, Poglądy Romualda Hubego na przestępstwo, winę i karę, AUL, Folia Iuridica 35 (1988), S. 195–216.

15 Mehr über Leben und Werk von Budziński siehe: M. Paszkowska, Nauka (vgl. Anm. 7), S. 109–124; M. Paszkowska, Stanisław Budziński (1824–1895), in: G. Bałtruszajtys (Hrsg.), Profesorowie (vgl. Anm. 7), S. 65–67; T. Turkowski, Budziński Stanisław (1824–1895), PSB Bd. 3, Kraków 1937, S. 102; I. Andrejew / Z. Zdrójkowski, Nauka (vgl. Anm. 7), S. 100–103; K. Sójka-Zielińska, Kartka z dziejów polskiej myśli prawnokarnej XIX w. Projekt kodeksu karnego S. Budzińskiego, SI 19 (1991), S. 171–183.

16 Mehr über Leben und Werk von Krzymuski siehe: W. Wolter, Krzymuski Edmund Karol Feliks (1851–1928), PSB, Bd. 15, Wrocław-Warszawa-Kraków 1970, S. 558–559; W. Wolter, Nauka prawa karnego od drugiej połowy XIX wieku. Jej początki – klasycyzm – nowe kierunki, in: M. Patkaniowski (Hrsg.), Studia z dziejów Wydziału Prawa UJ, ZNUJ, Prace Prawnicze, 1964, Nr. 18, S. 322–332; W. Wróbel, Edmund Radwan Krzymuski (1851–1928), in: J. Stelmach / W. Uruszczak (Hrsg.), Złota księga (vgl. Anm. 8), S. 189–193; A. Zębik, Przestępstwo, wina i kara w poglądach Edmunda Krzymuskiego, AUL, Folia Iuridica 22 (1985), S. 79–95; J. Koredczuk, Edmund Krzymuski jako neokantysta, AUWr Nr. 2367. Prawo CCLXXVI, Wrocław 2002, S. 259–275.

Als Vater der polnischen Strafrechtslehre gilt allgemein Hube. Er verdankt diesen Ruf der 1830 veröffentlichten ersten polnischsprachigen Gesamtdarstellung des allgemeinen Teils des Strafgesetzbuches unter dem Titel „Allgemeine Grundsätze der Strafrechtslehre“[17]. 1848 gab Maciejowski die „Allgemeine Darlegung des Strafrechts“ heraus[18], war aber nicht in der Lage, auf der Seite der Rechtsdogmatik über Hube hinauszugehen. Budziński brachte 1868 das damals moderne Lehrbuch „Vergleichende Darstellung des Strafrechts. Allgemeiner Teil“ heraus. Im Vergleich mit seinen Vorgängern sticht an diesem Werk die hervorragende Darlegung des Problems der Straftat und die breite Anwendung der vergleichenden Methode hervor[19]. Als er über zehn Jahre später auch seine Darstellung des Besonderen Teils des Strafrechts veröffentlichte[20], lag damit in polnischer Sprache erstmals ein System vor, das beide Hauptteile des Strafrechts umfasste. Die wissenschaftlichen Leistungen Budzińskis brachten ihm den Ruf eines „Vorläufers des Positivismus in der polnischen Strafrechtsdoktrin“ ein[21]. Krzymuskis Hauptwerk ist das 1885 erschienene Werk „Darstellung des Strafrechts unter besonderer Berücksichtigung der österreichischen Gesetzgebung“, das außergewöhnlich umfangreich und auch formal von unvergleichlicher Qualität war, in dem er sich mit dem Verbrechen und der Strafe auseinandersetzte. Krzymuskis Lehrbuch hatte solchen Erfolg, dass es innerhalb weniger Jahre mehrfache Neuauflagen erlebte, die zusätzlich abgewandelt und erweitert waren[22].

Es soll an der Stelle betont werden, dass alle hier erwähnten Gelehrten über eine umfassende philosophische Bildung verfügten: Hube hatte in Warschau und Berlin studiert und dort noch die Vorlesungen Hegels gehört; Maciejowski studierte in Krakau Philosophie und Jura, Budziński hatte weitgehende philosophische und

17 R. Hube, *Ogólne zasady nauki prawa karnego*, Warszawa 1830, Online Zugang in der Digitalen Bibliothek der Universität Warschau: http://ebuw.uw.edu.pl/dlibra/docmetadata?id=4642 (1.03.2023).

18 F. Maciejowski, Wykład prawa karnego w ogólności z zastosowaniem Kodexu kar głównych i poprawczych z dniem 20 grudnia = 1 stycznia 1848 r. w Królestwie Polskiem obowiązującego tudzież Ustawy przechodniej i Instrukcyi dla sądów, Warszawa 1848, Online Zugang in der Digitalen Bibliothek der Universität Warschau: http://ebuw.uw.edu.pl/dlibra/docmetadata?id=148249 (1.03.2023).

19 S. Budziński, Wykład porównawczy prawa karnego, część ogólna, Warszawa 1868, Online Zugang in der Digitalen Bibliothek der Universität Warschau: http://ebuw.uw.edu.pl/dlibra/docmetadata?id=328 (1.03.2023).

20 S. Budziński, O przestępstwach w szczególności. Wykład porównawczy z uwzględnieniem praw obowiązujących w Królestwie Polskim i Galicji austriackiej, Warszawa 1883, Online Zugang in der Digitalen Bibliothek der Universität Warschau: http://ebuw.uw.edu.pl/dlibra/docmetadata?id=292 (1.03.2023).

21 A. Andrejew, Podstawowe pojęcia nauki o przestępstwie, Warszawa 1988, S. 162.

22 E. Krzymuski, Wykład prawa karnego ze stanowiska nauki i prawa austriackiego, Bd. 1–2, Kraków 1885–1887; Aufl. 2: Kraków 1901–1902; Aufl. 3: Kraków 1911.

literarische Interessen, und Krzymuski studierte in Warschau Jura und in Heidelberg Rechtsphilosophie.

4. Die axiologische Konzeption des Menschen und seines freien Willens in den Systemen von Hube, Maciejowski, Budziński und Krzymuski

Alle im Rahmen der vorliegenden Ausarbeitung vorgestellten polnischen Rechtswissenschaftler vertraten die These, jeden Menschen zeichne eine natürliche Willensfreiheit aus. Auf dieser axiologischen Grundlage beruhen ihre Konzeptionen der Tat und der strafrechtlichen Verantwortung. Die Grundannahme vom freien Willen des Individuums entwickelten sie in Anlehnung an naturrechtliche Konzeptionen sowie die philosophischen Systeme von Kant und Hegel[23].

Hube schrieb 1830 als erster: „Quelle aller Freiheit ist der freie Wille. Er verleiht uns die Fähigkeit, unseren Taten eine bestimmte Richtung zu geben und überzeugt zu sein, dass wir es können“[24]. An anderer Stelle erläuterte der Vater der polnischen Strafrechtswissenschaft das Wesen des freien Willens in Anlehnung an Hegel so:

> „Jede Freiheit beruht auf der ungehinderten Tätigkeit unseres freien Willens. Jede Tat also, die die Frucht der freien Willensbestimmung ist, jede solche Tat ist von sich aus frei. Die Beweggründe für derartige Handlungen sind nicht in äußeren Umständen verborgen, sondern sie entspringen dem freien Willen selbst, aus Erkenntnis, Verstand und Vernunft, die den Willen prägen und in eine bestimmte Richtung leiten“[25].

Maciejowski entwickelte 1848 die Grundannahmen Hubes, indem er schrieb:

> „Die Hauptbedingung, die das Verbrechen seinem Wesen nach bestimmt, ist der freie Wille. Hieraus ergibt sich der Grundsatz, dass es keine Straftat ohne den freien Willen zum rechtswidrigen Handeln gibt. Es handelt sich dabei im allgemeinen um einen Willen, dessen Verzerrung vorsätzlich oder angesichts der vorliegenden Umstände absehbar ist, aus ihnen hervorgehen sollte oder wenigstens hervorgehen konnte. Ein solcher Wille, gekennzeichnet von rücksichtslosem Eigensinn, ist die Quelle des Verbrechens; denn in ihm wird das Verbrechen gezeugt, es entwickelt sich und reift, und zieht unter Vermittlung

---

23 D. Janicka, Nauka (vgl. Anm. 3), S. 139–148. Vgl. R. Tokarczyk, Klasycy praw natury, Lublin 1988, S. 271–272.

24 R. Hube, Ogólne zasady (vgl. Anm. 17), S. 6.

25 D. Janicka, Nauka (vgl. Anm. 3), S. 272.

der ausführenden Gewalt – [...] also in entsprechendem Handeln zutage tretend – die entsprechenden Folgen nach sich“[26].

In einem ähnlichen Ton argumentierte noch zwei Jahrzehnte später Budziński: „In der Tat entäußert sich – oder erscheint – der freie Wille; die Fähigkeit zu Taten setzt den freien Willen voraus. Der freie Wille besteht in der Fähigkeit des menschlichen Geistes, alle sonstigen Kräfte des Menschen zu benutzen“[27]. An anderer Stelle fügte er hinzu: „Aus dem Begriff des Verbrechens als einer Tätigkeit oder Tat ergibt sich, dass Verbrechen nur von Menschen begangen werden können, weil die Tat eine Erscheinungsform des freien Willens ist, der nur dem Menschen zu eigen ist“[28].

Grundlage des Systems von Krzymuski bildet die Willensautonomie, also die Fähigkeit des Menschen, seinem Willen gemäß zu handeln, mit anderen Worten, die Herrschaft über sein eigenes Verhalten. Der Krakauer Gelehrte knüpfte hier ganz bewusst und zielgerichtet an das Kantische System an. Ähnlich wie der deutsche Königsberger Philosoph ging Krzymuski davon aus, dass das Individuum in der geistigen Sphäre Freiheit genießt, und dass sein Willen von natürlichen Rahmenbedingungen nicht beengt wird[29]. Nachdrücklich legte er dar:

> „Der freie Wille ist unsere Macht, die Bewegungen der Organe unseres Nervensystems zu beherrschen; die Vernunft ist unsere Macht, unseren Willen im Namen dessen zu beherrschen, was wir tun sollten. Außer der Vernunft aber wirken auf den Willen jedes Menschen seine rein sinnlichen Erregungen im Sinne dessen, was zum gegebenen Zeitpunkt seinem materiellen Vorteil diene. Zwischen der Vernunft auf der einen und der Sinnlichkeit auf der anderen Seite besitzt unser Wille die sogenannte Autonomie, also die Fähigkeit, sich dem einen oder anderen Antrieb zu unterwerfen. Die Vernunft rät dem Menschen, er solle dies oder jenes tun, und die Sinnlichkeit sagt ihm: du musst jetzt so und nicht anders vorgehen. Die Wahl zwischen beiden Alternativen trifft der Mensch dank seiner Willensautonomie“[30].

Krzymuski schrieb den Menschen eine natürliche Freiheit zu, dank derer sie schon aus reinem Pflichtgefühl sittlich handeln könnten. Er widersprach kategorisch Auffassungen, die den freien Willen negierten, also jenem Determinismus, der gegen Ende des 19. Jahrhunderts unter den Rechtswissenschaftlern immer mehr Anhänger fand[31].

---

26 F. Maciejowski, Wykład (vgl. Anm. 18), S. 39.

27 S. Budziński, Wykład (vgl. Anm. 19), S. 52.

28 Ebd., S. 68.

29 Mehr über Kant siehe: R. Tokarczyk, Klasycy (vgl. Anm. 23), S. 271–272.

30 E. Krzymuski, Wykład (vgl. Anm. 22), Aufl. 2, Bd. 1, S. 14.

31 J. Koredczuk, Edmund Krzymuski (vgl. Anm. 16), S. 267–268.

Wenn man die Frage der Freiheit des Menschen in den Interpretationen von Hube, Maciejowski, Budziński und Krzymuski zusammenfassen will, muss man festhalten, dass alle diese Gelehrten sich zwar auf unterschiedliche philosophische Systeme beriefen, aber zu der identischen Schlussfolgerung kamen: dass jeder Mensch einen freien Willen besitze und im Prinzip im Einklang mit seinem Sittlichkeitsgefühl sowie rechtstreu handeln könne. Wenn ein Mensch unmoralisch oder sogar rechtswidrig handle, müsse er für seine Taten zur Verantwortung gezogen werden. Diese These wurde erst Ende des 19. Jahrhunderts durch Vertreter neuer Richtungen der Strafrechtswissenschaft in Frage gestellt, die unter dem Einfluss innovativer wissenschaftlicher Trends aus Westeuropa standen – im Geiste der italienischen oder der soziologischen Schule[32].

5. Der axiologische Daseinsgrund und die Rolle des Strafrechts in den Systemen von Hube, Maciejowski, Budziński und Krzymuski

Wenn die Juristen des 19. Jahrhunderts vor der Aufgabe standen, die Institution der kriminellen Strafe zu begründen, griffen sie am häufigsten auf die Prinzipien der gerechten Vergeltung oder der Prävention zurück. Bei den polnischen Rechtswissenschaftlern war es nicht anders.

Hube griff in seiner Begründung für die Institution der Strafe einerseits auf bestimmte naturrechtliche Konzeptionen zurück, andererseits auf Hegel. Er argumentierte dabei sowohl historisch als auch philosophisch (abstrakt). Er wies auf die Entwicklung der Strafen hin, die sich von der privaten Rache zu staatlich zugemessenen und auf dem Gerechtigkeitsprinzip beruhenden Sanktionen fortentwickelt hätten[33]. Er legte dar, dass ein Staat, der die Rechtsordnung zu verteidigen habe, sowohl berechtigt als auch verpflichtet sei, Verbrecher zu bestrafen, die mit ihren Taten sowohl Rechtsgüter anderer Menschen verletzten, als auch gegen die gesamte soziale Ordnung verstießen. Ganz im Sinne Hegels verstand er das Verbrechen als

32 Es sei betont, dass Makarewicz die Auffassung vertrat, dass das Thema der Willensfreiheit des Einzelnen eine philosophische oder religiöse Frage sei, die nicht eindeutig zu entscheiden sei. Vgl. J. Makarewicz, Klasycyzm (vgl. Anm. 11), S. 703–710; J. Makarewicz, Prawo karne. Wykład porównawczy z uwzględnieniem prawa obowiązującego w Rzeczypospolitej Polskiej, Lwów-Warszawa 1924, S. 117.

33 R. Hube, Ogólne zasady (vgl. Anm. 17), S. 20: „Aufgabe der sich herausbildenden sozialen Bindungen ist […] es zu bewirken, dass die Vergeltung, welche gegen denjenigen verhängt wird, der gegen diese Bindungen verstößt, nicht nur im allgemeinen gerechtfertigt sei, sondern gleichzeitig auch in jedem Einzelfall der Schwere des Verstoßes angemessen. Dieses Ziel wird erreicht, wenn die Macht, Vergeltung zu üben, vom geschädigten Individuum auf die Gesellschaft als ganze übergeht. Damit verändert die Gerechtigkeit ihren Charakter; sie wird von der rächenden zur strafenden, und die Rache zur Strafe“.

„Erhebung des partikularen Willens (des Straftäters – Anmerkung der Autorin) über den allgemeinen, rechtlichen Willen der gesamten Gesellschaft". Die Strafe betrachtete er damit als den Akt der Wiederherstellung des richtigen Verhältnisses zwischen dem Täter (als Individuum) und der Gesellschaft. Er erläuterte, ähnlich wie der deutsche Philosoph, dass das Verbrechen einen spezifischen Zustand des Ungleichgewichts herstelle, und dass Ziel der Strafe die Behebung dieses *status quo* sei:

> „Durch das begangene Vergehen wird nicht nur eine Verletzung vollzogen, also die Schädigung von Rechten, die einer Person dienen; gleichzeitig wird auch die allgemeine Rechtsordnung in der Gesellschaft angegriffen. Das Verbrechen ist eine Beleidigung des Rechts als Recht. [...] indem sie eine Strafe vollzieht, unterwirft die Gesellschaft den Straftäter der Macht der gekränkten Freiheit der Rechte der gesamten Gesellschaft. Die Strafe wird vollzogen, damit die angegriffene Würde des individuellen Rechts als eines Rechts wiederhergestellt werde"[34].

Maciejowski stellte dagegen bei der Analyse, warum es ein Strafrecht gebe, die Notwendigkeit, die öffentliche Ordnung und Sicherheit aufrechtzuerhalten, klar in den Vordergrund. Er schrieb im Zusammenhang hiermit:

> „Anlass und Grund des Strafrechts ist der Gegensatz gegenüber dem rechtlichen Ziel der Gesellschaft; dieses rechtliche Ziel ist die Sicherheit jeder sozialen Einheit unter dem Schutz der Obersten Macht, der Macht der gesellschaftlichen Gesamtheit unter der Herrschaft allgemeiner Ordnung. Aus solchen Bestandteilen der Sicherheit setzt sich die Sicherheit aller und damit der gesamten Gesellschaft zusammen"[35].

Gleichzeitig betonte der Autor, dass das Verbrechen die Freiheitsrechte anderer Personen verletze, so dass der Staat eingreifen müsse, weil er zur Gewährleistung von Ordnung und Sicherheit berufen sei[36].

---

34 Ebd., S. 21–22. Vgl. J. M. Kelly, Historia (vgl. Anm. 2), S. 370; D. Janicka, Nauka (vgl. Anm. 3), S. 217–218.

35 F. Maciejowski, Wykład (vgl. Anm. 18), S. 13.

36 Ebd., S. 14: „Denn sobald die Setzung des Rechts als Ziel der Gesellschaft als notwendiger Grundsatz des gesellschaftlichen Lebens anerkannt wird, engt sich jene unbeschränkte und rücksichtslose Willkür des Einzelnen auf einen bestimmten rechtlich geschützten Raum ein. Nur in dessen Rahmen kann die Willensfreiheit sich alsdann noch betätigen und entwickeln. Wenn jemand diese Grenze überschreitet, so greift sein Handeln in die geschützten Rechtsräume anderer Personen oder der Gesellschaft als Ganzer ein und wird zu einem Handeln, welches dem rechtlichen Ziel zuwiderläuft. Ein solches eben willkürliches und rücksichtsloses Handeln, welches dem rechtlichen Ziel der Gesellschaft widerspricht, nennen wir Unrecht oder Verbrechen".

Wenn Maciejowski hier das Verbrechen mit einem Angriff auf die Rechtssphäre eines anderen Menschen oder der Gesellschaft gleichsetzt und hieraus die Notwendigkeit ableitet, die Rechtsordnung wiederherzustellen, dann zeigt dies noch einen Widerschein von Ideen der Aufklärung und des Naturrechts[37].

Budziński, der schon in der zweiten Hälfte des 19. Jahrhunderts arbeitete, setzte die Akzente in seiner Analyse des *iuris puniendi* etwas anders. Er bezog die neuen Errungenschaften der europäischen Rechtswissenschaft ein und griff Ideen Kants und Hegels auf. Dem entsprach, dass er das Kriterium der Gerechtigkeit als Grundlage des staatlichen Rechts zu strafen in den Mittelpunkt stellte. Mit voller Überzeugung erklärte er: „[...] die prinzipielle Grundlage des Strafrechts ist die soziale Gerechtigkeit, gemessen an Maßstäben der sozialen Nützlichkeit“[38]. Weiter führte er aus:

> „Die dem Staat zustehende Macht zu strafen ist nicht unbeschränkt; ihre Ausübung hängt von der Bedingung ab, dass allen dem Recht Unterworfenen angemessen dargelegt wird, was jeweils bestraft werden soll. So bildet sich die Macht zu strafen stets innerhalb bestimmter normativer Grenzen heraus, die wir als das Strafrecht bezeichnen“[39].

Für Krzymuski war die Strafgewalt des Staates ein unbestreitbares Dogma. Er bezeichnete den Staat als den „Hüter der Rechtsordnung der Gesellschaft“[40]. Die Staatsfunktionen analysierte er ganz modern und unterschied u. a. die Exekutive und in deren Rahmen die Ausübung des sogenannten rechtlichen Schutzes, d. h. den Schutz der Rechtsordnung. Er schrieb in deutlichen Worten:

> „Den rechtlichen Schutz gewährt der Staat auf doppelte Weise: einerseits sorgt er vor, damit die Rechtsordnung nicht verletzt wird, und andererseits stellt er diese Rechtsordnung wieder her, wenn sie verletzt wurde. Die Staatstätigkeit im Dienste des ersten Zieles wird

37 Der polnische Gelehrte stützte sich hauptsächlich auf die deutsche und die französische Wissenschaft. Vgl. D. Janicka, Spór (vgl. Anm. 12), S. 121, hier auch Fußnoten.

38 S. Budziński, Wykład (vgl. Anm. 19), S. 31.

39 Ebd., S. 34. Man darf hinzufügen, dass Budziński vom Staat erwartete, dass dieser die Grenzen der Bestrafung klar definiere. Er argumentierte (ebd., S. 30): „Jedes Handeln gegen den Staat, selbst die unbedeutendste Form von fehlender Unterordnung, verdient bestraft zu werden. In vielen Fällen aber werde die Strafe ohnehin nicht verhängt werden, besonders, wenn man das Ziel der Rückkehr zu den jeweiligen Pflichten auch mit Hilfe anderer Mittel erreichen könne, oder wenn ein solches Handeln nach dem moralischen Empfinden der Bürger durch die Missbilligung der Öffentlichkeit hinreichend bestraft sei. Der Staat trete von seiner Macht zu strafen dort zurück, wo eine organisierte Gemeinschaft, etwa Schule, Familie oder Kirche, bessere Mittel der Gegenwehr aufbringen könne als diejenigen, welche dem Staat zu Gebot stünden. Entsprechend müsse die Macht zu strafen den zuständigen Behörden vorbehalten bleiben (den Gerichten)“.

40 E. Krzymuski, Wykład (vgl. Anm. 22), Aufl. 2, Bd. 1, S. 5.

Prävention genannt, die im Dienste des zweiten Zieles – Repression. Das Strafrecht stellt einen gesonderten Teil der letzteren Staatsfunktion dar, indem es in erster Linie darauf abzielt, auf bereits begangene Verstöße auf angemessene Weise zu reagieren. Damit soll nicht suggeriert werden, dass das Strafrecht nicht auch präventive Aspekte hätte. Nur ist es nicht Sache des Strafrechts, unmittelbar diesem Zweck zu dienen“[41].

Eindeutig wies Krzymuski darauf hin, dass die Frage des *iuris puniendi* eine rechtsphilosophische sei[42]. Die philosophischen Grundlagen des Rechts handelte er auf mehreren Dutzend Seiten seines Lehrbuchs ab und kam zu folgendem Schluss:

> „Die Rechtsordnung einer Gesellschaft kann nicht anders gedacht werden als auf dem Prinzip der Gerechtigkeit beruhend. Dieses Prinzip gilt absolut, allerdings nur in dem Sinne, dass seinen Anforderungen unbedingt und ohne Rücksicht auf andere Gesichtspunkte, die nicht selbst Gerechtigkeit sind, Genüge zu tun ist“[43].

Zusammengefasst lässt sich zu den Ausführungen der polnischen Rechtswissenschaftler zum staatlichen Recht, kriminelle Strafen zu verhängen, feststellen, dass einige von ihnen dem Staat vorrangig die Aufgabe zuschrieben, die Rechtsordnung zu schaffen und aufrechtzuerhalten, während andere die Strafe direkt mit dem Verbrechen in Verbindung brachten, indem sie die rechtliche Vergeltung dafür verlangten.

6. Die axiologischen Motive und der Charakter der Strafsanktion in den Systemen von Hube, Maciejowski, Budziński und Krzymuski

Hube, der Vater der polnischen Strafrechtswissenschaft, vertrat die These, die Strafe sei vor allem ein Mittel, die Würde des Rechts wiederherzustellen, die durch das

41 Ebd. S. 8–9. Der Krakauer Professor betrachtete das Strafrecht als Bestandteil des gesamten Rechtssystems des Staates und rechnete es – neben dem Verfassungs- und Verwaltungsrecht – dem politischen Recht und auf der höchsten Abstraktionsebene – sogar dem öffentlichen Recht zu. Vgl. ebd., S. 7–8.

42 Ebd., S. 15: „Der Staat kann strafen, soweit dies das Recht erfordert; aber ob und warum das Recht dies verlangt, ist eine Frage, die die philosophischen Grundlagen des Strafrechts betrifft“.

43 Ebd., S. 53. Vgl. weitere Erörterungen des Gelehrten, ebd.: „Dies bedeutet aber nicht, dass die Gerechtigkeit als höchster rechtlicher Wert in der menschlichen Gesellschaft blind gegenüber denjenigen wesentlichen Erwartungen sein müsste, die gerade unter dem Schutz der Rechtsordnung stehen sollen. Denn das Recht ist nicht jenes Bedürfnis der menschlichen Natur, um dessentwillen die Menschen sich zu Gesellschaften zusammenfinden, sondern dasjenige, ohne dessen Befriedigung keinerlei vernunftgeleitete Lebensgemeinschaft zustande kommen könnte; erst die dem Recht unterliegende Gesellschaft ist in der Lage, den Menschen die Befriedigung aller wesentlichen Bedürfnisse ihrer Natur mit vereinten Kräften zu gewährleisten“.

Verbrechen verletzt worden sei. Zur Begründung dieser Auffassung griff er auf das Konzept und die Sprache der Hegelianer zurück und schrieb: „Die Strafe ist erwidernder Zwang, das heißt, die Vergeltung, welche die Gesellschaft übt, um die durch das Verbrechen angegriffene Würde des Rechts wiederherzustellen“[44]. An anderer Stelle fügte er hinzu:

> „Dass es aus noch höheren Gründen erforderlich ist, Zwang gegen denjenigen auszuüben, der ein Verbrechen begeht, ist unzweifelhaft. Würde kein Zwang ausgeübt, würde das Verbrechen weiterhin bestehen, und die Gesetze wären machtlos. Das einmal begangene Verbrechen besteht solange fort, bis es in der Strafe aufgehoben und ausgelöscht wird“[45].

Gleichzeitig akzeptierte er aber auch Nützlichkeitserwägungen für die Gesellschaft und den Täter als Strafgründe, also das, was wir modern die General- und die Spezialprävention nennen. Er hat dies an zahlreichen Stellen geäußert, etwa hier:

> „Wenn man die Strafe von einem strikt juristischen Standpunkt aus betrachtet, bewertet man sie im Grunde absolut. Betrachtet man sie aber vom Standpunkt der öffentlichen Sicherheit und der politischen Gestaltung, bewertet man sie nur relativ. Die Aufgabe der Strafe, den begangenen Verstoß aufzuheben, besteht aber nur unter dem ersten dieser beiden Aspekte: das alte Gleichgewicht zwischen Einzelhandlungen und dem allgemeinen Willen des Rechts wiederherzustellen“[46].

Die Vergeltung, von Hube als „entgegnender Zwang“ bezeichnet, war also in seinem System das Fundament der Bestrafung, wichtigster Grund und wichtigstes Ziel der Strafe. Präventionsabsichten sollten dagegen bei Art und Umfang der Strafsanktion in Betracht kommen. An einer Stelle hat Hube diesen Gedankengang in die kurzen Worte gefasst: „Ich bin der Auffassung, dass relative Theorien eine notwendige Ergänzung und Fortentwicklung der absoluten Theorie sind“[47].

Dass hier Nützlichkeitskriterien in die Hegelsche Theorie der Strafe als Vergeltung eingeführt wurden, war etwas wissenschaftlich Neues. Hube erwies sich damit als

---

44 R. Hube, Ogólne zasady (vgl. Anm. 17), S. 24.

45 Ebd., S. 14–15. Vgl. D. Janicka, Nauka (vgl. Anm. 3), S. 197–199.

46 R. Hube, Ogólne zasady (vgl. Anm. 17), S. 36–38. Seine Überlegungen zum Thema der politischen (d. h. rechtlichen – Anm. der Autorin) und moralischen Besserung des Straftäters und der Wiederherstellung des Gewichts des Rechts klangen ähnlich wie die Konzeptionen des deutschen Professors K. T. Welcker (1790–1869), auf den sich der polnische Gelehrte an vielen Stellen berief. Vgl. A. Grześkowiak, Poglądy (vgl. Anm. 14), S. 158–159; D. Janicka, Nauka (vgl. Anm. 3), S. 216.

47 R. Hube, O teoriach prawa kryminalnego. Rzecz czytana na publicznym posiedzeniu królewskiego uniwersytetu, dnia 19 września 1827 r., in: K. Dunin (Hrsg.), Romualda Hubego Pisma poprzedzone zarysem biograficzno-bibliograficznym, Warszawa 1905, Bd. 1, S. 112.

einer der ersten Vertreter der gemischten Straftheorie, die den Vergeltungsgedanken mit relativen Strafzielen verband[48].

Eine gemischte Straftheorie vertrat auch Maciejowski. Er interpretierte die Strafe als Akt der Vergeltung und der Selbstverteidigung, welchen die Staatsgewalt zur Aufrechterhaltung der gesellschaftlichen Ordnung vollziehe. In seinen eigenen Worten:

> „[…] so wie das Verbrechen der Grund der Strafe ist, so ist die Oberste Macht einer gegebenen Gesellschaft, insbesondere ihre Freiheit zur Reaktion und ihre Strafgewalt, die Quelle des Strafrechts. […] Die Oberste Macht […] verbietet, gebietet und droht mit einem solchen vergeltenden Übel, also einer Verletzung, die den aus dem Verbrechen erwarteten und verlockenden Vorteil entweder übersteigt oder es zumindest nivelliert. Wenn es unbedingt erforderlich wird, so ist es die Oberste Macht, die die angedrohte Strafe schließlich vollzieht“[49].

Gleichzeitig schloss Maciejowski in den Grundgedanken der Gerechtigkeit bewusst auch Nützlichkeitserwägungen ein, so die Besserung des Straftäters und die Hebung der gesellschaftlichen Moral. Er argumentierte:

> „Die Schaffung eines Strafrechts ist kein Akt der Willkür. Das Strafrecht muss sowohl das Prinzip der Gerechtigkeit berücksichtigen als auch Überlegungen seiner Nützlichkeit für die Gesellschaft, für die es gelten soll. Ebenso ist das Gerechtigkeitsprinzip mit der Strafpolitik verbunden und an die angestrebte öffentliche Moral angepasst, auf deren Einheit und Robustheit besondere Aufmerksamkeit zu richten ist. In diesen Grenzen ist der Staat dann allerdings frei zu bestimmen, was auf seinem Territorium wie und auf welche Weise oder in welcher Form bestraft werden soll. Dies alles hängt von den in der Gesellschaft, für die das Recht gelten soll, herrschenden inneren Beziehungen, Bedürfnissen, ihrer Moral und ihrem Erziehungsgrad ab“[50].

---

48 Der Gelehrte bemerkte die wesentliche Rolle des Vollzugs der Strafe im Prozess der General- und Spezialprävention und wies verschiedentlich auf sie hin: „Die Strafziele (Vorbeugung, Beispiel, staatsbürgerliche und moralische Besserung – Anm. der Autorin) ließen sich durch eine entsprechende Gestaltung des Strafvollzugs miteinander verbinden. An oberster Stelle müsse aber die Perspektive der unbedingten Gerechtigkeit stehen. Sie müsse auch zum Grundsatz allen Strafens gemäß den Vorgaben der jeweiligen Gesetze gemacht werden" - vgl. R. Hube, Ogólne zasady (vgl. Anm. 17), S. 42–43.

49 F. Maciejowski, Wykład (vgl. Anm. 18), S. 15–16. Vgl. M. Wąsowicz, Kara w polskiej myśli prawniczej w XIX wieku, CPH 39, 1 (1987), S. 75–76; D. Janicka, Spór (vgl. Anm. 12), S. 119; D. Janicka, Hube – Makarewicz – Wolter. Trzy koncepcje karania na przestrzeni stu lat, AKrym 39 (2017), S. 4–26.

50 Ebd., S. 24–25. Vgl. M. Wąsowicz, Kara (vgl. Anm. 48), S. 80.

Eine ähnliche Theorie der Strafe propagierte auch Budziński. Er akzentuierte vor allem die Idee der sozialen Gerechtigkeit, berücksichtigte aber auch Nützlichkeitserwägungen, vor allem im Bereich des Strafvollzugs. Er legte dar:

> „Aus den gerade skizzierten Grundsätzen über das Wesen der Strafe und ihre Ziele ergeben sich zwei ihrer wichtigsten Eigenschaften: Nützlichkeit und Gerechtigkeit. Die erste ist der Grund, warum Strafen verhängt werden, die zweite bestimmt die Grenzen der Bestrafung. Aus Nützlichkeitsgründen muss die Strafe beispielhaft und den Täter bessernd sein. [...] Aus Gerechtigkeitsgründen soll die Strafe den Täter persönlich treffen, seiner Schuld entsprechen, teilbar, aber gleich für alle und schließlich reversibel (etwa im Fall eines Justizirrtums - Anmerkung der Autorin) sowie kompensierbar sein (indem zu Unrecht Bestraften Entschädigungen gewährt werden können - Anmerkung der Autorin)[51]„.

Budzińskis Ausführungen trugen synkretistischen Charakter: sie verbanden nämlich absolute Eigenschaften der Strafe (die Gerechtigkeit als oberstes Prinzip) mit Nützlichkeitserwägungen (dem Beispielcharakter der Strafe für andere sowie der Besserung des Straftäters)[52].

Krzymuski identifizierte die Strafe zwar mit der gerechten Vergeltung, entschied sich aber doch, ihr auch eine Reihe Nützlichkeits-orientierter Eigenschaften auf dem Gebiet der General- und der Spezialprävention zuzuschreiben. Er fasste seine Theorie wie folgt zusammen:

> „So ist die Strafe also einerseits die Vergeltung für die Straftat, aber auf der anderen ist sie auch eine gemeinnützige Institution. [...] ihr Ziel ist, der Verwischung des Unterschieds zwischen Handlungen, die Strafe verdienen, und straffreien Handlungen im Bewusstsein der Menschen vorzubeugen, damit nicht jemand, der eine Straftat begeht, sich in der Illusion wiegen kann, er könne der ihm zufallenden Bestrafung entgehen. Der Nutzen, der sich hieraus für die Gesellschaft ergibt, liegt auf der Hand. Es gibt nur zwei Wege, um die Zahl der Straftaten zu verringern: die Menschen von ihnen abzuschrecken oder sie moralischer zu machen“[53].

Seine weitgehenden Analysen schloss der Krakauer Gelehrte mit der kurzen Feststellung: „die beste Bürgschaft für die Nützlichkeit der Strafe ist, dass sie gerecht

---

51 S. Budziński, Wykład (vgl. Anm. 19), S. 221. Vgl. ebd., S. 321–324.

52 K. Sójka-Zielińska, Kartka (vgl. Anm. 15), S. 177; M. Wąsowicz, Kara (vgl. Anm. 48), S. 83; D. Janicka, Spór (vgl. Anm. 12), S. 122.

53 E. Krzymuski, Wykład (vgl. Anm. 22), Aufl. 2, Bd. 1, S. 58. Vgl. ebd., S. 59: „[...] eine nach dem Prinzip des suum cuique tribuere bemessene Strafe besitzt aus sich heraus zwar nur einen negativen Wert; aber sie wird dadurch zur gerechten Strafe, dass sie die Rechtsordnung der Gesellschaft vor

ist"[54]. Auf diese Weise ging er auch als Vertreter der gemischten Straftheorie in die Rechtsgeschichte ein[55].

7. Zusammenfassung

Der Grundwert, dem die hervorragenden polnischen Juristen des 19. Jahrhunderts anhingen, war die Anerkennung des freien Willens des Menschen als Grundlage seines Handelns und somit auch seiner strafrechtlichen Verantwortung. Dieser Indeterminismus und der aus ihm erwachsende Grundsatz der moralischen Verantwortung des Menschen kann als das *summum bonum*, den höchsten Wert der klassischen Strafrechtsdoktrin des 19. Jahrhunderts gelten.

Auf der Suche nach einer Begründung der staatlichen Strafgewalt wiesen die polnischen Gelehrten entweder auf die Notwendigkeit hin, die soziale Ordnung aufrechtzuerhalten, oder sie beriefen sich darauf, dass unbedingt Gerechtigkeit durchgesetzt werden müsse. In dieser Debatte hingen die Axiome, die sie vertraten, von den philosophischen Systemen ab, denen sie anhingen. Einige knüpften an die naturrechtlichen Systeme oder die Aufklärung an und vertraten die Auffassung, dass der Staat berechtigt sei, das Individuum zu bestrafen, um Sicherheit zu garantieren – und folglich der Gerechtigkeit zielgerichtet Genüge tun müsse, damit die Effekte der General- und der Spezialprävention einträten; andere beriefen sich auf Kant oder Hegel und entwickelten das Prinzip der vergeltenden Gerechtigkeit, die der Aufrechterhaltung der Rechtsordnung bzw. der – philosophisch betrachtet – Aufhebung des Verbrechens dienen solle.

Allen Schulen in der polnischen Strafrechtswissenschaft war dagegen der Gedanke gemeinsam, dass die Strafsanktion sowohl ein Akt der Vergeltung oder Gerechtigkeit sei, als auch eine Institution mit Nutzen für das Gemeinwohl. Alle vorstehend analysierten Theorien der Strafe trugen gemischten Charakter. Selbst Hube, eigentlich ein Anhänger des Hegelschen Gedankens der Strafe als Akt der Gerechtigkeit in sich selbst, und auch Krzymuski, der die Kantische Vision der Strafe als Akt der moralischen und gerechten Vergeltung vertrat, verschlossen sich nicht dem Gedanken, dass die Strafe auch helfen solle, sozial nützliche Zwecke zu erreichen.

---

einem noch größeren Übel schützt, das jener das unbestrafte Verbrechen zufügen würde. Dieses größere Übel würde in den weiteren schädlichen Konsequenzen des Unrechts bestehen, die die Straftat der Gesellschaft bereits zugefügt hat. Allgemein lassen sich diese negativen Folgen den zwei folgenden Kategorien zuordnen: dem Anreiz für den Straftäter selbst, künftig weitere Verbrechen zu begehen, und dem Anreiz für andere, seinem Beispiel zu folgen".

54 Ebd., S. 60.

55 Vgl. D. Janicka, Spór (vgl. Anm. 12), S. 12 ; M. Wąsowicz, Kara (vgl. Anm. 48), S. 84–86.

In axiologischer Hinsicht ist die Kohärenz der Ansichten in der polnischen Rechtsdoktrin auffallend: mit der Grundannahme, dass alle Menschen im Prinzip gleichermaßen moralisch und rechtlich für ihr Tun verantwortlich seien, harmonierte die These, es sei erforderlich, die Kriminalstrafen so auszuwählen, dass Täter an der Begehung weiterer Straftaten gehindert und andere von der Begehung solcher Taten abgeschreckt würden. Alle besprochenen polnischen Gelehrten vertraten den Glauben an die Realisierung der Gerechtigkeit sowie an ein zweckentsprechendes, präventives Wirken von Strafen.

Kurzfassung

Im geteilten Polen entwickelte sich die Rechtswissenschaft nur eingeschränkt und ungleichmäßig. In der ersten Hälfte des 19. Jahrhunderts war das wichtigste Zentrum der Rechtswissenschaft in Polen Warschau; ab den 1870er Jahren ging diese Rolle auf Krakau über. An der Universität Warschau, die unter der russischen Teilungsmacht zunächst in eine „Hochschule" und anschließend in die russifizierte „Kaiserliche Universität" umgewandelt wurde, waren Professoren tätig, die als Schöpfer der ersten polnischen Systeme des Strafrechts in die Geschichte eingegangen sind: Romuald Hube, Franciszek Maciejowski und Stanisław Budziński. Ihre Systeme, die sie in Lehrbüchern veröffentlichten, beruhten auf soliden philosophischen Grundlagen. In Krakau schuf der Absolvent der „Kaiserlichen Universität Warschau", Edmund Krzymuski, ein ähnliches System. Dieser hervorragende Professor der Jagiellonen-Universität und verdiente Autor lebte bis in die Zwischenkriegszeit und hatte Gelegenheit, seine Konzeption in der Kodifikationskommission der Zweiten Republik, der er angehörte, in die Praxis umzusetzen. Alle genannten Gelehrten repräsentierten die klassische Schule des Strafrechts, wie sie im Europa des 19. Jahrhunderts dominierte. Alle vertraten die These von der natürlichen Willensfreiheit jedes Menschen. Auf dieser axiologischen Grundannahme bauten sie ihr Konzept des Verbrechens und der strafrechtlichen Verantwortung auf. Sie äußerten die Überzeugung, dass jeder Mensch die Fähigkeit besitze, gesetzestreu zu handeln, so dass er, wenn er Rechtsnormen bricht, hierfür zur Verantwortung gezogen werden müsse. Sie analysierten das philosophische Thema der Existenz des Strafrechts. Sie suchten die Grundlagen, auf die der Staat seinen Strafanspruch stützt, und verwiesen in diesem Zusammenhang auf die Notwendigkeit, der Gerechtigkeit Genüge zu tun sowie die öffentliche Ordnung und Sicherheit aufrechtzuerhalten oder wieder herzustellen. Die Strafe für Verbrechen betrachteten sie als Vergeltung und Akt der Selbstverteidigung der Staatsmacht im Interesse des Schutzes der sozialen Ordnung. Gleichzeitig akzeptierten sie präventive Strafziele in Gestalt einer Besserung des Kriminellen und der Hebung der gesellschaftlichen Moral. Die Abhandlung analysiert die Entwicklung der theoretischen Konzeptionen der genannten Vertreter der polnischen Rechtswissenschaft - der besten Repräsentanten des strafrechtlichen Denkens im 19. Jahrhundert. Im Einzelnen wird die Problematik der menschlichen Willensfreiheit, die Begründung strafrechtlicher Verantwortung, die Rolle des Staats bei der Aufrechterhaltung der öffentlichen Ordnung und die Ziele von Strafen erörtert.

Summary

Axiological priorities of the Polish criminal law doctrine in the nineteenth century (in the systems of Maciejowski, Hube, Budziński and Krzymuski)

In the Polish lands under partitions, jurisprudence was undergoing limited and uneven development. In the first half of the nineteenth century, Warsaw was the main centre of legal studies; this role was then taken over by Kraków in the 1870s. At the University of Warsaw, which was later transformed into the Main School, and then into the (Russian-language) Imperial University of Warsaw, there were professors who went down in history as the authors of the first criminal law systems, i. e., Romuald Hube, Franciszek Maciejowski and Stanisław Budziński. Their systems, described in textbooks, were based on solid philosophical foundations. In Kraków, a similar system was developed by a graduate of the Imperial University of Warsaw, Edmund Krzymuski. This eminent professor of the Jagiellonian University and distinguished author lived until the interwar period and could promote his ideas in the Second Republic of Poland's Codification Commission, of which he was a member. All of the above-mentioned scholars represented the classical school of criminal law that was dominant in Europe in the nineteenth century. They all proclaimed the concept of natural freedom of will for every human being. On this axiological foundation they built the concepts of crime and criminal liability. They had a conviction that every person could act in accordance with the law, and if they violate legal norms, they must bear criminal liability. They analysed the philosophical concept of the very existence of criminal law. They searched for the foundation, from which the state derives its penal laws, concurrently indicating the need to bring offenders to justice and to maintain or restore public order and safety. They treated criminal punishment as retribution and an act of self-defence undertaken by the state authorities to protect the social order. At the same time, they accepted the preventive objectives of punishment in the form of correcting the offender and promoting morality in society. The subject of the analysis in this study is the evolution of the theoretical concepts of the Polish scientists mentioned above, i. e., the most eminent scholars of criminal law in the nineteenth century. The texts in this volume revolve around the autonomy of human will, justification of criminal liability, the role of the state in maintaining social order and the goals of criminal punishment.

Hube – Makarewicz – Wolter. Drei Konzeptionen der Bestrafung innerhalb von 100 Jahren

Die Menschheit schöpft aus der Wissenschaft zwei Arten von Vorteilen – gleichsam wie ein zweiarmiges Delta ergießt sich der Strom des Wissens ins Erkennen. Der eine Vorteil ist das Kennenlernen von Neuem, der andere das bessere Verständnis des Alten.
Mieczysław Szerer, Kara. Szkic socjologiczny, Kraków 1910.

1. Einführung

Romuald Hube, der Begründer der polnischen Strafrechtslehre, debütierte in der Wissenschaft Ende der 1820er Jahre; Juliusz Makarewicz, der verdienteste polnische Jurist der Zwischenkriegszeit, begann seine Karriere in den 1890er Jahren, und das wissenschaftliche Debüt von Władysław Wolter, dem Begründer der Krakauer Strafrechtsschule, fiel in die 1920er Jahre. Das Schaffen der genannten Gelehrten zieht sich also über ein rundes Jahrhundert, sogar etwas mehr. Allen drei Autoren gemein war ein breites Wissen der Strafrechtswissenschaft, langjährige Erfahrung persönlicher wissenschaftlicher Tätigkeit sowie der Umstand, dass sie in schwierigen Zeiten lebten. Hube durchlebte den November- und den Januaraufstand (1830–31 und 1863–64), Makarewicz die Wiedergeburt des polnischen Staates und verbrachte die ersten Nachkriegsjahre im sowjetisch gewordenen Lwów (Lemberg). Wolter diente im Ersten Weltkrieg als österreichischer Soldat an der Ostfront und war über einen Teil des Zweiten Weltkriegs in deutschen Konzentrationslagern inhaftiert, sein Erwachsenenleben aber verbrachte er in der Volksrepublik Polen. Bis zu einem bestimmten Grad hatten alle drei Gelehrte auch ähnliche Auffassungen über die Strafe und ihre Rationalisierung.

In dem vorliegenden Beitrag soll es um ausgewählte Konzepte bestimmter hervorragender polnischer Gelehrte gehen, die in ihrer Gesamtheit drei Generationen der polnischen Jurisprudenz repräsentieren[1]. Wenn ich ihren Blick auf die Strafe,

1 Die Forschung über gelehrte polnische Juristen wurde im Rahmen eines Projektzuschusses Nr. 2014/15/B/HS5/03161 des Nationalen Wissenschaftszentrums NCN gefördert. Ihr wichtigstes Ergebnis ist das Buch der Autorin: Polska myśl prawnokarna XIX–XX wieku: autorzy i ich dzieła. Od szkoły klasycznej do socjologicznej, Toruń 2017. Das Buch besteht aus kurzen, ausgewählten Auszügen aus Werken polnischer Strafrechtler, einer historischen Einführung und einem umfangreichen Nachwort.

ihr Wesen, ihre Begründung und ihre Ziele sowie die des ganzen Strafrechtssystems vergleiche, soll dies dazu beitragen, die Entwicklungsrichtung der Rechtsdogmatik und Kriminalpolitik in der besprochenen Zeit deutlich zu machen. Meine Absicht ist erstens, am Beispiel ausgewählter Texte der drei berühmten Professoren darzulegen, wie sie die Strafe erklärten, welche Rolle sie ihr zuschrieben und welche Straftheorien (absolute, relative und gemischte) sie schufen. Weiter soll deutlich werden, welche konkreten Strafen aus dem rechtlichen Sanktionssystem die Zustimmung der führenden Vertreter der polnischen Rechtswissenschaft fanden, und darüberhinaus soll bewertet werden, wie Hube, Makarewicz und Wolter schrieben: sie waren drei Leuchten der Wissenschaft, deren Leistung kühn über die reine Rechtsdogmatik des Strafrechts hinausging.

2. Romuald Hube – Leben und Werk

Romuald Hube kam 1803 in Warschau zur Welt. Er entstammte einer adligen Familie, deren männliche Vertreter traditionell juristische Berufe ergriffen. So schloss auch Hube 1821 sein Jurastudium an der Warschauer Universität ab, leistete anschließend sein Referendariat und machte seine Richter- und Assessorenexamina. Danach ging er nach Berlin, um seine Ausbildung fortzusetzen. Nach seiner Rückkehr ins Königreich Polen hielt er bis zur Schließung der Universität Warschau als Konsequenz aus der Niederlage des Novemberaufstands (1831) Vorlesungen an dieser Hochschule. 1829 wurde er promoviert. Um dieselbe Zeit gründete er die erste juristische Fachzeitschrift in polnischer Sprache, „Themis Polska", deren Chefredaktion er übernahm[2]. Nach dem Novemberaufstand wurde er von den russischen Behörden auf politische Zuverlässigkeit überprüft, bestand diese Überprüfung und fand für kurze Zeit eine Anstellung als Staatsanwalt. Schon bald wurde er zur Mitarbeit an der Kodifikationskommission in St. Petersburg berufen. In der russischen Hauptstadt verbrachte er die nächsten fast 30 Jahre. Aus den Beratungen des Gesetzgebungsgremiums, an dem Hube beteiligt war, ging das russische Strafgesetzbuch von 1845 sowie seine modifizierte Version für das Königreich Polen hervor, d. h. der „Kodeks kar głównych i poprawczych" [„Kodex der Haupt- und Besserungsstrafen"] von 1847. Dieses Werk stieß unter den Juristen, die die rechtliche Autonomie des Königreichs Polen zu verteidigen suchten, auf Widerstand, und Hube selbst fiel in

2 Vgl. S. Milewski, A. Redzik, Themis i Pheme: czasopiśmiennictwo prawnicze w Polsce do 1939 roku, Warszawa 2011, S. 47–50. Die Autoren verweisen darauf, dass der wichtigste Förderer der Zeitschrift der politische Schriftsteller und Direkter der Polnischen Bank Karol Hoffman (1798–1875) war, der nach dem Scheitern des Novemberaufstands emigriert war; Hube sei dagegen nur ein Mitredakteur.

der polnischen Öffentlichkeit nach seiner Rückkehr nach Warschau in Ungnade[3]. In dieser Situation beendete er nach der Niederlage auch des polnischen Januaraufstands (1864) seine langjährige eindrucksvolle Beamtenkarriere. Seit 1867 war er im Ruhestand und widmete seine Zeit wissenschaftlichen Arbeiten, Reisen ins Ausland und dem Aufbau einer überaus wertvollen Fachbibliothek, die er in seinem Nachlass im Wesentlichen der Bibliothek der Jagiellonen-Universität in Krakau vermachte. Hube starb in Warschau im Jahre 1890[4].

Man übertreibt nicht, wenn man das Werk Hubes als allseitig bezeichnet. Der Autor beschäftigte sich nicht nur mit dem Strafrecht und seiner Geschichte, sondern auch – mit großem Erfolg – mit der polnischen Rechtsgeschichte und mit rechtsvergleichenden Themen[5]. Auf dem Gebiet der Strafrechtswissenschaft erwarb er sich Verdienste vor allem als Autor des Werks „Ogólne zasady nauki prawa karnego" [„Allgemeine Grundsätze der Strafrechtswissenschaft"]; er war kaum 27 Jahre alt, als er diese Arbeit vorlegte. Sie war die erste Darlegung des Allgemeinen Teils des Strafrechts in polnischer Sprache[6]. Seine zweite wichtige strafrechtstheoretische Arbeit waren seine „Studia nad Kodeksem karnym 1818 roku" [„Studien

3 W. Sobociński, Wydział Prawa w Uniwersytecie Warszawskim (1816–1831) i w Szkole Głównej (1862–1869), Warszawa 1963, S. 115–116 führte die Kritik an Hube durch Fryderyk Skarbek (1792–1866) an. Skarbek war Professor der politischen Ökonomie und der Verwaltungswissenschaften, begabter Schriftsteller und Vorläufer der Strafvollzugswissenschaft: er warf seinem Kollegen Hube vor, er habe „ein absolut unpassendes Gesetz geschrieben, das unzweifelhaft sowohl die Vernunft, als auch die Menschheit und die Gerechtigkeit beleidigt". Im übrigen kritisierte er Hube als Kosmopoliten und Opportunisten und bemängelte auch seine Auffassung, man könne ein für alle Staaten Europas gemeinsames Strafgesetzbuch schaffen.

4 Mehr über Hube siehe: W. Sobociński, Hube Romuald Jan Ferdynand (1803–1890), PSB, Bd. 10, Wrocław-Warszawa-Kraków 1962–1964, S. 70–73; A. Rosner, Romuald Jan Ferdynand Hube (1803–1890), in: G. Bałtruszajtys (Hrsg.), Profesorowie Wydziału Prawa i Administracji Uniwersytetu Warszawskiego 1808–2008, Warszawa 2008, S. 39–42; I. Andrejew / Z. Zdrójkowski, Nauka prawa karnego w środowisku warszawskim w dobie Szkoły Głównej, RUW 1964, Bd. 5, Hf. 2, S. 93–95; J. Bardach, Nauka historii państwa i prawa w Królestwie Polskim doby Szkoły Głównej, RUW 1964, Bd. 5, Hf. 2, S. 109–119; W. Witkowski, Aleksander This i Jan Kanty Wołowski: wybitni prawnicy Królestwa Polskiego, Lublin 2001, S. 16–25.

5 Hubes Schriften wurden 1905 in Warschau in zwei Bänden veröffentlicht – siehe: K. Dunin (Hrsg.), Romualda Hubego Pisma poprzedzone zarysem biograficzno-bibliograficznym, Warszawa 1905, Bd. 1–2. Vgl. auch Anm. 8.

6 R. Hube, Ogólne zasady nauki prawa karnego, Warszawa 1830, 482 Seiten. Hube hatte seine wissenschaftliche Laufbahn bereits 1827 mit der umfangreichen Arbeit „Theorien des Kriminalrechts" begonnen – siehe: K. Dunin (Hrsg.), Romualda Hubego Pisma (vgl. Anm. 5), Bd. 1, S. 77–115. Sein Lehrbuch, das nach wissenschaftlichen Methoden erarbeitet war, verschaffte dem Autor den Ehrentitel eines „Vaters der polnischen Strafrechtslehre" – vgl. A. Grześkowiak, Poglądy Romualda Hubego na karę, CPH 26, 2 (1974), S. 151.

zum Strafgesetzbuch von 1818"][7], ein reifes Werk, dem sicherlich Hubes Eintreten für die Idee zugrunde lag, das polnische Strafrecht von 1818 wieder einzuführen, zu dessen Abschaffung der Gelehrte leider in den 1840er Jahren ebenfalls beigetragen hatte, um den allgemein kritisierten „Kodex der Haupt- und Besserungsstrafen" an seine Stelle zu setzen[8].

Hubes Darlegung des Allgemeinen Teils des Strafrechts war ein ausführliches und interessantes Jugendwerk. Im Vorwort erläuterte der Autor, warum er das Buch geschrieben habe: um dem Publikum die erste moderne Arbeit zum Strafrecht in polnischer Sprache vorzulegen[9]. Gleichzeitig nannte er aufrichtig und von vornherein zwei deutsche Gelehrte, auf deren Konzepten seine eigenen Interpretationen und Postulate in starkem Maße beruhten: Julius Friedrich Heinrich Abegg und Friedrich August Biener[10]. Von Abegg, dem Sprecher der hegelianischen Richtung der Strafrechtsdoktrin, übernahm Hube zahlreiche Aspekte der Strafbegründung; den Arbeiten Bieners, der die historische Rechtsschule vertrat, entnahm er eine Reihe von Informationen zur Geschichte der Strafjustiz[11].

Hubes Werk war gleichwohl in einigen Punkten originell. Auch wenn der junge Gelehrte über die Feststellungen der klassischen Schule des Strafrechts nicht hinausging[12], schuf er eine schlanke und transparente Arbeit, die *primo* rechts-

---

7 R. Hube, Studia nad kodeksem karnym 1818 roku. Cz. 1, Warszawa 1863, 190 Seiten. Die ursprünglich geplanten weiteren Bände dieses Werks sind nicht erschienen.

8 Außerdem veröffentlichte Hube eine Reihe von Beiträgen in der Zeitschrift „Themis Polska". Nach seinem Rückzug aus der Öffentlichkeit widmete er sich vor allem Fragen der polnischen und der allgemeinen Rechtsgeschichte. Vgl. Liste seiner Veröffentlichungen: K. Dunin, Romuald Hube 1803–1890. Studium biograficzno-bibliograficzne, in: K. Dunin (Hrsg.), Romualda Hubego Pisma (vgl. Anm. 5), S. LXXXVI–LXXXVIII.

9 R. Hube, Ogólne zasady (vgl. Anm. 6), S. 7 der nicht paginierten Einleitung: „In unserem Lande ist leider auf dem Felde der gründlicheren Wissenschaft noch kaum etwas geleistet worden, so dass sogar weniger ausgearbeitete Schriften sich als überaus nutzbringend erweisen können. Im übrigen ist es höchste Zeit, dass wir uns nicht länger mit im Ausland entstandenen Arbeiten behelfen."

10 Mehr über die deutschen Professoren J. F. H. Abegg (1796–1868) in Breslau und F. A. Biener (1787–1861) in Berlin siehe: D. Janicka, Nauka o winie i karze w dziejach klasycznej szkoły prawa karnego w Niemczech w 1 połowie XIX wieku, Toruń 1998, S. 101–102 und 87–88.

11 R. Hube, Ogólne zasady (vgl. Anm. 6), S. 3 der nicht paginierten Einleitung: „Zwar hat Abegg vor einigen Jahren ähnliche Gedanken zur Methode der Lehre des Strafrechts formuliert, aber er hat sie nur skizziert und nicht weiter entwickelt". Ebd., S. 6: „Als Vorbild bei meinen diesbezüglichen Forschungen diente mir die Bearbeitung von Professor Biener zur Geschichte des Inquisitionsprozesses".

12 Grundthesen der Klassiker waren schon Mitte des 19. Jahrhunderts: das Legalitätsprinzip, die Anerkennung der Willensfreiheit, die Theorie der Zurechenbarkeit des Verbrechens, die Zweigleisigkeit der Schuldtheorie sowie das Prinzip der Vergeltung, oft in Verbindung mit Überlegungen zur Nützlichkeit von Strafzielen – siehe mehr: D. Janicka, Nauka (vgl. Anm. 10), S. 258; D. Janicka, Spór o teorie kary w dobie klasycznej szkoły prawa karnego na ziemiach polskich i niemieckich w XIX wieku, PKHN PAU 2000, Bd. 2, S. 118–119.

philosophische Grundannahmen enthielt, *secundo* ausführliche rechtshistorische Überlegungen und *tertio* dogmatische Analysen, die sich stark auf rechtsvergleichende Materialien stützten[13]. Am Rande sei erwähnt, dass der Autor ursprünglich vorhatte, weitere Bände zum Besonderen Teil und zum Strafprozessrecht vorzulegen[14]. Doch zu einer vollständigen systematischen Darstellung kam es nicht. Das lag mit hoher Wahrscheinlichkeit am Ausbruch des Novemberaufstands, an der anschließenden Schließung der Universität Warschau und dem Wechsel Hubes in den russischen Beamtendienst, in dem er eine Karriere bis auf die höchsten Stufen machte.

3. Die Strafe als solche und ausgewählte Strafarten in den Vorstellungen Hubes

Die wesentlichen Aspekte von Hubes Strafrechtstheorie sind in der wissenschaftlichen Literatur bereits vor einiger Zeit erforscht und beschrieben worden. Die wichtigsten Autoren zu diesem Thema sind die beiden Strafrechtswissenschafter Alicja Grześkowiak und Andrzej Zębik[15]. In einem gewissen Ausmaß ist das Denken Hubes auch von Rechtstheoretikern und Rechtshistorikern analysiert worden[16].

Hube war ein Vertreter der klassischen Schule des Strafrechts[17]. An ihr begann er sich sicherlich unter dem Einfluss seiner Studienjahre in Berlin zu orientieren, wo er unter anderem die Vorlesungen Georg Wilhelm Friedrich Hegels (1770–1831)

---

13 Das Buch begann mit einem ausführlichen I. Teil zu den philosophischen Grundlagen von Verbrechen und Strafe sowie ihrer historischen Entwicklung. Dieser geschichtliche Abschnitt umfasste allein bereits mehr als ein Drittel des Buches. Die Teile II und III behandelten weitere Fragen aus dem Allgemeinen Teil des Strafrechts vor dem Hintergrund des im Königreich Polen geltenden Strafgesetz von 1818, sowie umfangreicher historischer und rechtsvergleichender Ausführungen. Für die nachfolgende Rechtsdogmatik war der Teil II unter dem Titel „Verbrechen und Strafe im Einzelnen" am wesentlichsten; der kurze Teil III trug den Titel „Über das Verhältnis von Verbrechen und Strafe" und stellte vor allem Umstände dar, die eine Bestrafung ausschlossen.

14 R. Hube, Ogólne zasady (vgl. Anm. 6), S. 8 der nicht paginierten Einleitung.

15 A. Grześkowiak, Poglądy (vgl. Anm. 6), S. 151–166; A. Zębik, Poglądy Romualda Hubego na przestępstwo, winę i karę, AUL, Folia Iuridica 35 (1988), S. 195–216. Vgl. D. Janicka, O postępie badań nad historią nowoczesnej polskiej nauki prawa karnego, SIL 25, 3 (2016), S. 349–350.

16 S. Pałczyński, Romualda Hubego teoria działania i czynu. Studium z zakresu podstaw konstrukcyjnych pierwszego polskiego nowoczesnego systemu prawa karnego, RPEiS 2000, Bd. 2, S. 15–54; W. Witkowski, Aleksander This (vgl. Anm. 4), S. 14–21. Bis jetzt hat die Rechtsgeschichte nicht feststellen können, ob und in welchem Umfang Hube in seine Strafrechtskodifikation seine eigenen Anschauungen hat einfließen lassen. Forschungen in diese Richtung wären ausgesprochen wünschenswert und wichtig.

17 Mehr zum Stand der Strafrechtswissenschaft im Königreich Polen wie auch zu den anderen Warschauer Gelehrten siehe: I. Andrejew / Z. Zdrójkowski, Nauka (vgl. Anm. 4), S. 93–103.

hörte, den er auch persönlich kennenlernte[18]. Hube setzte sich ausführlich mit den Konzeptionen der europäischen Juristen auseinander, unter denen zu dieser Zeit die deutschen Vertreter führend waren. Belegt wird dies durch die große Zahl deutscher Gelehrter, auf die Hube in seinem Buch Bezug nimmt: angefangen mit Immanuel Kant (1724–1804) und Johann Gottlieb Fichte (1762–1814) sowie anschließend Paul Johann Anselm von Feuerbach (1775–1833) sowie dessen Kritiker und Schüler und zum Schluss Hegel und seine ersten Schüler auf dem Gebiete der Rechtswissenschaft[19].

Hube bekannte sich zur sogenannten gemischten Straftheorie. Er sah die Strafe hauptsächlich als Mittel zur Wiederherstellung des durch das Verbrechen gestörten Rechtsfriedens[20]. Er schrieb explizit: „Die Strafe ist ein erwidernder Zwang oder anders: eine Vergeltung, welche die Gesellschaft zur Wiederherstellung der durch das Verbrechen angegriffenen Würde des Rechts anwendet"[21]. Diesen Gedanken hatte er zweifellos unter dem Einfluss Hegels und seiner Philosophie entwickelt, die zu Hubes Zeit von deutschen Gelehrten auf das Strafrecht angewandt wurde[22]. Gleichzeitig übersah Hube aber nicht, dass die Strafe auch präventive Funktionen gegenüber dem Täter und der Gesellschaft haben kann und hat. Dazu schrieb er:

> „Wenn man die Strafe von einem strickt juristischen Standpunkt aus betrachtet, bewertet man sie im Grunde absolut. Betrachtet man sie aber vom Standpunkt der öffentlichen Sicherheit und der politischen Gestaltung, bewertet man sie nur relativ. […] Hingegen hat die Strafe unter allen weiteren vorstehend angeführten Aspekten nicht nur die Aufgabe, die im Verbrechen vorliegende Rechtsverletzung zu sühnen, sondern vielmehr vor allem auch die, verschiedene mit dem Verüben von Verbrechen verbundene Erscheinungen zu beseitigen. […] Freilich braucht man die Beziehung solcher Gesichtspunkte, damit die Strafe auch als gerecht oder als nützlich für die Gesellschaft gelten kann. […] So kann eine Strafe irgendwelcher Art, wenn sie nach den Regeln der rechtlichen Vergeltung verhängt wird, zweifellos zur Verhinderung weiterer Verstößen beitragen, wenn sie den

---

18 K. Dunin, Romuald Hube (vgl. Anm. 8), S. XVII–XX. Siehe auch: D. Janicka, Spór (vgl. Anm. 12), S. 118–119.

19 R. Hube, Ogólne zasady (vgl. Anm. 6), S. 184–219.

20 Ebd., S. 15: „Ohne die Anwendung von Zwang würde der Rechtsverstoß fortbestehen und das Gesetz bliebe ohne Kraft und praktische Geltung. Eine begangene Straftat existiert so lange weiter, bis sie in der Strafe aufgehoben und zerstört ist. […] Die Anwendung von Gewalt gegenüber dem Täter ist gerechtfertigt, um die Rechtsordnung und die Herrschaft des Rechts in der Gesellschaft durchzusetzen". Diese Denkrichtung Hubes entsprach der damaligen Rechtsdoktrin in Europa, insbesondere in Deutschland. Siehe: D. Janicka, Nauka (vgl. Anm. 10), S. 197–199.

21 R. Hube, Ogólne zasady (vgl. Anm. 6), S. 24.

22 D. Janicka, Nauka (vgl. Anm. 10), S. 98–100.

Verurteilten nur empfindlich genug trifft; sie kann auch im Verurteilten staatsbürgerliche Gefühle wecken und sogar eine moralische Verbesserung bewirken“[23].

An anderer Stelle fasste er zusammen:

„Die Strafziele (Prävention, Beispiel, staatsbürgerliche und moralische Besserung – Anmerkung der Autorin) können durch die richtige Anordnung zum Vollzug der Strafe erreicht werden. Allerdings sollte all diesen Überlegungen der Gesichtspunkt der absoluten Gerechtigkeit vorangestellt werden. Bei der gesetzlichen Androhung von Strafen müssen alle diese Aspekte berücksichtigt werden“[24].

Unter dem Strich vereinte Hube also die Idee der Vergeltung mit relativen Strafzielen. Er war neben dem deutschen Hegelianer Prof. Abegg, auf den er sich teilweise stützte, einer der ersten Vertreter der gemischten Straftheorie in Europa[25].

Neben dem Hinweis auf Wesen und Ziele der Strafe sprach sich Hube aber auch sehr deutlich dafür aus, dass Strafen einschneidend sein müssten. So schrieb er mit voller Überzeugung:

„Die Strafe muss dem Bestraften also in Form einer Beschwernis gegenübertreten, sie muss sein Leiden nach sich ziehen, weil der Mensch sowohl ein geistiges, als auch ein sinnliches Wesen ist. Da die Sinnlichkeit die Wirklichkeit seines Daseins ist, kann man auf diese Sinnlichkeit auch nur von der sinnlichen Seite einwirken; deshalb muss die Strafe sinnlich spürbar und belastend sein“[26].

Hube ließ es aber nicht bei abstrakten Bemerkungen über Verbrechen und Strafe bewenden. In gleichem Maße ging er auf das System der Strafen und ihren Katalog ein, wobei er sowohl auf verschiedene gesetzliche Lösungen hinwies, als auch eigene Auffassungen zu diesem Thema darlegte. Im Einklang mit den damals in Europa vorherrschenden Meinungen äußerte er sich als Gegner grausamer und

---

23 R. Hube, Ogólne zasady (vgl. Anm. 6), S. 36–38. Der Autor berief sich auf Konzeptionen des deutschen Professors K. T. Welcker (1790–1869). Mehr dazu siehe: A. Grześkowiak, Poglądy (vgl. Anm. 6), S. 158–159; D. Janicka, Nauka (vgl. Anm. 10), s. 216.

24 R. Hube, Ogólne zasady (vgl. Anm. 6), S. 42–43.

25 Abegg vertrat die Auffassung, die Gerechtigkeit solle Bedingungen, Art und Bemessung der Strafen bestimmen, die Strafpolitik dagegen das Verhältnis zwischen Strafe und Straftat behandeln. Hube, Ogólne zasady (vgl. Anm. 6), S. 39, sah es ähnlich: Grundsätze der unbedingten Gerechtigkeit zeigen eigentlich nur die Grenzen auf, innerhalb derer Strafen zu vollziehen seien und bezeichnen deren Eigenarten; erst ein relatives Herangehen zeige, welche Art von Strafe und welche Vollzugsform angemessen seien. Siehe auch Anm. 11.

26 R. Hube, Ogólne zasady (vgl. Anm. 6), S. 385.

körperlicher Strafen zugunsten der Verhängung von Haftstrafen. Über sie schrieb er mit voller Überzeugung und Hoffnung:

> „Das zweifellos wirksamste Mittel der Besserung ist die Trennung des Verurteilten von den Versuchungen des gewöhnlichen Lebens, seine Gewöhnung an Arbeit und die Nötigung zur langsamen Selbsterforschung. Diese Mittel entsprechen völlig der moralischen Würde des Menschen und dem Stand der heutigen höheren Bildung“[27].

An anderer Stelle fügte er mit einer großen Dosis von Optimismus und Hoffnung hinzu:

> „Dies sind die wesentlichen Arten von Strafen, die heute in Gebrauch sind. Unter ihnen allen ragt die Gefängnisstrafe heraus. Ihre Nützlichkeit und Angemessenheit sind unbestreitbar. Je mehr die Gesellschaft heranreift und sich rechtlich heranbildet, desto mehr erweist sich die Haftstrafe als angemessen. Sie ist als Entzug der persönlichen Freiheit für jemanden, der bereits gelernt hat, sich ihrer zu erfreuen, einerseits die empfindlichste Strafe, und andererseits auch die hilfreichste, weil sie den Verurteilten durch seine Absonderung und die Verpflichtung zur Arbeit zur moralischen Besserung verhilft“[28].

Hinsichtlich der verschiedenen Formen von Freiheitsentzug sprach sich Hube sowohl gegen allzu kurze als auch gegen die lebenslange Freiheitsstrafe aus. Die ersten verfehlten seiner Auffassung nach den Präventionszweck gegenüber dem Gefangenen, die anderen dagegen degradierten den Verurteilten zu einem Objekt. In dieser Frage war sein Ton sehr kategorisch:

> „Es liegt auf der Hand, dass man einen Schuldigen nicht innerhalb von acht Tagen, drei Monaten oder sogar einem Jahr bessern kann. Ähnlich viel spricht aber auch gegen die lebenslange Strafe. Wer für sein ganzes restliches Leben eingeschlossen wird, verliert ein für alle Mal jede persönliche Bedeutung, er wird in ein schieres Werkzeug verwandelt. Im übrigen hängt es bei der lebenslangen Freiheitsstrafe von zufälligen Faktoren ab, wie einschneidend sie gegenüber dem Verurteilten wirkt. Ein Mensch in vorgeschrittenem Alter wird durch sie weniger hart getroffen als ein Täter im Alter jugendlicher Frische“[29].

---

27 Ebd., S. 401. Darüber hinaus sprach sich der Gelehrte dafür aus, Verurteilte innerhalb der Haftanstalten arbeiten zu lassen, sie jedoch nicht in Form öffentlicher Arbeiten außerhalb davon zu beschäftigen – ebd., S. 403. Vgl. A. Grześkowiak, Poglądy (vgl. Anm. 6), S. 163.

28 R. Hube, Ogólne zasady (vgl. Anm. 6), S. 410.

29 Ebd., S. 404.

Hubes Forderungen wichen nicht von den Standpunkten anderer Vertreter der klassischen Schule ab. Die überwiegende Mehrheit ihrer Anhänger sah die wichtigste Rolle im Strafsystem bei der Freiheitsstrafe, die schon zur Zeit der Aufklärung in Theorie und Praxis populär geworden war. Es herrschte die verbreitete Auffassung, dass Gefängnisse zur Besserung der Verurteilten beitragen könnten, und dass die Arbeitspflicht eine hinreichend einschneidende Maßnahme sei. Hube und seine Zeitgenossen lebten in einer Zeit, als bereits die ersten Pläne für eine Reform des Gefängniswesens geschmiedet wurden[30]. Was die kurzzeitige und die lebenslängliche Freiheitsstrafe anging, waren die Auffassungen allerdings geteilt. Zum Thema der eventuellen vorzeitigen Haftentlassung gab es verschiedene Meinungen, auch wenn sich diese Forderung nach und nach in der Doktrin durchsetzte[31]. Auch Hube hat sich in seinem bereits erwähnten Buch aus den 1860er Jahren für diese Möglichkeit ausgesprochen, sobald der Verurteilte zwei Drittel seiner Strafe verbüßt habe[32]. Er akzeptierte die Todesstrafe, lehnte aber Prügelstrafe und Einziehung von Vermögen ab. Kritisch äußerte er sich dagegen zu Geldstrafen.

Die Todesstrafe wollte Hube als Ausnahme gelten lassen, die selten vollstreckt werden solle und auf deren künftige Abschaffung er hoffte. Er schrieb dazu knapp:

> „Es sei abschließend noch hinzugefügt, dass wir, auch wenn wir die Todesstrafe verteidigen und der Gesellschaft das Recht zugestehen, sie zu verhängen, doch der Auffassung sind, dass sie so selten wie nur irgend möglich verhängt und vollstreckt werden sollte. [...] Die Geschichte der neuesten Zeit zeigt, dass die Todesstrafe langsam und ohne Schaden aus den Strafgesetzbüchern verschwinden kann. Warum sollte nicht ein Augenblick kommen, wo sie schon völlig überflüssig geworden ist?“[33].

Die Prügelstrafe lehnte Hube als inhuman völlig ab, egal ob sie selbständig oder im Rahmen einer Verschärfung der Gefängnisstrafe verhängt werde[34]. Die Vermögenskonfiskation kritisierte er ebenfalls, weil sie die Familie des Verurteilten treffe[35]. Die Rolle von Geldstrafen betrachtete Hube als gering und allenfalls bei der

30 Ebd., S. 179–180. Hube beschrieb u. a. das neue amerikanische Strafvollzugssystem, das später als *solarity-system* bekannt wurde.

31 Siehe: D. Janicka, Nauka (vgl. Anm. 10), S. 226–234.

32 R. Hube, Studia (vgl. Anm. 7), S. 70. Siehe auch: A. Grześkowiak, Poglądy (vgl. Anm. 6), S. 162.

33 R. Hube, Ogólne zasady (vgl. Anm. 6), S. 396.

34 Ebd., S. 405: „Die Prügelstrafe macht unmittelbar die Würde des Menschen zunichte, sie besudelt die Heiligkeit der Person“.

35 Ebd., S. 409: „Bestrafen darf man nur den Schuldigen; eine Einziehung des Vermögens dagegen wirkt sich auch auf die ganze Familie des Täters und ihr Schicksal einschneidend aus“.

Bestrafung für kleinere Vergehen angemessen[36]. Sein System von Strafmaßnahmen passte gebührend zum Programm der klassischen Strafrechtsschule[37].

4. Makarewicz - Leben und Werk

Juliusz Makarewicz kam 1872 in der galizischen Kleinstadt Sambor (heute in der Ukraine) zur Welt. Sein Vater war ein verdienter Eisenbahningenieur. Makarewicz schloss sein Jurastudium an der Jagiellonen-Universität in Krakau ab und absolvierte dort auch sein Gerichtsreferendariat. Anschließend studierte er in Deutschland weiter. Nach seiner Rückkehr nach Krakau wurde er Richter, und gleichzeitig begann er an der juristischen Fakultät sein Habilitationsverfahren. Seine 1896 vorgelegte Habilitationsschrift stützte sich auf modernistische Konzeptionen. Sie stieß allerdings bei Edmund Krzymuski (1851–1928), dem wichtigsten polnischen Vertreter der klassischen Strafrechtslehre, auf so deutliche Kritik, dass Makarewicz gezwungen war, eine neue Habilitationsschrift zu einem Thema im Geist der klassischen Schule zu verfassen. Damit konnte er schließlich ein Jahr später (1897) sein Habilitationsverfahren erfolgreich zu Ende bringen. Der junge Dozent – und anschließend außerordentliche Professor – blieb nur 10 Jahre in Krakau. 1907 wechselte er auf die Stelle eines ordentlichen Professors an der Jan-Kazimierz-Universität in Lwów (Lemberg). Dort war er tätig, bis diese Universität 1939 ihre Tätigkeit in der bisherigen Form einstellen musste, und er übte die Ämter eines Dekans und eines Rektors aus. In der Zwischenkriegszeit war Makarewicz nicht nur wissenschaftlich tätig, sondern engagierte sich auch politisch und erlangte ein Senatsmandat für die Christdemokraten. Zwischen 1919 und 1939 nahm er aktiven Anteil an der Arbeit der Kodifikationskommission der Republik Polen, vor allem als Vorsitzender der Sektion Materielles Strafrecht. Man kann das polnische Strafgesetzbuch von 1932 im Prinzip als sein Werk bezeichnen, da er eine Reihe eigener Vorschläge in den Text einbrachte. Nach dem Krieg blieb er in Lwów und nahm 1946 seine Tätigkeit an der sowjetischen Iwan-Franko-Universität auf. Er starb 1955 in Lwów[38].

36 Ebd., S. 409: „Minderung des Vermögens ist eine bei weitem zu geringe Beeinträchtigung. Würde man Vermögensstrafen auch für schwerere Straftaten einführen, könnte dies einen Anreiz zu leichtsinnigen und dreisten Überfällen bieten".

37 Siehe: D. Janicka, Nauka (vgl. Anm. 10), S. 228–234.

38 Mehr über Makarewicz siehe: A. Redzik, Profesor Juliusz Makarewicz – życie i dzieło, in: A. Grześkowiak (Hrsg.), Prawo karne w poglądach Profesora Juliusza Makarewicza, Lublin 2005, S. 23–92; A. Pasek, Juliusz Makarewicz - wybitny uczony i kodyfikator polskiego prawa karnego, in: M. Marszał / J. Przygodzki (Hrsg.), Wybitni prawnicy na przestrzeni wieków, Wrocław 2006, S. 157–169; M. Wąsowicz, Juliusz Makarewicz - uczony i kodyfikator, SI 26 (1993), S. 111–131; J. Wojciechowska, Juliusz Makarewicz (1872–1955). Kariera naukowa i polityczna, PPK 7 (1992), S. 5–22; J. Stelmach / W. Uruszczak (Hrsg.), Uniwersytet Jagielloński, Złota księga Wydziału Prawa i Administracji, Kraków

Makarewicz ist in die Rechtsgeschichte als hervorragender Strafrechtsdogmatiker und Strafrechtsphilosoph sowie genialer Kodifikator des polnischen materiellen Strafrechts eingegangen[39]. Seine zahlreichen Arbeiten umfassen Schriften zum Strafrecht, seiner Geschichte, aber auch originelle Ausarbeitungen auf Grundlage ethnographischer und soziologischer Forschungen. Eines seiner frühesten Werke war seine Einführung in die Philosophie des Strafrechts, die 1906 auf deutsch erschien[40]. Diese Monographie war im wesentlichen historisch-ethnographisch orientiert und fand in Westeuropa positive Aufnahme[41]. In den 1920er Jahren schrieb Makarewicz ein Lehrbuch – eigentlich eine vergleichende Darlegung der von den Teilungsmächten übernommenen verschiedenen Strafrechtskodifikationen[42]. Die praktische Krönung seines Lebenswerks war das polnische Strafgesetzbuch von 1932, dem er unmittelbar seinen eigenen umfassenden Kommentar hinzufügte. Dieser wurde zwischen 1932 und 1938 fünfmal aufgelegt und stellte sämtliche anderen Kommentare, die im Zwischenkriegspolen herausgegeben wurden, in den Schatten[43].

2000, S. 275–279; P. M. Żukowski, Profesorowie Wydziału Prawa Uniwersytetu Jagiellońskiego, Bd. 2: 1780–2012, Hrsg. D. Malec, Kraków 2014, S. 313–315.

39 W. Wolter, Nauka prawa karnego od drugiej połowy XIX wieku. Jej początki – klasycyzm – nowe kierunki, in: M. Patkaniowski (Hrsg.), Studia z dziejów Wydziału Prawa UJ, ZNUJ, Prace Prawnicze 1964, Bd. 18, S. 334, nennt Makarewicz den größten „Kriminologen" Polens in der ersten Hälfte des 20. Jh. Dieser Titel sollte sicherlich darauf hinweisen, dass Makarewicz seine rechtsdogmatischen Anschauungen auf die modernen kriminologischen Annahmen der soziologischen – oder weiter gefasst: der positivistischen – Strafrechtsschule gründete.

40 J. Makarewicz, Einführung in die Philosophie des Strafrechts auf Entwicklungsgeschichtlicher Grundlage, Stuttgart 1906. Vgl. polnische Ausgabe: J. Makarewicz, Wstęp do filozofii prawa karnego w oparciu o podstawy historyczno-rozwojowe, übers. K. Jakubów, hrsg. A. Grześkowiak, Lublin 2009.

41 In der polnischen Literatur ist diese Monographie ganz überwiegend äußerst positiv aufgenommen worden. Schon allein die Tatsache, dass das Werk 1967 in Amsterdam als Reprint erneut veröffentlicht wurde, weckt Genugtuung. Die tatsächliche Rezeptionsgeschichte dieses Werks in der europäischen oder eher der deutschen Rechtswissenschaft würde vertiefte Forschungen erfordern. Makarewicz selbst entwickelte seine rechtshistorischen Interessen weiter, indem er etwas später eine Geschichte des altpolnischen Strafrechts u.d.T. Polskie prawo karne: część ogólna (Warszawa 1919) veröffentlichte.

42 J. Makarewicz, Prawo karne. Wykład porównawczy z uwzględnieniem prawa obowiązującego w Rzeczypospolitej Polskiej, Warszawa – Lwów 1924. Das Lehrbuch ist eine Neufassung des älteren Lehrbuchs von J. Makarewicz: Prawo karne ogólne, Kraków 1914.

43 J. Makarewicz, Kodeks karny z komentarzem, Lwów 1932. Vgl. den Reprint seiner fünften Auflage von 1938 r.: J. Makarewicz, Kodeks karny z komentarzem, Hrsg. A. Grześkowiak / K. Wiak, Lublin

5. Die Strafe als solche sowie ausgewählte Strafarten in den Konzeptionen von Makarewicz

Die wissenschaftliche Leistung von Juliusz Makarewicz wurde im Laufe des letzten Jahrzehnts zu wesentlichen Teilen erforscht. Den überwiegenden Teil der Autoren bilden Strafrechtler, aber auch Rechtshistoriker sind das Thema angegangen. Erschienen sind Arbeiten über die Auffassungen des Autors zu Verbrechen, Strafe, Strafverfahren und anderen Fragen des Strafrechts[44]. Noch nicht völlig bekannt sind dagegen die Quellen der doktrinären Konzeptionen dieses polnischen Gelehrten. Hier bleibt den Rechtshistorikern noch einiges zu tun[45].

Juliusz Makarewicz gilt in der Rechtsdoktrin weitgehend als Modernist, genauer als Vertreter der soziologischen Schule des Strafrechts, die Ende des 19. Jahrhunderts durch den deutschen Professor Franz von Liszt (1851–1919) begründet wurde[46]. Schon als Nachwuchswissenschaftler sprach sich Makarewicz ziemlich klar gegen die Auffassungen der klassischen Schule und die traditionelle Dogmatik im Bereich des Strafrechts aus. Sein herausragendes historisches und ethnographisches Wissen veranlasste ihn, in Verbrechen und Strafe vor allem soziale Phänomene mit veränderlichem Inhalt zu sehen. Bei der Analyse der strafwürdigen Handlungen unterstrich er sowohl ihren normativen, als auch ihren materiellen Charakter. In der Summe betrachtete er das Verbrechen als Ausdruck antisozialen Verhaltens des Täters und gleichzeitig als sozial schädliche Tat[47].

Vor allem auf den Charakter der Strafe als solcher legte Makarewicz großes Augenmerk. Überwiegend argumentierte er hier aus einer *stricte* strafrechtlichen und rechtsvergleichenden Perspektive im engeren Sinn; hinzu kamen Argumente historischer und ethnographischer Natur[48]. Bei der Beschreibung des Wesens der Strafe hob er vor allem ihren Charakter als Vergeltung hervor. In kategorischem

---

2012. Siehe auch andere Kommentare zum Strafgesetzbuch aus der Zwischenkriegszeit: J. Jamontt / E. S. Rappaport, Kodeks karny r. 1932 z dostosowanymi do kodeksu tezami […], Warszawa 1932; L. Peiper, Komentarz do Kodeksu karnego, prawa i wykroczeniach i przepisów wprowadzających […], Kraków 1933. Mehr dazu: J. Warylewski, Juliusz Makarewicz – uczony, kodyfikator i polityk, Pal. 1999, Nr. 5–6, S. 84.

44 A. Grześkowiak (Hrsg.), Prawo karne (vgl. Anm. 38); I. Nowikowski / P. Strzelec (Hrsg.), Karnopolityczne koncepcje profesora Juliusza Makarewicza – wczoraj i dziś. (W 50. rocznicę śmierci), Lublin 2006; D. Janicka, O postępie (vgl. Anm. 15).

45 Siehe eine der ersten Bearbeitungen von Quellen zum Makarewiczs Denken: D. Janicka, Makarewicz a Liszt. Próba analizy porównawczej, CPH 67, 1 (2015), S. 107–128.

46 Mehr über Liszt siehe: D. Janicka, Makarewicz (vgl. Anm. 45), S. 108 ff.

47 S. Hypś, Poglądy Juliusza Makarewicza na przestępstwo, in: A. Grześkowiak (Hrsg.), Prawo karne (vgl. Anm. 38), S. 171–178.

48 Siehe Anm. 40. Siehe auch A. Grześkowiak, Kara w poglądach Juliusza Makarewicza, in: A. Grześkowiak, (Hrsg.), Prawo karne (vgl. Anm. 38), S. 255–287.

Ton erklärte er: „Die Strafe ist ihrem Wesen nach Vergeltung und nichts sonst. Alles andere, womit die Strafe faktisch zusammenhängt, ist demgegenüber eine unwesentliche Zutat“[49]. Makarewicz hielt es für überflüssig, die Strafe als solche im Einzelnen zu begründen. Sie war nach seiner Überzeugung nicht die Folge logischer Deduktionen, sondern *de facto* die Rache der Gesellschaft, die dem Verbrechen als natürliche Reaktion auf die Tat folgte[50]. Vom so verstandenen Wesen der Strafe unterschied Makarewicz aber ihren Inhalt, den er im Begriff der Beschwerlichkeit zusammenfasste. Im Zusammenhang hiermit erläuterte er aus seiner bevorzugten rechtsvergleichenden Perspektive: „Inhalt der Strafe ist die Beschneidung eines Rechtsguts des Täters: er wird des Lebens, eines Körperteils, der Freiheit oder des Rechts beraubt, inmitten der gesellschaftlichen Gruppe zu leben, die ihn durch die Strafe genau aus ihrer Mitte ausschließt“[51].

Obwohl die Strafe im Verständnis von Makarewicz ihrem Wesen nach Vergeltung war, sollte sie doch in ihrem Vollzug verschiedene funktionale Zwecke erfüllen, vor allem den der Individualprävention. Den Vergeltungsgedanken, den er zum Kern der Bestrafung erhoben hatte, relativierte er insofern im Anschluss, wenn er auf die Notwendigkeit hinwies, den Täter durch die Strafe zu bessern und vor einer Wiederholung der Straftat abzuschrecken. Diese Ziele sollten im Zuge der Strafzumessung und des Strafvollzugs verfolgt werden[52]. Detailliert legte er dar:

> „Wenn wir der Strafe den Charakter einer Zweckmäßigkeit zusprechen, nimmt ihr das keinesfalls ihr Wesen: dass sie immer Vergeltung bleibt. Aber sie ist eine regulierte Vergeltung, die sich von bestimmten Gedanken leiten lässt, so wie die Strafe in der Schule nicht deshalb aufhört, eine Strafe zu sein, weil der Pädagoge sie im Hinblick auf die Nützlichkeit für den Bestraften selbst verhängt. Die Strafzwecke können dabei die verschiedensten sein: sei es nur, den Täter unschädlich zu machen, oder, ihn ethisch zu heben (zu bessern), ihn im Zuge der Spezialprävention von künftigen Straftaten abzuhalten oder auch andere im Namen der Generalprävention von ähnlichem Verhalten abzuschrecken“[53].

Makarewicz bemühte sich, zwischen den absoluten und den relativen Straftheorien einen eigenen Weg zu finden. Den Streit darüber, ob die Strafe mehr der Vergel-

49 J. Makarewicz, Prawo karne ogólne (vgl. Anm. 42), S. 17. Siehe identische Phrase: J. Makarewicz, Prawo karne. Wykład (vgl. Anm. 42), S. 19.

50 A. Grześkowiak, Kara (vgl. Anm. 48), S. 259.

51 J. Makarewicz, Zbrodnia i kara, Lwów 1922, S. 88. Makarewicz vertrat die Auffassung, der Täter müsse die beabsichtigte Beschwerlichkeit der Strafe nicht als Unannehmlichkeit empfinden, weil die Strafe – als Entgelt für die Tat – den Charakter einer formalen Vergeltung tragen solle. Mehr dazu: A. Grześkowiak, Kara (vgl. Anm. 48), S. 261.

52 A. Grześkowiak, Kara (vgl. Anm. 48), S. 266–267.

53 J. Makarewicz, Prawo karne. Wykład (vgl. Anm. 42), S. 20.

tung oder zukunftsbezogenen Zwecken dienen sollte, hielt er von vornherein für überflüssig. Er bemühte sich, diesem Streit dadurch die Grundlage zu entziehen, dass er die Strafe mit komparatistischen und empirischen Methoden analysierte. Es war allerdings nicht zu vermeiden, dass er auf diese Weise *nolens volens* zum Teilnehmer der Debatte über das Wesen der Strafe wurde. Ausgehend von der Grundannahme, dass in der Strafe der Aspekt einer gerechten Vergeltung für das Verbrechen als auch der einer Sicherung der Gesellschaft als ganzer vor der Kriminalität zusammenfielen, näherte er sich *de facto* den gemischten Straftheorien[54].

Grundlegende Strafsanktionen waren für Makarewicz Freiheits- und Geldstrafen. Weder von der einen noch der anderen Kategorie war er jedoch begeistert; er sah die Ineffizienz des Gefängniswesens und die Unergiebigkeit und Ungleichmäßigkeit, die die Verhängung von Geldstrafen mit sich brachte. Seine Kritik fasste er in den folgenden Worten zusammen:

> „Als Strafmittel bleiben also im Grunde nur zwei: Freiheits- oder Vermögensentzug. Da Vermögensstrafen nur für Verbrechen geringerer Bedeutung und gegenüber Personen anwendbar sind, die auch in der Lage sind, sie zu begleichen, bleibt letztlich nur die Freiheitsstrafe übrig. Humanitäre Gesichtspunkte legen nahe, sie in hellen, warmen, trockenen und gut belüfteten Räumen zu vollziehen; der Verurteilte soll gesunde, nahrhafte Verpflegung und Gelegenheit zum Spaziergang erhalten, und es muss auf die Erhaltung seiner physischen und psychischen Gesundheit geachtet werden. [...]. Eine so vollzogene Strafe nimmt ihr aber gänzlich den abschreckenden Charakter für jene, die sie einmal kennengelernt haben, und entsprechend wird immer stärker betont, dass es um mindestens die Besserung oder sittliche Hebung des Verurteilten gehe“[55].

Makarewicz äußerte ähnlich wie andere Vertreter der soziologischen Strafrechtsschule deutlich seine Skepsis gegenüber kurzfristigen Freiheitsstrafen. Er vertrat die Ansicht, solche Sanktionen trügen nichts zur Besserung der Täter von geringfügigen Verbrechen bei, vielmehr könnten sie eher dazu führen, dass diese noch verkommener würden. Er unterstützte Überlegungen, die kurzfristigen Freiheitsstrafen zurückzudrängen, wies aber gleichzeitig realistisch darauf hin, dass es noch

---

54 Z. Papierkowski, Juliusz Makarewicz, PK 20 (1975), Nr. 3–4, S. 239; A. Grześkowiak, Kara (vgl. Anm. 48), S. 265.

55 J. Makarewicz, Zbrodnia (vgl. Anm. 51), S. 123–124. Vgl. ebd., S. 137: „Die moderne, auf Freiheitsentzug und Vermögensminderung beschränkte, Strafe wirkt abschreckend auf jene, die ihr noch nicht ausgesetzt waren; sie sehen dabei weniger in der Strafe selbst, als vielmehr in dem sie verhängenden Urteil eine Schande für sich. Wirksam ist also nicht so sehr der Vollzug der Strafe, als ihre Androhung“. Vg. A. Grześkowiak, Kara (vgl. Anm. 48), S. 273–280.

lange dauern werde, bis entsprechende Änderungen der Gesetzgebung kommen würden[56].

Beim Thema der Geldstrafe gab Makarewicz ohne Zögern offen zu, dass sie „den Charakter eines Privilegs der besitzenden Klassen" annehme; gleichzeitig akzeptierte er sie mit dem Argument, dass „trotz dieser grundsätzlichen Schwierigkeiten viele Gesichtspunkte dafür sprechen, die Geldstrafe beizubehalten. Vor allem zählt dazu ihr Hauptvorteil – auch wenn es ein negativer ist –, dass sie eben nicht mit Freiheitsentzug verbunden ist"[57].

Seine Skepsis gegenüber Freiheits- und Geldstrafen in Verbindung mit seinem modernistischen Ansatz veranlasste Makarewicz dazu, die bisherigen Ansichten der Lehrmeinung über das System der Strafen zu revidieren. Er machte sich, ebenso wie andere Modernisten oder Anhänger der soziologischen Strafrechtsschule, daran, neue Formen der Strafsanktionen zu finden, vor allem solche, die geeignet wären, die seiner Ansicht nach wachsende Gefahr der gewohnheits- und berufsmäßigen Kriminalität zu bekämpfen.

Makarewicz nannte die Freiheitsstrafe „bankrott"[58] und wurde zu einem entschiedenen Befürworter von Maßnahmen der Besserung und Sicherung, wie sie damals in der ganzen europäischen Strafrechtswissenschaft propagiert und in die Rechtssysteme vieler Staaten aufgenommen wurden[59]. Sie sollten dem Kampf gegen Mehrfach- oder gefährliche Kriminalität dienen und auf der Isolation bestimmter Kategorien von Tätern beruhen: in erster Linie mehrfachen Rückfalltätern oder Berufskriminellen[60]. Es grenzte schon an Emphase, wenn Makarewicz schrieb:

---

56 J. Makrewicz, Prawo karne ogólne (vgl. Anm. 42), S. 253: „Es ist heute ziemlich allgemein durchgesetzte Auffassung, dass kurzfristige Freiheitsstrafen weder abschrecken noch bessern, sondern vielmehr demoralisieren: entweder, indem der Verurteilte und Bestrafte sich daran gewöhnt, dass er nun halt bestraft worden ist (nicht allzu einschneidend), oder aber, dass er in Gesellschaft anderer Straftäter kommt und zwangsläufig mit ihnen Umgang pflegt. Die einfache und logische Konsequenz dieser Erkenntnis müsste es sein, alle kurzen Freiheitsstrafen zu streichen und als Mindestdauer einer Freiheitsstrafe eine Zeit von sechs Monaten einzuführen. So weit ist aber bisher keine Rechtsordnung gegangen". Siehe identische Phrase: J. Makarewicz, Prawo karne. Wykład (vgl. Anm. 42), S. 247.

57 J. Makarewicz, Prawo karne. Wykład (vgl. Anm. 42), S. 253.

58 J. Makarewicz, Kodeks (vgl. Anm. 43), S. 201: „Seitdem die Auffassung, die Freiheitsstrafe sei ein Mittel, den Täter zu bessern oder abzuschrecken, Schiffbruch erlitten hat, musste sich die Gesellschaft überlegen, was zu tun sei, um über einen als Vergeltung verstandenen Strafvollzug hinaus den Schutz der Gesellschaft vor der Kriminalität zu erreichen".

59 Mehr zu den Konzeptionen der westeuropäischen Rechtswissenschaft siehe: D. Janicka, Niebezpieczny przestępca w doktrynie prawa karnego przełomu XIX i XX wieku, in: V. Kwiatkowska-Wójcikiewicz (Hrsg.), Kuba rozpruwacz i inni, Toruń 2015, S. 9–32.

60 J. Makarewicz, Prawo karne ogólne (vgl. Anm. 42), S. 284; J. Makarewicz, Prawo karne. Wykład (vgl. Anm. 42), S. 294–296.

„Die Maßnahmen der Besserung und Sicherung sind eine neue Erscheinung, ein Anzeichen des 20. Jahrhunderts, so wie der Glaube an das Gefängnis und den dortigen Strafvollzug das 19. Jahrhundert kennzeichnete. [...] Von der Qualität der Arbeit der mit dem Vollzug dieser Maßnahmen betrauten Einrichtungen hängt es ab, ob das gesellschaftliche Leben Polens von unerwünschten Elementen gereinigt werden kann, die Unruhe und den unbegründeten Eindruck hervorrufen, als ob die gesamte Bevölkerung sich von besonders kriminellen Instinkten leiten ließe. Die Erfahrung lehrt, dass einige tausend Personen, die (bis zu ihrer Ergreifung) permanent Verbrechen begehen, die gesamte Stimmung der Öffentlichkeit negativ beeinflussen. [...] Wenn wir diesen Personenkreis unschädlich machen, werden wir alle freier atmen können“[61].

Nach Auffassung von Makarewicz sollten die Maßnahmen der Besserung und Sicherung anstelle der Strafe oder auch zusätzlich zu ihr verhängt werden[62]. Er schloss hypothetisch nicht aus, solche Maßnahmen auch unbefristet zu verhängen und griff zu dem suggestiven Vergleich eines Gefängnisaufenthalts mit einer Anwesenheit im Krankenhaus[63]. Überdies versuchte er eine theoretische Begründung für die zweigleisige Repression zu finden. Im Zusammenhang hiermit schrieb er: „Die Strafe ist ein Akt der gesellschaftlichen Reaktion von repressivem Charakter (soziale Rache), die Maßnahme der Besserung und Sicherung dagegen ist ein Akt sozialer Reaktion von präventivem, vorbeugendem Charakter“[64].

Neben den Maßnahmen der Sicherung und Besserung trat Makarewicz auch für die Bewährungsmaßnahmen, insbesondere die Möglichkeit der vorzeitigen Strafentlassung bzw. der Aussetzung von Strafen zur Bewährung unter entsprechenden Auflagen ein. Er schrieb dazu voller Gewissheit:

„Die Hoffnungen, die das 19. Jahrhundert in die kriminalpolitische Bedeutung der Freiheitsstrafe gelegt hat, haben sich nicht erfüllt. Selbst die am besten durchdachten Straf-

61 J. Makarewicz, Kodeks karny z komentarzem, Lwów 1935, S. 38–41.

62 Ebd., S. 28.

63 J. Makarewicz, Prawo karne. Wykład (vgl. Anm. 42), S. 280: „[...] wenn ein Arzt einen Patienten ins Krankenhaus aufnimmt, weiß er nicht, wie lange er ihn dort wird behalten müssen; denn dies hängt vom Verlauf der Krankheit ab, von der individuellen Verfassung des Kranken, seinem Verhalten und der Wirksamkeit der verabreichten Heilmittel. Ebensowenig weiß der Direktor einer Strafanstalt, wann er den Verurteilten als gebessert wird betrachten können“.

64 J. Makarewicz, Kodeks (vgl. Anm. 61), S. 51. Siehe auch J. Makrewicz, Prawo karne. Wykład (vgl. Anm. 42), S. 293: „Es verbleiben somit die eigenständigen und parallel zu den eigentlichen Strafen auftretenden Maßnahmen der Sicherung und Besserung. Die Frage ist unter anderem deshalb weiter aktuell, weil es nicht immer um Personen geht, die zu Strafen in entsprechender Ausgestaltung verurteilt werden können, sondern teilweise auch um gefährliche Individuen, die wegen des generellen oder zum Tatzeitpunkt vorliegenden Fehlens von Voraussetzungen der strafrechtlichen Verantwortlichkeit nicht bestraft werden können“.

vollzugssysteme liefern keine Ergebnisse, die in irgendeinem Verhältnis zum Aufwand an Zeit, Mühe und Geld stünden. Die Freiheitsstrafe hat noch kaum jemals einen Verurteilten gebessert, aber dafür viele endgültig verdorben. Das ist der Grund, warum die Institution der Strafaussetzung zur Bewährung, die gegen Ende des 19. Jahrhunderts auf dem europäischen Kontinent noch mit Unverständnis aufgenommen wurde, heute die Anerkennung der gesamten zivilisierten Welt genießt. [...] Während die Aussetzung der Strafe zur Bewährung die Funktion des Damoklesschwertes hat, das über dem Verurteilten schwebt – und dies ist wirkungsvoller als der tatsächliche Vollzug der Strafe, weil es den Verurteilten auch vor der fast sicheren Gefahr des weiteren Verkommens bei einem wirklichen Vollzug der Strafe schützt –, ist die Institution der bedingten Strafentlassung [...] auch von strafvollzugsbezogenen Zielen geprägt: sie soll die geistige Regeneration soweit wie möglich beschleunigen, indem dem Verurteilten die Hoffnung auf einen verkürzten Gefängnisaufenthalt gelassen wird“[65].

Aus den vorstehenden Zitaten wird klar, dass Makarewicz mit Zufriedenheit die Änderungen in Richtung der Aussetzung von Freiheitsstrafen zur Bewährung begrüßte, die nicht zuletzt auch aufgrund seiner Argumente in Gang kamen. Dasselbe gilt für die Ersetzung von Freiheitsstrafen durch Geldstrafen oder Maßnahmen der Besserung und Sicherung und die seit langem praktizierte vorzeitige Strafentlassung auf Bewährung[66].

Die Todesstrafe akzeptierte Makarewicz dagegen. Zwar nahm er die Mängel dieser höchsten Strafsanktion durchaus wahr und zählte sie auch auf, aber er sah aus Gründen der Kriminalpolitik keine Möglichkeit, auf sie zu verzichten. Denn er schrieb, die Todesstrafe wirke auf die menschliche Psyche abschreckend, und sie erfülle damit eine generalpräventive Aufgabe, vor allem, weil sie per Gesetz für bestimmte Verbrechen vorgesehen sei:

„In dem Maße, in dem das gesellschaftliche Rachebedürfnis nachlässt, verliert auch die radikalste Weise, auf Verbrechen zu reagieren, nämlich die Todesstrafe, an Bedeutung. [...] Die neuere Gesetzgebung tendiert allgemein dazu, die Todesstrafe auf solche Straftaten zu beschränken, die entweder die Grundlage des staatlichen Lebens untergraben (Hochverrat), oder die Verbrechen gegen das Leben darstellen (als Nachwirkung des

65 J. Makarewicz, Kodeks (vgl. Anm. 61), S. 35–36. Siehe seine früheren Äußerungen: J. Makarewicz, Zbrodnia (vgl. Anm. 51), S. 127: „Wenn die Freiheitsstrafe schlecht wirkt, ihre Androhung hingegen gut, läge es da nicht nahe, einen Schritt weiterzugehen und Freiheitsstrafen zwar auszusprechen, aber sie anschließend zur Bewährung auszusetzen? Der Gedanke ist kühn; er entstammt dem praktisch angelegten Denken der Angelsachsen und nicht dem unter dem Einfluss abstrakter Formeln deutscher Philosophen stehenden Milieu“.

66 J. Makarewicz, Kodeks (vgl. Anm.61), S. 35, 138, 165. Siehe auch A. Grześkowiak, Kara (vgl. Anm. 48), S. 273–276.

antiken Grundsatzes „Auge für Auge“). Auch die neuere Gesetzgebung ragt dadurch hervor, dass sie den Gerichten die Möglichkeit schafft, andere, zur Todesstrafe alternative, Strafdrohungen anzuwenden oder – wie im Allgemeinen Teil festgelegt – von der Verhängung der Todesstrafe beim Vorliegen mildernder Umstände abzusehen“[67].

Die von Makarewicz propagierte zweigleisige Struktur der strafrechtlichen Repression und der Strafsanktionen stimmte mit dem Programm der soziologischen Schule des Strafrechts im damaligen Europa überein[68].

6. Wolter – Leben und Werk

Władysław Wolter wurde 1897 in Wien geboren, wo sein Vater als Richter am Obersten Gerichts- und Kassationshof der österreichisch-ungarischen Monarchie tätig war. Das Jurastudium nahm er während des Ersten Weltkriegs an der Universität Wien auf und schloss es nach Kriegsende an der Jagiellonen-Universität ab. Im Alter von 24 Jahren promovierte er, absolvierte sein Referendariat und wurde gleichzeitig zum Stellvertreter des bereits erwähnten Professors Edmund Krzymuski, des Befürworters der klassischen Strafrechtsschule und wissenschaftlichen Gegners von Juliusz Makarewicz. Schon 1925 habilitierte Wolter und übernahm nach dem plötzlichen Tod von Krzymuski im Alter von 30 Jahren dessen Lehrstuhl für Straf- und Strafprozessrecht. In den 1930er Jahren war er Dekan der Juristischen Fakultät. Während des Zweiten Weltkriegs wurde er in einem deutschen Konzentrationslager inhaftiert, kam aber schon bald wieder frei. Trotzdem entschied er sich, während der Nazi-Okkupation vor deutschen Gerichten als Verteidiger aufzutreten. Nach dem Krieg wurde ihm deshalb Kollaboration vorgeworfen, doch von diesen Vorwürfen wurde er letztlich formell entlastet. So leitete er nach 1945 weiter seinen alten Lehrstuhl an der Juristischen Fakultät in Krakau, bis er 1967 emeritiert wurde. Er lehrte Strafrecht und Logik und versammelte um sich eine Gruppe von Schülern,

---

67 J. Makrewicz, Prawo karne. Wykład (vgl. Anm. 42), S. 238. Siehe ebd., S. 240: „Nach Kriegen wird die Todesstrafe oft verhängt, weil Standgerichte eingeführt werden müssen. Die Ausbreitung von Banditismus und Vandalismus als Folgen der Nachkriegstraumata einer Gesellschaft bedarf einer starken und sofortigen Reaktion“. Siehe auch A. Grześkowiak, Kara (vgl. Anm. 48), S. 270–273.

68 D. Janicka, Niebezpieczny przestępca (vgl. Anm. 59), S. 17–18. Es sei zusammengefasst, dass das Denken von Makarewicz durch einen bestimmten „vernünftigen Eklektizismus“ gekennzeichnet war. Als erster hat Rappaport diese Auffassung vertreten und geschrieben, dass Makarewicz ein hochgradig individueller Denker gewesen sei, ein selbständiger Eklektiker und Synthetiker – siehe: E. S. Rappaport, Przegląd piśmiennictwa. Prawo karne, TP 6 (1916), S. 406. Später hat Papierkowski diese Meinung wiederholt und dabei auf den Eklektizismus (oder auch: die gedanklichen Kompromisse – *media via*) verwiesen, die Makarewicz in seinen doktrinären Lösungen gezeigt habe – siehe: Z. Papierkowski, Juliusz Makarewicz (vgl. Anm. 54), S. 239.

aus der einige spätere hervorragende Gelehrte hervorgegangen sind[69]. Anfang der 1980er Jahre fand er noch die Kraft, aktiv an den gesetzgeberischen Arbeiten der „Solidarność" teilzuhaben. Er starb 1986 in Krakau[70].

Władysław Wolter war der Meisterschüler des Klassikers Edmund Krzymuski und wurde dessen Nachfolger. Ähnlich wie sein Lehrer befasste er sich mit Neigung und Erfolg mit Fragen des Allgemeinen Teils des Strafrechts, insbesondere der Verbrechenslehre. In die Rechtsgeschichte ging er als Vertreter der normativen Schule ein. Er erforschte die Problematik der Schuld, die Struktur des Verbrechens, den Kausalzusammenhang, die Kollusion von gesetzlichen Vorschriften und ähnliche Fragen[71]. Während der Zeit der Volksrepublik Polen waren solche Forschungsschwerpunkte nicht immer wohlgelitten. Denn die rechtsdogmatischen Studien Wolters, insbesondere seine These von der Garantiefunktion des Strafrechts liefen den Auffassungen der kommunistischen Machthaber zuwider[72].

Wolter veröffentlichte ein Lehrbuch unter dem Titel „Zarys systemu prawa karnego" [„Abriss des Strafrechtssystems"] direkt nach dem Erlass des polnischen Strafgesetzbuches von 1932[73]. Es war eine umfangreiche und systematische Darstellung des Allgemeinen Teils, die sich prinzipiell auf die neue polnische Kodifikation stützte und dies mit rechtshistorischen und komparatistischen Aspekten sowie einem umfangreichen Sachregister verband. Kurz nach dem Krieg veröffentlichte Wolter ein weiteres Lehrbuch, und nach dem Inkrafttreten des neuen Strafgesetzbuches 1969 noch eine neue Auslegung des Strafrechts, diesmal gemeinsam mit anderen Autoren[74].

---

69 Hierzu zählen u. a. Marian Cieślak, Stanisław Waltoś, Andrzej Zoll.

70 Mehr über Wolter siehe: K. Czechowicz, Życie i twórczość Profesora Władysława Woltera, in: K. Dyl (Hrsg.), Seminarium z okazji 110. rocznicy urodzin Profesora Władysława Woltera, Kraków 2007, S. 9–20; J. Stelmach / W. Uruszczak (Hrsg.), Uniwersytet Jagielloński (vgl. Anm. 38), S. 337–345; P. M. Żukowski, Profesorowie (vgl. Anm. 38), S. 570–571. Vgl. Liste Wolters Veröffentlichungen: M. Cieślak (Hrsg.), Zagadnienia prawa karnego i teorii prawa. Księga pamiątkowa ku czci profesora Władysława Woltera, Warszawa 1959, S. 9–13.

71 K. Czechowicz, Życie (vgl. Anm. 70), S. 16–17. Bereits Wolters Habilitationsschrift u.d.T. Czynnik psychiczny w istocie przestępstwa (Kraków 1924) zeigte, wohin seine bevorzugten Forschungsinteressen gingen. Ihre spezifische Zusammenfassung war eine umfangreiche Monographie: W.Wolter, Nauka o przestępstwie: analiza prawnicza na podstawie przepisów części ogólnej kodeksu karnego z 1969 r., Warszawa 1973.

72 A. Zoll, Słowo końcowe, in: K. Dyl (Hrsg.), Seminarium (vgl. Anm. 70), S. 123.

73 W. Wolter, Zarys systemu prawa karnego: część ogólna, Bd. 1, Kraków 1933, 274 Seiten; W. Wolter, Zarys systemu prawa karnego: część ogólna, Bd. 2. Kary i środki zabezpieczające, środki poprawcze i wychowawcze, prawo karne administracyjne, kary, Kraków 1934, 198 Seiten.

74 W. Wolter, Prawo karne: zarys wykładu systematycznego: część ogólna, 1. Ustawa karna i przestępstwo na tle Kodeksu Karnego z 1932 r. Kodeksu Karnego Wojska Polskiego z 1944 r. oraz Dekretów od 1944 do 1946 r., Warszawa 1947; K. Buchała / W. Wolter, Wykład prawa karnego na podstawie kodeksu karnego z 1969 r. Cz. 1, Część ogólna. Z. 1, Nauka o ustawie karnej i o przestępstwie, bearb.

7. Die Strafe als solche und ausgewählte Strafarten in den Konzeptionen von Wolter

Weder die Ansichten des früheren Wolter über die Strafe noch seine späteren sind bisher erforscht worden. Die wissenschaftliche Literatur verzeichnet nur einige Arbeiten über seine Leistungen in der Verbrechenslehre[75]. Über die Quellen von Wolters Konzeption der Strafe oder eventuelle Modifikationen seiner Ansichten ist nichts bekannt. Aus diesem Grund bewegen sich die nachstehenden Überlegungen auf Neuland und bestehen eher darin, einige vorläufige Hypothesen zu formulieren, als kategorische Feststellungen oder Bewertungen vorzunehmen.

Wolter unterschied bei der Problematik der Strafe die Themen ihres Wesens, ihrer Ziele und ihrer sogenannten Begründung, also der philosophischen Grundlage der Strafe. Im letzteren Kontext übernahm er den Begriff der „Rationalisierung" der Strafe, den zuvor bereits Bronisław Wróblewski (1888–1941) in die Rechtswissenschaft eingeführt hatte, auch er ein Absolvent der Jagiellonen-Universität und später Rektor der Stefan-Batory-Universität in Wilno (Wilna), dem wir viele originelle kriminologische und kriminalpolitische Gedanken verdanken[76]. Schon vorab sei angemerkt, dass Wolter äußerst präzise argumentierte; seine Darlegungen waren unter logischen Aspekten perfekt.

Für Wolter war die Strafe eine „selbständige Beschwerlichkeit", die als Reaktion auf eine Straftat verhängt wurde. Er zitierte gern die recht häufig angeführte Definition der Strafe durch Hugo Grotius (1583–1645): sie sei ein *malum passionis quod infligitur propter malum actionis* (ein Übel des Erleidens, das wegen eines Übels des Tuns zugefügt wird)[77]. In einer seiner populärwissenschaftlichen Arbeiten führte er diesen Punkt breiter aus:

> „Strafe ist [...] das bewusste Zufügen einer Beschwerlichkeit gegenüber dem Täter als Antwort auf die im Verbrechen liegende Verletzung der Rechtsordnung. Beschwerlichkeit ist die Strafe aufgrund ihres Wesens, und wenn sie es nicht wäre, wäre sie keine Strafe

---

W. Wolter, Kraków 1970. Es sei betont, dass Heft 2 zwei Jahre später von Wolters Schüler Kazimierz Buchała redigiert und ediert wurde; das Heft ist der Lehre über die Natur der Strafe gewidmet. Die abgeänderte und erweiterte Version von Heft 1 hatte noch Wolter selbst geschrieben und 1973 veröffentlicht – siehe Anm. 71.

75 In dem Sammelband hrsg. von K. Dyl (vgl. Anm. 70) befanden sich Analysen der Ansichten Wolters zur fortgesetzten Handlung (Verfasser; K. Dyl), zum Fehler im Strafprozess (Verfasser M. Grochowski), zur kumulativen Gesetzeskonkurrenz (Verfasser M. Piech) und zur sog. objektiven Erfolgszurechnung (Verfasser: R. Noworyta / M. Padlewska).

76 M. Tarkowski, Wydział Prawa i Nauk Społecznych Uniwersytetu Stefana Batorego w Wilnie w latach 1919–1939, Gdańsk 2015, S. 97–103.

77 T. Vormbaum, Texte zur Strafrechtstheorie der Neuzeit, Bd.1: 17. und 18. Jahrhundert, Baden-Baden 1993, S. 13.

mehr. Dies bedeutet freilich nicht, dass die moderne Gesellschaft nur deshalb bestraft, weil sie für die zugefügte Verletzung Vergeltung üben wollte. Die zivilisierte Gesellschaft straft, weil sie strafen muss, wenn sie sich aufrechterhalten will, aber sie tut das im Hinblick auf bestimmte Zwecke"[78].

Wolter akzeptierte die Zweigleisigkeit der Strafrepression; er versuchte aber angesichts der fortschreitenden Verwischung des Unterschieds zwischen Strafen und Maßnahmen der Sicherung und Besserung, die These theoretisch ausführlicher zu begründen, dass die Strafe ein Mittel der Repression sei, und die Maßnahmen eines der Prävention. Es machte dabei keinen Unterschied, dass auch die Maßnahmen der Besserung und Sicherung gerichtlich und zusätzlich nach der Verübung der Straftat verhängt würden[79]: „Gewiss ist die Maßnahme der Besserung und Sicherung eine Prävention *post delictum*, aber sie ist keine Maßnahme *propter delictum*. Ihre Grundlage ist nicht die Straftat im klassischen Sinne, sondern der in ihr zutage tretende Gefahrenzustand"[80]. Er stellte auch die Frage, ob die Maßnahme der Besserung und Sicherung ebenso wie die Strafe eine Beschwerlichkeit sei. Er bejahte diese Frage, fügte freilich hinzu, dass die in der Maßnahme liegende Beschwerlichkeit nur der Sicherung ihrer Einhaltung diene, also nicht den zweckgerichteten und repressiven Charakter habe, der der Strafe zu eigen sei[81].

Wie bereits erwähnt, beschäftigte sich Wolter eingehend mit dem Thema der Rationalisierung der Strafe, einer Frage, die erstmals vom Professor Bronisław

78 W. Wolter, Przestępstwo i kara, in: „Z cyklu: współczesne polskie prawo karne", Warszawa 1948, Hf. 1, S. 20 (diese Bearbeitung erschien in einer populärwissenschaftlichen Taschenbuchreihe). Siehe auch W. Wolter, Zarys (vgl. Anm. 73), Bd. 2, S. 7.

79 W. Wolter, Zarys (vgl. Anm. 73), Bd. 2, S. 9 betonte: „Ihr (der Maßnahme der Sicherung und Besserung – Anm. der Autorin) Wesen hätte sich nicht geändert, auch wenn sie schon vor dem Tatzeitpunkt angewandt worden wäre. Hinzuzufügen wäre, dass es immer ideal wäre, die Maßnahme der Sicherung und Besserung zu verhängen und anzuwenden, bevor es zu einer Straftat gekommen ist". Schon Makarewicz hatte festgestellt, dass die Empfindlichkeit Inhalt der Strafe, aber nur ein Begleitumstand der Maßnahme der Sicherung und Besserung sei. Zu den Makarewiczs Konzeptionen eingehend: F. Ciepły, Środki zabezpieczające według koncepcji Juliusza Makarewicza, in: A. Grześkowiak (Hrsg.), Prawo karne (vgl. Anm. 38), S. 292.

80 W. Wolter, Zarys (vgl. Anm. 73), Bd. 2, S. 134.

81 Ebd., S. 9–10: „Ziel des Präventionsmittels ist immer eine Einschränkung, damit es überhaupt verwirklicht werden kann. Dieser abweichende Charakter jener Empfindlichkeit kommt in Aussagen wie der zum Tragen, dass die Empfindlichkeit hier nur das zufällige Begleitmoment: *accidentale* nicht *essentiale* ist. Noch klarer wird dies in der Überlegung, dass die Strafe als Empfindlichkeit konzipiert ist, die Maßnahme der Sicherung und Besserung hingegen nicht, oder der, dass die Strafe verhängt werde, weil sie eine Empfindlichkeit darstelle, die Maßnahme der Sicherung und Besserung hingegen nicht – hier sei die mit der Maßnahme verbundene Empfindlichkeit in Kauf genommen. [...] Zusammengefasst: die Maßnahme der Sicherung und Besserung ist keine Vergeltung, also auch keine Strafe, auch wenn sie Elemente der Empfindlichkeit umfasst".

Wróblewski an der Universität Wilna gestellt worden war. Wolter teilte die zahlreichen Rationalisierungen, also Theorien zum Sinn der Strafe, in die Argumente der Vergeltung und die der Strafzwecke ein. Von vornherein nahm er an, dass beide Rationalisierungstypen sich gegenseitig vom Prinzip her ausschließen, und er schreckte an dieser Stelle auch nicht vor einer Kritik an seinem Lehrmeister Edmund Krzymuski zurück. Dieser habe nämlich zu Unrecht „apriorisch postuliert, dass eine gerechte Strafe gleichzeitig auch eine nützliche Strafe sei“[82]. Im Gegenteil könne es, schrieb Wolter, sein, dass eine gerechte Vergeltung unzweckmäßig sei, und eine zweckmäßige Strafe nach außen als ungerecht wirken könne.

Wolter distanzierte sich auf konstruktive Weise von allen bis dahin vorliegenden Begründungen der Strafe: Vergeltung, General- und Spezialprävention. An der Vergeltungsannahme kritisierte er, dass sie keinen hinreichenden Schutz vor den gefährlichsten Verbrechern biete und gleichzeitig inadäquat gegenüber Straftaten von geringer Sozialschädlichkeit sei, insbesondere gegenüber jugendlichen Tätern[83]. Die Generalprävention sei seiner Meinung nach in der Praxis unwirksam[84]. Letztendlich kam er zu der logischen und kreativen Folgerung, dass zwar die Strafe mit Nützlichkeitserwägungen einhergehen könne, aber dass diese nie über die Grenze der gerechten Vergeltung hinausgehen dürften. Hier seine Erläuterung:

> „[...] eine Sinngebung der Strafe muss die dominierende sein, der sich die anderen unterzuordnen haben. Wenn diese Dominante die gerechte Vergeltung ist, dann können Gesichtspunkte der General- und der Spezialprävention nur <in den Grenzen der absoluten Gerechtigkeit> zum Tragen kommen, müssen also im Falle eines Zielkonflikts zurücktreten. Wenn aber das Hauptgewicht auf den Nützlichkeitserwägungen liegt, dann können Gesichtspunkte der absoluten Gerechtigkeit nur insoweit berücksichtigt werden, als sie der Zweckmäßigkeit der Strafe nicht zuwiderlaufen, müssen also ihrerseits im Konfliktfall in den Hintergrund treten. Dabei gilt allerdings ein grundsätzlicher Vorbehalt: eine vergeltende Strafe kann nutzlos sein, aber eine nützliche Strafe kann den Faktor der

---

82 Ebd., S. 21. Der Gelehrte verwies hier auf Bewährungsauflagen, die zielgerichtet seien, aber nicht dem Grundsatz der „gerechten materiellen Vergeltung“ entsprächen.

83 Ebd., S. 13–14: „Einerseits handelt es sich um ein nicht hinreichendes Mittel, die Gesellschaft vor der gefährlichsten Kategorie von Straftätern zu schützen, auf der anderen Seite aber um ein schädliches Mittel gegenüber der am wenigsten gefährlichen Klasse von Straftätern, insbesondere derjenigen im minderjährigen Alter. Diese zwei Mängel führten dazu, dass der Strafe als Vergeltung die nützlichen Zwecken untergeordnete Strafe gegenübergestellt wurde, die die erwähnten Mängel nicht aufweisen sollte“.

84 Ebd., S. 15–16: „Wenn die Reaktion des Strafrechts automatisch erfolgen würde, wenn die Strafe die unausweichliche Folge der Straftat wäre, die ihr in einer physischen Kausalkette folgt, wäre ihre psychologische Bedeutung zweifellos eine unvergleichlich größere. So allerdings ist es bekanntlich nicht [...]. Gegenüber professionellen Kriminellen, Straftätern aus Sucht und Affekttätern ist die generalpräventive Wirkung der Strafe praktisch nicht vorhanden“.

> gerechten Vergeltung nur insoweit relativieren, als man aus Gründen der Nützlichkeit zugunsten des Täters von der Verhängung einer gerechten Strafe absieht [...]; niemals aber darf die zweckmäßige Strafe zum Nachteil des Täters vom Grundsatz der Gerechtigkeit abweichen“[85].

Die Argumentation Wolters war nicht nur logisch; sie zog auch bestimmte materiellrechtliche Garantien nach sich, indem sie dem zur strafrechtlichen Verantwortung gezogenen Menschen auch Schutz gegen eventuelle Missbräuche der Macht einräumten. Im Fall einer Kollision sollte der Gerechtigkeitsgrundsatz die „Grenze der zweckmäßigen Strafe“ bilden. Wolter wies klar darauf hin, dass die Rationalisierungen der Strafe sich gemeinsam mit der allgemeinen Entwicklung des Strafrechts veränderten, und dass das moderne Strafrecht nicht mehr die Vergeltungsstrafe auf Kosten der zweckmäßigen forcieren wolle. Am Schluss seiner Analyse stand eine Zusammenfassung, die bis heute ihre Aktualität nicht verloren hat: „Über das Strafrecht der Zukunft wird die Weltanschauung entscheiden, und erst vermittelt durch diese die Kriminologen“[86].

Theoriegeschichtlich löste sich Wolter also von der klassischen Strafrechtsschule, indem er sich *mutatis mutandis* für eine gemischte Theorie der Strafe aussprach. Originell war jedoch derjenige Teil seiner Analysen, in denen er auf die Möglichkeit hinwies, eine von mehreren Rationalisierungen der Strafe zu wählen, und auch sein Verweis auf das Spannungsverhältnis zwischen Vergeltung und Zweckmäßigkeit in der Strafe.

Im Rahmen einer Übersicht über die verschiedenen Strafformen widmete Wolter natürlich der Freiheitsstrafe die größte Aufmerksamkeit: „Diese Strafe hat große Vorteile: sie erlaubt eine weitgehende Abstufung sowie die erzieherische Einwirkung auf den Täter“[87]. Mit voller Zustimmung skizzierte er die Entwicklung der verschiedenen Strafvollzugssysteme und schloss diesen Teil mit einer Schlussfolgerung über die Entstehung eines neuen Zweiges der Rechtswissenschaft ab: der Kriminalpädagogik[88].

Gegenüber der Geldstrafe legte Wolter dagegen ein ambivalentes Verhältnis an den Tag: er legte ausführlich ihre Mängel dar, insbesondere ihre zwangsläufige Ungleichheit in der Beschwerlichkeit in Abhängigkeit vom Vermögen des Verurteilten. Er zeigte allerdings auch einen Weg auf, diesen Nachteil auszugleichen:

---

85 Ebd., S. 21–22.

86 Ebd., S. 23.

87 W. Wolter, Przestępstwo (vgl. Anm. 78), S. 21.

88 W. Wolter, Zarys (vgl. Anm. 73), Bd. 2, S. 35. Bei der Erörterung der lebenslangen Freiheitsstrafe stellte er jedoch fest, dass diese eher den Charakter einer Sicherungsmaßnahme habe, als den einer Strafe – siehe ebd., S. 37.

„Eine Zeitlang hat man die Geldstrafe als solche bekämpft, weil sie eine Strafe sei, mit der sich die privilegierten vermögenden Schichten von der Beschwerlichkeit der Strafe freikaufen könnten, während die nicht vermögenden Schichten ihre Zeit im Arrest absitzen müssten. Der Geldstrafe wurde auch vorgeworfen, dass sie für Vermögende eine Bagatelle sei, und für die Ärmeren eine äußerst belastende Strafe. Dass im Zusammenhang mit dem modernen kriminalpolitischen Programm die Geldstrafe wieder in einem günstigeren Licht gesehen wird, wird damit erklärt, dass die Erfahrung gezeigt habe, dass eine kurzfristige Freiheitsstrafe das schlechteste Repressionsmittel sei, welches folglich zu vermeiden sei. Da es aber notwendig ist, auch mit schwachen Repressionsmitteln zu operieren, hat die Geldstrafe eine gewisse Renaissance erfahren – als einzige Sanktion, die eine kurzfristige Gefängnisstrafe ersetzen könne. Gleichzeitig hat sich gezeigt, dass eventuelle Ungerechtigkeiten sich vermeiden lassen: durch entsprechend weit gefasste Rahmen des Strafmaßes […] und anschließend durch eine entsprechend normierte Ersatzstrafe, falls die Geldstrafe nicht eingetrieben werden kann: in erster Linie die Verpflichtung, auf Rechnung der Geldstrafe Arbeitsleistungen zu erbringen“[89].

Gegenüber den Maßnahmen der Sicherung und Besserung nahm Wolter keine eindeutige Haltung ein. Auf der einen Seite akzeptierte er sie und versuchte sogar, die theoretischen Unterschiede zwischen ihnen und den Strafen herauszuarbeiten und zu benennen; auf der anderen Seite aber stellte er fest, dass ihre Einführung einen Einbruch des Verwaltungsrechts in die Sphäre des Strafrechts darstelle[90]. Zustimmung fanden bei ihm hingegen die Bewährungsauflagen. Er lobte ihre

89 Ebd., S. 40. Siehe W. Wolter, Przestępstwo (vgl. Anm. 78), S. 21: „Hohe Geldstrafen können eine sehr empfindliche Form der Bestrafung sein – aber bei niedrigen Beträgen ist ihr abschreckender Charakter nicht vorhanden. Bekannt ist ein Fall, der in Juristenkreisen aus der österreichischen Teilungszone erzählt wurde. Damals wurde für eine gewöhnliche Ehrverletzung eine Geldstrafe in Höhe von 10 Kronen verhängt; ein zu dieser Strafe verurteilter verbissener Täter beleidigte den Kläger im Gerichtssaal ein weiteres Mal und legte dazu 20 Kronen auf den Richtertisch“.

90 W. Wolter, Zarys (vgl. Anm. 73), Bd. 2, S. 10: „Im positiven Sinne stellt die Sicherungsmaßnahme dar: eine Behandlung, eine soziale Erziehungsmaßnahme, im Notfall eine Internierung, und deren Empfindlichkeit die physische Bedingung ihrer permanenten Wirkung ist oder eine Absonderung des Betroffenen ermöglicht. Zu Recht sieht die italienische Wissenschaft in ihr eine Verwaltungsstrafe, weil sie sich dazu eignet, administrativ und vor der Verübung einer Straftat verhängt zu werden. Ihr Wesen ändert sich nicht, wenn sie prophylaktisch angewandt wird. Dass solche Maßnahmen durch ein Gericht und nach einer Straftat verhängt werden, ändert nichts an ihrem Charakter, sondern zeugt einzig davon, wie das Verwaltungsrecht in die Sphäre des Strafrechts eindringt“. Siehe auch W. Wolter, Przestępstwo (vgl. Anm. 78), S. 29: „Selbst wenn die Sicherungsmaßnahme eine bestimmte Empfindlichkeit impliziert, dann ist diese Empfindlichkeit leider unvermeidlich. Wenn jemand krank ist und der Arzt ihm aufgibt, im Bett zu legen, dann kann der Patient dieses erzwungene Liegen auch als Empfindlichkeit auffassen, obwohl der Arzt es nicht aus Bösartigkeit oder um dem Patienten zu schaden verordnet, sondern mit dem Ziel, ihn zu heilen“.

„praktische Zweckmäßigkeit". Die Aussetzung der Strafe zur Bewährung nannte er ein „Surrogat der Strafe", und erläuterte, sie sei:

> „vom erzieherischen Standpunkt her ein wirkungsvolleres Mittel als der tatsächliche Vollzug der Strafe, und da die strafrechtliche Repression in erster Linie den Täter resozialisieren soll, fällt die Aussetzung der Strafe zur Bewährung in den Bereich der Strafpädagogik und bricht mit dem Grundsatz, dass eine Vergeltung vollzogen werden müsse, selbst wenn sie unwirksam oder sogar schädlich sei"[91].

Äußerst kritisch war das Verhältnis Wolters zur Todesstrafe. Er lehnte sie zwar nicht rundheraus ab, bestritt aber energisch ihre generalpräventive Wirkung. Unter Rückgriff auf die Auffassungen seines akademischen Lehrers Edmund Krzymuski und die Lehren der Praxis sowie zeitgenössischer Forschungen legte er dar, dass die Todesstrafe als Mittel der Abschreckung nicht funktioniere und in Wahrheit eine Sicherungsmaßnahme sei:

> „[...] die Todesstrafe ist schlicht <das billigste Mittel der sozialen Selektion>, indem in hohem Maße gefährliche Individuen eliminiert werden. Damit ist sie eigentlich eine Sicherungsmaßnahme. Erkennt man dies aber an, entfällt das ganze Argument der generalpräventiven Abschreckung, und in Betracht kommen nur Überlegungen, ob es nicht ebenso wirksame, aber weniger drastische Mittel gibt, die Gesellschaft zu sichern"[92].

Aus den Analysen Wolters zu Einzelfragen schält sich das Bild eines Rechtsgelehrten heraus, der eine modernistische und gleichzeitig humanistische Haltung einnahm. Er bemerkte die Rationalisierung der Strafe als Schlüsselproblem und wies auf die Notwendigkeit hin, Strafen einerseits zweckmäßig auszugestalten, aber andererseits in den Grenzen der Gerechtigkeit. Während des Sozialismus in Polen unterließ er Forschungen zum Problem der Strafe und beschränkte seine Tätigkeit grundsätzlich auf die Verbrechenslehre[93].

---

91 W. Wolter, Zarys (vgl. Anm. 73), Bd. 2, S. 121. Wolter entwickelte die Entlassung auf Bewährung aus dem fortschrittlichen Strafvollzugssystem heraus und wies darauf hin, wie leicht und kostengünstig sie anzuwenden sei – siehe ebd., S. 128.

92 Ebd., S. 31. Wolter erinnerte an Krzymuskis Konzeptionen. Krzymuski erblickte in der Todesstrafe einen Notwehrakt des Staates – siehe E. Krzymuski, Wykład prawa karnego ze stanowiska nauki i prawa austriackiego, Bd. 2, Kraków 1902, S. 17–18: „Indem die politische Macht den Verbrecher hinrichte, sei sie nicht strafend, sondern in Notwehr tätig. So sei die Todesstrafe eigentlich keine Strafe, sondern ein Ersatz für eine solche". Zu den Krzymuski Äußerungen siehe: A. Zębik, *Przestępstwo, wina i kara w poglądach Edmunda Krzymuskiego*, AUL, Folia Iuridica 22 (1985), S. 92.

93 Siehe Anm. 74.

8. Schlussfolgerungen

Hube, der Gelehrte und Kodifikator, formulierte als erster Autor in Polen eine moderne Theorie der Strafe. Er war ein typischer Vertreter des Systems des Strafrechts der Mitte des 19. Jahrhunderts und vertrat die klassische Strafrechtsschule. Er propagierte eine gemischte Theorie der Strafe, die sich an Hegels System orientierte. Als immanenten Wert der Strafe betrachtete er die Vergeltung, aber er akzeptierte auch die Anpassung der Strafe an general- und spezialpräventive Überlegungen. Juliusz Makarewicz dagegen vertrat die moderne Richtung der Strafrechtsdoktrin. Er war ein Protagonist der soziologischen Strafrechtsschule und Mitautor des ersten Strafgesetzbuches des unabhängigen Polens. Er war bemüht, zwischen den absoluten und relativen Theorien der Strafe eine Mittelposition einzunehmen und verzichtete explizit auf einen eigenen Lösungsvorschlag. Faktisch dagegen näherte er sich der gemischten Straftheorie und übernahm vieles aus dem Programm der positivistischen Schule der Kriminologie, der das Hauptgewicht auf die Spezialprävention legte. Auch Wolter, ein Schüler des letzten großen polnischen Vertreters der klassischen Strafrechtsschule, Edmund Krzymuski, entwickelte seine Auffassungen fort und neigte im Laufe seines Lebens zur gemischten Theorie der Strafe.

Die hier diskutierten polnischen Juristen gehörten zwar zu drei verschiedenen, aufeinander folgenden Generationen polnischer Rechtswissenschaftler, aber ihr Blick auf das System der Strafen blieb trotzdem im Kern einheitlich. Hube gab der Freiheitsstrafe, verbunden mit einem Arbeitszwang, den Vorrang und erklärte seinen Glauben an ihren Wert und ihre Wirksamkeit. Makarewicz bezweifelte die Wirksamkeit der Freiheitsstrafen und schlug eine breite Anwendung von Sicherungsmaßnahmen sowie Bewährungsstrafen vor – zusätzlich zu den Freiheitsstrafen. Ähnlich übernahm Wolter den Standpunkt einer zweigleisigen Strafrepression, d. h. eines Systems aus Strafen und Maßnahmen der Sicherung und Besserung als Mittel gegen verbotene Handlungen. Keiner der zitierten Gelehrten lehnte die Todesstrafe im Prinzip ab, obwohl alle ihr mit Distanz und in der Hoffnung gegenüberstanden, sie könnte zukünftig abgeschafft werden. Hube äußerte, die Tötung von Staats wegen solle nur in Ausnahmefällen und selten vollzogen werden. Makarewicz akzeptierte die Todesstrafe aus Gründen der Kriminalpolitik, denn er schrieb ihr abschreckende Wirkung auf die Psyche der Menschen, also generalpräventive Funktion zu. Wolter dagegen zog diesen Zusammenhang grundsätzlich in Zweifel und argumentierte, die Todesstrafe wirke nicht abschreckend, sondern stelle tatsächlich eher eine Sicherungsmaßnahme dar. Ein anderes Thema waren die Geldstrafen. Hube hielt sie nur im Falle geringfügiger Straftaten für angebracht, während er die an die Geldstrafe logisch anschließende Vermögenskonfiskation als ein Mittel ablehnte, welches die Familie des Verurteilten bestrafe, nicht aber ihn selbst. Makarewicz akzeptierte Geldstrafen, auch wenn er deren ungenügende und ihre soziale Ungleichheiten fördernde Anwendung wahrnahm. Ähnlich äußerte sich auch Wolter, der sein ambivalentes Verhältnis gegenüber dieser Form der Strafe mit der Ungleichheit ihrer Wirkung gegenüber Verurteilten verschiedener Vermögensverhältnisse begründete. Er empfahl deshalb, die Strafbemessung entsprechend zu gestalten.

Deutlich unterschieden sich die Forschungsmethoden und die Sprachen, in denen sich die polnischen Gelehrten äußerten. Die in der vorliegenden Abhandlung angeführten Originalzitate aus ihren Texten erlauben zweifelsfreie Schlussfolgerungen. Hube gilt als Schöpfer der polnischen Rechtssprache; seine Analysen gingen hauptsächlich von philosophischen und historischen Perspektiven aus. Makarewicz pflegte einen rhetorischen und oft emotionalen Stil und argumentierte am liebsten rechtsvergleichend. Wolter schließlich ziselierte seine Darlegungen und hielt sie oft auf einem hohen Abstraktionsniveau, wobei er sich vor allem der logisch-dogmatischen Methode bediente. Alle drei hier besprochenen polnischen Gelehrten waren ausgezeichnete Kenner der europäischen Rechtsdoktrin ihrer Zeit und stützten sich in vielem auf ihre Leistungen.

Kurzfassung

Romuald Hube, Juliusz Makarewicz und Władysław Wolter gehören zu den hervorragendsten Vertretern der polnischen Rechtswissenschaft im 19. und 20. Jahrhundert. Sie standen auch für drei Generationen der Jurisprudenz. Gemeinsam war ihnen ein breites strafrechtliches Wissen, jeweils eine lange wissenschaftliche Tätigkeit und unbestreitbare Leistungen in Theorie und Kodifikation. Romuald Hube gilt als Vater der polnischen Strafrechtswissenschaft. Er vertrat die Konzeptionen der klassischen Schule des Strafrechts. Er propagierte Sanktionen mit den Zielen der Vergeltung und der Prävention, war also Anhänger der gemischten Straftheorie, und dies als einer der ersten in Europa. Er empfahl, Gefängnisstrafen mit Arbeitspflicht zu verbinden und hielt wenig von kurzfristigen wie auch lebenslangen Freiheitsstrafen. Die Todesstrafe akzeptierte er, war aber ein Gegner anderer grausamer und Körperstrafen. Juliusz Makarewicz, ein Dogmatiker und Philosoph des Strafrechts von europäischem Rang und genialer Kodifikator des Strafrechts im Polen der Zwischenkriegszeit, vertrat die Idee der soziologischen Schule des Strafrechts. Er betrachtete Strafen als Vergeltung für das Verbrechen wie auch als Mittel der Individualprävention. Auch er akzeptierte die Todesstrafe, der er abschreckende Wirkung zuschrieb, sowie die Freiheitsstrafen generell. Gleichzeitig propagierte er die Sicherungsverwahrung mancher Straftäter, insbesondere mehrfacher Rückfalltäter und Berufskrimineller auch nach Verbüßung ihrer Strafen. Am anderen Ende der Skala trat er für die Möglichkeit der Strafaussetzung zur Bewährung und der vorzeitigen Entlassung ein. Gegen das Anwachsen der Kriminalität schienen ihm neue Formen von Strafe als erforderlich. Władysław Wolter schließlich war Schüler und Nachfolger des Klassikers Prof. Edmund Krzymuski, des wissenschaftlichen

Gegenspielers von Juliusz Makarewicz. Er entwickelte Konzeptionen, die sich vom traditionellen Programm der klassischen Strafrechtsschule weit entfernten. Der Strafe schrieb er generalpräventive Ziele zu, jedoch nur im Rahmen der gerechten Vergeltung. Neben den traditionellen Freiheitsstrafen akzeptierte er Sicherungsmaßnahmen, und noch stärker die Möglichkeit der Bewährung. Damit erwies er sich als Anhänger einer zweigleisigen Strafpolitik, worin er sich Juliusz Makarewicz annäherte. Er war ein Kritiker der Todesstrafe, der er die abschreckende Wirkung absprach und die er eine Sicherungsmaßregel nannte. Die Abhandlung analysiert im Detail die Lehre dieser drei großen Rechtswissenschaftler von der Strafe und führt Auszüge authentischer Äußerungen von ihnen an.

Summary

Hube – Makarewicz – Wolter. Three concepts of punishment over a hundred years

Romuald Hube, Juliusz Makarewicz and Władysław Wolter are among the most prominent Polish legal scholars of the nineteenth and twentieth centuries. They represented three successive generations of jurisprudence. They shared extensive knowledge in penal sciences, an extensive period of active research, and unquestionable achievements in the areas of theory and codification. Romuald Hube, called the father of the Polish criminal law science, represented the concepts of the classical school of criminal law. He promoted the concept of criminal sanctions based on the principles of retribution and prevention, and was therefore an advocate for the mixed theory of punishment – one of the first in Europe. He recommended imprisonment combined with an obligation to work, concurrently distancing himself from short-term and life imprisonment. He accepted the death penalty, rejecting other cruel and corporal punishment. Juliusz Makarewicz, a dogmatist and philosopher of criminal law recognised in Europe and a brilliant codifier of criminal law in interwar Poland, represented the ideas of the sociological school of criminal law. He treated punishment as retribution for crime and concurrently as a preventive measure. He accepted the death penalty, ascribing to it a deterrent effect, and imprisonment. At the same time, he promoted preventive measures consisting in additional isolation of some offenders, mainly multiple repeat offenders and professional criminals. He also propagated probation measures, including conditional suspension of the sentence and conditional early release. He considered the new repressive measures to be the best instruments to combat rising crime. Władysław Wolter was a student and successor of Professor Edmund Krzymuski, who was an academic opponent of Juliusz Makarewicz. However, he developed concepts that were far from the traditional programme of the classical school. He ascribed preventive objectives to criminal punishment, although only within the limits of fair retribution. In addition to so far existing imprisonment sentences, he accepted preventive measures, and even more probation measures. Thus, he became known as a supporter of two-tier repressive punishment, similarly to Juliusz Makarewicz. He was critical of the death penalty, denied its deterrent effect and called it a preventive measure. This study includes thorough analyses of the penal studies presented by these three outstanding scholars, accompanied by numerous fragments of their authentic statements.

Makarewicz und Liszt. Versuch einer vergleichenden Analyse

1. Einleitung

„An Liszt kann man den Einfluss der Rasse studieren, der sich trotz der Erziehung inmitten einer anderen Rasse und trotz einer Beimischung fremden Blutes durchsetzt: in seinem ganzen Verhalten, seiner Haltung als Mensch, seiner wissenschaftlichen Tätigkeit, seinen öffentlichen Auftritten, in seinen Äußerungen und Publikationen kann man das heiße Blut der Magyaren, den Drang zur Tat, zu Veränderung und Bewegung spüren“[1]. Das ist die persönliche Bewertung Franzens von Liszt (1851–1919) durch Juliusz Makarewicz, den gerade erst promovierten Absolventen der Jagiellonen-Universität, der mit einem Stipendium durch Deutschland reiste und mit diesen Worten 1896 seine Rezension des Lehrbuchs des Schöpfers der soziologischen Schule des Strafrechts in Europa eröffnete. Trotz seines jungen Alters – er war zum Zeitpunkt, als er diese Sätze schrieb, gerade 24 Jahre alt – hatte Makarewicz das gute Recht zu einer so prägnanten Meinung über einen Gelehrten, der tatsächlich für seine ungewöhnliche Persönlichkeit und sein außergewöhnliches Temperament bekannt war. Denn er kannte den damals 45 Jahre alten Hallenser Professor Liszt persönlich, hatte er doch ebenso wie andere Nachwuchsjuristen aus Deutschland und anderen Ländern an Liszts berühmtem Kriminologischen Seminar teilgenommen[2]. Der in Wien geborene und ausgebildete Franz von Liszt hatte 1879 seine akademische Karriere im deutschen Kaiserreich begonnen, die ihn in mehreren Schritten schließlich auf einen Lehrstuhl an der Berliner Universität und als Abgeordneten in den Reichstag führte[3].

Die von Makarewicz verfasste Rezension galt der siebten Auflage des Lehrbuchs des deutschen Strafrechts, das Liszt verfasst hatte. Dieses Lehrbuch war bis in

1 J. Makarewicz, [Rezension] Dr. Franz von Liszt, Lehrbuch des Deutschen Strafrechts. Siebente durchgearbeitete Auflage. Erster Teil, Berlin 1895, PPiA 1896, S.329.

2 Vgl. eine interessante und positive Erinnerung an dem Seminar in Halle an der Saale: S. Posner, Seminarium prawa karnego w Halle, GSW 46 (1895), S.730–732.

3 Zur Liszts Biographie siehe: H. Ostendorf, Von der Rache zur Zweckstrafe. 100 Jahre Marburger Programm von Franz von Liszt, Frankfurt am Main 1982, S. 7–10; zu seiner wissenschaftlichen Bedeutung siehe: ebd., S. 13–17. Vgl. ausführliche Darstellung: Gedächtnisschrift für Franz von Liszt zur 50. Wiederkehr seines Todestages am 21. Juni 1919, ZStW 81 (1969). Liszts Leben und Werk sind im polnischen Schrifttum kaum bekannt; vgl. einige kurze Bemerkungen: J. Warylewski, Kierunki i szkoły w nauce prawa karnego, in: A. Marek (Hrsg.), System prawa karnego, Bd.1, Warszawa 2010, S. 77–78.

die 1920er Jahre das bei weitem populärste Strafrechtslehrbuch in Deutschland. Zwischen 1881 und 1932 erschienen insgesamt 26 Auflagen, und es wurde in mehrere Fremdsprachen übersetzt[4]. Wurzeln dieses Erfolgs waren unter anderem seine einfache Systematik, die auf einem naturalistischen Begriff der Tat oder den Erscheinungsformen des Verbrechens beruhte[5]. Liszt selbst war übrigens geneigt, die Bedeutung seines Lehrbuchs herunterzuspielen; geradezu sarkastisch bemerkte er einmal, er habe es nur geschrieben, um sein wissenschaftliches Ansehen in der Fachwelt zu wahren[6].

Der Inhalt des von Makarewicz rezensierten Werks stammte aus der Feder eines gereiften deutschen Gelehrten, der etliche Jahre zuvor mit einem radikalen Programm zur Strafrechtsreform hervorgetreten war. Im sogenannten Marburger Programm, das Liszt 1882 an der dortigen Universität im Rahmen seiner Antrittsvorlesung im Zusammenhang mit der Übernahme des Lehrstuhls gehalten hatte, hatte er seine Überzeugung erstmals öffentlich vorgetragen, bevor er sie in seinem Text „Der Zweckgedanke im Strafrecht" auch schriftlich vorlegte[7]. Die drei wichtigsten Punkte seines Programms und seiner weiteren Ausarbeitungen waren: erstens lenkte er das Augenmerk der Lehrmeinung weg von der Straftat und hin auf den Täter; die Straftat beschrieb er als sozialschädliches, aber auch sozial bedingtes Verhalten; dieser soziologische Verbrechensbegriff war seinerzeit ein Novum. Zweitens legte er der Strafrechtslehre nahe, die Gründe kriminellen Verhaltens zu erforschen, insbesondere im Rahmen von Kriminologie und Pönologie sowie – an den Bedürfnissen der Zukunft orientiert – im Rahmen der Kriminalpolitik. Drittens beruht seine Straftheorie auf dem Gedanken, dass Strafen Zwecken dienen müssten: die Strafe müsse sozial nützlich sein, und die möglichen Ziele der Strafe reduzierte er auf drei: Abschreckung (von Zufallstätern), Sicherung (von

---

4 Auflagen des Strafrechtslehrbuchs wurden nach Liszts Tod von seinem jüngsten Schüler Eberhard Schmidt fortgesetzt.

5 F.M. Conde, Das Erbe Franz von Liszts, in: F. Herzog / U. Neumann, Festschrift für Winfried Hassemer, Heidelberg 2010, S. 535–558. Das etwa 700 Seiten umfassende Lehrbuch von Liszt war mit hunderten Verweisen auf die einschlägige Literatur versehen, die unter der Überschrift jedes Punkts (eigentlich Paragraphen) oder in den Anmerkungen gegeben wurden. Überdies enthielt es knappe historische Abrisse zur Entwicklung jeder besprochenen Institution.

6 F. v. Liszt, Die Zukunft des Strafrechts, in: F. v. Liszt, Strafrechtliche Aufsätze und Vorträge (AuV), Bd.2, S. 1, 23: „(um seine) durch den Kampf um die Umgestaltung der Gesetzgebung geschwächte wissenschaftliche Autorität (seinen) Kollegen gegenüber aufrecht zu erhalten".

7 W. Naucke, Die Kriminalpolitik des Marburger Programms 1882, in: W. Naucke, Über die Zerbrechlichkeit des rechtsstaatlichen Strafrechts, Baden-Baden 2000, S. 223. Vgl. Ausgaben des Marburger Programms: F. v. Liszt, Der Zweckgedanke im Strafrecht, ZStW 3 (1883), S. 1–47; F. v. Liszt, AuV, Bd.1, Berlin 1905, S. 126 ff.

unverbesserlichen Tätern) und Besserung (gegenüber besserungsfähigen Tätern)[8]. Sein kriminalpolitisches Credo formulierte Liszt in der verkürzten Formel: „die Unschädlichmachung der Unverbesserlichen, Besserung der Besserungsfähigen". Mit Gedanken wie diesen ging Franz von Liszt als Begründer der Spezialprävention in die Rechtsgeschichte ein[9].

In den vierzig Jahren, während derer er wissenschaftlich, organisatorisch, editorisch, in Lehrveranstaltungen an deutschen Universitäten sowie auf internationaler Ebene[10] als Mitbegründer der Internationalen Kriminalistischen Vereinigung[11] öffentlich wirkte, hat er seine anfänglichen Konzeptionen weiterentwickelt und teilweise auch verändert. Dies bemerkte schon der junge Makarewicz, der in der erwähnten Rezension des Lehrbuchs beschrieb, wie Liszt seine Auffassungen geändert habe[12], und er akzeptierte diese Tatsache[13].

---

8 Meine Punkte, die auf die Hauptideen von Franz von Liszt verweisen, sind stichwortartig und selektiv, weil die Konzeptionen Liszts in der polnischen rechtshistorischen oder juristischen Literatur nicht näher bekannt sind. Ein solcher Hinweis scheint mir jedoch an dieser Stelle erforderlich als Hintergrund für weitere, detailliertere Analysen. Eine verkürzte und überarbeitete Version dieses Aufsatzes erschien u.d.T. „Makarewicz und von Liszt. Ein Beitrag zum Einfluss der soziologischen Strafrechtsschule auf die polnische Strafrechtslehre, Rechtskultur. Zeitschrift für Europäische Rechtsgeschichte 6 (2017).

9 Vgl. T. Stäcker, Die Franz von Liszt-Schule und ihre Auswirkungen auf die deutsche Strafrechtswissenschaft, Baden-Baden 2012, S. 28–29; im älteren Schrifttum vgl. E. Schmidt, Anselm von Feuerbach und Franz von Liszt, MschKrim 33 (1942), S. 216–217.

10 F. v. Liszt redigierte u. a. die Serie „Vergleichende Darstellung des deutschen und ausländischen Strafrechts" und die „Zeitschrift für die gesamte Strafrechtswissenschaft". Gemäß dem Titel enthielt diese Zeitschrift Abhandlugen zum Strafrecht und zum Strafprozessrecht, zur Kriminologie, Kriminalpolitik usw.

11 Internationale Kriminalistische Vereinigung wurde 1889 von den Professoren F. v. Liszt, A. Prins und G. van Hamel gegründet. Mehrere polnische Strafrechtler gehörten der Organisation, darunter Professoren E. Krzymuski, A. Moldenhawer, W. Ostrożyński, J. Rosenblatt, J. Makarewicz und offensichtlich auch S. Budziński – vgl. M. Paszkowska, Nauka prawa karnego w środowisku „Gazety Sądowej Warszawskiej" (1873–1918), Warszawa 2010, S. 198. Vgl. auch E. Bellmann, Die Internationale Kriminalistische Vereinigung (1889–1933), Frankfurt am Main 1994; L. Radzinowicz, The Roots of the International Association of Criminal Law and their Significance. A Tribute and a Re-assessment on the Centenary of the IKV, Freiburg 1991.

12 Nach Ansicht von Makarewicz war Liszt in der ersten Auflage seines Lehrbuches noch ein glühender Anhänger der Normentheorie Bindings, die er anschließend verwarf. Zu Beginn seiner Karriere soll er auch der anthropologischen Schule zugeneigt gewesen sein, von der er sich später distanziert habe. Der Rezensent folgerte daraus auf eine gewisse Naivität des deutschen Gelehrten und folgerte, dass „Liszt sich deshalb vollauf den Beinamen verdient hat, den Lucchini den Verfechtern der neuen Schule verliehen hat: il semplicisto del diritto penale." – vgl. J. Makarewicz, Dr. Franz von Liszt (vgl. Anm. 1), S. 330.

13 Ebd., S. 330: „Wir sind weit davon entfernt, Liszt dafür zu verurteilen, dass er für alles Neue offen war, das Veränderung und Fortschritt versprach, für seine Abscheu gegen Stagnation und Schablone, seine innovativen Tendenzen – im Gegenteil halten wir all dies eher für sein Verdienst". Auch

Ziel des vorliegenden Aufsatzes ist der Versuch eines neuen Blicks auf einige ausgewählte Rechtsbegriffe des Allgemeinen Teils des Strafrechts und die Antwort auf die Frage, ob und in welchem Umfang die Thesen Liszts von Makarewicz direkt akzeptiert wurden. Natürlich können hier schon aus Platzgründen nicht alle in Frage kommenden Themen erörtert werden; für diesen Text habe ich folgende ausgewählt: Strafgesetzbuch, Typologie des Verbrechers, Strafzwecke und die Maßnahmen der Besserung und Sicherung.

Ebenfalls der Not des begrenzten Umfangs dieses Aufsatzes ist es geschuldet, wenn ich von der Analyse weiterer interessanter Fragen absehen musste, zu denen die Auffassungen beider Gelehrter einander nah waren: darunter unter anderem die Willensfreiheit des Menschen, Anwendungsfragen der Freiheitsstrafe, gesonderte Prinzipien der strafrechtlichen Verantwortung Jugendlicher, die gesetzestechnische Ausgliederung der Ordnungswidrigkeiten, das Problem der Entwicklung der strafrechtsbezogenen Hilfs- und Nebendisziplinen. Nur am Rande sei hier knapp erwähnt, dass sowohl Liszt, als auch Makarewicz forderten, Diskussionen über die Willensfreiheit des Menschen aus der Strafrechtslehre auszuklammern[14]. Was die Freiheitsstrafen angeht, so war Liszt ein Gegner kurzfristiger Gefängnisstrafen, und Makarewicz sah sie kritisch[15]. Beide Professoren kämpften um eine Reform des Jugendstrafrechts und darum, die reine Repression um Erziehungsmittel gegenüber

---

wenn Makarewicz Liszt rühmte, kritisierte er doch seine Schüler, darunter um Robert von Hippel versammelten Rechtswissenschaftleer, über die er u. a. schrieb: „sie neigten zu den seltsamsten Konstruktionen, solange sie möglichst weit von einem lebensnahen Standpunkt entfernt seien" – vgl. J. Makarewicz, Kodeks karny z komentarzem, Lwów 1935, S. 84–85. Das Verhältnis des polnischen Gelehrten zu den Vertretern der Lehrmeinung, die als „dritte Schule" klassifiziert wurden, ist jedoch nicht Thema der vorliegenden Arbeit.

14 Liszt vertrat in seinem Lehrbuch, beginnend mit der Auflage von 1914, den sogenannten wissenschaftlichen Determinismus, also die Bewertung der Gründe und insbesondere Motivationen jedes einzelnen Straftäters. Vgl. R. Seidl, Der Streit um den Strafzweck zur Zeit der Weimarer Republik, Bern-Frankfurt am Main 1974, S. 19. Makarewicz vertrat die Ansicht, die Existenz von Willensfreiheit sei eine philosophische bzw. religiose Frage und könne nicht definitiv entschieden werden – siehe: J. Makarewicz, Prawo karne. Wykład porównawczy z uwzględnieniem prawa obowiązującego w Rzeczypospolitej Polskiej, Lwów-Warszawa 1924, S.117; J. Makarewicz, Kodeks (vgl. Anm. 13), S. 76.

15 Liszt, Der Zweckgedanke, S. 41, empfahl, Freiheitsstrafen nur für mehr als ein Jahr auszusprechen. Makarewicz wiederholte oft, dass „die Freiheitsstrafe kaum jemanden verbessere, aber schon viele endgültig verdorben habe" – siehe: J. Makarewicz, Kodeks (vgl. Anm. 13), S. 35. Deshalb nahm er mit Genugtuung zur Kenntnis, dass sich Änderungen in Richtung einer Strafaussetzung zur Bewährung oder des Ersatzes der Freiheitsstrafe durch Geldbußen oder Maßnahmen der Sicherung und Besserung abzeichneten – siehe: ebd., S. 35, 138, 165. Vgl. auch A. Grześkowiak, Kara w poglądach Juliusza Makarewicza, in: A. Grześkowiak (Hrsg.), Prawo karne w poglądach Profesora Juliusza Makarewicza, Lublin 2005, S. 273–274 und 276.

dieser Tätergruppe zu ergänzen[16]. Beide verlangten auch, Ordnungswidrigkeiten in einem besonderen Gesetz außerhalb des Strafgesetzbuches zu normieren[17]. Und schließlich appellierten beide Autoren, die Hilfswissenschaften des Strafrechts zu entwickeln, insbesondere die Kriminologie. Beide nutzten auf diesem Weg umfassend und kenntnisreich die Ergebnisse empirischer Wissenschaften wie Psychiatrie, Psychologie, Statistik und anderer[18]. Zu diesen Themen wie auch zu anderen interessanten Aspekten der Lehre vom Verbrechen, von der Schuld und der Strafe beabsichtige ich später eine gesonderte Arbeit vorzulegen[19].

2. Strafgesetz und seine Garantiefunktionen

Eine der bekanntesten Aussagen von Liszt war seine Feststellung, dass das Strafgesetzbuch eine *magna charta* für den Täter darstelle, mit anderen Worten, dass das

16 In der einschlägigen Literatur wird der Lehre von Liszt allgemein ein Einfluss darauf zugeschrieben werden, dass ein gesondertes Jugendgerichtsgesetz 1923, d. h. vier Jahre nach Liszts Tod, erlassen wurde – siehe: H. Ostendorf, Von der Rache (vgl. Anm. 3), S. 17–18. Makarewicz gelang es, direkt auf eine moderne Regelung der Grundsätze der strafrechtlichen Verantwortung Minderjähriger im polnischen Strafgesetzbuch von 1932 hinzuwirken – eingehend: R. Hałas, Zasady odpowiedzialności nieletnich według Juliusza Makarewicza, in: A. Grześkowiak (Hrsg.), Prawo (vgl. Anm. 15), S. 311–324.

17 Liszt befürworte die Ausgliederung der Ordnungswidrigkeiten aus dem Strafgesetzbuch – siehe: R. Seidl, Der Streit (vgl. Anm. 14), S. 23. Ebenso propagierte Makarewicz standhaft und ohne Rücksicht auf die überwiegende Meinung anderer Gelehrter ein besonderes „Polizeistrafgesetz", wie er es nannte – siehe: J. Makarewicz, Powrotna fala (Projekt ustawy o wykroczeniach), RPEiS 10, 2 (1930), S. 475–501.

18 Makarewicz kritisierte Liszt, dieser habe nur in geringem Umfang in seinem Lehrbuch solche Hilfswissenschaften wie Soziologie, Geschichte des Strafrechts oder die evolutionär-vergleichende Methode herangezogen – siehe: J. Makarewicz, Rezension (vgl. Anm. 1), S. 331. Seine Kritik an Liszt scheint mir etwas einseitig zu sein. Gewiss, in dem Lehrbuch von Liszt umfasste die Charakteristik der genannten Disziplinen nur wenige Seiten. Allerdings hat Liszt nach allgemeiner Überzeugung der Forschung sein ganzes wissenschaftliches Leben hindurch eine ganzheitliche Strafrechtslehre vertreten, die neben der Dogmatik auch Kriminologie, Kriminalpolitik, Pönologie, Strafrechtsgeschichte und andere Bereiche einbezog. Vgl. A. Koch, Binding vs. v. Liszt – Klassische und moderne Strafrechtsschule, in: E. Hilgendorf / J. Weitzel (Hrsg.), Der Strafgedanke in seiner historischen Entwicklung. Ringvorlesung zur Strafrechtsgeschichte und Strafrechtsphilosophie, Berlin 2007, S. 133–134; vgl. auch oben Anm. 10. Makarewicz selbst hat in seinen beiden Lehrbüchern (vgl. Anm. 14 und 32) den genannten Disziplinen (insbesondere der Kriminalstatistik) und ihren Ergebnissen mehrere Dutzend Seiten gewidmet. In seinem Kommentar zum Strafgesetzbuch erwähnte er sie seltener, dafür ging er aber auch auf Psychologie, Psychopathologie, Psychiatrie und Statistik ein – siehe: J. Makarewicz, Kodeks (vgl. Anm. 13), S. 28, 76, 170, 203, 206.

19 Die vergleichenden Analysen in dieser Arbeit waren möglich dank kurzen Forschungsaufenthalten in Deutschland. Mein besonderer Dank gilt der Bayerischen Staatskanzlei dafür, dass sie mir ermöglicht hat, in Würzburg die Leistung von Liszt genauer zu studieren.

Strafgesetzbuch auch denjenigen Personen, die strafwürdige Handlungen begangen hatten, bestimmte Garantien ihrer Rechte gewähre. Erstmals entwickelte Liszt diesen Gedanken Ende des 19. Jahrhunderts in einer umfangreichen Abhandlung unter dem Titel *Die deterministischen Gegner der Zweckstrafe*[20]. Zur Begründung dieser These erinnerte Liszt daran, dass das Strafrecht Ausdruck der Strafgewalt des Staates ist, die aber angesichts des Schutzes, der der individuellen Freiheit zustehe, notwendig begrenzt sei. Den Rechtsgrundsatz *nullum crimen, nulla poena sine lege* nannte er ein „Bollwerk" des Bürgers gegenüber der allumfassenden Macht des Staates, die er mit dem Hobbesschen Leviathan verglich[21]. Er beendete seine Ausführung mit dem epochemachenden Satz: „So paradox es klingt: das Strafgesetzbuch ist die *magna charta* des Verbrechers"[22]. In diesem Gedanken von Liszt kommt seine liberale Grundüberzeugung zum Ausdruck: dass die persönliche Freiheit vor staatlichen Eingriffen geschützt werden müsse.

Liszt hat seine These über das Strafgesetzbuch als *magna charta* des Verbrechers vielfach wiederholt[23]. In der Anfang des 20. Jahrhunderts in Deutschland geführten Debatte über die Reform des Strafrechts[24] betonte er einerseits, dass das Strafrecht

---

20 F. v. Liszt, Die deterministischen Gegner der Zweckstrafe (1893), AuV, Bd.2, Berlin 1905, S. 25–74.

21 Ebd., S. 20: „Strafrecht ist (...) die rechtlich begrenzte Strafgewalt des Staates. Rechtlich begrenzt nach Voraussetzungen und Inhalt; rechtlich begrenzt im Interesse der individuellen Freiheit. *Nullum crimen sine lege, nulla poena sine lege.* Diese beiden Sätze sind das Bollwerk des Staatsbürgers gegenüber der staatlichen Allgewalt: sie schützen den Einzelnen gegen die rücksichtslose Macht der Mehrheit, gegen den Leviathan".

22 Ebd. Einige zeitgenössische Kritiker Liszts kommen jedoch zu der Einschätzung, dass er schon in dieser Arbeit den genannten Grundsatz eingeschränkt habe, indem er darauf hingewiesen habe, dass Freiheit ein relativer Begriff sei, den der Staat definiere. Siehe: S. Ehret, Franz von Liszt und das Gesetzlichkeitsprinzip. Zugleich ein Beitrag wider die Gleichsetzung von Magna-charta-Formel und Nullum-crimen-Grundsatz, Frankfurt am Main 1996, S. 78–80.

23 F. v. Liszt, Über den Einfluss der soziologischen und anthropologischen Forschungen (1893), AuV, Bd. 2, Berlin 1905, S. 75–93; ebd., S. 80: „Nach meiner Meinung ist, so paradox es klingen mag, das Strafgesetzbuch die magna charta des Verbrechers. Er schützt nicht die Rechtsordnung, nicht die Gesamtheit, sondern den gegen diese sich auflehnenden Einzelnen". Siehe auch: F. v. Liszt, Die Deliktsobligationen im System des Bürgerlichen Gesetzbuchs. Kritische und dogmatische Randbemerkungen, Berlin 1898, S. 4: „Der Satz 'nullum crimen sine lege' soll die Freiheit des einzelnen Staatsbürgers schützen gegenüber der Allgewalt des Staates. In diesem Sinne habe ich das Strafgesetz bezeichnet als die magna charta des Verbrechers". Vgl. den Kommentar von S. Ehret, Franz von Liszt (vgl. Anm. 22), S. 87. Liszts These über das Strafgesetz als *magna charta* für den Täter eines Verbrechens, wurde in sein Lehrbuch nicht aufgenommen.

24 Liszt wurde nicht zu den verschiedenen Kodifikationsarbeiten in Deutschland herangezogen, weder 1906 noch 1911. Auf diesen klaren Ausdruck der Demütigung reagierte er gemeinsam mit anderen Juristen durch die Erstellung eines sogenannten Alternativentwurfes von 1911. In späteren Auflagen seines Lehrbuches platzierte er ein umfassendes Kapitel über die Geschichte des Strafrechts, in dem er sowohl das Reichsstrafgesetz charakterisierte und es mit einer Bibliographie versah, als auch auf die damals aktuellen Reformbemühungen zum Strafrecht in Deutschland, Europa und

diesen Charakter auch als Schutz der Rechte des Verbrechers behalten müsse, dass es aber andererseits Aufgabe des Staates sei, in gewissen Grenzen die Rechtsordnung mit Hilfe der Strafe zu schützen. Dazu schrieb er:

> „Nach wie vor soll das Strafgesetzbuch die magna charta des Verbrechers sein: aber innerhalb der so der Staatsgewalt gesteckten Grenzen fällt der Strafe die weitere Aufgabe zu, die Kulturgüter des Volkes, wie sie durch die Rechtsordnung anerkannt sind, gegen die Angriffe des Verbrechers zu schützen“[25].

Dem Lisztschen Leitmotiv vom Strafrecht als der *magna charta* entsprach in seinem Denken aber keine Vertiefung des Rechtssatzes *nullum crimen sine lege*. Geradezu umgekehrt reduzierte Liszt diesen Satz auf die Maxime *nulla poena sine lege*[26]. In den ersten Jahren seiner wissenschaftlichen Tätigkeit widmete er dem fundamentalen *nullum crimen* keine Aufmerksamkeit. Er wies nicht darauf hin, dass das Strafrecht sicher und vom Gesetzgeber vorgegeben sein soll. Ebensowenig stellte er fest, dass es genau die Bindung der Strafe an das Gesetz ist, die den Schutz des Individuums gewährleistet. Er beließ es bei rechtshistorischen Ausführungen des Inhalts, dass das Prinzip *nullum crimen* das Ergebnis des Kampfes der Autoren der Aufklärungszeit um die Reform des Strafrechts sei. Darüber hinaus betonte er auf Grundlage der Vorschriften des deutschen Strafgesetzbuches, dass die einzige Quelle des Strafrechts das geschriebene Recht sei, und er betonte das auch für das Strafrecht geltende Rückwirkungsverbot[27]. Den Grundsatz *nulla poena sine lege* formulierte er explizit erst in späteren Auflagen seines Lehrbuchs, wo er darauf hinwies, dass bestraft nur Handlung werden könnten, die einem der Merkmale entsprechen, die im Gesetz genau beschrieben und erschöpfend aufgezählt sind[28]. An keiner Stelle schrieb Liszt ausdrücklich, dass die Regeln, die er formulierte, Grundfesten eines rechtsstaatlichen und liberalen Strafrechts sind[29].

---

weltweit einging. Siehe bspw.: F. v. Liszt, Lehrbuch des Deutschen Strafrechts, Aufl.18/19, Berlin 1912, S. 45–72.

25 F. v. Liszt, Strafrechtsreform (in Deutschland), (1911), in: Handbuch der Politik, Bd.3, Berlin-Leipzig 1921, S. 203.

26 Hierauf deuten insbesondere die Empfehlungen des Gelehrten zum sogenannten unbestimmten Strafurteil hin. Demnach sollte der Richter die Dauer der Freiheitsstrafe überhaupt nicht festlegen, sondern den Verwaltungsbehörden die Kompetenz überlassen, zu entscheiden, ob die Strafziele erreicht worden seien. Siehe: S. Ehret, Franz von Liszt (vgl. Anm. 22), S. 83.

27 F. v. Liszt, Das deutsche Reichsstrafrecht, Aufl. 1, Berlin-Leipzig 1881, S. 24–25 und 48. Siehe auch: S. Ehret, Franz von Liszt (vgl. Anm. 22), S. 72.

28 F. v. Liszt, Lehrbuch des deutschen Strafrechts, Aufl. 21/22, Berlin 1919, S. 182.

29 S. Ehret, Franz von Liszt (vgl. Anm. 22), S. 175. Diese Autorin kommt zu dem kontroversen Ergebnis, dass der Standpunkt Liszts bei weitem nicht so liberal gewesen sei, wie zunächst angenommen, und

An dieser Stelle ging Juliusz Makarewicz anders vor. In seinem mehr als zehn Jahre später entstandenen Lehrbuch scheute er nicht davor zurück, direkt auf den Grundsatz *nullum crimen sine lege* als Garantie der Rechtsstaatlichkeit zu verweisen:

> „Das Hauptargument für die Bindung der Strafbarkeit an die ausdrückliche Bestimmung, unter welchen Bedingungen ein Bürger bestraft werden kann, besteht darin, dass auf diese Weise möglicher Willkür von Seiten staatlicher Organe vorgebeugt wird. Sie könnten sonst verleitet sein, sich selbst in der Toga des Richters oder unter dem Vorwand, das Wohl der Allgemeinheit zu fördern, von Zwecken leiten zu lassen, die allein der Kamarilla um den Herrscher oder einflussreichen politischen Parteien nutzen“[30].

Mit der Garantiefunktion des Strafrechts beschäftigte sich Makarewicz auch in einer gesonderten Publikation, die auf Grundlage eines feierlichen Vortrags in Lemberg im Jahre 1936 entstand[31].

Dagegen wiederholte Makarewicz Liszts These vom Strafgesetzbuch als der *magna charta* des Verbrechers. In seinem Lehrbuch schrieb er explizit:

> „Trotz bestimmter praktischer Unbequemlichkeiten, die damit verbunden sind, scheint sich in den modernen Gesellschaften [...] doch der Grundsatz durchzusetzen, dass das Strafgesetzbuch eine Charta der Freiheiten (*magna charta*) des Individuums sein sollte, das soziale Interessen verletzt: wenn die Verletzung in jener *charta* genannt wird, soll sie bestraft werden, wenn sie dort nicht erwähnt ist, kann es auch keine Strafe geben“[32].

In seinem Lemberger Vortrag wies Makarewicz darauf hin, dass das gesetzlich fixierte Strafrecht gegenüber dem Verbrecher „die Zusicherung [...] ist, dass ihn nur für das eine Strafe trifft, was im Strafgesetzbuch vorgesehen ist“[33]. Auch das Rückwirkungsverbot aufgrund des Grundsatzes *nulla poena sine lege poenali anteriori* fasste er in diesen Worten zusammen: „Diese kategorische Feststellung entspricht dem Standpunkt des modernen Strafrechts, das das Strafgesetzbuch als *magna charta* des Bürgers bei Konflikten mit den Interessen der Gesellschaft auffasst [...]“[34].

---

dass in seinem Programm Elemente von Rigorismus und sogar Autoritarismus zu finden seien. Siehe: ebd., S. 91.

30 J. Makarewicz, Prawo karne. Wykład (vgl. Anm. 14), S. 9.

31 J. Makarewicz, Prawo karne i prawa obywatela, odczyt wygłoszony dnia 20 stycznia 1936 r. w Auli Uniwersytetu Jana Kazimierza we Lwowie w czasie Akademii związanej z 275. rocznicą założenia Uniwersytetu, Lwów 1936.

32 J. Makarewicz, Prawo karne. Wykład (vgl. Anm. 14), S. 10. Vgl. seine gleiche Aussage, die bereits zehn Jahre früher geäußert wurde: J. Makarewicz, Prawo karne ogólne, Kraków 1914, S. 6.

33 J. Makarewicz, Prawo karne i prawa (vgl. Anm. 31), S. 105.

34 J. Makarewicz, Kodeks (vgl. Anm. 13), S. 43.

An anderer Stelle, bei der Analyse der Maßnahmen der Besserung und Sicherung, argumentierte Makarewicz ganz im Sinne der soziologischen Schule und legte dar, dass das Recht „nicht nur die Gesellschaft vor dem schädlichen Individuum schützen soll, sondern auch den Bürger vor eventuellen Missbräuchen von Seiten der Verwaltung“[35]. Bei dieser „Seite der Verwaltung“ hatte Makarewicz die Strafverfolgungsbehörden im Sinn[36].

3. Tätertypenlehre

Liszt baute seine bekannte Typologie der Täter auf der Konzeption des Wiener Professors Wilhelm Emil Wahlberg (1824–1901) auf und entwickelte diese weiter. Wahlberg war wohlgemerkt ein Vertreter der klassischen Strafrechtsschule[37]. Ähnlich wie Wahlberg unterschied Liszt zwei Hauptgruppen von Tätern; als wichtigstes Unterscheidungskriterium galt ihm die Häufigkeit, mit der sie das Gesetz verletzten. So kam er zur Unterscheidung von Zufallstätern, die er „Gelegenheitsverbrecher“ oder „Augenblicksverbrecher“ nannte, auf der einen sowie von „Gewohnheits- bzw. Zustandsverbrechern“ auf der anderen Seite[38]. Er entwickelte diese Typologie dann funktional weiter, indem er die notorischen Täter („Gewonheitsverbrecher“) in „Besserungsfähige“[39] und „Unverbesserliche“ teilte[40]. Aus dieser Unterscheidung von „Gelegenheitsverbrecher“, „Besserungsfähigen“ und „Unverbesserlichen“ entwickelte Liszt dann auch die Differenzierung der Mittel, die zur Bekämpfung der Kriminalität angewandt werden müssten; wir werden noch darauf zurückkommen. Unabhängig hiervon unterschied Liszt noch eine vierte Kategorie von Tätern, die „gewerbsmäßigen, berufsmäßigen, professionellen Verbrecher“. Diese

---

35 J. Makarewicz, Prawo karne i prawa (vgl. Anm. 31), S. 99.

36 F. Ciepły, Środki zabezpieczające według koncepcji Juliusza Makarewicza, in: A. Grześkowiak (Hrsg.), Prawo (vgl. Anm. 15), S. 293.

37 F. v. Liszt, Lehrbuch (vgl. Anm. 24), S. 79 bezeichnete Wahlbergs Typologie als „bahnbrechend“. Siehe: M. Frommel, Franz von Liszt, NDB, Bd.14, S. 705; S. Galassi, Kriminologie im Deutschen Kaiserreich: Geschichte der gebrochenen Verwissenschaftlichung, Stuttgart 2004, S. 353. Zum Leben und Werk von Wahlberg, wie auch zu seinem wichtigen Buch „Das Prinzip der Individualisierung in der Strafrechtspflege“ (Wien 1869) siehe: W. Brauneder (Hrsg.), Juristen in Österreich (1200–1980), Wien 1987, S. 171–176.

38 F. v. Liszt, Lehrbuch (vgl. Anm. 24), S. 79; F. v. Liszt, Lehrbuch des Deutschen Strafrechts, Aufl. 24, Berlin 1922, S. 11. Es sei betont, dass die Termini „Gewohnheitsverbrecher“ bzw. „Gewohnheitstäter“ durch die Bezeichnung Hangtäter im gegenwärtigen Deutsch ersetzt wurden – siehe: A. Kilian, Wörterbuch der Rechts- und Wirtschaftssprache, Teil 2, München 1996, S. 295.

39 F. v. Liszt, Lehrbuch (vgl. Anm. 24), S. 79 (an anderen Stellen: „verbesserliche / resozialisierbare Gewohnheitsverbrecher“).

40 Ebd. (an anderen Stelle auch: „unresozialisierbare Verbrecher“).

Kategorie betrachtete er als besonders häufig und gefährlich, weil sie sich – wie Liszt zu beobachten glaubte – schon nicht mehr auf Taten gegen das Eigentum beschränkten[41].

Ausführlicher hat Liszt seine Typologie der Täter aber nicht entwickelt. Insbesondere gab er keine brauchbaren Kriterien an, um Straftäter einer der Kategorien zuzuordnen[42]. Dies haben ihm Zweifler und Kritiker auch vorgeworfen[43].

Den gewohnheitsmäßigen Tätern galt Liszts ganze Abscheu[44]. Er empfahl, sie durch Isolation auf unbefristete Zeit unter besonders schweren Haftbedingungen unschädlich zu machen. In einem Brief an einen seiner Mitarbeiter A. Dochow aus dem Jahre 1880 findet sich, auf diese Gruppe bezogen, die folgende Passage:

> „Sicherheitshaft für Gewohnheitsverbrecher: Arbeitshaus mit militärischer Strenge ohne Federlesens und so billig wie möglich, wenn auch die Kerle zugrundegehen. Prügelstrafe unerlässlich [...]. Der Gewohnheitsverbrecher [...] muss unschädlich gemacht werden, und zwar auf seine Kosten, nicht auf die unseren. Ihm Nahrung, Luft, Bewegung usw. nach rationellen Grundsätzen zumessen, ist Mißbrauch der Steuerzahler“[45].

Selbst wenn man Liszt zugute hält, dass in dieser privat gefallenen Äußerung sein lebhaftes Temperament und seine Neigung zur Zuspitzung zum Ausdruck gekommen sein mögen[46], muss man seine Haltung in dieser Frage doch als rigoros einschätzen.

Makarewicz hat die Dreiteilung der Täter von Liszt nicht wörtlich übernommen. Aber er hat den von Liszt eingeführten Begriff des nicht besserungsfähigen Täters

---

41 Ebd.

42 Ebd. Hier verwies Liszt in nur einem einzigen Satz darauf, was ein Zufallstäter sei: „(ein Täter, der) in augenblicklicher, leidenschaftlicher Erregung oder unter dem Einfluss drückender Notlage [...] zu dem Verbrechen hingerissen wird“. Anschließend beschrieb Liszt in zwei Sätzen den Gewohnheitstäter: „(zu Zustandsverbrechen führen) brutale Rohheit, gefühllose Grausamkeit, beschränkter Fanatismus, gedankenloser Leichtsinn, unüberwindliche Arbeitsscheu, Trunksucht, geschlechtliche Lasterhaftigkeit“ – siehe: F. v. Liszt, Lehrbuch (vgl. Anm. 38), S. 11.

43 Johannes Nagler, einer der wissenschaftlichen Gegner von Liszt und entschiedener Vertreter der klassischen Strafrechtsschule, wies generell darauf hin, dass die soziologische Strafrechtsschule ihre Auffassungen auf unklare Kriterien stütze, die eher auf Intuitionen als auf rationalen Voraussetzungen beruhten, und dass sie dazu neige, Einzelfälle aus dem Kontext zu reißen und zu generalisieren. J. Nagler, Die Verständigung der Strafrechtsschulen, Gerichtssaal 70 (1907), S. 32, http://dlib-zs.mpier.mpg.de/mj/kleioc/0010/exec/smapage/%222173686_7000%2b1907_0013%22 (letzter Zugriff am 12.10.2014).

44 Bekannt sind Äußerungen, die davon zeugen, dass der Gelehrte bereit war, Gewohnheitsverbrecher und psychisch Kranke ähnlich zu behandeln – siehe: F. v. Liszt, Die deterministischen Gegner (vgl. Anm. 20), passim; A. Koch, Binding (vgl. Anm. 18), S. 138–139.

45 A. Koch, Binding (vgl. Anm. 18), S. 136.

46 T. Stäcker, Die Franz von Liszt-Schule (vgl. Anm. 9), S. 20.

selbst ungeniert und häufig verwendet[47]. Dabei handle es sich, so sagte er, um einen Täter, „bei dem wir eine so starke Tendenz zur Kriminalität beobachten, dass außer der Todesstrafe wohl keine Sanktion in der Lage ist, ihn vom Weg des Verbrechens abzubringen"[48]. Dass jemand zum unverbesserlichen Verbrecher werde, erklärte Makarewicz erstens mit der „psychophysischen Struktur des Täters und seinem Charakter"[49], und zweitens mit dem Vorliegen eines unwiderstehlichen Drangs, trotz zwischenzeitlicher Bestrafung wieder Straftaten zu begehen, also im Kern einer „ausgebliebenen psychischen Veränderung hin auf das gesellschaftliche Zusammenleben"[50]. Unverbesserliche Täter nannte Makarewicz „unerwünschte Elemente, die Unruhe auslösen" sowie „gefährliche Individuen"[51]. Auch der polnische Professor stellte wie sein deutscher Lehrer den unverbesserlichen Tätern die Gelegenheitstäter gegenüber; er nannte sie „Situationstäter", „Übergangstäter" oder „episodische Täter"[52].

Makarewicz erweiterte den Blick auf die unverbesserlichen Täter, die er drei Kategorien zuordnete: mehrfachen Rückfalltätern, Berufsverbrechern und Verbrechern aus Sucht bzw. „aus Gewohnheit"[53]. Seine Bestimmung der Unterschiede zwischen diesen Gruppen war zwar einfach und geradeheraus, aber vom dogmatischen Gesichtspunkt nicht völlig präzise. Rückfalltäter war für ihn jemand, der

---

47 J. Makarewicz, Kodeks (vgl. Anm. 13), S. 38. An dieser Stelle ist daran zu erinnern, dass der Begriff des „unverbesserlichen Verbrechers" mit dem Titel und dem Inhalt einer polnischen Verordnung über die Organisation von Anstalten für unverbesserliche Verbrecher in die amtliche Sprache einging – siehe: Rozporządzenie Ministra Sprawiedliwości z dnia 15 stycznia 1934 r. w sprawie organizacji zakładów dla niepoprawnych przestępców [Verordnung des Justizministers vom 15. Januar 1934 über die Organisation von Anstalten für unverbesserliche Verbrecher], ABl. 1934 Nr. 5 Pos. 38. Der vorherige Rechtsakt auf diesem Gebiet, eine Verordnung über die Gefängnisordnung, hatte diesen Begriff noch nicht benutzt – siehe: Rozporządzenie Ministra Sprawiedliwości z dnia 20 czerwca 1931 r. w sprawie regulaminu więziennego [Verordnung des Justizministers vom 20. Juni 1931 über die Gefängnisordnung], ABl. 1931 Nr. 71 Pos. 577.

48 J. Makarewicz, Zbrodnia i kara, Lwów 1922, S. 79. Siehe auch: F. Ciepły, Środki (vgl. Anm. 36), S. 297.

49 J. Makarewicz, Kodeks (vgl. Anm. 13), S. 27, 183.

50 Ebd., S. 38. Vgl. auch ebd., S. 40: „Der Unverbesserliche hat durch sein Verhalten bewiesen, dass die Einschließung nach diesem oder jenem Prinzip seine Psyche nicht beeinflusst und ihn auch von nichts abschreckt – von einer Besserung oder geistigen Veränderung ganz zu schweigen".

51 Ebd., S. 40–41 und 119.

52 Ebd., S. 36. Siehe auch: J. Makarewicz, Zbrodnia (vgl. Anm. 48), S. 85 und 146. Der Gelehrte unterschied Gelegenheitsstraftäter, d. h. solche, die ihre Delikte unter Anleitung oder auf Veranlassung professioneller Täter verübten – siehe: J. Makarewicz, Wzrost przestępczości w Polsce: ustęp z przemówienia wygłoszonego w Senacie Rz. P. 7 marca 1931 r. (Debata nad budżetem Min. Sprawiedliwości), PPiA 1931, S. 170.

53 J. Makarewicz, Kodeks (vgl. Anm. 13), S. 39 „Rückfalltäter", „Unverbesserliche"; ebd., S. 40: „sogenannte Unverbesserliche".

nach Absitzen einer Strafe erneut eine verbotene Tat beging[54]. Unter Berufung auf die Kriminalstatistik nannte er die Rückfallkriminalität ein „besorgniserregendes soziales Phänomen, weil es zeigt, dass die gegenüber diesen Verbrechern angewandten strafenden Mittel sich als wirkungslos erwiesen haben"[55]. Als Berufsverbrecher betrachtete Makarewicz solche, die „aus der Verübung von Verbrechen die Quelle ständiger Einkünfte machen"[56]; Personen dieses Typs verübten in der Regel Vermögensdelikte[57]. Als besonders gefährlich betrachtete er die Herausbildung der organisierten Kriminalität in Gestalt von kriminellen Vereinigungen, besonders mafiosen[58]. Dem Typus des Sucht- oder Gewohnheitstäters hingegen rechnete Makarewicz Menschen zu, die zum Verbrechen aufgrund enormen psychischen Innendrucks zurückkehrten: aus einem „elementaren Drang zur Begehung von Verbrechen auch ohne dass sich damit eine Erwerbsabsicht verbindet"[59]. Zur Illustration seiner Differenzierung argumentierte er eher kasuistisch und deskriptiv als systematisch im Sinne vorab angenommener sachlicher Unterscheidungskriterien: er verweis auf Sexualtäter, Fechtsüchtige, Teilnehmer an Schlägereien, Ladendiebe (und besonders Ladendiebinnen), Wucherer und „Falschspielssüchtige"[60]. In die Nähe der unverbesserlichen Täter stellte Makarewicz auch „arbeitsscheue Landstreicher" sowie Drogenabhängige[61].

---

54 Ebd., S. 170. In seinem Kommentar zu den Bestimmungen des Strafgesetzbuches entwickelte er dieses Thema natürlich weiter und wies darauf hin, dass es um Taten derselben oder anderer Art gehe.

55 Ebd., S. 169–170. Vgl. J. Makarewicz, Prawo karne. Wykład (vgl. Anm. 14), S. 39: „Am schlimmsten stellt sich die Statistik für jene Rückfalltäter dar, die schon fünfmal bestraft worden sind. Hier kann man a priori davon ausgehen, dass sie geneigt sein werden, auch künftig weitere Straftaten zu begehen. So zeigt die Statistik für Deutschland, dass in den fünf Jahren von 1894–1899 auf 30.507 solche Personen 71,7 Prozent eine neue Straftat begangen haben. Damit hat man zweifellos die Kategorie der unverbesserlichen Verbrecher erfasst".

56 J. Makarewicz, Kodeks (vgl. Anm. 13), S. 36, 173. Vgl. J. Makarewicz, Zbrodnia (vgl. Anm. 48), S. 79–80: „Es handelt sich um Menschen, die vom Verbrechen leben, für die es ihr Lebenselement ist; sie begehen ständig Straftaten, auch wenn sie Dutzende Male oder noch öfter dafür bestraft werden". Siehe auch: F. Ciepły, Środki (vgl. Anm. 36), S. 297.

57 J. Makarewicz, Kodeks (vgl. Anm. 13), S. 173.

58 J. Makarewicz, Zbrodnia (vgl. Anm. 48), S. 79–80: „Die Verbindungen beruhen auf schriftlichen Verträgen (Satzungen), die seit langem bestehen und nur schwer auszurotten sind. Es handelt sich um eine Gesellschaft, die für sich lebt und ganz im Kampf gegen die staatlich organisierte Gesellschaft aufgeht".

59 J. Makarewicz, Kodeks (vgl. Anm. 13), S. 36. Es muss an dieser Stelle nicht betont werden, dass Makarewicz, wenn er über Verbrecher „aus Sucht" oder „Suchttätern" sprach, hier keine Drogenabhängigen im Sinn hatte. Diese nannte er Morphinisten oder Kokainisten.

60 Ebd., S. 173. Vgl. J. Makarewicz, Zbrodnia (vgl. Anm. 48), S. 82. Der Gelehrte fügte erklärend hinzu: „Der Gewohnheitstäter (Suchttäter) kann auch degeneriert sein (eine Person mit verminderter Schuldfähigkeit)".

61 J. Makarewicz, Prawo karne. Wykład (vgl. Anm. 14), S. 126; J. Makarewicz, Zbrodnia (vgl. Anm. 48), S. 81–82; J. Makarewicz, Kodeks (vgl. Anm. 13), S. 183 – hier nannte Makarewicz in einem Atem

Am Rande sei erwähnt, dass Makarewicz ebensowenig wie Liszt die doktrinären Schwierigkeiten bewältigen konnte, den Begriff des gemeingefährlichen Verbrechers für die Rechtsordnung näher zu bestimmen. Auch hier argumentierte er wieder vorwiegend mit Beispielen, etwa wenn er zwischen Verbrechern gegen die innere Ordnung des Staates (insbesondere Falschmünzer) von solchen unterschied, die die Sicherheit des Staates von außen gefährdeten; als gemeingefährlich beschrieb er z. B. Personen, die Katastrophen herbeiführten; dazu traten solche, die ihre Umgebung gefährdeten, etwa indem sie Angehörige mit dem Tode bedrohten, Rädelsführer von Unruhen sowie ganz oder teilweise unzurechnungsfähige Täter[62]. Der illustrative Charakter dieser Ausführungen zeigt sich übrigens auch daran, dass Makarewicz seinem Traktat über „Verbrechen und Strafe“[63], das sich mit der Entwicklung von Verbrechen, Kriminalität und Strafe beschäftigte, einen Abbildungsteil beifügte, der mehrere Dutzend Porträts solcher Täter umfasste, von denen Makarewicz geschrieben hatte. Dargestellt wurden Physiognomien von Betrügern, Geldfälschern, Dieben, Verleumdern, Kindesaussetzerinnen, Mördern und mehreren Typen abnormer Menschen. Ob er oder sein Verleger beschlossen hatten, diese Abbildungen in dem besprochenen Büchlein unterzubringen, kann doch kein Zweifel daran bestehen, dass der Lemberger Professor solche und ähnliche Kategorien von Kriminellen als gefährliche Individuen und „Sozialparasiten“ betrachtete[64].

Makarewicz scheute sich nicht, ganz im Geiste von Liszt die „Unschädlichmachung“ unverbesserlicher Täter zu verlangen. So schrieb er:

---

diejenigen Täter, die von der vorzeitigen Entlassung ausgenommen sein müssten: „teilweise anomale Täter, solche, die eine Neigung zum Gebrauch von Betäubungsmitteln hätten, arbeitsscheue Landstreicher und Rückfällige“. Siehe auch: J. Makarewicz, Prawo karne. Wykład (vgl. Anm. 14), S. 46, wo er Bettler und Landstreicher das „Proletariat des Verbrechens“ nannte und führte aus: „Man muss sich bewusst sein, dass es neben den Tätern im großen Stil, den eigentlichen Verbrechern, noch das Proletariat des Verbrechens gibt, also Bettler und Landstreicher. Sie sind das Reservoir, aus dem sich die größere Kriminalität rekrutiert.“ Gleiche Aussage siehe: J. Makarewicz, Zbrodnia (vgl. Anm. 48), S. 145–146.

62 J. Makarewicz, Kodeks (vgl. Anm. 13), S. 202; J. Makarewicz, Prawo karne. Wykład (vgl. Anm. 14), S. 222; J. Makarewicz, Wzrost (vgl. Anm. 52), S. 171–173.

63 Vgl. oben Anm. 48.

64 J. Makarewicz, Zbrodnia (vgl. Anm. 48), S. 79; J. Makarewicz, Prawo karne. Wykład (vgl. Anm. 14), S. 294. Interessanterweise wies Makarewicz, ähnlich wie v. Liszt, darauf hin, dass „die Grenze zwischen dem professionellen, dem geisteskranken und dem unzurechnungsfähigen oder teilweise anormalen Täter fließend sei. Sie könne in jedem Einzelfall nur durch Sachverständige und das Gericht festgestellt werden; sicher sei dagegen, dass jeder von diesen Tätertypen eine besondere Herangehensweise verlange“ – siehe: J. Makarewicz, Zbrodnia (vgl. Anm. 48), S. 84. Zu den Liszts Konzeptionen siehe oben Anm. 44.

> „Die älteren Gesellschaften besaßen in der Todesstrafe ein Mittel, das gesellschaftliche Leben von diesem gefährlichen Bodensatz zu reinigen. Die Gesellschaften der Gegenwart benutzen humanitärere Methoden des Kampfes mit solchen Verbrechern, z. B. die Maßnahmen der Sicherung und Besserung, deren Aufgabe darin besteht, solche Typen vom Rest der Gesellschaft abzusondern und ihnen so die Gelegenheit zu nehmen, ihren kriminellen Beruf auszuüben“[65].

Makarewicz war wohl etwas zu optimistisch, wenn er formulierte, es reiche aus, „Einige tausend Menschen im polnischen Staate unschädlich zu machen, damit eine Epoche der Erleichtung eintritt und man sagen kann, dass die öffentliche Sicherheit in Polen sich deutlich verbessert hat“[66]. Selbst als das von ihm mitverfasste polnische Strafgesetzbuch in Kraft getreten war, erläuterte er unablässig:

> „Die Erfahrung lehrt uns, dass einige tausend Personen, die – bis zu ihrer Ergreifung – ständig dieselben Verbrechen begehen, die öffentliche Meinung pessimistisch stimmen. Dem Publikum scheint, dass es eine große Armee von Verbrechern gebe, dabei sind es nur die immer selben Gestalten [...], die sich vor unseren Augen vermehren. Man muss sie unschädlich machen, und wir können aufatmen“[67].

Mit entsprechender Genugtuung äußerte er die Auffassung, dass das polnische Strafgesetzbuch „gegenüber Rückfall-, Berufs- und Suchttätern unnachsichtig ist“[68].

4. Wesen, Inhalt und Ziele der Strafe

Liszt widmete der Strafe, ihrem Wesen, ihrer Entwicklung und ihren Zwecken einen großen Teil seines Werks[69]. Sogar sein Lehrbuch versah er mit einer ausführlichen Einführung, in der er die historische Entwicklung des Strafrechts unter breiter Berücksichtigung der Problematik der Strafe skizzierte[70]. Geradezu genüsslich analysierte der deutsche Gelehrte den Entwicklungsprozess der Strafe, den er in drei hypothetische Abschnitte teilte: „die Strafe als Triebhandlung“, „die Objektivierung

---

65 J. Makarewicz, Wzrost (vgl. Anm. 52), S. 167.

66 Ebd., S. 168.

67 J. Makarewicz, Kodeks (vgl. Anm. 13), S. 41.

68 Ebd., S. 33.

69 Nach dem Marburger Programm widmete Liszt der Frage der Strafe mehrere Bearbeitungen in seinen Kriminalpolitischen Aufgaben, ZStW 9 (1889), S. 452–498 (Teil 1), S. 737–782 (Teil 2); ZStW 10 (1890), S. 51–83 (Teil 3); ZStW 12 (1892), S.161–194.

70 Siehe oben Anm. 4–5.

der Strafe“ und „die Strafe als zweckbewusster Rechtsgüterschutz“[71]. Dahinter verbargen sich jeweils: die primäre und gleichsam instinktive Reaktion der Gesellschaft auf den Verstoß des Individuums gegen Lebensbedingungen; anschließend die Herausbildung der staatlichen Strafhoheit, und schließlich die Verwandlung der Strafe in ein Mittel, um die Rechtsordnung zu schützen. Auf diese Weise schrieb er der Strafe soziale Funktionen zu und betonte ihren zweckgerichteten Charakter[72]. Es sei hier daran erinnert, dass Liszt vom Beginn seiner wissenschaftlichen Tätigkeit in Deutschland an entschieden gegen die damals in der juristischen Lehrmeinung vorherrschende Auffassung von der Strafe als Vergeltung auftrat. Deren Anhängern warf er vor, dass sie das Strafmaß an den Begriff des Verbrechens anpassten, während es eigentlich an die Tat des jeweiligen Täters anzupassen sei. Er argumentierte mit Vergleichen aus dem praktischen Leben:

> „Repression und Prävention sind keine Gegensätze. Schwimme ich, weil ich ins Wasser gefallen bin oder damit ich nicht ertrinke? Nehme ich Medizin, weil ich krank bin oder damit ich gesund werde? Ziehen wir den Grenzkordon, weil im Nachbarlande Epidemie herrscht oder damit wir vor ihr verschont bleiben? Stütze ich das Haus, weil es baufällig ist oder damit es nicht einstürzt? Die Straffe ist Prävention durch Repression; oder wie wir ebenso gut sagen dürfen: Repression durch Prävention“[73].

In seinem Lehrbuch charakterisierte Liszt die Strafe als ein „Übel, das der Strafrichter gegen den Verbrecher wegen des Verbrechens verhängt, um das gesellschaftliche Unwertübel über Tat und Täter zum Ausdruck zu bringen“[74]. Er fügte hinzu, die Strafe habe zwei kennzeichnende Eigenschaften: „Zwei Merkmale bilden mithin den Begriff der Strafe: sie ist 1. Eine Verletzung des Täters in seinen rechtlich geschützten Interessen, ein Einbegriff in Leben, Freiheit, Vermögen, Ehre des Verbrechers; sie ist aber 2. zugleich eine handgreifliche Missbilligung der Tat und des Täters“[75]. Nach seiner Ansicht sei der erste Aspekt der Strafe der spezialpräventive, der zweite – der generalpräventive.

Liszt zählte schließlich drei unmittelbare Folgen der Strafe auf: Besserung, Abschreckung und Unschädlichmachung. Wie schon erwähnt, ordnete er jede davon einer bestimmten Kategorie von Tätern zu. Denn ein zweckmäßiger und wirksamer Schutz von Rechtsgütern erforderte nach seiner Auffassung, den notorischen

71 C. Bohnert, Zu Straftheorie und Staatsverständnis im Schulenstreit der Jahrhundertwende, Pfaffenweiler 1992, S. 9–10. Die Autorin weist hin auf die darwinistischen Elemente von Liszts Straftheorie, auch wenn der Gelehrte sich direkt nicht auf Darwin berief.

72 S. Ehret, Franz von Liszt (vgl. Anm. 22), S. 103–108.

73 F. v. Liszt, Der Zweckgedanke (vgl. Anm. 7), S. 44–45.

74 F. v. Liszt, Lehrbuch (vgl. Anm. 24), S. 251.

75 Ebd., S. 252.

Verbrecher unschädlich zu machen, den verbesserungsfähigen Täter zu bessern und den Täter aus Zufall abzuschrecken[76].

Auch Makarewicz beschäftigte sich ähnlich wie Liszt eingehend mit der Problematik der Strafe und verwandte auf dieses Thema viel Aufmerksamkeit. Dabei analysierte er ihr Wesen, ihren Inhalt und ihre Ziele. Genau wie sein deutscher Vorläufer hielt er es für angebracht, die Entwicklung der Strafe auszuarbeiten; er stellte sie als kollektive Vergeltung einer sozialen Gruppe dar, die im Laufe der historischen Entwicklung verschiedene Formen angenommen habe. Die Forschungen von Makarewicz stützten sich auf gründliche ethnologische und rechtsvergleichende Studien. Wie tief gehend sie angelegt waren, bezeugte schon der Titel und der erhebliche Umfang seines Hauptwerks auf diesem Gebiet: der „Einführung in die Philosophie des Strafrechts auf entwicklungsgeschichtlicher Grundlage"[77].

Makarewicz wies vielfach klar und nachdrücklich darauf hin, dass „die Strafe ihrem Wesen nach Vergeltung und sonst nichts ist. Alles andere, was mit der Strafe faktisch zusammenhängt oder zusammenhängen soll, ist ein unwesentlicher Zusatz"[78]. In seinem Lehrbuch entwickelte er diesen Gedanken. Im Rahmen seiner Unterscheidung zwischen Haupt- und Nebenstrafen sah er in den ersten die gerechte Vergeltung, in den letzteren dagegen die Kriminalprophylaxe[79]. Er schrieb:

> „Die Strafe soll eine gerechte Vergeltung sein, die in ihrer Beschwerlichkeit für den Täter dessen Gesetzesverstoß angepasst ist; andere Faktoren, etwa der der Sicherung [...] oder der der Besserung [...] sollten getrennt von ihr existieren und in vom Kern der Strafsanktion getrennten Rechtsinstituten zum Ausdruck kommen"[80].

Dabei unterschied Makarewicz zwischen der Vergeltung als Wesen der Strafe und deren Inhalt, den er mit der Beschwerlichkeit identifizierte[81]. Ganz im Geiste von Liszt führte er aus: „Inhalt der Strafe ist die Beschneidung eines Rechtsguts des

---

76 Vgl. oben Anm. 9.

77 Einführung in die Philosophie des Strafrechts auf entwicklungsgeschichtlicher Grundlage, Stuttgart 1906. Siehe auch polnische Ausgabe: J. Makarewicz, Wstęp do filozofii prawa karnego w oparciu o podstawy historyczno-rozwojowe, übers. K. Jakubów, hrsg. A. Grześkowiak, Lublin 2009.

78 J. Makarewicz, Prawo karne ogólne (vgl. Anm. 32), S. 17. Vgl. gleiche Aussage: J. Makarewicz, Prawo karne. Wykład (vgl. Anm. 14), S. 19. Ähnlich: J. Makarewicz, Kodeks (vgl. Anm. 13), S. 203: „Es ist eine unveränderliche Tatsache, dass die Strafe ein Akt der Vergeltung ist und bleibt". Siehe auch: ebd., S. 176: „Das Element der Vergeltung muss sich aber vom künftigen sozialen Nutzen leiten lassen, nicht dem bereits eingetretenen sozialen Schaden".

79 A. Grześkowiak, Kara (vgl. Anm. 15), S. 268–269.

80 J. Makarewicz, Prawo karne. Wykład (vgl. Anm. 14), S. 235.

81 A. Grześkowiak, Kara (vgl. Anm. 15), S. 261. Siehe auch: M. Wąsowicz, Nurt socjologiczny w polskiej myśli prawnokarnej, Warszawa 1989, S. 89–90.

Täters: des Lebens, der Freiheit, eines Körperteils, des Rechts, unter der sozialen Gruppe zu weilen, die ihn gerade aus ihrem Umgang ausschließt"[82]. Auch die Verbindung der Strafe mit der Verkündung eines Unwerturteils über das Verhalten des Täters durch die Gesellschaft war dem Denken von Liszt nahe. So schrieb der polnische Professor: „Zweifellos enthält jede Strafe diesen Aspekt sozialer Verurteilung [denn jede soziale Strafreaktion ist ihrem Wesen nach soziale Vergeltung, beruht aber auf dem Unwerturteil hinsichtlich des Verhaltens des Täters]"[83].

Makarewicz lehnte es nicht ab, der Strafe bestimmte Zwecke zuzuschreiben, ganz im Gegenteil: er betonte, dass ein wirksamer Kampf gegen die Kriminalität voraussetze, dass der Strafe Zwecke gesetzt würden, insbesondere die der Spezialprävention[84]. In seiner Analyse des Systems der Strafen schrieb er über den Präventionsgedanken u. a. im Zusammenhang der Freiheitsstrafen[85], darunter der lebenslangen[86], sowie Nebenstrafen[87], der bedingten vorzeitigen Entlassung[88] und schließlich im Kontext der Maßnahmen der Sicherung und Besserung, auf die wir noch kommen werden. Er betonte, dass es Aufgabe der Strafen und der Isolation ist, auf die Psyche des Täters einzuwirken, ihn abzuschrecken und/oder zu bessern sowie eine geistige Wandlung in ihm einzuleiten[89].

5. Maßnahmen der Besserung und Sicherung

Liszt war weder der Vater der Konzeption der Doppelgleisigkeit im Strafrecht, noch ihr Sprecher[90]. Gleichwohl war ihm die Überzeugung nicht fremd, dass eine differenzierte Bestrafung gerechtfertigt sei. Schon im Marburger Programm hatte Liszt darauf hingewiesen, dass ein unverbesserlicher Verbrecher nur dadurch

---

82 J. Makarewicz, Zbrodnia (vgl. Anm. 48), S. 88.

83 J. Makarewicz, Prawo karne ogólne (vgl. Anm. 32), S. 266.

84 A. Grześkowiak, Kara (vgl. Anm. 15), S. 264–267. Der polnische Gelehrte wies ständig auf die Notwendigkeit hin, die Gesellschaft vor der Kriminalität zu schützen, insbesondere der professionellen oder der sog. Suchtkriminalität – siehe: J. Makarewicz, Kodeks (vgl. Anm. 13), S. 27, 40, 128, 178, 201, 205 usw. In vielen Fällen griff er auf „kriminalpolitische Argumente" zurück, also auf die Vorstellung von der zielgerichteten Auswirkung der Strafe – siehe: ebd., S. 36, 135, 183, 190–191.

85 J. Makarewicz, Kodeks (vgl. Anm. 13), S. 201.

86 Ebd., S. 128: „Das Einsperren des Täters sichert die Gesellschaft, indem es den Verurteilten auf Dauer von ihr absondert".

87 Ebd., S. 178. Siehe auch: ebd., S. 124–125: „In den Vordergrund tritt hier das Argument des Schutzes der Gesellschaft für die Zukunft".

88 Ebd., S. 183–184.

89 Ebd., S. 40. Siehe auch: ebd., S. 36.

90 Siehe unten Anm. 99.

unschädlich gemacht werden könne, dass er auf unbefristete Zeit gefangen gehalten werde. Im Einklang mit den damals geltenden Vorschriften und den zu jener Zeit entwickelten Reformvorstellungen sowie den Kerngedanken der juristischen Lehrmeinung vertrat er die These, dass die Inhaftierung des unverbesserlichen Verbrechers im Wesen auf einer „Strafknechtschaft" beruhe. Gegen dieses Konzept hatte er nichts einzuwenden und wies darauf hin, dass diese Strafe mit Arbeitszwang und strengster Disziplin verbunden sein müsse, einschließlich Disziplinierungsmitteln wie körperlicher Züchtigung, Einzelzelle, Dunkelhaft und strengstem Fasten[91]. Er forderte gegenüber unverbesserlichen Tätern eine rücksichtslose Behandlung[92].

Liszt bemerkte die Ähnlichkeit zwischen den Isolationsstrafen, die gegenüber unverbesserlichen Verbrechern verhängt wurden, und der Isolation psychisch kranker oder gemeingefährlicher Täter. In einer Arbeit von 1897[93] räumte er ein, dass er keine theoretischen Grundlagen dafür sehe, diese Sanktionen zu unterscheiden[94]. Er zog hieraus jedoch nicht die Schlussfolgerung, gegen beide Tätertypen eine einheitliche Strafe in Gestalt der Sicherungsverwahrung einzuführen. Liszt begründete das damit, dass der Unterschied zwischen „Verbrechen" und „Wahnsinn" in der deutschen Rechtskultur so tiefe Wurzeln geschlagen habe, dass erst der Gesetzgeber diesen Sachstand ändern könne und solle, und auch das aber nur allmählich und vorsichtig[95].

Seine Haltung zu den Maßnahmen der Besserung und Sicherung änderte Liszt auch Anfang des 20. Jahrhunderts nicht, als er sich mit den neuesten Überlegungen zur Reform des Strafrechts oder auch mit entsprechenden Entwürfen der Strafgesetzbücher in Europa und auch in Deutschland selbst vertraut machte und diese auch rezensierte. Alle diese Entwürfe sahen eine zweigleisige Strafreaktion vor. Nach wie vor betonte er den umstrittenen Charakter der Maßnahmen der Sicherung und Besserung und warnte, man könne sie nicht klar von den Strafen abgrenzen. In seinem Lehrbuch schrieb er um diese Zeit:

> „Das Verhältnis der sichernden Maßnahme zur Strafe ist sehr bestritten. Die scharfe Entgegensetzung der beiden Begriffe, wie sie sich bei v. Birkmeyer[96] und anderen findet,

91 F. v. Liszt, Der Zweckgedanke (vgl. Anm. 7), S. 39–40.

92 W. Naucke, Die Kriminalpolitik (vgl. Anm. 7), S. 247.

93 F. v. Liszt, Die strafrechtliche Zurechnungsfähigkeit. Vortrag, gehalten am 4. August 1896 auf dem III. Internationalen Psychologen-Kongress, ZStW 17 (1897), S. 70–84.

94 Ebd., S. 82: „So komme ich zu dem m. M. nach unabweislichen Ergebnisse: Die Unterscheidung zwischen der Sicherungsstrafe gegen unverbesserliche Verbrecher und der Verwahrung gemeingefährlicher Geisteskranker ist nicht nur praktisch im Wesentlichen undurchführbar, sie ist auch grundsätzlich zu verwerfen".

95 A. Koch, Binding (vgl. Anm. 18), S. 138–139.

96 Karl von Birkmeyer (1847–1920) war ein Vertreter der klassischen Strafrechtsschule, wissenschaftlicher Gegner von F. von Liszt und Autor der bekannten Bearbeitung von 1907 „Was lässt von Liszt

> widerspricht den tatsächlichen Verhältnissen. [...] Aber wenn die sichernde Maßnahme an die Begehung einer strafbaren Handlung geknüpft ist, so kann sie sehr wohl das Wesen der Strafe (ein mit dem Unwerturteil verbundenes Übel) in sich aufnehmen, und zwar auch vom Standpunkt der Vergeltungstheorie aus. [...] Die beiden Rechtsinstitute verhalten sich also wie zwei sich schneidende Kreise: Die reine Abschreckungsstrafe (Vergeltungsstrafe) und die reine sichernde Maßnahme stehen zueinander im Gegensatz; innerhalb des ihnen gemeinsamen Gebiets aber kann die sichernde Maßnahme an die Stelle der Strafe treten [...] und umgekehrt"[97].

Als erfahrener Jurist bemerkte Liszt überdies, dass bei einer Anwendung von Sicherungsmaßnahmen ein Konflikt zwischen der Notwendigkeit, die Gesellschaft zu schützen, und der Garantie der persönlichen Freiheit auftreten kann. Er ist dieser Frage allerdings nicht nachgegangen. Erst gegen Ende seines Lebens formulierte er die Annahme, dass die künftige Entwicklung des Strafrechts dazu führen werde, dass die Maßnahmen der Sicherung und Besserung aus dem Strafrecht herausgenommen und in einem gesonderten Gesetz kodifiziert werden würden[98].

Makarewicz war ein begeisterter Anhänger der Maßnahmen der Sicherung und Besserung; darin ähnelte seine Position der vieler ihm zeitgenössischer Juristen, die nach neuen Formen suchten, wie die anwachsende Kriminalität bekämpft werden könnte. Seine Vorbilder schöpfte er aus der juristischen Doktrin, der Gesetzgebung und dem Beispiel anderer Staaten. In der Rechtswissenschaft gilt der Schweizer Professor Karl Stooss als Vater der Idee der Maßnahmen der Sicherung und Besserung. Stooss war in Österreich tätig und war aber auch Autor des in der Öffentlichkeit breit diskutierten Schweizer Entwurfs für ein Strafgesetzbuch von 1893[99]. Auf diesen Entwurf berief sich Makarewicz, als er die Vorschläge von Stooss mit den neusten Projekten aus Deutschland und Österreich verglich[100]. Er erinnerte auch

---

vom Strafrecht übrig?". Vgl. D. Lang-Hinrichsen, Birkmeyer, Karl von, NDB 2 (1955), S. 258. Im polnischen Schrifttum siehe: E. S. Rappaport, W obliczy reformy (Birkmeyer-Liszt-Haase), GSW 7–12 (1907), S. 103 ff.

97 F. v. Liszt, Lehrbuch (vgl. Anm. 24), S. 253.

98 S. Ehret, Franz von Liszt (vgl. Anm. 22), S. 90. Der Gelehrte vertrat seine Thesen in der Abhandlung 'Die Sichernden Maßnahmen' in den drei neuen Strafgesetzentwürfen, ArchRWPhil. 3 (1909/10), S. 610 ff.

99 Siehe: P. Kaenel, Die kriminalpolitische Konzeption von Carl Stooss im Rahmen der geschichtlichen Entwicklung von Kriminalpolitik und Straftheorien, Bern 1981, S. 97 ff.

100 Alle drei Entwürfe wurden eingehend von J. Reinhold einem polnischen Schüler von Liszt, Richter und Dozent an der Jagiellonen-Universität dargestellt – siehe: J. Reinhold, Środki zabezpieczające przeciw niepoprawnym i anormalnym przestępcom, ze szczególnym uwzględnieniem nowych projektów kodeksów karnych, PPiA 1912, S. 391–450.

an die in der Vergangenheit angewandten Mittel, um chronische oder gefährliche Kriminalität zu bekämpfen[101].

Makarewicz gab für das duale System der strafenden Reaktion keine ausführliche rechtsdogmatische Rechtfertigung. Er begründete die Unterscheidung zwischen Strafen und Maßnahmen der Sicherung und Besserung mit dem Zweckmäßigkeitskriterium: „Die Strafe ist ein Akt der gesellschaftlichen Reaktion von repressivem Typ (soziale Vergeltung), die Maßnahme der Sicherung und Besserung ist ein Akt der sozialen Repression von präventivem, vorbeugendem Charakter"[102]. Er machte ausdrücklich deutlich, dass die neuen Mittel der strafenden Reaktion sowohl zusätzlich zur Strafe als auch an ihrer Stelle angewandt werden sollten, dass sie mit anderen Worten sowohl Ergänzungen als auch Ersatz für die Strafen sein könnten[103].

Alles in allem argumentierte Makarewicz also pragmatisch und ließ sich von den Erfordernissen einer wirksamen Kriminalpolitik unter Berücksichtigung der Erfahrungen anderer Länder leiten. Die Maßnahmen der Sicherung und Besserung aus dem Allgemeinen Strafrecht auszugliedern, hielt er für schlicht und einfach erforderlich; ihr Ziel sollte die Sicherung der Gesellschaft sein, und ihr Inhalt die Isolation[104]. Er vertrat die Auffassung, die Maßnahmen der Sicherung und Besserung seien eine neue Erscheinung, ein Anzeichen des 20. Jahrhunderts, so wie der Glaube an das Gefängnis den Geist des 19. Jahrhunderts geprägt habe[105]. In seinem Lehrbuch von 1924 zählte er genau auf, vor welchen Kategorien von Verbrechern die Gesellschaft mit Hilfe von Maßnahmen der Sicherung und Besserung geschützt werden müsse: Berufsverbrecher, Täter aus Sucht, Rückfalltäter, anormale zum Teil,

---

101 J. Makarewicz, Prawo karne ogólne (vgl. Anm. 32), S. 284; J. Makarewicz, Prawo karne. Wykład (vgl. Anm. 14), S. 294–296.

102 J. Makarewicz, Kodeks (vgl. Anm. 13), S. 51. Siehe auch: J. Makarewicz, Prawo karne. Wykład (vgl. Anm. 14), S. 293: „Es verbleiben somit die eigenständigen und parallel zu den eigentlichen Strafen auftretenden Maßnahmen der Sicherung und Besserung. Die Frage ist unter anderem deshalb weiter aktuell, weil es nicht immer um Personen geht, die zu Strafen in entsprechender Ausgestaltung verurteilt werden können, sondern teilweise auch um gefährliche Individuen, die wegen des generellen oder zum Tatzeitpunkt vorliegenden Fehlens von Voraussetzungen der strafrechtlichen Verantwortlichkeit nicht bestraft werden können".

103 J. Makarewicz, Kodeks (vgl. Anm. 13), S. 28: „Der Subjektivismus des Schuldprinzips und das Prinzip der Humanität bei der Anwendung von Strafmitteln verlangen nach einer Entsprechung auch bei den Maßnahmen der Sicherung und Besserung. Sie können eine Ergänzung der Strafmittel sein, ebensogut ihr Ersatz". Siehe auch: J. Makarewicz, Wzrost (vgl. Anm. 52), S. 168.

104 F. Ciepły, Środki (vgl. Anm. 36), S. 291–292.

105 J. Makarewicz, Kodeks (vgl. Anm. 13), S. 38. Siehe auch: ebd, S. 201: „Seitdem die Auffassung, die Freiheitsstrafe sei ein Mittel, den Täter zu bessern oder abzuschrecken, Schiffbruch erlitten hat, musste sich die Gesellschaft überlegen, was zu tun sei, um über einen als Vergeltung verstandenen Strafvollzug hinaus den Schutz der Gesellschaft vor der Kriminalität zu erreichen".

außerdem Alkoholiker und Arbeitsscheue[106]. Mit aller Deutlichkeit trat er dafür ein, dass der Kampf mit einer Kriminalität dieses Typs erfordere „das Arsenal neuer Mittel der Bekämpfung des Anwachsens sozialer Missstände heranzuziehen“[107].

Bekannt sind die engagierten Auftritte von Makarewicz auf den Sitzungen des Senats der Republik Polen in den Jahren 1928–1931, als er dem Oberhaus des Parlaments angehörte. Seine Appelle, die Maßnahmen der Sicherung und Besserung gegenüber unverbesserlichen und psychisch kranken Verbrechern sofort einzuführen, noch bevor das kurz vor der Fertigstellung stehende polnische Strafgesetzbuch in Kraft treten würde, blieben jedoch ohne Ergebnis[108]. Nicht einmal demagogische Aufrufe wie sein Satz „Wenn wir einige tausend Berufskriminelle für lange Zeit einsperren, werden wir eine Verminderung der Zahl der verübten Verbrechen um mindestens die Hälfte sehen“[109] konnten ihm dabei behilflich sein.

Makarewicz hat lange darüber nachgedacht, auf wie lange Maßnahmen der Sicherung und Besserung verhängt werden dürften. Im Großen und Ganzen ging er ähnlich wie Karl Stooss davon aus, dass die Dauer der Isolation des Täters im Rahmen einer solchen Maßnahme nicht durch Gesetz vorgegeben und damit auch beschränkt werden dürfe[110]. Die Logik legte ihm die Annahme nahe, dass die Isolation im Rahmen einer Maßnahme so lange dauern müsse, „wie sie erforderlich ist, also so lange, wie der Alkoholiker nicht einen Widerwillen gegen den Alkohol entwickelt und bis der Faule fleißig und der Kranke gesund geworden ist usw.“[111]. Aus den Vorbildern anderer Staaten zog er die Folgerung, dass diese eine unbefristete Isolation nur für ganz oder teilweise unzurechnungsfähige Personen vorsahen. In Anbetracht der Rechtskultur der polnischen Gesellschaft empfahl er letztlich für das polnische Strafgesetzbuch, die Maßnahmen der Sicherung und Besserung als

---

106 Makarewicz wies stets auf die Notwendigkeit der Sicherung der Gesellschaft vor dem gewerbsmäßigen und rückfälligen Verbrechertum hin. Ebd., S. 27, 39.

107 Ebd., S. 27.

108 J. Makarewicz, Wzrost (vgl. Anm. 52), S. 163–174. Vgl. oben Anm. 52.

109 Ebd., S. 170. Siehe auch ebd., S. 168: „Zu Beginn des vierten Jahrzehnts des 20. Jahrhunderts gibt sich wohl niemand mehr der Täuschung hin, ein schablonenhafter Strafvollzug trage zur Verminderung der Kriminalität bei. […] Der moderne Gesetzgeber hat vielmehr die wirkungsvollste Art im Auge, wie mit den Tätern fertigzuwerden ist“.

110 J. Makarewicz, Kodeks (vgl. Anm. 13), S. 60: „Die Gesellschaft wendet Sicherheitsmaßregeln nach eigenem Ermessen an und stört sich nicht daran, ob diese vorher angedroht waren“. Siehe auch: J. Makarewicz, Wzrost (vgl. Anm. 52), S. 173: „Aufgabe der Sicherungsmaßnahme ist es, ein gefährliches Individuum auf Dauer von der Gesellschaft zu trennen, weil es infolge seiner psychophysischen Beschaffenheit die Gefahr birgt, Straftaten zu begehen“. K. Stooss stützte seine Unterscheidung zwischen Strafe und Sicherungsmaßnahme auf das Schuldkriterium, wenn er schrieb, dass die Schuld des Täters über die Dauer der Strafe entscheide, über die Dauer der Sicherungsmaßnahme dagegen dessen eigenes Ziel. Mehr über Sicherheitsmaßregeln siehe: P. Kaenel, Die kriminalpolitische Konzeption (vgl. Anm. 99), S. 118; F. Ciepły, Środki (vgl. Anm. 36), S. 292–293.

111 J. Makarewicz, Prawo karne. Wykład (vgl. Anm. 14), S. 296.

ergänzende Sanktionen aufzunehmen, wobei sie für mindestens 1–5 Jahre verhängt werden sollten. Die endgültige Entscheidung wollte er den Richtern überlassen sehen[112].

6. Fazit

Trotz aller zwangsläufigen Unterschiede weisen die Biographien von Franz von Liszt und Juliusz Makarewicz einige überraschende Parallelen auf. Beiden Lebensläufen gemeinsam war, dass sie wissenschaftliche, organisatorische und parlamentarische Aktivität miteinander verbanden. Ähnlich sind auch die Zyklen ihrer wissenschaftlichen Tätigkeit: Liszt arbeitete und lehrte insgesamt fast ein halbes Jahrhundert lang, davon 40 Jahre in Deutschland; Makarewicz begann seine Karriere, als Polen noch geteilt war, und setzte sie mehr als ein halbes Jahrhundert lang fort, davon über 40 Jahre in Lemberg.

Das Strafrechtsprogramm Liszts stützte sich auf die Idee der Zweckmäßigkeit der präventionsorientierten Strafe, eine von ihm entwickelte Typologie der Täter und eines Systems hierauf beruhender Freiheitsstrafen. Das wesentliche Motiv seiner Doktrin war die Kriminalpolitik. Makarewicz sah die Strafe an sich traditioneller als gerechte Vergeltung an, wies ihr aber auch Ziele aus dem Bereich der Spezialprävention zu. Eine große Rolle spielten bei Makarewicz die ergänzend zur Strafe zu verhängenden Maßnahmen der Sicherung und Besserung von isolierendem Charakter. Sie sollten die Gesellschaft vor besonders gefährlichen Tätern schützen.

Bei allen Unterschieden sind sich die Programme des polnischen und des deutschen Gelehrten aber in einigen Punkten auch ähnlich. Beide einte ein kritisches Verhältnis dazu, wie bisher gegen die Kriminalität vorgegangen worden war, und das daraus entspringende Bedürfnis, neue, wirksamere Mittel gegen Rückfall- und Berufskriminalität zu finden. Diese gemeinsame Motivation trug sicher dazu bei, dass Juliusz Makarewicz direkt an das Erbe von Franz v. Liszt anknüpfte, insbesondere an seine Typologie der Verbrecher, die auch den „Unverbesserlichen" umfasste, der unschädlich gemacht werden müsse. Weder der deutsche, noch der polnische Professor waren allerdings in der Lage, eine umfassende theoretische Begründung für ihre Typologien der Verbrecher vorzulegen; beide beschränkten sich darauf, ihre Thesen mit Beispielen zu illustrieren. Direkt übernommen hat Makarewicz dagegen die Lisztsche Formel vom Strafgesetzbuch als der *magna charta* des Verbrechers.

Die wichtigsten Unterschiede im Denken des verdienten Deutschen und des großen Polen lagen in ihren unterschiedlichen Anschauungen zum System der strafenden Reaktion. Franz v. Liszt stand der wachsenden Popularität der Maßnahmen

112 F. Ciepły, Środki (vgl. Anm. 36), S. 300.

der Sicherung und Besserung distanziert gegenüber. Zwar hatte er auch im Laufe der Zeit bemerkt und eingeräumt, dass die Funktion der Isolation des unverbesserlichen Gefangenen und die Ziele der Absonderung gegenüber dem gefährlichen psychisch kranken Täter einander ähnelten. Er sah jedoch nicht die Notwendigkeit einer zweigleisigen Strafrepression. Makarewicz dagegen stand unter dem Einfluss der Ideologie der soziologischen Strafrechtsschule in Europa und der Reformprojekte des Strafrechts sowie der Praxis des Strafvollzugs im Ausland und legte immer wieder dar, wie wichtig und zweckmäßig es sei, neben den gewöhnlichen Strafen auch Maßnahmen der Sicherung und Besserung zu verhängen.

Die wissenschaftlichen Leistungen beider Juristen sind das eine; der Grad, in dem sie ihre Ideen zur praktischen Verwirklichung bringen konnten, aber unterscheidet sich. Juliusz Makarewicz war es vergönnt, viele seiner Konzeptionen im polnischen Strafgesetzbuch von 1932 umgesetzt zu sehen; Franz v. Liszt, der aus verschiedenen Gründen nicht in die deutschen Kommissionen zur Strafrechtsreform berufen wurde, erlebte es nicht mehr, dass in der Weimarer Republik von seinen Programmen geprägte Reformen eingeführt wurden. Denn er starb bereits 1919.

In seiner Rezension des Lehrbuchs von Franz v. Liszt schrieb der junge Makarewicz: „[...] die Wissenschaft wird nur gewinnen, wenn sie, wenn auch *cum grano salis* seine (Liszts) Gedanken aufnimmt und in aller Ruhe diejenigen auswählt, die wirklich gut sind, während sie die schwächeren beiseite lässt“[113].

Es scheint, dass sich der polnische Gelehrte in seinem Werk und seinem *opus magnum* – dem Strafgesetzbuch von 1932 – an diese Maxime hielt, die er als junger Wissenschaftler selbst aufgestellt hatte. Er übernahm aus dem Werk von Liszt und seiner Schule das, was er für die ihn umgebende Wirklichkeit als nützlich und angemessen erachtete. Auf diese Weise schuf er unter Verbindung verschiedener Elemente eine originelle Synthese: das Programm der polnischen soziologischen Schule des Strafrechts.

Kurzfassung

Der deutsche Jurist Franz von Liszt und sein polnischer Kollege Juliusz Makarewicz vertraten dieselbe soziologische Schule des Strafrechts. Liszt gilt als einer der Begründer dieser Schule, Makarewicz als deren wichtigster Repräsentant in Polen. Beide Juristen kritisierten die bisherige Methoden der Kriminalitätsbekämpfung und suchten neue, effizientere Methoden, mit ihr fertig zu werden. Beide erörterten das Thema einer Klassifikation der Straftäter und das Konzept des sogenannten unverbesserlichen Täters. Sie stimmten überein in der Einsicht in die grundlegende Bedeutung des Grundsatzes *nullum crimen sine lege* und nannten das Strafgesetzbuch die „magna charta des Verbrechers“. Liszt propagierte die Spezialprävention

113 J. Makarewicz, Rezension (vgl. Anm. 1), S. 330–331.

als Ziel der Strafe; Makarewicz glaubte, dass die Strafe vor allem die gerechte Vergeltung sein solle. Liszt sprach sich für ein einheitliches Sanktionssystem aus, auch und sogar für unverbesserliche Straftäter. Makarewicz vertrat dagegen die Auffassung, dass unverbesserliche Straftäter im Rahmen der sog. Sicherheitsverwahrung isoliert werden müssten; diese müsse im Strafgesetzbuch neben den klassischen Freiheitsstrafen vorgesehen sein. Beide Juristen waren ein halbes Jahrhundert lang wissenschaftlich und darüber hinaus in organisatorischen und politischen Kontexten tätig. Liszt war nie an Kodifikationsarbeiten beteiligt, während Makarewicz als Schöpfer des polnischen Strafgesetzbuchs von 1932 in die Geschichte eingegangen ist. Die Arbeit leistet eine vergleichende Analyse der wichtigsten Elemente aus den strafrechtlichen Systemen der beiden genannten hervorragenden Gelehrten.

Summary

Makarewicz and Liszt. An attempt at a comparative analysis

The German lawyer Franz von Liszt and the Polish lawyer Juliusz Makarewicz belonged to the same sociological school of criminal law. Liszt is considered to be one of the founders of this school, and Makarewicz its main adherent in Poland. Both lawyers criticised the existing methods of combating crime and were seeking new effective solutions to do it. They both analysed the classification of offenders and the concept of the so-called incorrigible offender. They both emphasised the fundamental importance of the *nullum crimen sine lege* principle and called the criminal law a *magna carta* for the offender. Liszt promoted special prevention as the objective of punishment, whereas Makarewicz believed that punishment was, above all, fair retribution. Liszt opted for consolidated punishment, even for incorrigible offenders. Makarewicz argued, however, that incorrigible offenders should be isolated under the so-called preventive measures which should be included in the criminal code alongside conventional imprisonment. Both lawyers were academically, organisationally and politically active for five decades. Liszt did not participate in the work of codification, whereas Makarewicz went down in history as the author of the 1932 Polish Criminal Code. This study is a comparative analysis of selected most important elements of the two criminal law systems, developed by each of the above-mentioned outstanding scholars.

Die Zwischenkriegsjahre als Blütezeit der Strafrechtsdoktrin in Polen – Forschungszentren, Gelehrte und ihre Ideen

Auf der Wissenschaft lastet so etwas wie ein segensreicher Fluch: der der Sisyphusarbeit. Sie bringt ihr Werk nie zu Ende, sie ruht und rastet nicht, jeden Tag setzt sie auf den Trümmern des Gebäudes, das sie gestern erst errichtet hat, zu Neuem an.
Mieczysław Szerer, Kara. Szkic socjologiczny, Kraków 1910.

1. Einleitende Bemerkungen

Die zwanzig Jahre zwischen den beiden Weltkriegen waren für die Entwicklung der polnischen Strafrechtswissenschaft zweifellos eine der wichtigsten und fruchtbarsten Epochen. Sie sind als die Zeit in die Geschichte eingegangen, in der zahlreiche Gelehrte aus mehreren Generationen aktiv waren, die nicht nur Theorien des Strafrechts aufgestellt, sondern dieses Recht auch kodifiziert haben. Dabei haben sie viele fortschrittliche Vorbilder hauptsächlich aus Westeuropa rezipiert. Moderne Trends in der Strafrechtswissenschaft waren schon früher aufgetreten: seit dem letzten Viertel des 19. Jahrhunderts. Zu nennen sind hier vor allem zwei Schulen des Strafrechts: die in Italien entstandene anthropologische und die in Deutschland und anderen europäischen Ländern entwickelte soziologische Schule. Beide Richtungen wurden auch von polnischen Juristen schnell zur Kenntnis genommen, als das Land noch geteilt war. Denn diese Juristen hatten oft im Ausland studiert und geforscht und wirkten in internationalen wissenschaftlichen Vereinigungen mit. Viele polnische Autoren publizierten in Fremdsprachen und waren international angesehen.

Auch die Entwicklung der polnischen Universitäten und der polnischen Fachverbände, eine Vielzahl wissenschaftlicher Zeitschriften und Fachpublikationen trugen zum hervorragenden Stand der Strafrechtsdoktrin in Polen bei. Polnische Spezialisten des Strafrechts erkannten und lösten theoretische und praktische Probleme sowohl im Rahmen ihrer wissenschaftlichen Arbeit, als auch in der 1919 ins Leben gerufenen Kodifikationskommission der Republik Polen. Zentrale Themen jener Zeit waren Grundfragen des materiellen Strafrechts, die mit Kriminalität und Strafe zusammenhingen; vor allem ging es um die Freiheitsstrafen, ein gesondertes Jugendstrafrecht und andere Fragen, über die seit Anfang des Jahrhunderts intensiv diskutiert worden war.

Hauptziel dieses Beitrags ist es, die Hauptrichtungen in der wissenschaftlichen Erforschung des Strafrechts im wiedergeborenen Polen nachzuzeichnen. Vor allem soll es um die wichtigsten Streitfragen und Diskussionsthemen gehen. Den Anstoß dafür, sich mit diesem Problemkreis zu beschäftigen, bilden die Richtlinien für eine Reform des Strafrechts, die in der ersten Sitzung der Kodifikationskommission deren Vorsitzender, der Krakauer Professor Ksawery Fierich, vorgegeben hatte. In dieser Arbeit soll geprüft werden, ob die von Fierich identifizierten und formulierten Probleme tatsächlich wissenschaftlich debattiert und schließlich in Kodifikationen gelöst worden sind. Vor der Detailanalyse sollen aber kurz die wichtigsten Zentren der Strafrechtswissenschaft im damaligen Polen nach der Wiedererlangung der Unabhängigkeit und die bedeutendsten Autoren der polnischen Doktrin in Erinnerung gerufen werden.

2. Hauptstandorte der Strafrechtswissenschaft

Von zentraler Bedeutung für die Entwicklung der polnischen Wissenschaft war das Ende des Ersten Weltkriegs und die Wiedergewinnung der staatlichen Unabhängigkeit. Dies galt auch für die Rechtswissenschaft im Bereich der Dogmatik. Zunächst einmal hatten sich die Möglichkeiten, Forschungen zu betreiben und ihre Ergebnisse zu veröffentlichen, gegenüber der Vorkriegszeit wesentlich verbessert. Zu den bestehenden polnischsprachigen Hochschulen in Krakau und Lemberg traten vier neue staatliche Universitäten sowie die schon 1916 gegründete private Freie Allgemeine Hochschule in Warschau[1].

In der ganzen Zwischenkriegszeit gab es in Polen fünf Juristische Fakultäten an den Universitäten Warschau, Krakau, Lemberg, Wilna und Posen. Daneben gab es noch den Fachbereich Rechts-, Sozial- und Wirtschaftswissenschaften an der neugegründeten Katholischen Universität Lublin. Er war wegen des Charakters dieser Hochschule spezifisch, und hatte lange Zeit nicht das Recht, den Magistergrad zu verleihen[2]. Ein kleinerer Standort der Rechtswissenschaft war die erwähnte Freie

1 D. Janicka, Polska myśl prawnokarna XIX–XX wieku: autorzy i ich dzieła. Od szkoły klasycznej do socjologicznej, Toruń 2017, S. 39–41. Vgl. S. Płaza, Historia prawa w Polsce na tle porównawczym. Część 3: Okres międzywojenny, Kraków 2001, S. 326–328. Zur Geschichte der juristischen Fakultäten siehe auch Internetseiten der Universitäten Warschau: https://www.wpia.uw.edu.pl/pl/o-nas [letzter Zugriff am 13.03.2023]; Krakau: https://wpia.uj.edu.pl/historia-i-tradycje [letzter Zugriff am 13.03.2023]; Lviv (in englischer Sprache, kurz und bündig): http://law.lnu.edu.ua/en/about/history [letzter Zugriff am 13.03.2023]; Vilnius (in englischer Sprache, selektiv, kurz und bündig): https://www.vu.lt/site_files/InfS/Leidiniai/Vilnius_University_1579_2004.pdf [letzter Zugriff am 13.03.2023]; Posen: https://prawo.amu.edu.pl/historia-wydzialu / [letzter Zugriff am 13.03.2023].

2 Zur Geschichte der juristischen Fakultät siehe ihre Internetseite: https://www.kul.pl/historia-wydzialu,11451.html [letzter Zugriff am 13.03.2023].

Allgemeine Hochschule Warschau mit ihrer Fakultät für Politik- und Sozialwissenschaften; auch hier waren einige bekannte Juristen als Dozenten tätig[3].

Nestor der Juristischen Fakultät an der reaktivierten Universität Warschau war der verdiente Professor Walenty Piotr Miklaszewski (1839–1924), ein führender Vertreter der klassischen Strafrechtsschule. Neben ihm wirkten herausragende Anhänger der soziologischen Strafrechtsschule in Gestalt der Professoren Aleksander Mogilnicki (1875–1956) und Wacław Makowski (1880–1942)[4]. Kurz vor dem Beginn des Zweiten Weltkriegs wurde als einer der jüngsten Dozenten noch Stanisław Śliwiński (1887–1959), ein Schüler von Prof. Juliusz Makarewicz, auf eine Professur berufen[5].

An der Jagiellonen-Universität in Krakau leitete Prof. Edmund Krzymuski (1851–1928) den Lehrstuhl für Straf- und Strafverfahrensrecht. Er war mehrmals Dekan der Juristischen Fakultät und Rektor der Krakauer *Almae Matris*. Innerwissenschaftlich vertrat er die klassische Schule des Strafrechts. Neben ihm war Prof. Józef Reinhold (1884–1928) tätig, der leider zu früh im selben Jahr verstarb wie Professor Krzymuski. Dessen verwaisten Lehrstuhl übernahm Prof. Władysław Wolter (1897–1986), ein Schüler Krzymuskis. Er begann auch Ideen der soziologischen Strafrechtsschule aufzunehmen[6].

An der Jan-Kazimierz-Universität in Lwów (Lemberg) war Prof. Juliusz Makarewicz (1872–1955) der beherrschende Gelehrte. Er war ein Absolvent der Jagiellonen-Universität und hatte diese zugunsten der Arbeit in Lemberg verlassen. Außer ihm hielten dort die Professoren Piotr Stebelski (1857–1923) und Julian Nowotny (1876–1953) sowie der Dozent Emil Stanisław Rappaport (1877–1965) Vorlesungen; letzterer reiste aus Warschau zu seinen Lemberger Veranstaltungen an.

---

3 Z. Skubała-Tokarska, Społeczna rola Wolnej Wszechnicy Polskiej, Wrocław 1967, S. 132 und 139. Hinzuzufügen ist an dieser Stelle, dass die Freie Hochschule teilweise die Befugnisse staatlicher Hochschulen 1933 erlangte, aus denen sich dann auch das Recht ableitete, Magistertitel in den Wirtschafts- und Sozialwissenschaften zu verleihen – siehe: ebd., S. 122–123 und 217–218.

4 G. Bałtruszajtys (Hrsg.), Profesorowie Wydziału Prawa i Administracji Uniwersytetu Warszawskiego 1808–2008, Warszawa 2008, S. 77–80 (Miklaszewski), 105–108 (Makowski); M. Paszkowska, Nauka prawa karnego w środowisku „Gazety Sądowej Warszawskiej" (1873–1918), Warszawa 2010, S. 171–180 (Mogilnicki). Siehe auch: D. Janicka, Polska myśl (vgl. Anm. 1), S. 74–75 (Miklaszewski), 137–139 (Makowski), 192–194 (Mogilnicki); an der letzten Stelle auch weitere bibliographische Hinweise.

5 G. Bałtruszajtys (Hrsg.), Profesorowie (vgl. Anm. 4), S. 135–137; D. Janicka, Polska myśl (vgl. Anm. 1), S. 261–262 (hier auch weitere Ergänzungen zur Bibliographie).

6 J. Stelmach / W. Uruszczak (Hrsg.), Złota księga Wydziału Prawa i Administracji [600-lecie odnowienia Akademii Krakowskiej], Kraków 2000, S. 189–193 (Krzymuski), 337–345 (Wolter); P.M. Żukowski, Profesorowie Wydziału Prawa Uniwersytetu Jagiellońskiego, Bd. 2: 1780–2012, Hrsg. D. Malec, Kraków 2014, S. 256–258 (Krzymuski), 313–315 (Makarewicz), 418–419 (Reinhold). Siehe auch D. Janicka, Polska myśl (vgl. Anm. 1), S. 126–128 (Krzymuski), 173–174 (Reinhold), 234–236 (Wolter); hier auch weitere Ergänzungen zur Bibliographie.

Alle genannten Juristen vertraten mehr oder minder ausgeprägt die soziologische Rechtsschule[7]. Als wichtigste Schüler von Professor Makarewicz, die in Lemberg die ersten Schritte ihrer wissenschaftlichen Karriere taten, seien Franciszek Ludwik Dworzak (1900–1941?) und Stanisław Pławski (1912–1988) genannt[8].

An der Stefan-Batory-Universität in Wilna war das Strafrecht durch zwei herausragende Professoren vertreten: Stefan Glaser (1895–1984) und Bronisław Wróblewski (1888–1941). Beide standen der soziologischen Rechtsschule nahe. In den dreißiger Jahren begann hier auch der Wróblewski-Schüler Witold Świda (1899–1989) seine wissenschaftliche Karriere; auch er war ein Vertreter der neuen Strömungen[9].

An der neu geschaffenen Universität Posen lehrten die Strafrechtler Jan Józef Bossowski (1882–1957) und Dr. Witold Prądzyński (1882–1952). Ersterer war Straf- und Strafprozessrechtler, gleichzeitig einer der ersten polnischen Kriminologen; letzterer, neben seiner Vorlesungstätigkeit, auch Mitglied der Kodifikationskommission[10].

Ebenfalls neu entstanden war die Katholische Universität Lublin. Hier wurde die Strafrechtslehre von dem schon erwähnten Professor Glaser (der später nach Wilna ging) sowie Professor Adam Berger (1888–1969) gepflegt; in der nächsten Generation ist Zdzisław Papierkowski (1903–1980) zu nennen, der parallel auch in Lemberg lehrte[11].

---

7 A. Redzik, Profesor Juliusz Makarewicz – życie i dzieło, in: A. Grześkowiak (Hrsg.), Prawo karne w poglądach Profesora Juliusza Makarewicza, Lublin 2005, S. 23–92; A. Redzik, Profesor dr Piotr Stebelski (1857–1923). Z dziejów nauki i nauczania prawa karnego na Uniwersytecie Jana Kazimierza we Lwowie, in: O prawie i jego dziejach księgi dwie: studia ofiarowane Profesorowi Adamowi Lityńskiemu w czterdziestolecie pracy naukowej i siedemdziesięciolecie urodzin, Hrsg. M. Mikołajczyk et al., Białystok–Katowice 2010, Bd. 1, S. 767–787 (Stebelski); S. 772–773 (Nowotny); J. Kita, S. Pytlas, W służbie nauki. Profesorowie Uniwersytetu Łódzkiego w latach 1945–2004. Pro memoria, Łódź 2005, S. 346–348 (Rappaport). Siehe auch: D. Janicka, Polska myśl (vgl. Anm. 1), S. 115–116 (Stebelski), S. 153–156 (Makarewicz), S. 212–214 (Rappaport); hier auch weitere Ergänzungen zur Bibliographie.

8 A. Redzik, Profesor (vgl. Anm. 7), S. 51–55 (Dworzak), S. 61–62 (Pławski); A. Redzik, Wydział Prawa Uniwersytetu Lwowskiego w latach 1939–1946, Lublin 2006, passim.

9 M. Tarkowski, Wydział Prawa i Nauk Społecznych Uniwersytetu Stefana Batorego w Wilnie w latach 1919–1939, Gdańsk 2015, S. 104–108 und 239–243 (Glaser), S. 97–103 und 232–236 (Wróblewski); D. Janicka, Polska myśl (vgl. Anm. 1), S. 181–183 (Wróblewski), 205–207 (Glaser) – hier auch weitere Ergänzungen zur Bibliographie. Siehe auch: L. Lehmann, M. Maciejewski (Hrsg.), Pamięci zmarłych Profesorów i Docentów Wydziału Prawa, Administracji i Ekonomii Uniwersytetu Wrocławskiego 1945–2010, Wrocław 2010, S. 306–309 (Świda).

10 K. Krasowski (Hrsg.), Zarys dziejów Wydziału Prawa Uniwersytetu w Poznaniu 1919–2004, Poznań 2004, S. 20–22 und 59–62. Vgl. V. Kwiatkowska-Wójcikiewicz, Profesor Józef Jan Aleksander Bossowski – „ojciec" uniwersyteckiej kryminalistyki w Polsce, in: J. Wójcikiewicz, V. Kwiatkowska-Wójcikiewicz (Hrsg.), Paradygmaty kryminalistyki, Kraków 2016, S. 77–92.

11 A. Dębiński, W.S. Staszewski, M. Wójcik (Hrsg.), Profesorowie prawa Katolickiego Uniwersytetu Lubelskiego, Lublin 2006 (Aufl. 2: 2008), S. 25–30 (Berger), S. 81–90 (Glaser), S. 201–209 (Papier-

An der Freien Allgemeinen Hochschule in Warschau lehrten die bereits genannten Professoren Mogilnicki und Rappaport sowie Adam Ettinger (1878–1934). Dieser war ein Anhänger der soziologischen Strafrechtsschule und vertrat, wie viele Dozenten der Hochschule, gesellschaftlich-politisch linksgerichtete Ansichten[12]. Hinzu kam der damals noch junge Leon Rabinowicz *vel* Radzinowicz (1906–1999)[13].

Von den universitären Jurafakultäten waren zweifellos diejenigen in Krakau, Lemberg und Warschau die für die Entwicklung des strafrechtlichen Denkens in Polen wichtigsten. Generell stand die Strafrechtswissenschaft in Polen dank ihnen in der Zwischenkriegszeit auf einem im europäischen Vergleich hohen Niveau. Nicht zu vergessen ist aber auch eine Reihe von außeruniversitären wissenschaftlichen Einrichtungen. Überwiegend waren dies wissenschaftliche Vereinigungen wie die Akademie der Fähigkeiten (*Akademia Umiejętności*) in Krakau, die ebendort angesiedelte Juristisch-Ökonomische Gesellschaft (*Towarzystwo Prawnicze i Ekonomiczne*), das Ossolinski-Nationalinstitut (*Zakład Narodowy im. Ossolińskich*) und die Wissenschaftliche Gesellschaft (*Towarzystwo Naukowe*), beide in Lemberg, die Warschauer Wissenschaftliche Gesellschaft (*Towarzystwo Naukowe Warszawskie*) und der Verein der Freunde der Wissenschaften (*Towarzystwo Przyjaciół Nauk*) in Posen[14]. Nicht übersehen sollte man die große Rolle juristischer Fachzeitschriften, von denen in dieser Zeit mehrere Dutzend erschienen. Sie dienten als Plattform der wissenschaftlichen Diskussion und Polemik in allen wesentlichen Fragen des Strafrechts[15].

3. Vier Gelehrtengenerationen

Charakteristisch für die polnische Rechtswissenschaft in der Zwischenkriegszeit ist, dass gleichzeitig mehrere Juristengenerationen tätig waren. Die älteste repräsentierten jene Gelehrten, deren Hauptaktivität noch in das 19. Jahrhundert gefallen war. Die zweite Generation vertraten Juristen, die ihre Arbeit um die Jahrhundertwende begonnen hatten und sie nun im wiedergeborenen Polen (im mittleren oder sogar

kowski). Vgl. D. Janicka, Polska myśl (vgl. Anm. 1), S. 268–269 (Papierkowski und eine Bibliographie zu seinem Leben und Werk). Zum Professor Glaser vgl. oben Anm. 9.

12 Z. Skubała-Tokarska, Społeczna rola (vgl. Anm. 3), S. 132, 139.

13 D. Janicka, Polska myśl (vgl. Anm. 1), S. 220–222 (Radzinowicz und eine Bibliographie zu seinem Leben und Werk).

14 W.M. Bartel, Udział przedstawicieli środowisk akademickich w pracach Komisji Kodyfikacyjnej RP (1919–1939), KSP 1990, Nr. 23, S. 175–177.

15 S. Milewski, A. Redzik, Themis i Pheme: czasopiśmiennictwo prawnicze w Polsce do 1939 roku, Warszawa 2011, passim.

fortgeschrittenen Alter) fortsetzten. Der dritten Generation werden jene zugerechnet, die genau in den 20er Jahren ihre wissenschaftliche Tätigkeit aufnahmen, und die letzte und jüngste Kohorte bestand aus Absolventen der Rechtswissenschaft, die in den 30er Jahren ins wissenschaftliche Leben eintraten[16].

Die älteste Generation polnischer Juristen im wiedergeborenen Polen vertraten vor allem die Professoren Edmund Krzymuski und Walenty Piotr Miklaszewski, die beide der klassischen Strafrechtsschule zugerechnet werden, außerdem der Erste Präsident des Obersten Gerichtes Franciszek Nowodworski (1859–1924), der auch in der Kodifikationskommission tätig war. Sie alle verstarben im Laufe der 20er Jahre.

Zu den hervorragendsten Gelehrten, die im unabhängigen Polen gerade im besten Lebensalter waren und ihre Tätigkeit an den Universitäten und in der Kodifikationskommission fortsetzen, gehörten die Professoren Juliusz Makarewicz, Wacław Makowski, Aleksander Mogilnicki und Emil Stanisław Rappaport. Außer ihnen sind auch noch die Professoren Witold Prądzyński, Julian Karol Nowotny, der vorzeitig verstorbene Józef Reinhold und andere mehr zu nennen[17].

Die dritte Juristengeneration bestand aus Gelehrten, die mit dem Wiedererstehen Polens ihre wissenschaftliche Karriere begannen. Zu nennen sind aus dieser Alterskohorte vor allem die Professoren Władysław Wolter, Stanisław Śliwiński, Stefan Glaser, Bronisław Wróblewski, Józef Jan Bossowski und Adam Berger. Erwähnenswert unter den Vertretern des wissenschaftlichen Nachwuchses sind Leon Radzinowicz, Zdzisław Papierkowski, Witold Świda sowie Franciszek Ludwik Dworzak.

Die polnischen Rechtswissenschaftler der Zwischenkriegszeit waren in der Mehrheit Anhänger oder Sympathisanten der soziologischen Strafrechtsschule. Im Zusammenhang hiermit konzentrierten sie ihre wissenschaftliche Tätigkeit auf Untersuchungen zu den Gründen der Kriminalität und auf die Suche nach besseren, wirksameren Mitteln des Kampfes gegen diese soziale Erscheinung. Sie entwickelten dabei neue Wissenszweige, insbesondere Kriminologie und Kriminalpolitik[18]. Großes Augenmerk legten sie auf die Tätertypen einschließlich der Jugendlichen; dabei bemühten sie sich, Tätertypologien zu erstellen und waren geneigt, die Anfang des 20. Jahrhunderts populäre Kategorie des sogenannten unverbesserlichen Täters zu erörtern[19].

---

16 E. Neymark, Pisarze prawa karnego w Polsce Odrodzonej (1918–1928), GSW 1928, Nr. 46, S. 728–731.

17 An dieser Stelle ist ein Richter und Mitglied der polnischen Kodifikationskommission Janusz Jamontt (1875–1951) zu erwähnen, Autor von mehreren Bearbeitungen zum Strafrecht und zum Strafprozess.

18 D. Janicka, O pionierach nauk kryminologicznych w Polsce, CPH 68, 1 (2016), S. 29–50.

19 W. Zalewski, Przestępca „niepoprawny" – jako problem polityki kryminalnej, Gdańsk 2010, S. 21–42.

Obwohl die Vertreter der polnischen Rechtsdoktrin offenkundig offen für viele neue Trends waren, muss man zugeben, dass selbst Vertreter oder Sympathisanten der soziologischen Rechtsschule Kompromisslösungen suchten und bereit waren, diese einzugehen. Einer dieser Kompromisse betraf u. a. die Beibehaltung des Schuldprinzips im Strafrecht und das Verbleiben bei der formalen Definition des Verbrechens als Grundlage der strafrechtlichen Verantwortung. Diese und viele andere Grundsätze der klassischen Strafrechtsschule fanden Aufnahme in das Strafgesetzbuch von 1932[20].

4. Ideen

4.1 Einführung

Die Probleme, mit denen sich die polnische Strafrechtswissenschaft im wiedererstandenen Polen auseinanderzusetzen hatte, wurden auf der konstituierenden Sitzung der Kodifikationskommission 1919 sehr treffend benannt und charakterisiert. Der Vorsitzende der Kommission, der Krakauer Zivilrechtler Franciszek Ksawery Fierich (1860–1928)[21], zählte in seiner Ansprache die wichtigsten Ideen auf, die nach seiner Auffassung in Rechtsnormen zu gießen waren. Auf dem Gebiet des Strafrechts hob er in erster Linie die Bestimmung des Ziels der Strafe und der Weise ihres Vollzugs hervor, damit verbunden die Frage der Gestaltung des Gefängniswesens. Mit der Frage der Strafe verband er die der Anwendung von Maßregeln der Sicherung und Besserung, von deren Notwendigkeit er sich überzeugt äußerte. Als „bedeutende Aufgabe", die vor den Kodifikatoren stehe, bezeichnete er die Einführung besonderer Regeln für Strafverfahren gegen Minderjährige. Ebenso erklärte er die Ausgrenzung und getrennte Normierung der Ordnungswidrigkeiten außerhalb des Strafrechts als angebracht[22].

Es kann kein Zweifel daran bestehen, dass die Hinweise Fierichs an seine Kollegen durchdacht, rational und treffend waren. Im folgenden sollen diese wichtigen Ideen und die Konzeptionen der polnischen Juristen zu ihrer normativen Umsetzung vorgestellt werden.

---

20 A. Grześkowiak (Hrsg.), Kodeks karny z 1932 roku, Lublin 2015, passim.

21 J. Stelmach / W. Uruszczak (Hrsg.), Złota księga (vgl. Anm. 6), S. 203–206; P.M. Żukowski, Profesorowie (vgl. Anm. 6), S. 103–105.

22 F.K. Fierich, Rzut oka na najważniejsze zadania prac kodyfikacyjnych, KPCiK 1919, Nr. 2, S. 470–472.

4.2 Die Strafe, ihre Ziele und die Reform der Freiheitsstrafen

Die Hauptdebatte über Wesen und Ziele der Strafe war zum Zeitpunkt, als die Kodifikationskommission ihre Arbeit aufnahm, nicht mehr neu, denn sie entfachte in den polnischen Gebieten noch in der Zeit der Teilungen, mit einem Höhepunkt Anfang des 20. Jahrhunderts, als wissenschaftliche Erörterungen des Themas, ob und in welchem Maße die Strafe ein Akt der Vergeltung bzw. eine gerechte Vergeltung sei und in welchem Umfang sie auch Funktionen im Rahmen besonders der Spezialprävention ausüben solle, an der Tagesordnung waren[23].

Die Bedeutung und den Charakter dieser Materie hob 1919 der Präsident der Kodifikationskommission, Prof. Fierich, in seiner Ansprache auf der konstituierenden Sitzung dieses Gremiums hervor:

> „Bei der Erörterung der Probleme des Allgemeinen Teils des Strafrechts werden mit Sicherheit ernsthafte wissenschaftliche Auseinandersetzungen zwischen Vertretern der klassischen, der soziologischen und anderer Schulen über die Bestimmung des Ziels der Strafe auftreten. Es wird hier nicht so sehr auf die Aufstellung verschiedener Arten von Strafen ankommen, als auf die Gestaltung des Strafvollzugs vor dem Hintergrund der Frage, wie dies am besten den Zielen der Strafe dienen kann“[24].

Fierichs Standpunkt war nicht unberechtigt[25], auch wenn sich letztlich zeigte, dass der Streit um die Ziele der Strafe in der Zwischenkriegszeit schon stark abgeflaut war zugunsten einer Diskussion über Reformen der Freiheitsstrafe und die Einführung von begleitenden Maßnahmen der Sicherung und Besserung.

Der Verzicht, ständig theoretisch Wesen und Funktion der Strafe abzuhandeln, dürfte sich daraus ergeben haben, dass erstens das Thema in gewisser Weise erschöpft war, und zweitens aus der konstruktiven Haltung vieler polnischer Rechtswissenschaftler, die im Zuge der Kodifikationsarbeiten vor allem an Kompromissen im Sinne des Machbaren interessiert waren. So kam es, dass auch die Klassiker

---

23 Vgl. ausgewählte Äußerungen der polnischen Autoren: E. Krzymuski, Wykład prawa karnego ze stanowiska nauki i prawa austriackiego, Aufl. 2, Kraków 1901, Bd. 1, S. 58–60; J. Makarewicz, Einführung in die Philosophie des Strafrechts auf entwicklungsgeschichtlicher Grundlage, Stuttgart 1906 (polnische Ausgabe: Wstęp do filozofii prawa karnego w oparciu o podstawy historyczno-rozwojowe, übers. K. Jakubów, hrsg. A. Grześkowiak, Lublin 2009); J. Makarewicz, Prawo karne ogólne, Kraków 1914, S. 16–19; A. Mogilnicki, Kary dodatkowe: kary cielesne, kary hańbiące, pozbawienie czci i praw, Warszawa–Kraków 1907; A. Mogilnicki, Pierwiastek zemsty w pojęciu kary, TP. Seria II 1916, Bd. 6, Hf. 1–2, S. 86–114; M. Szerer, Kara. Szkic socjologiczny, Kraków 1910; W. Makowski, Podstawy filozofii prawa karnego, Bd. 1, Warszawa 1917.

24 F.K. Fierich, Rzut (vgl. Anm. 22), S. 470.

25 Vgl. S. Glaser, Kara odwetowa a kara celowa. Zalety i braki teorii pragmatycznej, Lublin 1924.

mit Prof. Krzymuski an der Spitze akzeptierten, dass eine Strafe, die eine gerechte Vergeltung darstelle, gleichzeitig auch nützlich im Sinne der General- und der Spezialprävention sein müsse. Auf der anderen Seite gaben viele Anhänger der soziologischen Strafrechtsschule einschließlich von Juliusz Makarewicz zu, dass die Strafe zwar ihrem Wesen nach Vergeltung sei, aber dass sie auch Zwecke der Spezialprävention erfüllen müsse. Mit anderen Worten: die Mehrheit der Teilnehmer an der Debatte suchte, unabhängig davon, welcher wissenschaftlichen Schule sie sich zurechneten, Mittelwege zwischen absoluten und relativen Straftheorien, die sich dann logischerweise zu gemischten Straftheorien entwickelten[26]. Einen originellen Beitrag zur Lehre über die Strafe lieferte in der Zwischenkriegszeit Prof. Wróblewski: er forderte, eine gesonderte wissenschaftliche Disziplin zu schaffen, die Pönologie, die sich ausschließlich mit der Erforschung von Ursprung, Funktion und Entwicklungstendenzen der Kriminalstrafen befassen sollte. Die Ergebnisse dieser Überlegungen sollten dann auch als Grundlage der staatlichen Strafvollzugspolitik dienen[27].

Die wissenschaftlichen Auseinandersetzungen führten schließlich dazu, dass im polnischen Strafgesetzbuch von 1932 konkrete Lösungen eingeführt wurden[28]. An zentraler Stelle im System der Kriminalsanktionen stand die Freiheitsstrafe. Die Todesstrafe wurde an den Rand gedrängt und galt nur noch als Element der Sicherung der Gesellschaft vor den gefährlichsten Verbrechern[29]. Gleichzeitig wurden die Rahmen der Strafmaße bewusst weit gehalten und den Richtern ein großer Ermessensspielraum bei der Strafbemessung eingeräumt. Die kurzfristigen Freiheitsstrafen wurden dagegen zurückgedrängt[30].

Im Lichte der Auffassungen der Doktrin war eines der geforderten Elemente der Reform des Strafvollzugs: die Einführung von Mitteln, die wir heute als Bewährungsauflagen bezeichnen würden. Die Befürworter solcher Lösungen waren vor allem Vertreter der soziologischen Strafrechtsschule, besonders die Professoren

---

26 D. Janicka, Aksjologiczne priorytety polskiej doktryny prawa karnego w XIX w. (w systemach Maciejowskiego, Hubego, Budzińskiego i Krzymuskiego), in: A. Grześkowiak / I. Zgoliński (Hrsg.), Aksjologiczne podstawy polskiego prawa karnego w perspektywie jego ewolucji, Bydgoszcz 2017, S. 27–43; D. Janicka, Hube – Makarewicz – Wolter. Trzy koncepcje karania na przestrzeni stu lat, AKrym 39 (2017), S. 5–25.

27 B. Wróblewski, Penologia. Socjologia kar, Bd. 1–2, Wilno 1926.

28 Rozporządzenie Prezydenta Rzeczypospolitej z dnia 11 lipca 1932 r. – Kodeks karny [Verordnung des Präsidenten der Republik Polen vom 11. Juli 1932 – Strafgesetzbuch], ABl. 1932 Nr. 60 Pos. 571.

29 Mehr über polnische Debatte zur Todesstrafe siehe: R. G. Hałas, Kara śmierci w Kodeksie karnym z 1932 r., in: A. Grześkowiak (Hrsg.), Kodeks karny (vgl. Anm. 20), S. 116–126; A. Lityński, Wydział karny Komisji Kodyfikacyjnej II Rzeczypospolitej: dzieje prac nad częścią ogólną kodeksu karnego, Katowice 1991, S. 67–69.

30 M. Malezini, System kar zasadniczych i dodatkowych w Kodeksie karnym z 1932 r., in: A. Grześkowiak (Hrsg.), Kodeks karny (vgl. Anm. 20), S. 97–101.

Makarewicz, Mogilnicki, Reinhold und Rappaport[31]. Aber selbst unter ihnen gab es Diskussionen über Detailfragen, vor allem über die Anwendung von Strafaussetzung zur Bewährung und vorzeitiger Strafentlassung und den möglichen Folgen dieser Änderungen. Letztlich akzeptierten die Kodifikatoren beide moderne Lösungen, und sie wurden in das polnische Strafgesetzbuch aufgenommen. Parallel dazu fanden sie in breitem Maße Anwendung in der gerichtlichen Praxis[32].

4.3 Maßnahmen der Sicherung und Besserung

Bekanntlich ist die Idee der Maßnahmen der Sicherung und Besserung in Europa an der Wende vom 19. zum 20. Jahrhundert populär geworden. Sie kristallisierte sich im Zuge teils stürmischer internationaler Debatten heraus, die an Intensität noch zunahmen, als 1893 das Projekt des schweizerischen Strafgesetzbuchs weltweit bekannt wurde. Dieses Projekt sah eine Zweigleisigkeit der Strafsanktionen vor: Strafen und Maßnahmen der Sicherung und Besserung. So entstand auch unter polnischen Juristen ab dem späten 19. Jahrhundert eine Fraktion, die sich für solche Sicherungs- und Besserungsmaßnahmen aussprach. Einer der profiliertesten Vertreter dieser Richtung war schon vor der Erlangung der polnischen Unabhängigkeit der Krakauer Richter und Wissenschaftler Józef Reinhold[33].

Ganz wie es der Präsident der Kodifikationskommission, Prof. Fierich, vorausgesehen hatte[34], wurden die Maßnahmen der Sicherung und Besserung, damals

31 A. Mogilnicki, Indywidualizacja kary, GSW 1899, Nr. 50–52; E.S. Rappaport, Ustawa o przebaczeniu w świetle projektów francuskich, Warszawa 1916; J. Makarewicz, Prawo karne. Wykład porównawczy z uwzględnieniem prawa obowiązującego w Rzeczypospolitej Polskiej, Lwów–Warszawa 1924, S. 282–291; J. Reinhold, Nowela o warunkowem zawieszeniu wykonania kary, Kraków 1926.

32 Rappaport wies darauf hin, dass fast die Hälfte aller Freiheitsstrafen zur Bewährung verhängt würden, und lobte diese Praxis als Beispiel für „Sparsamkeit im Strafvollzug" - siehe: E. S. Rappaport, Teoria i praktyka skazania warunkowego w Polsce, Pal. 1939, Nr. 2–3, S 320–332. Vgl. S. Hypś, Środki probacyjne w Kodeksie karnym z 1932 r., in: A. Grześkowiak (Hrsg.), Kodeks karny (vgl. Anm. 20), S. 167–188; A. Lityński, Wydział (Anm. 29), S. 92.

33 J. Reinhold, Środki zabezpieczające przeciw niepoprawnym i anormalnym przestępcom, ze szczególnym uwzględnieniem nowych projektów kodeksów karnych, PPiA 1912, Nr. 37, S. 391–450; J. Reinhold, Środki zabezpieczające przeciw przestępcom polegające na przymusowem pozbawieniu wolności, ze szczególnem uwzględnieniem trzech projektów nowych ustaw karnych: część szczególna, CPiE 1912, Nr. 13; J. Reinhold, Środki zabezpieczające przeciw przestępcom polegające na przymusowem pozbawieniu wolności: część ogólna, Kraków 1916.

34 F.K. Fierich, Rzut (vgl. Anm. 22), S. 470: „Zweifellos hat es seinen guten Grund, dass die Maßnahmen der Sicherung und Besserung gegenüber Verbrechern im Strafgesetzbuch – oder vielmehr dem Kriminalgesetzbuch – abgehandelt werden. Es gibt keinen rationalen Grund dafür, die Sicherungsmaßnahmen aus dem Strafgesetzbuch zu entfernen und sie in ein gesondertes Gesetz zu übertragen. Zwar gibt es zwischen Strafe und Sicherungsmaßnahme weitgehende Unterschiede, aber beide,

auch als Schutzmaßnahmen bezeichnet, eines der in der Doktrin am umfänglichsten, aber auch am gründlichsten diskutierten Themen. Propagiert wurden die Maßnahmen vor allem von Anhängern der soziologischen Schule des Strafrechts. Sie äußerten die Überzeugung, durch die Verhängung solcher Maßnahmen lasse sich die Gesellschaft vor Gewaltverbrechern schützen. Aber auch ein Epigone der klassischen Schule wie Prof. Krzymuski war bereit, sie ins System des Strafrechts aufzunehmen, und er zögerte nicht, sie als Zwangsarbeitsanstalten für gefährliche Verbrecher aus Sucht in seinen Privatentwurf des Strafgesetzbuches von 1918 aufzunehmen[35]. An führender Stelle warben die Professoren Makarewicz und Makowski dafür, Sicherungsanstalten für Berufs- und Suchtverbrecher einzuführen[36]. Neben den genannten Forschern haben auch Autoren wie Glaser, Radzinowicz, Rappaport, Śliwowski und andere[37] das Thema der Maßnahmen der Sicherung und Besserung behandelt. Die Diskussion über dieses Rechtsinstitut betraf erstens dessen klare Abgrenzung gegenüber den Strafen, und zweitens die Frage, nach welchen Kriterien diejenigen Täter zu definieren seien, auf welche die Maßnahmen anzuwenden seien.

Einer der überzeugtesten und konsequentesten Anhänger der Sicherungsmaßnahmen war Prof. Makarewicz[38]. Er erläuterte ihre Zweckmäßigkeit und Nützlichkeit unter Verweis auf die Krise (er sprach wörtlich von einem „Bankrott") der Freiheitsstrafe[39]. Gleichzeitig legte er ähnlich wie schon vor ihm die Professoren Reinhold oder Krzymuski dar, dass die Strafe ein Akt der Vergeltung oder der Repression sei, die Maßnahme der Sicherung und Besserung hingegen ein Akt

---

Strafe und Sicherungsmaßnahme, dienen dem Interesse der Allgemeinheit im Kampf gegen die Kriminalität".

35 E. Krzymuski, Projekt Kodeksu Karnego Polskiego. Uwagi autora, Tytuł wstępny i część ogólna, KPCiK 1918, Nr. 1, S. 3–75.

36 J. Makarewicz, Prawo karne. Wykład (vgl. Anm. 31), S. 235, 260–261, 280, 293; J. Makarewicz, Wzrost przestępczości w Polsce, PPiA 1931, Nr. 2, S. 163–174; W. Makowski, Kara a środki ochronne, RPEiS 6 (1926), Hf. 2, S. 122–135.

37 Vgl. ausgewählte Bearbeitungen in chronologischer Reihenfolge: S. Glaser, Od kary do środka zabezpieczającego, GłP 1930, Nr. 5, S. 173–179; L. Rabinowicz, Środki zabezpieczające w teorii i praktyce, AK 1 (1933), Hf. 3–4; E. S. Rappaport, Jeszcze o karach i środkach zabezpieczających w polskim Kodeksie Karnym, GS 1935, Nr. 11, S. 773–777; J. Śliwowski, O interwencji władzy sądowej w dziedzinie wykonania kary oraz środków zabezpieczających, PWP 1937, Hf. 3, S. 401–437; J. Śliwowski, Władza sędziego w dziedzinie wykonywania środków zabezpieczających i kary pozbawienia wolności, Paryż 1939.

38 Mehr über europäische Konzeptionen der Sicherungsmaßnahmen, die für Makarewicz als Vorbild dienten, siehe: D. Janicka, Makarewicz a Liszt. Próba analizy porównawczej, CPH 67, 1 (2015), S. 107–128.

39 J. Makarewicz, Kodeks karny z komentarzem, Lwów 1932, S. 201. Der Gelehrte berief sich auf die historische Entwicklung der Kriminalstrafen, in denen er Frühformen und Beispiele von Sicherungsmaßnahmen sah.

der Prävention[40]. In ähnlichem Ton argumentierten auch andere Wissenschaftler, u. a. die Professoren Glaser und Makowski[41]. Einige stellten heraus, dass der Charakter der Sicherungsmaßnahmen sie an das Verwaltungs- oder sogar das Sozialrecht annäherten[42]. Generell kann man festhalten, dass das Gros der Theoretiker einige Mühe darauf verwandte, die Unterschiede zwischen Strafen und Sicherungsmaßnahmen zu beschreiben. Diese Versuche mögen nicht selten vom logischen Standpunkt tadellos gewesen sein, aber sie wirkten doch nicht immer völlig überzeugend. Prof. Wolter war sogar bemüht nachzuweisen, dass zwar sowohl die Strafe als auch die Sicherungsmaßnahme für die betroffenen Personen belastend seien, jedoch seien die jeweiligen Belastungen anderer Art[43].

Die Mehrheit der polnischen Strafrechtler forderte, die Sicherungsmaßnahmen neben den Strafen einzuführen, sprachen sich also für die sogenannte dualistische Lösung aus, die einstimmig zur Aufnahme in das Strafgesetzbuch empfohlen wurde. Das bedeutete, dass geschlossene Anstalten für psychisch kranke Täter (ganz oder teilweise unzurechnungsfähige), Alkoholiker und Drogenabhängige geschaffen werden sollten, Anstalten für unverbesserliche Verbrecher sowie Zwangsarbeitsanstalten für Täter, die Widerwillen gegen geregelte Arbeit zeigten[44]. Es gab aber auch kompromisslose Anhänger der sog. monistischen Option, wonach die Strafen vollständig durch die Sicherungsmaßnahmen ersetzt werden sollten. Einer der Vertreter dieser Lösung war Dozent Radzinowicz, der keine Begründung dafür sah, Strafen und Sicherungsmaßnahmen kumulativ zu verhängen[45].

Die polnischen Juristen empfahlen Sicherungsmaßnahmen vor allem gegenüber unverbesserlichen und psychisch kranken Verbrechern. Während der Begriff der psychischen Krankheit in der Doktrin des Strafrechts schon länger eine Rolle spielte, stellte die Kategorie des sog. unverbesserlichen Täters ein Novum dar und

---

40 J. Makarewicz, Prawo karne ogólne (vgl. Anm. 23), S. 17; J. Makarewicz, Prawo karne. Wykład (vgl. Anm. 31), S. 19 (gleiche Aussagen).

41 W. Makowski, Kara a środki (vgl. Anm. 36); S. Glaser, Kara odwetowa (vgl. Anm. 25). Siehe auch Anm. 36–37.

42 B. Wróblewski, Wstęp do polityki kryminalnej, Wilno 1922. Siehe auch Anm. 37 und die dort angeführte Bearbeitung von Rappaport.

43 Wolter wies darauf hin, dass die in der Sicherungsmaßnahme implizierte Empfindlichkeit nur die unausweichliche Folge der Isolation sowie der anderen gegenüber dem Verurteilten ergriffenen präventiven Handlungen sein sollte. Siehe auch: W. Wolter, Zarys systemu prawa karnego: część ogólna, Bd. 2: Kary i środki zabezpieczające, środki poprawcze i wychowawcze, prawo karne administracyjne, kary, Kraków 1934.

44 P. Góralski, Przekształcenia koncepcji środków zabezpieczających w polskim prawie karnym, in: Nowa kodyfikacja prawa karnego, Bd. 28, Hrsg. L. Bogunia, Wrocław 2012, S. 39–47.

45 L. Rabinowicz, Uwagi o zakładzie zabezpieczającym dla niepoprawnych przestępców, GSW 1937, Nr. 19, S. 276–280. Siehe auch: A. Flatau-Kowalska, Środki zabezpieczające w prawie karnym, Warszawa 1956, S. 239–254.

war Anlass für viele Kontroversen. Unverbesserlichkeit wurde im Allgemeinen mit mehrfacher Rückfalltat gleichgesetzt oder galt als besondere Charaktereigenschaft des Täters, als Teil seiner Psyche oder Motivation[46]. Prof. Makarewicz zählte zu den Unverbesserlichen neben mehrfachen Rückfalltätern vor allem Berufskriminelle und Täter aus Sucht (anders auch: aus „Angewohnheit")[47]. Prof. Makowski dagegen argumentierte mit der Kategorie einer Gefährlichkeit des Täters für die Rechtsordnung und verlangte kategorisch Sicherungsmaßnahmen zum Schutz der Gesellschaft vor der Gefahr, die ihr von der Seite notorischer Verbrecher entstehe[48].

Letztendlich fand die besprochene Idee Eingang in das polnische Strafgesetzbuch von 1932. Es kannte die Kategorien des „Berufsverbrechers" und des „Verbrechers aus Angewohnheit", ohne sie jedoch zu definieren. Die Interpretation dieser Vorschrift wurde der Rechtsprechung überlassen, was jedoch, wie absehbar, die Diskussion nicht beendete, sondern erneut entfachte[49].

4.4 Verantwortlichkeit Minderjähriger

Als der Vorsitzende der Kodifikationskommission, Prof. Fierich, auf der konstituierenden Sitzung auf die Notwendigkeit hinwies, ein Jugendstrafrecht zu schaffen, musste er im Grunde niemanden mehr überzeugen[50]. Die polnischen Juristen der Zwischenkriegszeit hatten keinen Zweifel daran, dass besondere Regeln der Verantwortlichkeit für minderjährige Kriminelle geschaffen werden müssten. Die lebhafte Diskussion ging nur noch um eine Unzahl von Einzelheiten, die jedoch teilweise wesentlich waren: die Schwelle der Strafmündigkeit und der Charakter der Strafen oder anderen Sanktionen, die gegenüber Kindern und Jugendlichen einzuführen seien. Professor Reinhold veröffentlichte schon 1919 einen Gesetzentwurf über jugendliche Straftäter mit einer Begründung, die an die neuesten Strömungen und Tendenzen in Westeuropa anknüpfte[51]. Der anerkannteste Kenner der Materie war

46 F. Ciepły, Geneza nieleczniczych środków zabezpieczających w polskim prawie karnym, PPE 2014, Nr. 3, S. 34.

47 J. Makarewicz, Kodeks (vgl. Anm. 39), S. 27 und 39.

48 W. Makowski, Środki ochronne wobec recydywistów i przestępców anormalnych, PPiA 36 (1911), S. 840–852. Siehe auch Ergebnisse der psychologischen Forschungen an Häftlingen: W. Makowski: Przyczynek do psychologii kryminalnej (Teoria „r.=p."), TP. Seria II 1914, Bd. 4, Hf. 1–2.

49 W. Zalewski, Przestępca (vgl. Anm. 19), S. 180–196.

50 F.K. Fierich, Rzut (vgl. Anm. 22), S. 471: „Es wird eine gewichtige Aufgabe sein, Strafbestimmungen gegen jugendliche Täter einzuführen. Auf diesem Gebiet ist schon viel geschehen, und vieles weitere versucht worden. In diesen Fällen verbindet sich der Gedanke der Prävention, um vernachlässigte Kinder und Jugendliche in Obhut zu nehmen auf das engste mit dem der Repression".

51 J. Reinhold, Projekt ustawy o młodocianych przestępcach i jego uzasadnienie, KPCiK 1919, Hf. 3. Siehe auch einige frühere Bearbeitungen: A. Moldenhawer, O zakładach karnych dla nieletnich przestępców i dzieci potrzebujących opieki, PS 1871/1872, S. 32–76; E. Krzymuski, Wiek mło-

Prof. Mogilnicki, der schon 1916 mit einer umfangreichen Arbeit unter dem Titel „Dziecko i przestępstwo" [„Kind und Verbrechen"] hervorgetreten war, die in der Zwischenkriegszeit eine Neuauflage erlebte[52]. Mogilnicki war in der Kodifikationskommission auch der Hauptberichterstatter für den Gesetzesentwurf zur Schaffung von Jugendgerichten. Bei der Bearbeitung dieses Projekts gab es lautstarke Polemiken über Fragen wie die nach der Urteilsfähigkeit der Minderjährigen, dem Alter der Strafmündigkeit und über das System der Erziehungs- und Besserungsmaßnahmen. Daran beteiligten sich u. a. die Professoren Makarewicz und Rappoport[53]. Die polnischen Kodifikatoren holten auch den Rat von Sachverständigen aus mehreren westeuropäischen Forschungsstellen ein. Der Entwurf eines Gesetzes über Jugendgerichte entstand bereits im Frühjahr 1921 und wurde noch im selben Jahr von der Vollversammlung der Kodifikationskommission bestätigt. Er war innovativ und fortschrittlich, trat aber nie in Kraft, weil es an Geld für seine Umsetzung fehlte. Als Vorarbeit wurde er jedoch sowohl für das Strafgesetzbuch von 1932 genutzt, als auch für die schon vorher 1928 in Kraft gesetzte Strafprozessordnung. Dort wurden gesonderte Prinzipien und Verfahren dafür festgelegt, Minderjährige für von ihnen verübte strafbare Handlungen zur Verantwortung zu ziehen. Interessanterweise ging die wissenschaftliche Diskussion über das Thema der strafrechtlichen Verantwortung von Minderjährigen auch weiter, nachdem diese Regelungen bereits in Kraft getreten waren. In die Debatte schalteten sich Vertreter der jüngsten Generation polnischer Juristen ein, darunter Zdzisław Papierkowski[54].

---

dzieńczy przed sądem karnym, Kraków 1916; W. P. Miklaszewski, O małoletnich przestępcach oraz o Towarzystwie osad rolnych i przytułków rzemieślniczych. Szkic ogólny, Warszawa 1872. Vgl. auch W. P. Miklaszewski, Małoletni przestępcy w świetle badań wychowańców zakładów wychowawczo-poprawczych, Warszawa 1924. Beide genannten Arbeiten von W. P. Miklaszewski waren gestützt auf Beobachtungen aus der Praxis sowie Forschungen in Erziehungs- und Besserungseinrichtungen. Es muss an dieser Stelle betont werden, dass diese Forschungen von seinem Sohn Walenty Łukasz Miklaszewski fortgesetzt wurden – siehe bsp.: W. Ł. Miklaszeski, Badania nad małoletnimi przestępcami w Polsce, OnD 1925, Nr. 4, S. 195–203; Występne, OnD 1925, Nr. 3, S. 111–137. Siehe auch D. Janicka, Polska myśl (vgl. Anm. 1), S. 74–75, 82–83, 173–174.

52 A. Mogilnicki, Dziecko i przestępstwo, Warszawa 1916 (Aufl. 2: 1925); A. Mogilnicki, Walka z przestępczością nieletnich, OnD 1923, Nr. 3, S. 114–120. Siehe auch D. Janicka, Polska myśl (vgl. Anm. 1), S. 192–194.

53 J. Makarewicz, Z Komisji Kodyfikacyjnej. Nieletni przestępcy, PPiA 1921, Nr. 1–6, S. 1–17; E.S. Rappaport, Z powodu artykułu prof. dr. J. Makarewicza: „Z Komisji Kodyfikacyjnej. Nieletni przestępcy", GSW 1921, Nr. 9, S. 67–68; Nr. 10, S. 76; Nr. 11, S. 82; Nr. 12, S. 89–90; Nr. 13, S. 98; Nr. 14, S. 106; Nr. 15, S. 114; Nr. 16, S. 123–124. Siehe auch: A. Grześkowiak, Nieletni w Kodeksie karnym z 1932 roku, in: A. Grześkowiak (Hrsg.), Kodeks karny (vgl. Anm. 20), S. 69–90.

54 Z. Papierkowski, Fragmenty z dziedziny prawa karnego dotyczące nieletnich, Warszawa 1939; Z. Papierkowski, Przestępcy nieletni a środki zabezpieczające, Pal. 1938, Nr. 5; A. Czerwiński, Obecny stan ustawodawstwa karnego przeciwko nieletnim w Polsce, Lwów 1933; S. Czerwiński, Walka z przestępczością nieletnich, GS 1937, Nr. 3, S. 205–209.

4.5 Die Verselbständigung des Rechts der Ordnungswidrigkeiten und der strafrechtlichen Hilfswissenschaften

Unter den im wiedergeborenen Polen tätigen Juristen war die Überzeugung allgemein, dass die geringfügigen Straftaten nicht mehr im Strafgesetzbuch, sondern in einem gesonderten Gesetz behandelt werden müssten. Diese Taten wurden – erstmals und gleichzeitig bis heute so fortwirkend – als „Ordnungswidrigkeiten" (*wykroczenia*) bezeichnet. Dieser Begriff ersetzte die bisherige Bezeichnung „Übertretungen" (*przekroczenia*); der Gedanke der Umbenennung kam von dem schon erwähnten Franciszek Nowodworski, dem Vorsitzenden der Sektion Strafrecht der Kodifikationskommission[55].

Im Prinzip waren sich zwar alle Beteiligten darüber einig, dass es sinnvoll sei, ein gesondertes Ordnungswidrigkeitenrecht zu erarbeiten – zu jenem Zeitpunkt sprach man noch vom „Polizeigesetz" –, fehlte es nicht an lebhaften Debatten über viele konkrete Lösungen für das geplante Gesetz. So gab es intensiven Streit – sowohl in der Fachliteratur, als auch innerhalb der Kodifikationskommission – darüber, ob die Kompetenz zur Urteilsfindung in Fällen von Ordnungswidrigkeiten Verwaltungsbehörden oder doch Gerichten übertragen werden solle. Alle führenden Strafrechtler Polens ergriffen das Wort, darunter Prof. Rappaport als Hauptberichterstatter für diesen Gesetzentwurf, aber auch die Professoren Makarewicz und Makowski[56]. Schlussendlich wurde die Lösung gefunden, dass über Ordnungswidrigkeiten in erster Instanz Verwaltungsbehörden urteilen sollten, jedoch mit einer Berufungsmöglichkeit zum zuständigen Gericht[57].

In der Zwischenkriegszeit traten etliche Juristen, darunter auch Prof. Rappaport, dafür ein, noch ein gesondertes Gesetz über den Strafvollzug vorzubereiten. Für

55 Vgl. die Nomenklatur von Fierich, der noch 1919 von „Polizeivergehen" gesprochen und empfohlen hatte: „Es dürfte angezeigt sein, die Frage der Abgrenzung der strafrechtlichen von den polizeirechtlichen Verstößen zu bedenken. Vielleicht wäre es angebracht, diejenigen strafbewehrten Vergehen, deren Ziel nicht selten einfach die Durchsetzung präventiver Verfügungen von Verwaltungsbehörden ist, auch den Verwaltungsbehörden zur Entscheidung zu überlassen" – siehe: F.K. Fierich, Rzut (vgl. Anm. 22), S. 471.

56 Vgl. ausgewählte Bearbeitungen in chronologischer Reihenfolge: E.S. Rappaport, Uprawnienia karne władz administracyjnych, RPEiS 1 (1921), Hf. 2, S. 261–269; W. Makowski, W sprawie przyszłego kodeksu karnego polskiego, GAiPP 1924, Nr. 18, S. 5; Nr. 19, S. 6; Nr. 20, S. 4–5; E.S. Rappaport, Projekt wstępny ustawy o wykroczeniach, Wyd. Komisji Kodyfikacyjnej Rzeczypospolitej Polskiej. Sekcja prawa karnego, Warszawa 1929, Bd. 4, Hf. 4; E.S. Rappaport, Zagadnienie kodyfikacji wykroczeń w ustawodawstwie polskim (autoreferat sprawozdawczy), GSW 1929, Nr. 20, S. 307–308; Nr. 21, S. 320–321; Nr. 22, S. 334–337; J. Makarewicz, Powrotna fala (projekt ustawy o wykroczeniach), RPEiS 10 (1930), Hf. 4, S. 475–501.

57 Rozporządzenie Prezydenta Rzeczypospolitej z dnia 11 lipca 1932 r. – Prawo o wykroczeniach [Verordnung des Präsidenten der Republik Polen vom 11. Juli 1932 – Recht der Ordnungswidrigkeiten], ABl. 1932 Nr. 60 Pos. 572.

diesen Gedanken engagierte sich auch der junge Jerzy Śliwowski (1907–1983); Ziel war, die Vorschriften über den Vollzug von Freiheitsstrafen in ein eigenes Gesetz zu fassen, so dass im Ergebnis eine Aufteilung des Strafrechts im weiteren Sinne in drei Bereiche eingetreten wäre: das materielle Strafrecht, das Strafprozessrecht und das Strafvollzugsrecht[58]. Im Endeffekt blieb diese Initiative die Sache einer Minderheit, und das Projekt wurde bis 1939 nicht umgesetzt. Allerdings wurden mit dieser Auseinandersetzung im Hintergrund in das Gesetz über die Organisation des Gefängniswesens fortschrittliche Lösungen eingearbeitet[59].

Auch wenn die ursprüngliche Idee, den Strafvollzug in einer gesonderten Kodifikation zu erfassen, nicht realisiert wurde, war ein weiteres Ergebnis dieser Debatte, dass über den Strafvollzug und die Haftanstalten intensiver nachgedacht wurde und entsprechende Publikationen entstanden. Auf das größte Interesse unter den Strafvollzugswissenschaftlern stießen Vorschläge, an den Inhaftierten biologische und soziale Untersuchungen vorzunehmen und – was von großer praktischer Bedeutung war – die Gefangenen zu klassifizieren. Außerdem ging es um die gerichtliche Beaufsichtigung des Strafvollzugs und die Ausbildung des Gefängnispersonals. Hierzu entstanden Dutzende von Publikationen, und einer der aktivsten Autoren auf diesem Gebiet war Dozent Radzinowicz. Er schlug vor, eine besondere wissenschaftliche Disziplin einzuführen: die Kriminalanthropologie, die sich nach seiner Vorstellung mit der Feststellung der inneren (endogenen) und der äußeren (exogenen) Ursachen der Kriminalität befassen sollte[60]. Außer Radzinowicz expo-

---

58 E.S. Rappaport, Nowy system kodyfikacji ustawodawstwa kryminalnego. Kodeks karny wykonawczy, Warszawa 1930; J. Śliwowski, Narodziny prawa penitencjarnego, GSW 1934, Nr. 44, S. 649–653; Nr. 45, S. 665–670. Siehe auch eine Polemik mit Śliwowski: L. Radzinowicz, Zagadnienie tzw. prawa penitencjarnego. Kilka uwag w związku z artykułem p. Jerzego Śliwowskiego pt. „Narodziny prawa penitencjarnego", GSW 1935, Nr. 15, S. 225–228.

59 Ustawa z dnia 26 lipca 1939 r. o organizacji więziennictwa [Gesetz vom 26. Juli 1939 über die Organisation des Gefängniswesens], ABl. 1939 Nr. 68 Pos. 457. Das Gesetz setzte das frühere Verordnung des Präsidenten der Republik Polen: Rozporządzenie Prezydenta Rzeczypospolitej z dnia 7 marca 1928 r. w sprawie organizacji więziennictwa [Verordnung des Präsidenten der Republik Polen vom 7. März 1928 über Strafvollzugsorganisation], ABl. 1928 Nr. 29 Pos. 557, außer Kraft. Siehe auch: J. Migdał, J. Raglewski, Kara pozbawienia wolności: zarys dziejów polskiej doktryny, prawa i praktyki penitencjarnej, Gdańsk 2005, S. 126; mehr zu den Ausführungsbestimmungen zum Gesetz über die Organisation des Gefängniswesens siehe: ebd., S. 134–137.

60 Das fundamentale Werk von L. Radzinowicz war: Podstawy nauki o więziennictwie, Warszawa 1933 (unter dem Namen: L. Rabinowicz). Siehe auch seine weiteren Werke: (unter dem Namen Rabinowicz), Środki (vgl. Anm. 37); Drogi więziennictwa polskiego, GSW 1932, Nr. 50, S. 734–737; (unter dem Namen Radzinowicz), Zagadnienie kar dyscyplinarnych w nowoczesnym ustroju więziennym, PWP 1936, Hf. 1, S. 19–44.

nierten sich auf dem Feld der Strafvollzugswissenschaft – damals nannte man sie „Gefängniskunde" – u. a. Edward Neymark und Zygmunt Bugajski[61].

Schon kurz bevor Polen die Unabhängigkeit erlangte, entstand auch hier die Kriminologie. Forschungen über das Verbrechen als soziales Phänomen und die Verbrecher als Menschen, die strafwürdige Taten begehen, wurden gestützt auf soziologische und biologische Forschungen betrieben. Pioniere der Kriminologie in Polen waren u. a. Adam Ettinger, Juliusz Makarewicz und Wacław Makowski[62]. Weitere Impulse empfing die Kriminologie durch die Aktivitäten und Veröffentlichungen von Autoren der jüngeren Generation, insbesondere von dem Makowski-Schüler Stanisław Batawia (1898–1980), der sowohl Jura als auch Medizin studiert hatte. Weitere Beiträge auf diesem Gebiet kamen von dem Radzinowicz-Schüler Tadeusz Kuczma (1905–1940) und von Radzinowicz selbst[63]. Die Kriminologen debattierten über die Rolle biologischer, psychologischer, sozialer, wirtschaftlicher und sonstiger Faktoren bei der Entstehung von Kriminalität.

Schließlich entstand in der Zwischenkriegszeit auch die Kriminalpolitik als gesonderte wissenschaftliche Disziplin. Zu Beginn der 20er Jahre begann über deren Begriff und Umfang eine wissenschaftliche Debatte, die in erster Linie die Professoren Reinhold und Rappaport führten, allerdings auch andere Autoren[64]. Bald darauf wurde Prof. Wróblewski der fruchtbarste und fundierteste Autor auf diesem Forschungsfeld[65]. Unter dem Begriff der Kriminalpolitik fassten polnische

---

61 E. Neymark, Organizacja więziennictwa polskiego, GSW 1925, Nr. 42–45, S. 663–668, 679–682, 696–700, 719–723; E. Neymark, Reforma więziennictwa polskiego, RPEiS 8 (1928), Hf. 3, S. 272–275; Księga jubileuszowa więziennictwa polskiego 1918–1928, Hrsg. Z. Bugajski, Warszawa 1929 (Neudruck: Warszawa 2005).

62 Vgl. ausgewählte Bearbeitungen: A. Ettinger, Przestępczość w świetle badań kryminologicznych w wieku XIX, Prawda 1901, Nr. 18–19; A. Ettinger, Zbrodniarz w świetle antropologii i psychologii, Warszawa 1924 (es war eine polnische Ausgabe seines Buchs: Das Verbrecherproblem in anthropologischer und soziologischer Beleuchtung. Ein historisch-kritischer Beitrag zur Kriminal-Soziologie, Bern 1909); W. Makowski, Przyczynek (vgl. Anm. 48); J. Makarewicz, Źródła przestępczości, Lwów 1913.

63 S. Batawia, Wstęp do nauki o przestępcy. Zagadnienie skłonności przestępczych, Warszawa 1931; S. Batawia, Cele i metody badań kryminalno-biologicznych, Pal. 1931, Nr. 1–2; S. Batawia, Biologia kryminalna, jej cele i metody oraz wyniki dotychczasowych badań, AK 1933, Nr. 1; T. Kuczma, Genetyczne ujęcie przestępstwa, Poznań 1939; L. Rabinowicz, Współczesna ewolucja antropologii kryminalnej, Warszawa 1934. Siehe auch oben Anm. 60.

64 J. Reinhold, Pojęcie i zakres polityki kryminalnej, CPiE 1921, Nr. 5–6, S. 89–99; E.S. Rappaport, Uwagi z powodu art. prof. dr. Reinholda, „Pojęcie i zakres polityki kryminalnej", CPiE 1921, Nr. 9–12, S. 246–247. Siehe auch: W. Wolter, Kilka uwag o metodologii nauk kryminologicznych, RPEiS 13 (1933), Hf. 4, S. 173–179.

65 B. Wróblewski, Wstęp (vgl. Anm. 42); B. Wróblewski, Zarys polityki kryminalnej, Wilno 1928. Auch das größte Werk von Wróblewski, Penologia (vgl. Anm. 27), zog sich auf die Kriminalpolitik.

Juristen vor allem Überlegungen zu den externen (sozialen) und inneren (psychologischen oder sogar biologischen) Bedingungen für Kriminalität zusammen. Das Forschungsinteresse bestand dabei darin, dem Staat die möglichst effizientesten Strafmittel und sonstige Rechtsinstitute an die Hand zu geben, um die Kriminalität zu bekämpfen[66].

5. Schlussfolgerungen

In den zwanzig Jahren von 1919 bis 1939 erlebte Polen eine phänomenale Entwicklung der Strafrechtsdoktrin. Daran hatten sowohl die bereits etablierten Koryphäen der polnischen Wissenschaft wie die Professoren Krzymuski, Makarewicz, Makowski oder Mogilnicki ihren Anteil, als auch Juristen der jüngeren Generation, die ihre Karriere erst begannen. Zu nennen sind hier insbesondere die Professoren Wolter, Śliwiński, Glaser, Wróblewski, Radzinowicz, Papierkowski, Świda und andere. Jede Universität hatte auf dem Gebiet des Strafrechts ihre eigenen hervorragenden Persönlichkeiten, aber zweifellos gaben drei Hochschulen den Ton an: die Universitäten in Warschau, Krakau und Lemberg. Die Zahl der Monographien und Artikel ging in die hunderte.

Polnische Rechtsgelehrte griffen alle fundamentalen und damals aktuellen Probleme zu Fragen der Pönalistik, aber auch der damals erst entstehenden Disziplinen Kriminologie und Kriminalpolitik auf. Die formulierten Theorien und Vorschläge entsprachen den seinerzeit modernen europäischen und weltweiten Trends. Zwar dominierten in der polnischen Rechtswissenschaft Anhänger der soziologischen Schule, aber es fehlte auch nicht an kompromissorientierten Haltungen und Konzeptionen, besonders was die Lehre von der Strafe anging. Ihren praktischen Widerhall fand diese Blüte der polnischen Strafrechtswissenschaft in den Regelungen des Strafgesetzbuches von 1932. Viele andere Gedanken, die die Spezialisten der Pönalistik damals diskutierten, fanden Eingang in das Ordnungswidrigkeitenrecht, das Gesetz über die Organisation des Gefängniswesens sowie andere Rechtsakte. Besonders stolz aber kann die polnische Rechtswissenschaft darauf sein, dass sie in der Zwischenkriegszeit ein originelles und fortschrittliches Jugendstrafrecht geschaffen hat. Es wurde in den entsprechenden Abschnitten des Strafgesetzbuches und des Strafprozessrechts kodifiziert.

Kurzfassung

Die zwei Jahrzehnte zwischen 1919 und 1939 waren eine Blütezeit der Rechtswissenschaften in Polen. Das akademische und wissenschaftliche Leben entwickelte

66 D. Janicka, O pionierach (vgl. Anm. 18), S. 38–39.

sich, es wurde eine Vielzahl interessanter Theorien und Systeme aufgestellt, und auch das Recht des neuen Staates wurde kodifiziert. In den Jahren 1919–1939 waren in Polen gleichzeitig drei oder sogar vier Generationen von Gelehrten tätig, die sich an den fünf wichtigsten juristischen Fakultäten jener Zeit konzentrierten. Die ältesten von ihnen vertraten die klassische Schule des Strafrechts, die mittlere und die jüngste Generation propagierten auf verschiedenen Gebieten Ideen der soziologischen Strafrechtsschule. Die polnischen Juristen trugen viele Polemiken aus, aber sie waren letztlich immer fähig, sich auf Kompromisse zu einigen. Ein Ausdruck dieser Fähigkeit war der Inhalt des ersten modernen polnischen Strafgesetzbuches von 1932. Die Analyse dieses Aufsatzes geht die wichtigsten Streitpunkte und Diskussionsthemen durch, die bereits 1919 auf der konstituierenden Sitzung der Kodifikationskommission der Republik Polen unter ihrem Vorsitzenden Professor Franciszek Ksawery Fierich zutage getreten waren. Der Veränderungsprozess des Systems der Strafsanktionen durch die Ergänzung der Freiheitsstrafen um Maßregeln der Besserung und Sicherung sowie Bewährungsauflagen wird ebenso nachgezeichnet wie die Herauslösung besonderer Grundsätze der strafrechtlichen Verantwortung für minderjährige Straftäter und die Schaffung des Ordnungswidrigkeitengesetzes zur Behandlung leichterer Verstöße. Schließlich wird auch die auf dieser Grundlage eingetretene Verselbständigung von Teildisziplinen der Strafrechtslehre wie Strafvollzugslehre, Kriminologie und Kriminalpolitik gestreift.

Summary

The flourishing of the doctrine of criminal law in Poland in the interwar period - centres, scholars, ideas

During the interwar period, the law and legal sciences developed rapidly in Poland. It was a time of academic and scholarly development, the construction of many inspiring theories and systems, and codification of the law. In 1919–1939, there were three or even four generations of scholars working in Poland at the same time at five main university law faculties. The oldest were adherents of the classical school of criminal law; the middle and the youngest generations promoted - to a different extent - the ideas of the sociological school. Polish lawyers had many disputes, but were still able to reach a unique compromise, which was reflected in the new 1932 Criminal Code. The subject of this study is an analysis of the most important points of contention and issues discussed, which were already expressed as early as in 1919 at the inaugural session of the Republic of Poland's Codification Committee by its chair, Professor Franciszek Ksawery Fierich. The process of changing the system of criminal sanctions in Poland by adding preventive and probation measures to sentences of imprisonment was demonstrated. The method of identifying specific rules of criminal liability for juvenile offenders was outlined, as well as the manner of excluding the most minor offences from the criminal code and including them in a separate legal act: the law of petty offences. Finally, the actual autonomy of several further specialised criminal sciences, such as penitentiary studies, criminology and criminal policy, was noted.

Pioniere der Kriminologie in Polen

Auch wenn ein Dogmatiker vielleicht im Leben niemals einen Straftäter zu Gesicht bekommen wird, muss er dennoch wissen, dass derjenige, der eine verbrecherische Handlung begangen hat, ein Mensch ist, und dass der Begriff des Verbrechers dies zu berücksichtigen hat. Derweilen gab es eine ganze Schule des Strafrechts, für deren Anhänger der Begriff des Verbrechers sich darauf reduzierte, dass er das Subjekt des Verbrechens sei.
Bronisław Wróblewski, Język prawny i prawniczy, Kraków 1948

Man hat sich mit der Erforschung des Intelligenzniveaus der Verbrecher beschäftigt, mit dem Einfluss des geistigen und kulturellen Konflikts auf das Entgleisen des Individuums, Folgen des Zerfalls der Familie bzw. ihres unzulänglichen Funktionierens. Es wurden genealogische Forschungen in kriminellen Familien vorgenommen, man fragte nach wirtschaftlichen Faktoren als möglichen Grundlagen von Vermögensstraftaten, es wurden psychoanalytische Thesen auf dieses Forschungsgebiet übertragen und schließlich wurde sogar der Einfluss politisch-administrativer Verhältnisse auf das Anwachsen der Kriminalität untersucht.
Józef Jan Bossowski, Wiadomości z nauk kryminologicznych, Poznań 1945

1. Einleitende Bemerkungen

Das Aufkommen der Kriminologie auf dem Gebiet Polens um die Wende zum 20. Jahrhunderts ist bisher in der polnischen juristischen oder historischen Literatur noch kaum auf breiterer Grundlage untersucht worden. Zwar entstanden und entstehen weiter verschiedene Einzelbeiträge auf diesem Gebiet[1], aber es fehlt nach wie vor an einer synthetischen Perspektive wie auch an einer ausführlicheren und geordneten Zusammenfassung dieses Themas. Historische Hinweise in

1 Vgl. einige Bearbeitungen, die teilweise schwer zugänglich sind: J. Nelken, Polska myśl kryminologiczna od schyłku XIX w. do 1939 r., AKrym 13 (1986), S. 223–260; W. Brzęk, Początki kryminalistyki w Polsce, KHNiT 30/2 (1985), S. 321–336; M. Rodak, Międzywojenna polska debata kryminologiczna – poszukiwanie społecznych przyczyn przestępczości i sposobów jej zwalczania, AKrym 31 (2009), S. 101–145. Siehe auch unten Anm. 105, 136, 127 (Beiträge von K. Zamiara, E. Baran, J. Nelken).

Lehrbüchern des Strafrechts oder der Kriminologie können diesen Mangel nicht ausgleichen, vor allem deshalb, weil sie übermäßig knapp gehalten sind und überdies im Wesentlichen die in Westeuropa erbrachten Leistungen würdigen, während die Errungenschaften der polnischen Kriminologie im Schatten belassen werden[2]. Selbst das im Verlag C.H.Beck veröffentlichte monumentale, mehrbändige Werk „System prawa karnego" ["Strafrechtliches System"] befasst sich nur auf einigen wenigen Seiten im ersten Band mit den polnischen Vorläufern der Kriminologie[3].

Ziel des hiermit vorgelegten Aufsatzes ist, die Problematik systematisch darzustellen und insbesondere die Frage zu beantworten, wann polnische Juristen über die reine Strafrechtsdogmatik hinausgegangen sind, und in welchem Umfang sie mit Vertretern anderer Disziplinen, vor allem Medizinern, zusammengearbeitet haben. Weiter verfolgt die Autorin die Absicht festzustellen, in welchem Grade die strafrechtlichen Hilfswissenschaften, besonders die Kriminologie, Gegenstand des Interesses oder von Forschungen der führenden polnischen Strafrechtler gewesen sind – hervorragender Universitätsprofessoren also, die noch in der Teilungszeit oder im wiederentstandenen Polen tätig waren.

2. Die Entstehung der modernen kriminologischen Strömungen

Das 19. Jahrhundert war eine Zeit außergewöhnlichen Fortschritts von Zivilisation, Wissenschaft und Technik in Europa. In seiner zweiten Hälfte kamen in der Wissenschaft Positivismus und Evolutionstheorie auf, und das Auftreten eines Darwin wurde mit der kopernikanischen Wende vergleichen. Die letzten beiden Jahrzehnte des 19. Jahrhunderts dagegen waren von einer antipositivistischen Reaktion gekennzeichnet, auch in Wissenschaft und Philosophie. Gleichzeitig entwickelte sich die Weltanschauung der Dekadenz, die das Gefühl einer Krise sämtlicher Werte transportierte[4].

Auch die Kriminologie ist ein Kind des 19. Jahrhunderts. Den Anstoß für ihre Herausbildung bildete die bekanntlich als Sensation aufgenommene Theorie des italienischen Psychiaters und Anthropologen Cesare Lombroso (1835–1909) mit

2 Siehe bspw.: J. Błachut / A. Gaberle / K. Krajewski, Kryminologia, Gdańsk 2004, S. 41–49; K. Bułat et al., Kryminologia, Kraków 2007, S. 17–20; B. Hołyst, Kryminologia, Aufl. 10, Warszawa 2009, S. 916–921; M. Kuć, Kryminologia, Warszawa 2010, S. 13–17; W. Świda (Hrsg.), Kryminologia, Warszawa 1977, S. 145–151.

3 K. Krajewski, Kryminologiczne podstawy prawa karnego, in: System prawa karnego, Bd.1: Zagadnienia ogólne, Hrsg. A. Marek, Warszawa 2010, S. 104–118. Ebd., S. 105–108 und 111 – einzelne Hinweise auf polnische Gelehrte.

4 D. Janicka, Niebezpieczny przestępca w doktrynie prawa karnego przełomu XIX i XX wieku, in: Kuba rozpruwacz i inni, Hrsg. V. Kwiatkowska-Wójcikiewicz, Toruń 2015, S. 9–10.

ihrer These, dass das Verbrechen die zwangsläufige Folge einer pathologischen physiologischen und psychologischen Verfassung des Individuums sei, und dass bestimmte anatomische Defekte die Anzeichen für das Vorliegen eines geborenen Verbrechers sein könnten. Diese Auffassungen riefen in der Welt der Wissenschaft lebhafte Reaktionen hervor; dies galt vor allem für Soziologen, Anthropologen, Psychologen, Pathologen und nicht zuletzt auch Juristen. Dutzende von Gelehrten machten sich an Forschungen zu den Ursachen der Kriminalität und vor allem der Frage, ob es Verbindungen zwischen Kriminalität und bestimmten genetischen Anlagen oder umweltbedingten Dispositionen des Täters gibt[5]. Schon Lombrosos italienische Schüler Raffaele Garofalo (1851–1934) und Enrico Ferri (1856–1929) ließen die These ihres Lehrmeisters über die angeblich angeborene Neigung zum Verbrechen als zu einseitig hinter sich und wandten sich kriminologischen, psychologischen und soziologischen Forschungen zu. Es ist übrigens Garofalo, dem die weltweite Wissenschaft den Begriff der Kriminologie verdankt: das Wort war der Titel seines 1885 erschienenen Buches „La criminologia“[6]. Ferri legte 1881 die hochgelobte Arbeit „I nuovi orizzonti del diritto e della procedura penale“ [„Neue Horizonte des Rechts und des Strafverfahrens“] vor, die er von der 1892 erschienenen dritten Auflage an mit „Kriminalsoziologie“ [„La sociologie criminelle“] betitelte. Auf diese Weise schlug er vor, eine weitere neue Disziplin zu begründen[7].

Schon in den 1880er Jahren wurden die Ansätze der italienischen positivistischen Schule in Polen rezipiert. Polnische Juristen referierten das Credo Lombrosos in juristischen Fachzeitschriften, die hauptsächlich im österreichischen Teilungsgebiet erschienen, und sie äußerten sich mehr oder weniger kritisch zu dessen Thesen. Zu den ersten, die das Wort ergriffen, gehörten Edmund Krzymuski (1851–1928), Professor der Jagiellonen-Universität[8], sowie Józef Rosenblatt (1853–1917), Dozent an der selben Hochschule[9]. Kurz danach meldeten sich auch die Professoren der Universität Lemberg Feliks Gryziecki (1837–1923)[10] und Piotr Stebelski (1857–1923)[11] zu Wort. Auch im Königreich Polen – dem russischen Teilungsgebiet – weckten die neuen Strömungen das Interesse von Juristen; es äußerten sich Włodzimierz Spasowicz (1829–1906), Rechtsanwalt und früherer Professor an der Universität

5 J. M. Kelly, Historia zachodniej teorii prawa, übers. Pietrzyk-Reeves, D. et al., Kraków 2006, S. 372.

6 Den Begriff der „Kriminologie“ soll etwas früher (1879) der französische Anthropologe Paul Topinard (1830–1911) verwendet haben – siehe J. Błachut / A. Gaberle / K. Krajewski, Kriminologia (vgl. Anm. 2), S. 17.

7 P. Becker / R. F. Wetzell (ed.), Criminals and Their Scientists. The History of Criminology in International Perspective, New York 2009, S. 156.

8 E. Krzymuski, Szkoła pozytywna prawa karnego we Włoszech, PSiA 14 (1889), Hf.1–5, S. 1–96.

9 J. Rosenblatt, O obecnych szkołach prawa karnego i ich metodzie, PPiA 1887, S. 489 ff.

10 F. Gryziecki, Do reformy prawa karnego, Lwów 1891.

11 P. Stebelski, Nowe kierunki w nauce prawa karnego, PPiA 1893, S. 165, 253, 347, 460, 537, 608, 676, 726.

St. Petersburg[12], sowie der Richter Aleksander Moldenhawer (1840–1909)[13]. Eine eingehende und bedeutende Darstellung der neuen Tendenzen stellte Juliusz Makarewicz (1872–1955) vor, zu diesem Zeitpunkt frisch an der Jagiellonen-Universität promoviert. Er brachte Lesern in Polen, aber auch in Europa, nicht nur das Denken der italienischen Strafrechtsschule nahe, sondern auch das der französischen, deutschen, belgisch-niederländischen und russischen[14]. Anfang der 1890er Jahre erschien in Warschau das inzwischen berühmt gewordene Werk Lombrosos in polnischer Sprache[15]. Die Strafrechtswissenschaft geriet in wissenschaftliche Gärung. Kriminologische Inhalte, vor allem Überlegungen über Gründe von Kriminalität und zu den Persönlichkeiten von Straftätern, nahmen in der wissenschaftlichen Literatur immer breiteren Raum ein[16].

Dabei ist daran zu erinnern, dass um die Wende vom 19. zum 20. Jahrhundert polnische Juristen am internationalen wissenschaftlichen Austausch teilnahmen: sie studierten im Ausland oder bildeten sich dort weiter, sie waren auf organisatorischer Ebene tätig oder publizierten in ausländischen Fachzeitschriften, die gerade ihren Höhepunkt erlebten. Wenn sie nach Polen zurückkehrten, waren sie „vom Geist der neuen Strömungen erfasst"[17].

3. Kriminologie

Im 19. und zu Beginn des 20. Jahrhunderts war der Begriff Kriminologie im breiten Sinne gebräuchlich. Er umfasste „Kriminalsoziologie und -psychologie, Kriminalbiologie, die kriminalitätsbezogenen Teile von Statistik und Ethnologie, Kriminalätiologie […], Kriminalistik, also Ermittlungstechnik […] sowie Kriminalpolitik einschließlich Strafvollzugswissenschaft"[18]. Nach und nach setzte sich die Auffas-

---

12 W. Spasowicz, Najnowsze prądy w nauce prawa karnego, Petersburg 1892; eine erweiterte Version seines Artikels wurde 1891 in der Zeitschrift „Kraj" veröffentlicht.

13 A. Moldenhawer, Szkoła antropologiczno-kryminalna, Niwa 1893, Nr. 3–6.

14 J. Makarewicz, Klasycyzm i pozytywizm w nauce prawa karnego, PPiA 21 (1896), Hf. 8–9, S. 698–727 und 847–870. Derselbe Text wurde im Deutschen in ZStW 17 (1897), S. 590–637 veröffentlicht.

15 C. Lombroso, Człowiek zbrodniarz w stosunku do antropologii, jurysprudencyi i dyscypliny więziennej: zbrodniarz urodzony: obłąkaniec zmysłu moralnego, übers. Popławski, Jan Ludwik, Bd. 1–3, Warszawa 1891–1892. Vgl. die erste polnischsprachige, aus dem Deutschen übersetzte Broschüre zur Förderung der Ideen von Lombroso: H. Kurella, Lombroso i jego teoria, übers. Szenhak, Izydor Izaak, Warszawa 1897.

16 Vgl. D. Janicka. Makarewicz a Liszt. Próba analizy porównawczej, CPH 67, 1 (2015), S. 107–126.

17 E. Janiszewska-Talago, Szkoła antropologiczna prawa karnego w Polsce, Warszawa 1965, S. 50.

18 J. J. Bossowski, Wiadomości z nauk kryminologicznych, Poznań 1945, S. 3. Noch 30 Jahre später verwies ein anderer Gelehrte auf die Kriminologie im weiten Wortsinn, der Ätiologie, Psychologie und Soziologie des Verbrechens umfasste – siehe: J. Śliwowski, Prawo karne, Warszawa 1979, S. 15.

sung durch, dass man die Kriminologie im engeren und eigentlichen Sinne von den übrigen Disziplinen unterscheiden müsse. In den Zwischenkriegsjahren verfestigte sich dieser Standpunkt. Aufgabe der Kriminologie sei die Erforschung des Verbrechens als sozialen Phänomens und des Verbrechers als Person, die strafwürdige Taten begeht. Dabei sollten Methoden von Soziologie und Biologie herangezogen werden. Man war damals der Meinung, zur Kriminologie gehörten Kriminalsoziologie und Kriminalbiologie (Kriminalanthropologie)[19].

Pionier der Kriminologie in Polen war der an der Warschauer Freien Allgemeinen Hochschule tätige und Begründer des Kriminologischen Instituts an derselben Professor Adam Ettinger (1878–1934)[20]. Schon 1909 gab er in deutscher Sprache eine Arbeit über das Problem des Verbrechers unter anthropologischen und soziologischen Aspekten heraus[21], in der er die biologistischen Anschauungen über Straftäter kritisierte. Diese Ausarbeitung war die Grundlage seiner später, schon in den 1920er Jahren, auf Polnisch herausgegebenen Studie ähnlichen Titels „Zbrodniarz w świetle antropologii i psychologii" [„Der Verbrecher im Lichte von Anthropologie und Psychologie"][22]. In dieser Schrift analysierte Ettinger die meisten damaligen kriminologischen Konzeptionen, polemisierte mit den Vertretern der anthropologischen Schule des Strafrechts, denen er vorwarf, soziale Faktoren bei der Entstehung der Kriminalität nicht ausreichend zu berücksichtigen[23].

Für ausgewählte Fragen der Kriminologie interessierten sich der junge Professor der Jan-Kazimierz-Universität in Lemberg, Juliusz Makarewicz[24], sowie der junge Wacław Makowski (1880–1942), der später eine Professur an der Universität Warschau übernahm und auch politisch tätig war. Letzterer schuf eine eigene, psychologische Konzeption des kriminogenen Faktors, mit deren Hilfe er versuchte, den

---

19 S. Batawia, Kryminologia, in: Encyklopedia podręczna prawa karnego, Hrsg. W. Makowski, Bd. 2, Warszawa (1934–1936), S. 792; W. Wolter, Kilka uwag o metodologii nauk kryminologicznych, RPEiS 13 (1933), Hf. 4, S. 174: „Zur Kriminologie gehört auch die Kriminalbiologie (Anthropologie) und die Kriminalsoziologie als zwei Wissenschaften von explikativem Charakter. Beide haben die Aufgabe, die Tatsache, dass eine Straftat verübt wird, durch die Erforschung der endo- und exogenen Faktoren und Elemente krimineller Aktivität zu erklären".

20 P. Horoszowski, Kryminologia, Warszawa 1965, S. 154.

21 A. Ettinger, Das Verbrecherproblem in anthropologischer und soziologischer Beleuchtung. Ein historisch-kritischer Beitrag zur Kriminal-Soziologie, Bern 1909.

22 A. Ettinger, Zbrodniarz w świetle antropologii i psychologii, Warszawa 1924; siehe auch: A. Ettinger, Przestępczość w świetle badań kryminologicznych w wieku XIX, Prawda 18–19 (1901).

23 A. Ettinger, Zbrodniarz (vgl. Anm. 22), S. 315: „Es geht darum, die Hauptquelle zu finden, aus der die Kriminalität als Massenerscheinung entspringt. [...] Das Verbrechen als solches ist ein relatives, historisches, in jedem Einzelfall durch wirtschaftliche, soziale und politische Bedingungen charakterisiertes Phänomen, und so kann die genannte Quelle einzig in der Gesellschaft und den Tiefen ihres Lebens liegen".

24 J. Makarewicz, Źródła przestępczości, Lwów 1913.

Mechanismus kriminellen Verhaltens zu erklären[25]. Kriminologische Konzeptionen interessierten sogar Władysław Wolter (1897–1986), einen Krzymuski-Schüler und dessen Nachfolger auf dem Lehrstuhl an der Jagiellonen-Universität. Wolter gab zu, dass biologische Forschungen zwar anthropologische Unterschiede zwischen verschiedenen Menschentypen aufzeigen könnten, ließ dies aber nicht für angebliche anthropologische Typen von Straftätern gelten[26].

Einen wichtigen Impuls zu kriminologischen Forschungen in Polen gab Dr. Stanisław Batawia (1898–1980), ein Schüler Makowskis, von der Ausbildung sowohl Jurist als auch Arzt. 1931 veröffentlichte er seine Studie „Wstęp do nauki o przestępcy. Zagadnienie skłonności przestępczych" [„Einführung in die Lehre vom Verbrecher. Zum Problem krimineller Neigungen"][27], der er in den darauf folgenden Jahren weitere Arbeiten folgen ließ, in denen er u. a. eigene empirische Forschungsergebnisse bekannt gab und die anthropologische Denkrichtung kritisierte. Er wies auf den Einfluss sozialer, ökonomischer und kultureller Faktoren auf die Kriminalität hin, vor allem die unter Jugendlichen[28].

In den 1930er Jahren begann auch die kurze wissenschaftliche Karriere von Tadeusz Kuczma. Er war Schüler des Posener Professors für Straf- und Strafverfahrensrecht Józef Jan Bossowski (1882–1957). Seine Dissertation galt dem kollektiv verübten Verbrechen[29], später erschien unmittelbar vor Kriegsbeginn seine Habilitationsschrift „Genetyczne ujęcie przestępstwa" [„Das Verbrechen in genetischer Hinsicht"], die sich durch Originalität und eine vergleichende Darstellung der Gründe von Kriminalität unter verschiedenen zivilisatorischen Bedingungen auszeichnete[30]. Die Arbeit war das Ergebnis seiner Studien in den USA und mehreren europäischen Ländern. Kuczma wurde bald nach deren Erscheinen von den Nazis ermordet[31].

In der Zweiten Polnischen Republik gab es auch Vertreter der anthropologischen Schule des Strafrechts. Zu ihnen gehörte vor allem Leon Rabinowicz (*vel* Radzino-

---

25 W. Makowski, Przyczynek do psychologii kryminalnej (Teoria „r=p"), TP 4 (1914). Siehe auch: L. Lernell, Zarys kryminologii ogólnej, Warszawa 1978, S. 152.

26 W. Wolter, Kryminologia a prawo karne, AK 1933, Hf. 2; W. Wolter, Zarys systemu prawa karnego. Część ogólna, Bd. 2, Kraków 1934, S. 143. Siehe auch: B. Hołyst, Kryminologia (vgl. Anm. 2), S. 921.

27 S. Batawia, Wstęp do nauki o przestępcy. Zagadnienie skłonności przestępczych, Warszawa 1931.

28 Er forderte, kriminalbiologische Forschungen durch Personen mit psychiatrischer und kriminologischer Ausbildung vornehmen zu lassen, und nicht durch die gewöhnlichen Gefängnisärzte – siehe: S. Batawia, Cele i metody badań kryminalno-biologicznych, Pal. 1–2 (1931); S. Batawia, Biologia kryminalna, jej cele i metody oraz wyniki dotychczasowych badań, AK 1933, Hf. 1.

29 Vgl. unten Anm. 56.

30 T. Kuczma, Genetyczne ujęcie przestępstwa, Poznań 1939. Zu den Konzeptionen von Kuczma siehe eingehend: J. J. Bossowski, Wiadomości (vgl. Anm. 18), S. VII und 40–47.

31 A. Gąsiorowski / J. Topolski (Hrsg.), Wielkopolski słownik biograficzny, Warszawa-Poznań 1981, S. 390–391.

wicz) (1906–1999), ein Schüler von Ferri, der an der Freien Hochschule Warschau lehrte. In seiner Studie „Współczesna ewolucja antropologii kryminalnej" [„Die gegenwärtige Entwicklung der Kriminalanthropologie"][32] und anderen in Polen und im Ausland veröffentlichten Arbeiten erforschte und beschrieb er endogene (biologische) Faktoren der Kriminalität. Er empfahl, Gefangene zwangsweise kriminalanthropologisch zu untersuchen, und unterschied verschiedene Kategorien von Straftätern[33].

An dieser Stelle sei nur am Rande darauf hingewiesen, dass in der Zwischenkriegszeit in der Ärzteschaft der Gedanke der sogenannten Eugenik zu einer gewissen Popularität gelangte. Es ging dabei um Forschungen mit dem Zweck, die Erbanlagen des Menschen zu verbessern, indem Bedingungen dafür geschaffen wurden, positive Anlagen zu entwickeln und die Vererbung negativer Anlagen zu verhindern. Begründer dieser Bewegung war der Warschauer Arzt Leon Wernic (1870–1953), der an die Lehren des berühmten britischen Philosophen Herbert Spencer (1820–1903) und des Begründers der Eugenik, des britischen Naturwissenschaftlers und Anthropologen Francis Galton (1822–1911), anknüpfte[34]. Wernic gründete die Polnische Gesellschaft für Eugenik mit der Zeitschrift „Zagadnienia Rasy" [„Rassenfragen"], die er später in „Eugenika Polska" [„Polnische Eugenik"] umbenannte. Unter den Autoren dominierten Fachärzte für Geschlechtskrankheiten und Sexuologen, während Psychiater, Juristen oder Beamte dort keine größere Rolle spielten[35].

Im wissenschaftlichen Milieu entwickelten sich unterdessen die polnische Genetik und Anthropologie. Prof. Edmund Malinowski (1885–1979), Botaniker und Genetiker an der Universität Posen und anschließend an der Hochschule für Landwirtschaft und Ländlichen Raum in Warschau tätig, äußerte sich u. a. über die Vererblichkeit physischer und psychischer Eigenschaften des Menschen. Er vertrat die Ansicht, dass unabhängig vom genetischen Faktor die Unterschiede zwischen den Menschen auch von der sozialen Umgebung beeinflusst würden[36]. Jan Czekanowski (1882–1965), Professor an der Universität Lemberg, schuf die polnische

---

32 L. Rabinowicz, Współczesna ewolucja antropologii kryminalnej, Warszawa 1934.

33 E. Janiszewska-Talago, Szkoła (vgl. Anm. 17), S. 67.

34 M. Gawin, Rasa i nowoczesność: historia polskiego ruchu eugenicznego (1880–1952), Warszawa 2003, S. 26–30, 43–50, 58–59 und 82–90. Siehe auch: T. Rzepa / R. Żaba, Leon Wernic jako zwolennik i propagator eugeniki, PPiN 22, 1 (2013), S. 67–74. Vgl. auch unten Anm. 40.

35 An dieser Stelle muss man folgene Persönlichkeiten erwähnen: den Psychiater Oberst Jan Nelken; Ärzte im Gesundheitsministerium: Tomasz Janiszewski und Witold Chodźko; den Rechtsanwalt Józef Litauer - siehe: M. Gawin, Rasa (vgl. Anm. 34), S. 96–108, 207, 233.

36 E. Malinowski, Dziedziczność i zmienność, Lwów 1927. Siehe auch: P. Horoszowski, Kryminologia (vgl. Anm. 20), S. 170–177.

anthropologische Schule und führte in die Anthropologie statistische Methoden ein[37].

Neben der Kriminalbiologie entwickelte sich auch die Kriminalsoziologie. Dies wäre nicht möglich gewesen, wenn sich nicht parallel die Soziologie selbst durch Forschungen über die Gesellschaft und ihre Beziehungen zum Recht ausgedehnt hätte[38]. Begründer der Soziologie war bekanntlich der französische Philosoph und Positivist Auguste Comte (1798–1857), der der neuen Wissenschaft ihren Namen gab und ihr Programm skizzierte[39]. Eine Gesamtdarstellung der Soziologie der letzten 30 Jahre des 19. Jahrhunderts hatte der Brite Herbert Spencer (1820–1903) vorgelegt, ein Anhänger des Evolutionsgedankens und des Organizismus und Autor von Lehrbüchern, die auch in Polen durch frühe Übersetzungen ins Polnische bekannt wurden[40].

Einen wesentlichen Beitrag zur Entwicklung der polnischen Kriminalsoziologie leistete der Posener Professor Florian Znaniecki (1882–1958). Dasselbe gilt für Bolesław Limanowski (1835–1935), einen Historiker, Soziologen und politischen Aktivisten, sowie für Ludwik Krzywicki (1859–1941), der Ökonom und Soziologe und seinen Auffassungen nach Marxist war. Interessant waren die wissenschaftlichen Leistungen von Professor Jan Stanisław Bystroń (1892–1964), der an den Universitäten Posen, Krakau und Warschau lehrte. Das erste Lehrbuch, das als eine Art Einführung in die Soziologie verstanden werden kann, stammt dagegen aus der Feder von Limanowski[41]. Vorläufercharakter ihm gegenüber hatten die Forschungen von Znaniecki, der, kaum promoviert, gemeinsam mit einem amerikanischen Soziologieprofessor das monumentale Werk „The Polish Peasant in Europe and America“[42] veröffentlichte. Er vertrat darin die These, dass das starke Anwachsen der Kriminalität unter polnischen Bauern in den USA die Folge des Verfalls der sozialen Bindungen und der sozialen Kontrolle durch die unmittelbare Umgebung sei. In der Zwischenkriegszeit veröffentlichte Znaniecki das moderne Werk „Wstęp do socjologii“ [„Einführung in die Soziologie“][43]. Bystroń, der hauptsächlich Ethnograph war, veröffentlichte ein Lehrbuch der Soziologie, in dem er u. a. auf die

37 M. Gawin, Rasa (vgl. Anm. 34), S. 196–197. Umstritten sind die Konzeptionen des Anthropologen Professor Karol Stojanowski (1895–1947), der mit antisemitischen Äußerungen hervortrat – vgl. ebd., S. 203–204.

38 J. M. Kelly, Historia (vgl. Anm. 5), S. 358–360.

39 A. Comte, Cours de philosophie positive, vol. 4, Paris 1839.

40 H. Spencer, The Principles of Sociology, London 1876–1896. Siehe auch erste polnische Ausgabe: H. Spencer, Wstęp do socyjologii, übers. Goldberg, Henryk, Warszawa 1884; H. Spencer, Zasady socyologii, Bd. 1–6, übers. Potocki, Józef Karol, Warszawa 1889–1891.

41 B. Limanowski, Socjologia, Kraków 1919.

42 The Polish Peasant in Europe and America: monograph of an immigrant group, vol. 1–2, Boston 1918. Siehe auch: P. Horoszowski, Kryminologia (vgl. Anm. 20), S. 7 und 297–305.

43 F. Znaniecki, Wstęp do socjologii, Poznań 1922.

Aufgaben der Kriminalsoziologie hinwies[44]. Krzywicki verfolgte die Fortschritte der Kriminologie und nahm eine kritische Haltung zum Thema der Gründe der Kriminalität ein; er selbst vertrat Vorstellungen, die sich an denen von Lombroso über die Existenz geborener Verbrecher orientierten[45].

Auch wenn in der Zwischenkriegszeit polnische Autoren Kriminologie unter verschiedenen Gesichtspunkten betrieben und vor allem in den 1930er Jahren viel dazu veröffentlichten, erschien doch in dieser Zeit noch kein geschlossenes Lehrbuch dieser Disziplin. Auch die zahlreiche Teilnahme polnischer Vertreter am ersten Kongress der 1937 gegründeten Internationalen Kriminologischen Vereinigung änderte hieran nichts. Auf diesem Kongress traten u. a. Makarewicz und sein Schüler Ludwik Dworczak (1900–1941), der schon erwähnte Władysław Wolter sowie Jerzy Władysław Śliwowski (1907–1983) auf, ein Absolvent der Universität Warschau[46].

4. Kriminalpsychologie

Die Kriminalpsychologie ist als gesondertes Wissensgebiet nach und nach parallel zur Entwicklung der Gerichtspsychiatrie und der Kriminologie entstanden. Als ihre Vorläufer gelten Cesare Lombroso und Hans Gross (1847–1915), ein österreichischer Untersuchungsrichter, von dem weiter unten im Kontext der Kriminalistik noch die Rede sein wird[47]. Gross gab 1897 eines der ersten Lehrbücher der Kriminalpsychologie heraus[48]. Zur Entwicklung der neuen Wissenschaft trugen

---

44 J. S. Bystroń, Socjologia: wstęp informacyjny i bibliograficzny, Warszawa 1931, S. 111–112: „Die Gemeinschaft der Verbrecher stellt sich uns als Ergebnis sozialer Selektion dar. Wir können die Gründe erforschen, aus denen jemand bestehende Sitten oder das geltende Gesetz bricht, und wir können diese Gemeinschaft auf ihre Zusammensetzung untersuchen (nach Klassen, Alter, Geschlecht, Temperament und ererbten Eigenschaften). Wir können die Frage ehemaliger Gefangener und ihrer gesellschaftlichen Einordnung betrachten. [...] Besonders viele interessante Probleme wirft die räumliche Verteilung der Straftaten, die Verlagerung der Täter und die Frage ihrer Lebenswege auf. [...] Die Organisation der Repression, das Verhältnis des Gefangenen zur Staatsmacht, die sich im Laufe der Zeit gemeinsam mit der ideologischen Entwicklung ändern, schließlich die organisatorischen Verbindungen, die die Verurteilten untereinander eingehen – all dies sind weitere eigene Themengruppen".

45 L. Krzywicki, Studia socjologiczne, Warszawa 1923. Siehe auch: L. Lernell, Zarys (vgl. Anm. 25), S. 123.

46 T. Krychowski, Pierwszy Międzynarodowy Kongres Kryminologiczny w Rzymie, PWP 1 (1939), S. 2–24.

47 J. J. Bossowski, Wiadomości (vgl. Anm. 18), S. 26.

48 H. Gross, Criminalpsychologie, Graz 1897. Vgl. ein früheres Werk des deutschen Mediziners und Gerichtsarztes Johann Baptist Friedreich (1796–1862) – System der gerichtlichen Psychologie, Regensburg 1832.

in den folgenden Jahren zunächst verschiedene deutsche Gelehrte bei: der Jurist Erich Wulffen (1862–1936) und der Facharzt für Psychiatrie Gustav Aschaffenburg (1866–1944)[49]. Auch Mediziner aus anderen Ländern beteiligten sich an der aufkommenden Debatte[50]. In den USA und Großbritannien wurden in den 1920er und 1930er Jahren auf breiter Basis Untersuchungen zum Intelligenzgrad von Verbrechern vorgenommen. Unter den beteiligten Forschern stechen die Amerikaner Edwin H. Sutherland (1883–1950) – ein Kriminologe, seine Landsleute Henry H. Goddard (1866–1957) und Edgar A. Doll (1889–1968) als Psychologen sowie die Britin Grace Pailthorpe (1883–1971) hervor. Letztere untersuchte straffällig gewordene Frauen[51].

Anfang des 20. Jahrhunderts gab es eine Auseinandersetzung über die Abgrenzung der Kriminal- und der Gerichtspsychologie. Man einigte sich darauf, dass die erste den Straftäter und sein kriminelles Handeln erforschen, die zweite dagegen psychologische Aspekte der Funktionsweise der Justiz behandeln sollte. Noch in der Zwischenkriegszeit wurde uneinheitlich teils ein weiter Begriff der Kriminalpsychologie verwendet, der die Psychologie der Zeugenaussage, des Kriminellen, des Verbrechens und des Urteilens umfasste, teils aber auch schon ein engerer, der auf die Psychologie der Aussage und der Bewertung der strafwürdigen Tat beschränkt war[52].

Auf polnischem Boden wurde das Thema der Kriminalpsychologie erst nach Erlangen der Unabhängigkeit in Veröffentlichungen aufgegriffen[53]. Diese Arbeiten galten sowohl der individuellen Psychologie, als auch der Psychologie von Gruppen. Großer Wert wurde auf das Erstellen psychologischer Silhouetten des Kriminellen sowie auf die psychologische Einschätzung von Aussagen gelegt. Als Forschende traten sowohl Juristen als auch Psychiater und Psychologen auf. Interessengebiet des Psychologieprofessors Stefan Błachowski (1889–1962) war u. a. die Kinderpsychologie[54]. Der schon erwähnte Jurist Prof. Adam Ettinger wies zur Frage des

---

49 Siehe: E. Wulffen, Der Sexualverbrecher. Ein Handbuch für Juristen, Verwaltungsbeamte und Aerzte, Berlin 1910. G. Aschaffenburg gründete 1904 die „Zeitschrift für Kriminalpsychologie und Strafrechtsreform". Vgl. M. Joham, Kriminalpsychologie. Der Blick hinter die Kulissen des Verbrechens, München 2001, passim.

50 Eingehend: S. Błachowski, O przedmiocie i zadaniach psychologii dla prawników, RPEiS 1937, S. 343–348.

51 J. J. Bossowski, Wiadomości (vgl. Anm. 18), S. 26–27.

52 S. Błachowski, O przedmiocie (vgl. Anm. 50), S. 346.

53 Vgl. ein Werk aus dem 19. Jh.: J. Ochorowicz, Miłość, zbrodnia, wiara i moralność. Kilka studiów z psychologii kryminalnej, Warszawa 1870.

54 S. Błachowski, O psychologii zeznawania dzieci w przestępstwach przeciw obyczajności, RPEiS 1939, S. 46–57. Kinder wurden Gegenstand des spezifischen Interesses der Psychologie grundsätzlich ab der Wende des 19./20. Jahrhunderts – eingehend: G. S. Brett, Historia psychologii w opracowaniu R. S. Petersa, Warszawa 1969, S. 658–664. Vgl. auch Anm. 50.

Grundes für kriminelles Handeln auf kriminogene Faktoren psychologischer und vor allem sozialer Natur hin[55]. Der Jurist Prof. Bronisław Wróblewski (1888–1941) sowie der Jurist und Publizist Bronisław Łoziński (1848–1911) befassten sich mit der Psychologie der „Masse" unter dem Aspekt der Kriminalität[56]. Zum Wert von Zeugenaussagen äußerten sich u. a. der schon genannte Posener Professor Józef Jan Bossowski[57], der in Lemberg tätige Richter und Hochschullehrer Alfred Laniewski[58] sowie eine Reihe weiterer Autoren[59]. 1925 erschien das erste Lehrbuch der Psychologie für Mediziner, verfasst von dem Medizinprofessor und Direkter der Psychiatrischen Klinik in Wilna Antoni Mikulski[60].

5. Kriminalpolitik

Die Disziplin der Kriminalpolitik entstand in Europa am Ende des 19. Jahrhunderts unter dem Einfluss der aufkommenden soziologischen Schule des Strafrechts. Forschungsgegenstand war die Untersuchung der Bedingungen dafür, den Kampf gegen die Kriminalität effizient zu gestalten und ein wirkungsvolles Modell dieser Bekämpfung zu entwickeln. Eine ganze Reihe kriminalpolitischer Hinweise enthielten die Arbeiten der französischen Autoren Gabriel Tarde (1843–1904), Georges Vidal (1852–1911) und Emile Garçon (1851–1922)[61].

---

55 Siehe oben Anm. 22.

56 B. Wróblewski, Przestępstwa tłumu, Wilno 1922; B. Łoziński, Tłum. Szkic socjologiczny, Kraków 1895. Siehe auch: T. Kuczma, Przestępstwa zbiorowe w świetle współczesnej kryminologii, Poznań 1932. „Menschenmasse" war einer der neuen soziologischen Begriffe, der eine zufällige, irrationale, heftigen und kurzfristigen Emotionen unterliegende Gemeinschaft bezeichnete – siehe: J. Tomkowski, Dzieje myśli, Warszawa 1997, S. 251.

57 J. J. Bossowski, Ewolucja postępowania dowodowego w procesie karnym. Od pojedynku sądowego i Sądów Bożych do psychologicznej oceny zeznań i dowodów rzeczowych, Poznań 1924.

58 A. Laniewski, Świadek młodociany (Studium kryminalno-socjologiczne), RPEiS 1939, S. 213–225.

59 Siehe bspw.: S. Hamczyk, Wyniki badań inteligencji nieletnich przestępców, Warszawa 1917; R. Wiśniacka, Psychologia zeznań świadków, AK 1933, Hf. 1, S. 215–246; S. Baley, Ekspertyza psychologiczna, AK 1933, Hf. 1, S. 327–362; W. J. Zielińska, Znaczenie psychologicznej diagnostyki dla celów śledczych, Bydgoszcz 1939. Siehe auch: Z. Marten, Zarys historii psychologii zeznań świadków, in: M. Szpitalak, K. Kasparek, Psychologia sądowa, Kraków 2014, S. 183–193.

60 A. Mikulski, Podręcznik psychologii dla użytku studentów medycyny i lekarzy, Wilno 1925. Siehe auch: W. Witwicki, Psychologia dla użytku słuchaczów wyższych zakładów naukowych, Bd. 1–2, Lwów-Warszawa-Kraków 1925.

61 G. Tarde, La philosophie pénale, Paris 1890; G. Vidal, Cours de droit criminel et de science pénitentiaire, Paris 1910; E. Garçon, Le droit pénal origines–évolution–état actuel, Paris 1922. Siehe auch: E. S. Rappaport, Wybrane zagadnienia nowoczesnej polityki kryminalnej (XX wieku), Łódź 1960, S. 11–12.

Eine vergleichbare Entwicklung durchlief die Kriminalpolitik auch in Polen. Nach und nach wandelte sie sich von einer Handreichung zum Kampf des Staates gegen die Kriminalität zu einer eigenen wissenschaftlichen Disziplin. Kriminalpolitische und teilweise historische und philosophische Passagen finden sich in den Arbeiten vieler polnischer Gelehrter. So hat sich Makarewicz oft zu solchen Themen geäußert[62], Makowski hat den Grundlagen der Verbrechensbekämpfung ein gesondertes Werk gewidmet[63]. Auch Józef Reinhold (1884–1928), Dozent an der Jagiellonen-Universität, und Emil Stanisław Rappaport (1877–1965), Richter und Hochschullehrer in Lemberg, taten es ihnen gleich. Die beiden letztgenannten Autoren lieferten sich eine wissenschaftliche Polemik über Begriff und Themenbereich der Kriminalpolitik[64]. Sie ging offenbar unentschieden aus, so dass Władysław Wolter noch 1933 schreiben konnte, Wesen und Thema der Kriminalpolitik seien „überaus zweifelhaft, ohne dass deswegen freilich der Wert dieser Wissenschaft anzuzweifeln ist"[65].

Als Begründer der Kriminalpolitik in Polen gilt allgemein Bronisław Wróblewski, Professor und Dekan der Juristischen Fakultät an der Stefan-Batory-Universität Wilna, von dem hier schon mehrfach die Rede war. 1922 erschien von ihm die Ausarbeitung „Wstęp do polityki kryminalnej" [„Einführung in die Kriminalpolitik"] und einige Jahre später der „Zarys polityki kryminalnej" [„Abriss der Kriminalpolitik"][66]. Auch seine berühmte „Penologia"[67] und eine Reihe von Artikeln hatten Bezug auf diese Disziplin. Wróblewski machte für die Kriminalität das Zusammenspiel äußerer (sozialer) und innerer (psychischer) Faktoren verantwortlich. Die Aufgabe der Kriminalpolitik erblickte er darin, die Kontrolle über die Kriminalität zu gewinnen. Wróblewski wies darauf hin, dass das System des Strafrechts auf einer einzigen Rationalisierung der Strafen beruhen sollte, am besten ihrer Nützlichkeit. Als beste Gegenmittel gegen Kriminalität nannte er ein hohes Niveau von Bildung, Kultur und Moral sowie ein entsprechendes materielles Lebensniveau der Gesellschaft. Er vertrat die Ansicht, auch die Strafpolitik in dem Sinne, dass sie die für die Reaktion des Staates auf die Kriminalität wirksamsten Strafmittel und sonstige Institute des Strafrechts benennt, Teil der Disziplin der Kriminalpolitik

62 J. Makarewicz, Einführung in die Philosophie des Strafrechts auf entwicklungsgeschichtlicher Grundlage, Stuttgart 1906; J. Makarewicz, Zbrodnia i kara, Lwów 1922.

63 W. Makowski, Zasady walki z przestępstwem. Wykłady o prawie karnym, Warszawa 1917. Vgl. unten Anm. 72.

64 J. Reinhold, Pojęcie i zakres polityki kryminalnej, CPiE 5–6 (1921), S. 89–99; E. S. Rappaport, Uwagi z powodu art. prof. dr. Reinholda, Pojęcie i zakres polityki kryminalnej, CPiE 9–12 (1921), S. 246–247.

65 W. Wolter, Kilka uwag (vgl. Anm. 19), S. 178.

66 B. Wróblewski, Wstęp do polityki kryminalnej, Wilno 1922; B. Wróblewski, Zarys polityki kryminalnej, Wilno 1928.

67 B. Wróblewski, Penologia. Socjologia kar, Bd. 1–2, Wilno 1926.

sei. Als zentrales Problem des Strafvollzugs betrachtete er die Vollzugsweise der Freiheitsstrafe und die Realisierung des Resozialisierungsauftrags in deren Rahmen[68]. Erwähnt sei an dieser Stelle noch, dass Wróblewski mit der Einführung empirischer Methoden in die Rechtswissenschaft Pionierarbeit leistete. Gemeinsam mit seinem Schüler Witold Świda (1899–1989) erarbeitete er einen Fragebogen und führte entsprechende Befragungen durch, die 1939 in das Buch der beiden über die richterliche Strafzumessung in Polen einging[69].

6. Pönologie

Entstehung, Funktionen und Ziele der Strafe sowie ihre Geschichte als Institution sind mindestens seit der Wende vom 17. zum 18. Jahrhundert Gegenstand wissenschaftlicher Erörterungen[70]. Im 19. Jahrhundert begannen Autoren, die Geschichte der Strafe auch in der polnischen Fachliteratur vor ethnographischem und soziologischem Hintergrund darzustellen. Eine der ersten solchen Arbeiten war die ausführliche Studie „Einführung in die Philosophie des Strafrechts" Makarewiczs von 1906[71]. Wesentlich bescheidener war eine Arbeit Makowskis mit ähnlichem Inhalt angelegt[72]. Auch die Geschichte des pönologischen Denkens stieß auf wissenschaftliches Interesse; ein gutes Beispiel dafür ist das Lehrbuch von Krzymuski[73].

Den Begriff „Pönologie" hat Bronisław Wróblewski in die polnische Rechtswissenschaft eingeführt, als er 1926 sein bereits erwähntes zweibändiges Werk „Penologia. Socjologia kar" [„Pönologie. Soziologie der Strafen"] veröffentlichte[74]. Dessen Hauptinhalt war die Philosophie der Strafe oder sogar die des Strafrechts; dabei konzentrierten sich die wichtigsten Analysen des Autors darauf, verschiedene „Rationalisierungen" der Strafe und ihre Widerspiegelung in der Praxis der Justiz

---

68 B. Wróblewski, Polityka kryminalna, in: Encyklopedia (vgl. Anm. 19), Bd. 3, Warszawa (1936–1937), S.1340–1341. Siehe auch: E. S. Rappaport, Wybrane zagadnienia (vgl. Anm. 61), S. 17–19; K. Buchała, Koncepcja polityki kryminalnej w pracach Bronisława Wróblewskiego, SP 3 (1983), S. 14–19.

69 B. Wróblewski / W. Świda, Sędziowski wymiar kary w Rzeczypospolitej Polskiej. Ankieta, Wilno 1939.

70 D. Janicka, Nauka o winie i karze w dziejach klasycznej szkoły prawa karnego w Niemczech w 1 połowie XIX wieku, Toruń 1998, S. 25–37.

71 Vgl. oben Anm. 62 (polnische Ausgabe: Wstęp do filozofii prawa karnego w oparciu o podstawy historyczno-rozwojowe, übers. Jakubów, Katarzyna, hrsg. Grześkowiak, Alicja, Lublin 2009).

72 W. Makowski, Podstawy filozofii prawa karnego, Warszawa 1917 (unvollendete Arbeit).

73 E. Krzymuski, Wykład prawa karnego ze stanowiska nauki i prawa austriackiego, Bd. 1–2, Kraków 1885–1887, (Aufl. 2: 1901–1902).

74 Vgl. oben Anm. 67.

darzustellen[75]. Wróblewski behandelte die Pönologie als eine neue und selbständige wissenschaftliche Disziplin, die Entstehung, Funktionen und Entwicklungstendenzen der strafrechtlichen Sanktionen zu untersuchen habe. Gleichzeitig solle sie damit Grundlagen für die praktische Strafpolitik des Staates und die Wissenschaft von der Kriminalpolitik liefern[76]. Wie es scheint, ist die spätere Entwicklung, vor allem nach dem 2. Weltkrieg, allerdings in eine andere Richtung gegangen. Der Diskurs zur strafrechtlichen Sanktion verlagerte sich in andere Disziplinen, insbesondere die Strafvollzugswissenschaft, während die Pönologie ihren Status als gesonderte Wissenschaft allmählich auch wieder verlor[77].

7. Kriminalistik

Als Begründer der Kriminalistik in Europa gelten der schon erwähnte Österreicher Hans Gross sowie der Franzose Edmond Locard (1877–1966), ein Arzt und Jurist. Gross gab 1893 eines der ersten Lehrbücher der Kriminalistik für Untersuchungsrichter und Polizeibeamte heraus[78]; Locard veröffentlichte in den ersten drei Jahrzehnten des 20. Jahrhunderts einige Dutzend Arbeiten zu diesem Thema, darunter ein mehrbändiges Lehrbuch[79]. Neben diesen Protagonisten der Kriminalistik wurden in Polen auch andere Autoren dieses Gebiets rezipiert[80], und einige Arbeiten erlebten sogar Übersetzungen ins Polnische[81].

Die ersten Versuche einer strikt polnischen Kriminalistik kann man in einigen Publikationen des 19. Jahrhunderts aus der Feder von Apothekern und vor allem Ärzten erblicken. Schon Mitte des 19. Jahrhunderts erschien in Warschau die Gemeinschaftsarbeit „Chemia policyjno-prawna" [„Polizei- und Rechtschemie"][82], der später ähnliche Arbeiten folgten, die die Ermittlung biologischer Spuren oder die Nutzung chemischer Verbindungen zur Aufdeckung von Fälschungen behan-

75 L. Lernell, Podstawowe zagadnienia penologii, Warszawa 1977, S. 7.

76 B. Wróblewski, Penologia, in: Encyklopedia (vgl. Anm. 19), Bd. 3, Warszawa (1936–1937), S. 1291.

77 Den Versuch, die Rolle der Pönologie wiederherzustellen, unternahm Professor Leszek Lernell, ein Vertreter der marxistischen Doktrin – vgl. oben Anm. 75.

78 H. Gross, Handbuch für Untersuchungsrichter, Polizeibeamte, Gendarmen u.s.w, Graz 1893.

79 E. Locard, Traité de criminalistique, Bd. 1–6, Lyon 1931–1936.

80 An dieser Stelle sollen folgende Namen erwähnt werden: des Engländers Henry Rhodes, des Österreichers Arnold Lichem, des Italieners Salvatore Ottolenghi. Siehe: J.J. Bossowski, Wiadomości (vgl. Anm. 18), S. 17–19.

81 Siehe bsp. E. Locard, Dochodzenie przestępstw według metod naukowych, übers. Merson, Roman / Wiśniewski, Eugeniusz, Łódź 1937, 271 Seiten.

82 J. Bełza (Hrsg.), Chemia policyjno-prawna, Warszawa 1844.

delten[83]. Ausgewählte Probleme der Kriminalistik aus der Perspektive des Arztes behandelte eines der ersten polnischen Lehrbücher der Rechtsmedizin, das 1924 unter der Redaktion von Wachholz und Olbrycht erschien[84]. Die Autoren dieses Werks machten sich darüber hinaus darum verdient, die polnische Begrifflichkeit für die Kriminalistik zu entwickeln und zu vereinheitlichen, und sie schlugen vor, das Forschungsgebiet der Kriminalisten selbständig zu machen[85]. Obwohl das Wissen über die Möglichkeiten zur Aufklärung von Verbrechen und die Fahndung nach ihren Tätern rasch zunahm – dies galt insbesondere für den Fortschritt der Daktyloskopie, Fotographie, chemischen Begutachtung, der Untersuchung von Waffen, Schriftstücken und anderen Beweisstücken, kamen in der Zwischenkriegszeit bei einigen Autoren auch Zweifel auf, ob die Kriminalistik überhaupt eine Wissenschaft sei[86].

In den 1930er Jahren nahm die Zahl der Monographien über das Thema schriftkundlicher Gutachten und über die Untersuchung von Feuerwaffen zu. Bücher zur Analyse von Hand- und Maschinenschrift gaben unter anderem Henryk Kwieciński und Lucjan Fajer heraus[87]. Zur Identifikation von Waffen leisteten Stanisław Łaguna und Stanisław Manczarski wichtige Beiträge[88]. Der beste Kenner aller dieser Themen war jedoch Władysław Sobolewski (1890–1937), ein Jurist, der als Kommandant der Polizeihochschule in Warschau und gleichzeitig als Dozent für Kriminalistik an der Warschauer Universität tätig war. Von seinen vielen Veröffentlichungen ist diejenige über die Identifizierung von Patronenhülsen und Projektilen kurzer Schusswaffen ein Klassiker geworden[89]. Sobolewski gilt als Pionier der modernen Kriminalistik in Polen[90].

83 J. Mrozowski, Dochodzenie chemiczno-sądowe sfałszowanych pism, WF 11 (1879). Siehe auch: W. Brzęk, Początki kryminalistyki w Polsce, KHNiT 30/2 (1985), S. 325–326.

84 Vgl. unten Anm. 107.

85 W. Brzęk, Początki (vgl. Anm. 1), S. 323–324. Siehe auch: J. J. Bossowski, Wiadomości (vgl. Anm. 18), S. 17.

86 H. Strasman, Kryminalistyka, in: Encyklopedia (vgl. Anm. 19), Bd. 2, Warszawa (1934–1936), S. 791–792.

87 H. Kwieciński, Grafologia sądowa – zasady ekspertyzy dokumentów i analizy pisma, Warszawa 1936; L. Fajer, Pismo jako dowód rzeczowy, Warszawa 1939.

88 S. Łaguna, O identyfikacji broni, CSL 6 (1933), Hf. 3–4, S. 139–178; S. Manczarski, Uszkodzenia postrzałowe (Broń palna – amunicja – identyfikacja broni palnej – ocena sądowo-lekarska), Warszawa 1938.

89 W. Sobolewski, Identyfikacja łusek i pocisków z krótkiej broni palnej dla celów sądowych, PP 1936, Nr. 5–6, S. 378–403 und 456–487. Siehe auch: W. Brzęk, Początki (vgl. Anm. 1), S. 329–330.

90 W. Brzęk, Początki (vgl. Anm. 1), S. 330.

8. Kriminalstatistik

Unter den vielen modernen, auf Naturwissenschaften beruhenden Forschungsmethoden, die im 19. Jahrhundert Eingang in die Rechtswissenschaft fanden, gehört auch die Kriminalstatistik. Ihr wissenschaftliches Fundament ist die Arbeit des belgischen Mathematikers und Astronomen Adolphe Quetelet (1796–1874)[91]. Er untersuchte, in welchem Grade statistische Werte Regelhaftigkeiten menschlichen Handelns abbilden, wobei er die Überzeugung äußerte, dass es regelmäßige Abfolgen für kriminelles Handeln gebe[92]. Eine wesentliche Anregung für die Erweiterung der Kriminalstatistik bildeten die Arbeiten und die Tätigkeit von Franz von Liszt (1851–1919), eines gebürtigen Österreichers und langjährigen Strafrechtsprofessors an der Berliner Universität. Er war einer der herausragenden Kriminalpolitiker des 19. Jahrhunderts[93]. In dem Maße, in dem die Statistik voranschritt, wurden auch die ersten Probleme sichtbar: Schwierigkeiten infolge einer übermäßigen Mathematisierung der Kriminalstatistik, Hindernisse bei der internationalen Kompatibilität der gewonnenen Daten und Probleme mit der Festlegung der Dunkelziffer der Straftaten. Diese Schwierigkeiten entstanden hauptsächlich aus Abweichungen zwischen der realen, der gemeldeten und der bestraften Kriminalität, insbesondere, wenn aus diesen Rohdaten – und dies in verschiedenen Ländern unterschiedlich – Polizei-, Gerichts- und Gefängnisstatistiken erstellt wurden[94]. Erst in der Zwischenkriegszeit gab es erste Versuche, kriminalstatistische Untersuchungen international zu standardisieren[95].

Obwohl die statistischen Werkzeuge noch unzureichend waren und die Kriminalstatistik an zahlreichen Mängeln und Unzulänglichkeiten litt, erfreute sich die Kriminalstatistik unter polnischen Juristen eines gewissen Interesses. So verriet z. B. Juliusz Makarewicz deutliche Neigungen auf diesem Gebiet[96]. Die Behörden der II. Polnischen Republik führten Polizei- und Gerichtsstatistiken, die auch schnell zum Gegenstand wissenschaftlicher Arbeiten wurden[97]. Der wichtigste Autor auf

---

91 A. Quetelet, Sur l'homme et le développement de ses facultés, ou essai de physique sociale, Bd. 1–2, Paris 1835.

92 P. Horoszowski, Statystyka kryminalna, Łódź 1950, S. 23.

93 Vgl. D. Janicka. Makarewicz a Liszt (vgl. Anm. 16), S. 107 ff.

94 P. Horoszowski, Statystyka (vgl. Anm. 92), S. 2–12.

95 Seit Mitte des 19. Jahrhunderts war die Statistik Thema internationaler Erörterungen geworden (Konferenz in Brüssel, 1853). In den 1930er Jahren wurde auf internationaler Ebene der Versuch unternommen, sie zu vereinheitlichen – eingehend: P. Horoszowski, Kryminologia (vgl. Anm. 20), S. 85.

96 J. Makarewicz, Prawo karne. Wykład porównawczy z uwzględnieniem prawa obowiązującego w Rzeczypospolitej Polskiej, Warszawa-Lwów 1924, S. 31–42.

97 P. Horoszowski, Kryminologia (vgl. Anm. 20), S. 78. Die in Polen vorgenommenen statistischen Erhebungen ließen viel zu wünschen übrig; bis zum Jahr 1935 beruhten sie auf getrennten Rechts-

diesem Gebiet war der schon erwähnte Warschauer Dozent Leon Radzinowicz, der bei vielen Gelegenheiten Ergebnisse statistischer Untersuchungen der Kriminalität vorlegte[98]. Die von ihm angestoßenen Arbeiten wurden dann von den amtlichen Statistikern Karol Czernicki[99] und Donat Żochowski[100] fortgesetzt und entwickelt.

9. Gerichtsmedizin

Die Entwicklung der Gerichtsmedizin auf polnischem Gebiet geht bis ins frühe 19. Jahrhundert zurück. 1805 wurde an der Jagiellonen-Universität der erste Lehrstuhl für Forensische Medizin eingerichtet[101]. Hier machten sich Fryderyk Hechell (1795–1851), ein herausragender Vortragender und Autor[102], sowie seine Nachfolger, die Professoren Stanisław Janikowski (1833–1881) und Leon Blumenstock-Halban (1838–1897)[103] verdient. In Warschau war gleichzeitig Professor Andrzej Janikowski (1799–1864) tätig, Autor zahlreicher Arbeiten über gerichtsmedizinische Ermittlungsmethoden[104].

Nachfolger von Blumenstock-Halban in Krakau wurde Professor Leon Wachholz (1867–1942). Er gilt als Pionier der modernen Gerichtsmedizin, die auf der Anwendung wissenschaftlicher Experimente und auf der Untersuchung des gerichtlichen Materials mit Hilfe exakter Methoden beruht[105]. Schüler von Wachholz waren wiederum Stefan Horoszkiewicz (1874–1945), Włodzimierz Sieradzki (1870–1941)

---

grundlagen für die ehemaligen Teilungszonen, was ihre Ergebnisse nur schwer vergleichbar machte – vgl. ebd., S. 90.

98 L. Radzinowicz, Przestępczość w Polsce w latach 1924–1933 (według policyjnej statystyki kryminalnej), AK 1935, Hf. 1–2, S. 1–132; L. Radzinowicz, Przestępczość w Polsce w 1934 r., GS 7–8 (1935); L. Radzinowicz, Struktura przestępczości w Polsce w świetle statystyki sądowej, AK 1935, Hf. 2, S. 361–439.

99 K. Czernicki, Przestępczość w Polsce w latach 1935–1937 według policyjnej statystyki kryminalnej, AK 1939, Hf. 3, S. 181–222.

100 D. Żochowski, Sądowa statystyka za rok 1937, AK 1939, Hf. 3, S. 223–253.

101 L. Wachholz, Sto lat istnienia medycyny sądowej w Uniwersytecie Jagiellońskim, PL 1905.

102 F. Hechell, Historyczno-krytyczne badania początku i wzrostu medycyny sądowej, jako oddzielna gałąź nauki lekarskiej uważanej, Kraków 1839.

103 M. Kusiak, Dzieje Katedry Medycyny Sądowej, in: Sześćsetlecie medycyny krakowskiej, Bd. 2: Historia katedr, Kraków 1964, S. 323–327.

104 A. Janikowski (Hrsg.), Zasady dochodzeń sądowo-lekarskich w przypadkach śmierci, Warszawa 1852.

105 K. Zamiara, Leon Wachholz – twórca nowoczesnej polskiej medycyny sądowej, FP 6 (2010), S. 425–428. Mehr zum Leben und Werk des Gelehrten: J. Olbrycht, Leon Wachholz (1867–1942), in: Sześćsetlecie medycyny krakowskiej, Bd. 1: Życiorysy, Kraków 1963, S. 301–311.

und Jan Olbrycht (1886–1968)[106]. In diesem Kreis entstanden die ersten Lehrbücher der Gerichtsmedizin, verfasst teils von Wachholz allein, teils in Gemeinschaftsarbeit mit Olbrycht[107]. Ein anderes Lehrbuch der Gerichtsmedizin hat Wiktor Grzywo-Dąbrowski (1885–1968) vorgelegt, Professor an der Universität Warschau[108].

10. Strafvollzugswissenschaft

Die moderne Wissenschaft über das Gefängniswesen ist in Europa im zweiten Viertel des 19. Jahrhunderts entstanden. Neue Konzepte des Strafvollzugs gelangten rasch nach Polen, insbesondere ins (russisch besetzte) Königreich Polen. Dies war der Tätigkeit des Ökonomen und Schriftstellers Fryderyk Skarbek (1792–1866) zu verdanken, der an der Königlichen Universität Warschau eine Professur innehatte. Skarbek ist in die Geschichte als erster polnischer Strafvollzugswissenschaftler eingegangen – sowohl als Praktiker als auch als Theoretiker[109].

Der beste Kenner der Strafvollzugswissenschaft in der zweiten Hälfte des 19. Jahrhunderts war der schon früher erwähnte A. Moldenhawer, der das monumentale dreibändige Werk „O przeprowadzeniu odosobnienia w zakładach więziennych“ [„Über die Durchführung der Einzelhaft in Strafanstalten“] herausgegeben hat, das in den 1860er Jahren erschien. Er stellte darin die Geschichte des Gefängniswesens und die Organisation von Haftanstalten dar, wobei er besonderes Augenmerk auf das damals moderne System der sogenannten Absonderung in Zellen legte, dessen Befürworter er war[110]. An Moldenhawers Seite war Julian Morelowski (1850–1916) tätig, promovierter Jurist, Staatsanwalt und Autor vieler Publikationen zur Strafvollzugswissenschaft[111].

106 M. Kusiak, Dzieje (vgl. Anm. 103), S. 328–338. Siehe auch: W. Grzywo-Dąbrowski, Podręcznik medycyny sądowej : dla studentów medycyny i lekarzy, Warszawa 1948, S. 23.

107 L. Wachholz, Podręcznik medycyny sądowej, Kraków 1899; L. Wachholz, Medycyna sądowa, Kraków 1919 (Aufl. 4: Kraków 1933); L. Wachholz / J. Olbrycht, Medycyna kryminalna, Warszawa 1924.

108 W. Grzywo-Dąbrowski, Zarys medycyny sądowej z atlasem, Lwów 1924; W. Grzywo-Dąbrowski, Medycyna sądowa, in: Encyklopedia (vgl. Anm. 19), Bd. 2, Warszawa (1934–1936), S. 886–888.

109 F. Skarbek, Zdanie sprawy z podróży po niektórych krajach Europy z polecenia Rządu odbytej w zamiarze zwiedzenia zakładów dla ubogich i więzień, Warszawa 1830. Siehe auch: J. Wojtowicz, Fryderyk Florian Skarbek: uczony, pisarz, patriota, Toruń 1980; J. Śliwowski, Prawo i polityka penitencjarna, Warszawa 1982, S. 58–60.

110 A. Moldenhawer, O przeprowadzeniu odosobnienia w zakładach więziennych, Bd. 1–3, Warszawa 1866–1870. Siehe auch: J. Śliwowski, Prawo i polityka (vgl. Anm. 109), S. 61–62.

111 J. Morelowski, O więzieniach w Polsce i pracach polskich autorów w przedmiocie więzień, PSiA 1-2 (1864); J. Morelowski, Uwagi w sprawie założenia domów pracy przymusowej i zakładów

Während der II. Republik engagierten sich sowohl Theoretiker als auch Praktiker in der Strafvollzugswissenschaft. Den Anfang machte Leon Radzinowicz, den wir schon vorgestellt haben, außerdem Jerzy Władysław Śliwowski (1907–1983), ein Absolvent der Universität Warschau. Radzinowicz publizierte nicht nur über die Haftanstalten sondern lieferte sich mit Śliwowski eine Polemik darüber, ob das Strafvollzugsrecht ein neues Rechtsgebiet werden solle – wofür der letztere eintrat[112]. 1929 entstand die monumentale Gemeinschaftsarbeit „Księga jubileuszowa więziennictwa polskiego 1918–1928" [„Jubiläumsbuch des polnischen Gefängniswesens"], die eine Reihe von Texten über Ideen und Erfahrungen aus dem Strafvollzugssystem enthielt[113]. Ebenso entstanden Fachblätter und wissenschaftliche Zeitschriften zur Strafvollzugswissenschaft, auf die wir noch näher eingehen werden.

11. Geschichte des Strafrechts

Die Idee, nicht nur das geltende Recht, sondern auch seine nationalen Wurzeln zu erforschen, erfuhr Anfang des 19. Jahrhunderts im deutschen Sprachraum ihre Blütezeit. Den unmittelbaren Anstoß dazu gab der berühmte Berliner Professor Friedrich Carl von Savigny (1779–1861), der Begründer der historischen Rechtsschule. In gewisser Weise eine Abspaltung der historischen Rechtsschule war die Strömung der Evolutionstheorie des Rechts, die der britische Philosoph, Historiker und Jurist Henry Sumner Maine (1822–1888) begründet hat. Er gilt gleichzeitig auch als Vorläufer von Anthropologie und Rechtssoziologie[114].

Unter dem Einfluss der historischen Schule lebten rechtshistorische Forschungen in vielen Ländern auf. Auch polnische Autoren schlossen sich dieser Bewegung im geteilten Polen auf breiter Basis an. Zu den Vorläufern zählten die Professoren der Königlichen Universität Warschau Romuald Hube (1803–1890) und Wacław Aleksander Maciejowski (1792–1883). Hube gilt als Vater der polnischen Strafrechtslehre[115] und befasste sich u. a. mit der Geschichte des altpolnischen und

---

poprawczych, PSiA 11 (1881). Siehe auch: K. Pawlak, Polski biograficzny słownik penitencjarny, Kalisz 2008, S. 62–65.

112 L. Radzinowicz, Uwagi o zakładzie zabezpieczającym dla niepoprawnych przestępców, GSW 19 (1937); L. Radzinowicz, Zagadnienie tzw. prawa penitencjarnego. Kilka uwag w związku z artykułem p. Jerzego Władysława Śliwowskiego pt. Narodziny prawa penitencjarnego, GSW 15 (1935). Siehe auch: K. Pawlak, Polski biograficzny słownik (vgl. Anm. 111), S. 97–98.

113 Z. Bugajski / E. Neymark (Hrsg.), Księga jubileuszowa więziennictwa polskiego 1918–1928, Warszawa 1929 (Reprint: Warszawa 2005).

114 J. M. Kelly, Historia (vgl. Anm. 5), S. 348–355.

115 A. Grześkowiak, Poglądy Romualda Hubego na karę, CPH 26, 2 (1974), S. 151.

altslawischen Rechts[116]. Maciejowski trug umfangreiche Studien zur Gesetzgebung der Slawen bei[117]. Im letzten Viertel des 19. Jahrhunderts bildeten sich auf dem Gebiet Polens drei historische Schulen heraus: die Krakauer, die Lemberger und die Warschauer. Zu ihnen gehörten auch Rechtshistoriker. Von ihnen verdient vor allem Michał Bobrzyński (1849–1935) noch heute unsere Erinnerung; er vertrat die Krakauer historische Schule und legte auch eine Geschichte des deutschen Rechts vor[118]. Der in Lemberg tätige Rechtshistoriker Przemysław Dąbkowski (1877–1950) beschrieb das Strafrecht des mittelalterlichen Fürstentums Halicz[119]. In Warschau veröffentlichte der junge Historiker und Jurist und spätere Professor der dortigen Universität Marceli Handelsman (1882–1945) eine Monographie über die Strafe im mittelalterlichen Polen[120].

In der Zwischenkriegszeit gelangte die Erforschung des Strafrechts des alten Polens zu neuer Blüte. Neben Makarewicz[121] legten zwei hervorragende Rechtshistoriker Arbeiten zu diesem Thema vor: der Rektor der Jagiellonen-Universität Stanisław Kutrzeba (1876–1946)[122] sowie der Professor der Universität Warschau Józef Rafacz (1890–1944)[123]. Die historische Genese der behandelten Rechtsinstitute stellten zahlreiche Juristen dar, u. a. der Verfahrensrechtler Stefan Glaser[124] sowie der Straf- und Strafprozessrechtler Józef Jan Bossowski[125]. Wie wichtig die Geschichte des Strafrechts in der Wissenschaft damals war, lässt sich auch an dem umfangreichen Stichwort „Geschichte des Strafrechts“ ersehen, das Anfang der 1930er Jahre in das monumentale, von W. Makowski herausgegebene Werk „Encyklopedia podręczna prawa karnego“ ["Hand-Enzyklopädie des Strafrechts"] aufgenommen wurde[126].

---

116 R. Hube, Historia prawa karnego ruskiego, Bd. 1, Teil 1–2, Warszawa 1870–1872.

117 W. A. Maciejowski, Historia prawodawstw słowiańskich, Bd. 1–4, Warszawa 1832–1835 (Aufl. 2: Bd. 1–6, Warszawa 1856–1865).

118 M. Bobrzyński, Historia prawa niemieckiego wraz z historią prawa tego w Polsce, Kraków 1876.

119 P. Dąbkowski, Zemsta, okup i pokora na Rusi Halickiej w wieku XV. i pierwszej połowie wieku XVI, Lwów 1898.

120 M. Handelsman, Kara w najdawniejszym prawie polskim, Warszawa 1908.

121 J. Makarewicz, Polskie prawo karne: część ogólna, Warszawa 1919.

122 S. Kutrzeba, Dawne polskie prawo sądowe, Kraków 1927.

123 J. Rafacz, Dawne polskie prawo karne: część ogólna, Warszawa 1932; J. Rafacz, Dawne prawo sądowe polskie w zarysie, Warszawa 1936.

124 S. Glaser, Wstęp do nauki procesu karnego, Warszawa 1928. Siehe auch: E. Krzymuski, Wykład procesu karnego austriackiego, Kraków 1910.

125 Vgl. oben Anm. 57.

126 Encyklopedja (vgl. Anm. 19), Bd. 2, Warszawa (1934–1936), S. 587–609.

12. Die institutionelle Entwicklung der kriminologischen Wissenschaften in der II. Republik Polen

In der Zwischenkriegszeit entstanden in Polen die ersten wissenschaftlichen und amtlichen Dienststellen mit kriminologischem Profil. Das einzige Kriminologische Institut wurde 1932 an der Freien Allgemeinen Polnischen Hochschule in Warschau gegründet; diese war keine Universität, sondern eine gesellschaftliche Institution. Vorsitzender war Professor Rappaport, und Leiter Professor Ettinger[127]. An der Universität Posen wurden im Rahmen des kriminologischen Seminars die Anfänge einer universitären Ausbildung in Kriminologie geschaffen[128]. In Warschau entstand 1927 das Institut für Gerichtsgutachten. Es unterstand dem Justizministerium, das dort u. a. kriminalistische und forensich-medizinische Untersuchungen anstellte, deren Ergebnisse einem breiten Leserkreis zugänglich gemacht wurden[129]. Nachdem 1932 das neue polnische Strafgesetzbuch in Kraft getreten war, wurde die Kommission für Kriminalbiologische Untersuchungen ins Leben gerufen; sie war der Abteilung Strafvollzug des Justizministeriums angegliedert. An dieser Institution arbeiteten unter Leitung von Obergefängnisarzt Dr. Henryk Jankowski vor allem Ärzte, Beamte und Richter. Ergebnis ihrer Arbeit waren spezielle Fragebögen für Untersuchungen, die tatsächlich in den 1930er Jahren an einem erheblichen Teil der polnischen Strafgefangenen vorgenommen wurden. Leider sind die Ergebnisse dieser Forschungen im Zweiten Weltkrieg verloren gegangen[130].

Die Zeit der Zweiten Republik war auch die, in der eine Vielzahl von juristischen Fachzeitschriften entstand, darunter auch solche mit strafrechtlichem Schwerpunkt. Eine der wichtigsten dieser Publikationen war das „Archiwum Kryminologiczne" [„Kriminologisches Archiv"]; es wurde 1933 durch den schon vielfach erwähnten Professor Makowski ins Leben gerufen. Redakteur dieser Zeitschrift wurde Makowskis universitärer Assistent S. Batawia. Obwohl bis 1939 nur sechs Hefte dieser Zeitschrift erschienen sind, ist ihre Bedeutung schwer zu überschätzen.

---

127 J. Nelken, Z dziejów kryminologii w okresie międzywojennym (Polskie Towarzystwo Kryminologiczne 1921–1938), PiP 4 (1983), S. 92.

128 J. J. Bossowski, Wiadomości (vgl. Anm. 18), S. 61–62.

129 W. Brzęk, Początki (vgl. Anm. 1), S. 330–332.

130 E. Janiszewska, Badania kryminalno-biologiczne w Polsce przedwrześniowej, PW 3 (1959), S. 3–15. Siehe auch eine Bearbeitung, die auf Untersuchungen an Verbrechern basierte: J. Mydlarski / K. Wiązowski, Badania antropologiczne przestępców, AK 1933, Hf. 1, S. 187- 199 und 397–421; die Autoren wiesen die Möglichkeit zurück, dass ein spezieller anthropologischer oder morphologischer Typ des Verbrechers existieren könnte. Vgl. eine Bearbeitung des Arztes und Leiters des Haftkrankenhauses im polnischen Graudenz: J. Szpakowski, Wskazówki do wstępnych badań kryminalno-biologicznych, Warszawa 1933.

Die dort publizierten ausführlichen Arbeiten berührten neuralgische Punkte der damaligen Kriminologie im weitesten Sinne[131].

Eine etwas längere Veröffentlichungsgeschichte kann die 1925 gegründete Zeitschrift „Przegląd Więziennictwa Polskiego" ["Polnische Strafvollzugsumschau"] aufweisen. Die Zeitschrift war ursprünglich konzipiert als Mitteilungsblatt des Strafvollzugsdienstes, wurde aber 1936 in eine wissenschaftliche Publikation umgewandelt[132]. Dort erschienen originelle und interessante Texte u. a. aus der Feder des erwähnten Leon Radzinowicz[133], des Staatsanwalts am Obersten Gericht Stanisław Czerwiński[134] und des jungen Warschauer Juristen Paweł Horoszowski[135].

Ebenfalls in der Zwischenkriegszeit entstand die erste Zeitschrift, die vollständig der Gerichtsmedizin gewidmet war: „Czasopismo Sądowo-Lekarskie" ["Forensisch-Medizinische Zeitschrift"]. Ihre erste Ausgabe erschien 1928, Begründer und Redakteur war der schon erwähnte Professor Grzywo-Dąbrowski, der im übrigen auch die seit 1921 in Warschau tätige Kriminologische Gesellschaft (*Towarzystwo Kryminologiczne*) gegründet hatte. Sie wurde 1938 in die Polnische Gesellschaft für Gerichtsmedizin und Kriminologie (*Polskie Towarzystwo Medycyny Sądowej i Kryminologii*) umgewandelt. Doch die Organisation konnte kaum die ersten Schritte tun, als der Krieg ihre Arbeit unterbrach[136]. Gerichtsmedizinische und kriminalistische Probleme wurden auch in „Przegląd Policyjny" ["Polizei-Umschau"] erörtert. Die von 1936–1939 erscheinende Zeitschrift war formal das Organ des Hauptkom-

---

131 S. Milewski / A. Redzik, Themis i Pheme: czasopiśmiennictwo prawnicze w Polsce do 1939 roku, Warszawa 2011, S. 289–291; K. Halicki, Polska i zagraniczna literatura oraz czasopisma z kryminalistyki, kryminologii, medycyny sądowej oraz opracowania dotyczące metod walki z przestępczością w okresie dwudziestolecia międzywojennego, PKr 2012, Nr. 278, S. 69–83; W. Świda, Kryminologia, Warszawa 1977, S. 29.

132 In den Jahren 1922–1925 erschien zwar die Zeitschrift „Gefängnismitarbeiter", sie basierte jedoch nicht auf wissenschaftlichen Erkenntnissen. Ab 1936 erschien, neben der erwähnten Zeitschrift „Przegląd Więziennictwa Polskiego", ein neues Fachblatt der Justizvollzugsbeamten „W służbie penitencjarnej" ["Im kriminalpolizeilichen Vollzugsdienst"] – siehe eingehend: S. Milewski / A. Redzik, Themis (vgl. Anm. 131), S. 294–299.

133 L. Radzinowicz, Zagadnienie kar dyscyplinarnych w nowoczesnym ustroju więziennym, PWP 1 (1936); L. Radzinowicz, Materiały do badań nad ukształtowaniem się przestępczości w grupach miejscowości, PWP 2 (1938).

134 S. Czerwiński, Walka z przestępcami niepoprawnymi w świetle Kodeksu karnego i rozporządzenia Ministra Sprawiedliwości z dnia 15 stycznia 1934 r., PWP 9 (1935).

135 P. Horoszowski, Psychopaci i ich znaczenie w biologii kryminalnej, PWP 3 (1938) – es war ein Bericht über die Ergebnisse deutscher Forschung; P. Horoszowski, Przestępczość w świetle badań nad bliźniętami, PWP 4 (1937).

136 S. Milewski / A. Redzik, Themis (vgl. Anm. 131), S..300–302. Siehe auch: E. Baran, Historia Polskiego Towarzystwa Medycyny Sądowej i Kryminologii 1938-2013, AMSiK 62 (2012), S. 243–274.

mandos der Staatlichen Polizei, verfolgte aber gleichwohl auch wissenschaftliche Ansprüche[137].

13. Schlussfolgerungen

Schon am Ende des 19. Jahrhunderts hatten sich polnische Gelehrte mit den neuen Anschauungen der westeuropäischen Strafrechtsschulen über Verbrechen und Kriminalitätsbekämpfung vertraut gemacht. Nach und nach gingen sie über die reine Strafrechtsdogmatik hinaus und entwickelten Interesse an anthropologischen, soziologischen, psychologischen, statistischen, medizinisch-psychiatrischen und kriminalistischen Fragestellungen. Dabei arbeiteten sie interdisziplinär mit vor allem Medizinern und Soziologen zusammen.

Die Kriminologie in Polen erlebte eine echte Blütezeit in den Zwischenkriegsjahren. Polnische Autoren leisteten Beiträge zu allen wichtigen strafrechtlichen Hilfswissenschaften. Die in Westeuropa erlernten Konzepte übertrugen sie teilweise auf die polnischen Verhältnisse, und teilweise kritisierten sie diese. Allgemein verbreitet war die Überzeugung, dass Juristen nicht nur eine normative Wissenschaft betreiben dürften. Sie wollten es nicht dabei belassen, das Problem der Verbrechensbekämpfung zu untersuchen und der Kriminalität mit entsprechenden Rechtsvorschriften und deren Anwendung zu begegnen. Sie analysierten die Ursprünge der Kriminalität, ihre Erscheinungsformen und die Gründe, warum Menschen ihr erliegen. Die zu jener Zeit führenden polnischen Juristen, die berühmten Professoren Makarewicz, Krzymuski und Makowski, nahmen an dieser Entwicklung nur am Rande teil. Die Entwicklung neuer strafrechtlicher Hilfswissenschaften, insbesondere der Kriminologie, war entscheidend das Werk junger Absolventen, die allerdings oft Schüler oder Mitarbeiter berühmter Professoren waren. Auch Praktiker wie Ärzte, Staatsanwälte und Statistiker leisteten wesentliche Beiträge zur kriminologischen Forschung.

Die erste Nummer von „Archiwum Kryminologiczne“ [“Kriminologisches Archiv“] von 1933 enthielt als Eingangsstatement einen redaktionellen Artikel folgenden Inhalts: „Es liegt völlig auf der Hand, dass die Entwicklung der polnischen kriminologischen Literatur erst am Anfang steht. Erst unsere eigene Staatlichkeit und unser eigener Einfluss auf Organisation und Sicherung der sozialen Ordnung konnte ein lebhafteres Interesse von forschenden und aufbauenden Geistern wecken und die juristische Wissenschaft für Fragen der Verbrechensbekämpfung öffnen. Erst die wiedergeborenen polnischen Universitäten begannen, eine neue Gelehrtengeneration auszubilden, die die erforderlichen Daten und Bedingungen

137 S. Milewski / A. Redzik, Themis (vgl. Anm. 131), S.. 444–445.

haben sollten, die grundlegenden Teile der Literatur zu beleben oder teilweise erst zu schaffen, die bisher brachgelegen hatten"[138]. Die Analyse im Rahmen des vorstehenden Beitrags zeigt, wie richtig diese damaligen Thesen waren.

Kurzfassung

Die Entwicklung der kriminologischen Wissenschaften in Europa und weltweit ist vom Auftreten des italienischen Psychiaters und Anthropologen Cesare Lombroso (1835–1909) angestoßen worden. Er gilt als Begründer der Theorie, es gebe einen Typ des „geborenen Verbrechers". Hunderte von Gelehrten begannen im Anschluss an diese These Forschungen zu den Gründen für Kriminalität, insbesondere ihren Voraussetzungen in Biologie und Umwelt zu erforschen. Zu den Rezipienten Lombrosos gehörten von Anfang an auch polnische Autoren. An der Wende zum 20. Jahrhundert war die Kriminologie als Wissenschaft breit aufgestellt, sie umfasste auch Disziplinen, die sich im weiteren Verlauf verselbständigten, etwa Kriminalpsychologie, Kriminalsoziologie, Kriminalistik, Kriminalpolitik und Strafvollzugslehre. Alle diese Disziplinen florierten im Polen der Zwischenkriegszeit, ebenso wie Gerichtsmedizin, Pönologie, Kriminalstatistik und Geschichte des Strafrechts. Neben den Forschungsarbeiten vieler hervorragender Gelehrter entstanden während der Zweiten Republik in Polen auch die ersten auf Kriminologie spezialisierten Forschungsinstitutionen an Hochschulen und im Rahmen der Regierungsverwaltung, und es entwickelte sich eine polnische Fachzeitschriftenliteratur. Der Aufsatz stellt die wichtigsten Entwicklungsetappen der kriminologischen Disziplinen in Polen dar und bezieht den europäischen Kontext mit ein. Gezeigt wird, wie seit dem Ende des 19. Jahrhunderts polnische Gelehrte die Grenzen der reinen Strafrechtsdogmatik überschritten und begannen, nach den Gründen der Kriminalität, ihrem Charakter und möglichen Wegen, sie zu bekämpfen, zu fragen. Im einzelnen dargestellt werden sowohl die Leistungen bekannter und anerkannter Professoren, als auch die Arbeiten von Nachwuchswissenschaftlern und Praktikern, darunter Ärzten, Staatsanwälten und Statistikern. Ihr Beitrag zur kriminologischen Forschung im weitesten Sinne wird unter Heranziehen der wichtigsten Lehrbücher, Monographien, Aufsätze und anderer Arbeiten dargelegt. Auf diese Weise entsteht ein Bild der Entwicklung der sogenannten strafrechtlichen Hilfswissenschaften in Polen vom 19. Jahrhundert bis 1939.

Summary

On the pioneers of criminology in Poland

The birth of criminology in Europe and in the world was associated with the speech of the Italian psychiatrist and anthropologist, Cesare Lombroso, and his concept of

138 N.N., Od Redakcji, AK 1933, Hf. 1, S. 1.

a born criminal. Hundreds of scholars started researching the causes of crime, in particular its biological and environmental determinants, with Poles among them from the very beginning. At the turn of the twentieth century, criminology covered a wide spectrum of research, including disciplines that became autonomous in their later development, such as criminal psychology, criminal sociology, criminalistics, criminal policy, and penitentiary studies. These fields and disciplines of science, as well as forensic medicine, penology, criminal statistics, and even the history of criminal law, were flourishing in interwar Poland. Independently of the research of many eminent scholars, the first criminological research and government institutions, as well as specialized Polish journals, were established in the Second Republic of Poland. This study presents the stages of development of the above-mentioned criminological disciplines in Poland in the European context. It demonstrates how, from the late nineteenth century, Polish scholars went beyond the pure dogmatics of law and started looking for answers to questions about the causes of crime, its nature and methods of combating it. The achievements of both well-known, experienced professors and young scholars, as well as practitioners, including physicians, prosecutors and statisticians, are presented in detail. Their contribution to criminological research in the broadest sense was highlighted by citing the most important textbooks, monographs, papers and other publications. In this way, a picture of the development of the so-called auxiliary sciences of criminal law in Poland in the nineteenth and first half of the twentieth centuries (until 1939) was depicted.

Zum Forschungsstand über die neuere Geschichte der polnischen Strafrechtswissenschaft

Le monde est fait pour aboutir à un beau livre
Stéphane Mallarmé

Die Menschheit schöpft aus der Wissenschaft zwei Arten von Vorteilen – gleichsam wie ein zweiarmiges Delta ergießt sich der Strom des Wissens ins Erkennen. Der eine Vorteil ist das Kennenlernen von Neuem, der andere das bessere Verständnis des Alten.
Mieczysław Szerer, Kara. Szkic socjologiczny, Kraków 1910.

1. Einführung

Vor 40 Jahren haben zwei hervorragende Rechtshistoriker von der Nikolaus-Kopernikus-Universität Toruń Stanisław Salmonowicz und Zbigniew Zdrójkowski ein Programm für einen Forschungsschwerpunkt zur Geschichte des Strafrechts in Polen vorgelegt. Sie legten darin – neben vielen anderen Aspekten – einen Plan zur Materialsuche zur modernen polnischen Strafrechtslehre vor, in dem sie ausführten:

> „Wir sind der Ansicht, dass wir uns in den kommenden Jahren in erster Linie der Erforschung der Entstehung und Entwicklung der modernen polnischen Strafrechtsdoktrin widmen sollten. Hier bleibt trotz einzelner kleinerer Beiträge, und obwohl (dank der aus Anlass des Jubiläums der dortigen Universität entstandenen Arbeiten) der institutionelle Kreis der Krakauer Strafrechtler etwas besser erforscht ist, noch besonders viel zu tun"[1].

In einer detaillierten Wegweisung schrieben sie:

> „Zu erforschen bleiben Leben und Werk der mit den Universitäten Warschau und Lemberg verbundenen Gelehrten vor allem aus der Mitte des 19. Jahrhunderts. Auf ihre umfassende monographische Würdigung warten nach wie vor Romuald Hube, Franciszek Maciejowski, Stanisław Budziński, Aleksander Moldenhawer, und Włodzimierz

---

1 S. Salmonowicz / Z. Zdrójkowski, Uwagi o programie badań nad historią prawa karnego w Polsce, KSP 14 (1981), S. 11.

> Spasowicz. Die wichtigsten sind – auch für die Zwischenkriegszeit – die großen Autoren der Wende vom 19. zum 20. Jahrhundert wie Edmund Krzymuski, der weiterhin unser Interesse verdient, und ganz besonders ein Gelehrter des Formats von Juliusz Makarewicz. [...] Der wissenschaftlichen Bearbeitung harren noch Autoren, deren Werk heute schon ganz zur Geschichte der Disziplin gehört: Wacław Makowski und Stanisław Śliwiński, Aleksander Mogilnicki und Stanisław Rappaport, Bronisław Wróblewski und Leon Peiper“[2].

Seit dieser Publikation sind schon mehrere Jahrzehnte vergangen, und leider sind das wichtigste Desiderat, das die beiden Thorner Gelehrten formuliert haben, und ihre daran anschließenden Detailvorschläge bis heute zum großen Teil unerfüllt geblieben. Die modernen Strömungen in der Strafrechtsdoktrin haben in der polnischen wissenschaftlichen Literatur der letzten Jahre relativ wenig Niederschlag gefunden, mit der einen rühmlichen Ausnahme des Werks von Juliusz Makarewicz.

Der vorliegende Aufsatz stellt sich die Aufgabe, die Leistungen der polnischen Wissenschaft in den letzten Jahren, insbesondere die der Rechtsgeschichte, bei der Erforschung von Entstehung und Entwicklung der modernen Strafrechtslehre in Polen sowohl während der Teilungszeit als auch im wiederentstandenen Polen nachzuzeichnen.

2. Leistungen der polnischen Rechtshistoriker zur Geschichte der modernen Strafrechtswissenschaft

Allgemeine Informationen über die Vergangenheit der polnischen Strafrechtslehre kann man in Lehrbüchern, Lexika und systematischen Darstellungen des Rechts aus den letzten Jahren finden. Sie sind zwangsläufig von begrenztem Umfang, manchmal bleiben sie sogar nur lapidar. Die rechtsgeschichtlichen Lehrbücher gehen in der Regel nicht über das hinaus, was Prof. Katarzyna Sójka-Zielińska in ihrer heute wohl populärsten Arbeit „Historia prawa“ [„Rechtsgeschichte“] dargestellt hat[3]. Die Lehrbücher des Strafrechts belassen es dagegen meist mit Gesamtdarstellungen der Geschichte der Strafrechtsdoktrin auf wenigen Seiten, wobei sie die Beiträge polnischer Juristen zu dieser nur am Rande behandeln[4]. Im besten

2 Ebd., S. 11–13. Siehe auch: S. Salmonowicz, O dziejach nauki prawa w Polsce. Problemy i perspektywy badawcze, CPH 50, 1 (1998), S. 239–240.

3 K. Sójka-Zielińska, Historia prawa, Aufl. 15: Warszawa 2015, S. 292–295. Siehe auch eine kurze Auffassung: S. Płaza, Historia prawa w Polsce na tle porównawczym, Teil 3: Okres międzywojenny, Kraków 2001, S. 326–332.

4 L. Gardocki, Prawo karne, Aufl. 19, Warszawa 2015, S. 20–26 (aus dem Kreis der polnischen Gelehrten nur eine kurze Erwähnung des Namens Makarewicz); A. Marek, Prawo karne, Aufl. 10, Warszawa

Fall kann man bei ihnen Hinweise auf Leistung oder Bedeutung einiger Juristen finden[5]. Also ist man gezwungen, auf ältere Arbeiten zurückzugreifen, aber auch diese gehen über den Rahmen einer zusammenfassenden Darstellung nicht hinaus[6]. Selbst die neueste, im übrigen monumentale, Darstellung „System prawa karnego" [„Strafrechtliches System"] aus dem Verlag C.H.Beck in mehreren Bänden widmet polnischen Autoren – den Vertretern der klassischen wie auch der soziologischen Strafrechtsschule – kaum einige Seiten im ersten Band[7]. Mit besonderem Bedauern muss man zur Kenntnis nehmen, dass die polnische Wissenschaft es bisher zu keinem Lehrbuch der Geschichte des polnischen Strafrechts gebracht hat, von einer Zusammenfassung der polnischen Strafrechtslehre ganz zu schweigen[8].

Auch Lexika oder fakultätsbezogene Gedenkschriften können diese Lücke nicht wettmachen. Die sehr umfangreiche Arbeit „Poczet prawników polskich" [„Aufstellung polnischer Juristen"] von Krzysztof Pol ist zwar nützlich, aber doch nur populärwissenschaftlich und überdies nicht frei von Lücken und Vereinfachungen[9]. Die Lebensläufe der Gelehrten, die das von Prof. Grażyna Bałtruszajtys herausgegebene Gedenkbuch der Warschauer Juristischen Fakultät enthält[10], überschreiten nicht den Umfang einiger Seiten. Nicht anders ist es im Prinzip bei zwei Festschriften aus Krakau. Die erste wurde unter Aufsicht der Professoren Jerzy Stelmach

2011, S. 25–34 (einige Erwähnungen der polnischen Strafrechtler); W. Wróbel / A. Zoll, Polskie prawo karne: część ogólna, Aufl. 2, Kraków 2013, S. 50–56 (einige Andeutungen über polnische Wissenschaftler).

5 Siehe breitere Darstellungen: A. Grześkowiak / K. Wiak, Prawo karne, Aufl. 5, Warszawa 2015, S. 39–55 (ein allgemeiner Blick auf die Strafrechtswissenschaft von C. Beccaria bis M. Ancel und ein anderes Kapitel zur polnischen Strafrechtswissenschaft von der Neuzeit bis zur Zwischenkriegszeit); J. Warylewski, Prawo karne. Część ogólna, Aufl. 6, Warszawa 2015, S. 35–57 (ein allgemeiner Blick auf die polnische und ausländische Strafrechtswissenschaft biz zur Gegenwart).

6 Siehe bspw.: W. Świda, Prawo karne, Warszawa 1989, S. 31–51 (ziemlich breite Darstellung der ausländischen Strafrechtswissenschaft und weinige Andeutungen über die polnische).

7 J. Warylewski, Kierunki i szkoły w nauce prawa karnego, in: System prawa karnego, Bd. 1: Zagadnienia ogólne, Hrsg. A. Marek, Warszawa 2010, S. 49–98 (ebd., S. 61–81: Darstellung der polnischen Strafrechtswissenschaft).

8 An dieser Stelle sei darauf hingewiesen, dass die Bearbeitungen von B. Sygit, Historia prawa kryminalnego, Toruń 2007 sowie J. Warylewski, Kara. Podstawy filozoficzne i historyczne, Gdańsk 2007 keine Lehrbücher zur Strafrechtsgeschichte sind. Im Buch von Sygit wurde Geschichte der Strafrechtswissenschaft ausgelassen. Gegenstand des Buches von Warylewski ist eine eigenständige Reinterpretation des Begriffs der Strafe und eine Präsentation der korrigierenden Gerechtigkeit.

9 K. Pol, Poczet prawników polskich, Warszawa 2000, 1266 Seiten. Die Aufl. 2 wurde von A. Redzik korrigiert, ergäntzt und u.d.T. Poczet prawników polskich XIX–XX w., Warszawa 2011 (1256 Seiten) veröffentlicht.

10 G. Bałtruszajtys, Profesorowie Wydziału Prawa i Administracji Uniwersytetu Warszawskiego 1808–2008, Warszawa 2008, 354 Seiten.

und Wacław Uruszczak herausgeben[11], und die zweite, neuere, äußerlich sehr elegant gestaltete Arbeit von Przemysław M. Żukowski unter der Redaktion von Prof. Dorota Malec[12]. Ähnliche Gedenkschriften einzelner Universitäten gibt es noch etliche[13], aber ihr überwiegender Teil bleibt bei Allgemeinplätzen stehen[14].

Was rechtshistorische Monographien direkt zu den Trends in der modernsten Geschichte des Strafrechts in Polen angeht, so muss man mit Bedauern feststellen, dass die polnische wissenschaftliche Literatur dieses Forschungsgebiet weitgehend vernachlässigt hat. Die zwei bekanntesten Arbeiten sind schon vor sehr langer Zeit entstanden. Eine inzwischen fünfzig Jahre alte Arbeit über die sog. anthropologische Schule in der polnischen Strafrechtslehre ist von hervorstechender Knappheit[15]. Eine andere monographische Arbeit hat sich vor nunmehr 25 Jahren der soziologischen Strömung in der Strafrechtsdoktrin gewidmet[16] und beschränkt sich im Grunde auf die Wiedergabe der Auffassungen dreier Gelehrter: Wacław Makowski, Juliusz Makarewicz und Bronisław Wróblewski. Etwa gleich alt ist das Buch von Prof. Adam Lityński über die Strafrechtsabteilung der Kodifikationskommission der Zweiten Polnischen Republik, und es ist zwangsläufig, dass sie die Geschichte der Doktrin nur am Rande behandelt hat[17]. Die Monographie von Dozentin Marzenna Paszkowska behandelt die Strafrechtslehre im Kreis der „Gazeta Sądowa Warszawska" [„Warschauer Gerichtszeitung"][18]; sie zeichnet ein wertvolles Bild des polnischen strafrechtlichen Denkens um die Wende zum. 20. Jahrhundert, aber dieses Denken wird nur eingeschränkt vorgestellt, weil die Autorin ihr Interesse auf die im Titel genannte bekannte Warschauer Fachzeitschrift beschränkt hat.

Aus dem Gesagten ergibt sich, dass die Erforschung der Tendenzen oder Strömungen in der polnischen Strafrechtswissenschaft des 19. und 20. Jahrhunderts

---

11 J. Stelmach / W. Uruszczak (Hrsg.), Uniwersytet Jagielloński, Złota księga Wydziału Prawa i Administracji, Kraków 2000, 506 Seiten.

12 P. M. Żukowski, Profesorowie Wydziału Prawa Uniwersytetu Jagiellońskiego, Bd.2: 1780–2012, Hrsg. D. Malec, Kraków 2014, 680 Seiten.

13 Siehe: A. Przyborowska-Klimczak (Hrsg.), Profesorowie Wydziału Prawa i Administracji UMCS 1949–2009, Lublin 2009, 388 Seiten; A. Liszewska / A. Pikulska-Radomska, 70 lat Wydziału Prawa i Administracji Uniwersytetu Łódzkiego, Łódź 2015, 248 Seiten; A. Dębiński / W. Sz. Staszewski / M. Wójcik (Hrsg.), Profesorowie prawa Katolickiego Uniwersytetu Lubelskiego, Lublin 2008, 564 Seiten.

14 Siehe eine ausführliche Darstellung: M. Tarkowski, Wydział Prawa i Nauk Społecznych Uniwersytetu Stefana Batorego w Wilnie w latach 1919–1939, Gdańsk 2015, 344 Seiten; A. Redzik, Wydział Prawa Uniwersytetu Lwowskiego w latach 1939–1946, Lublin 2006, 432 Seiten; J. Draus, Uniwersytet Jana Kazimierza we Lwowie 1918–1946. Portret kresowej uczelni. Kraków 2007, 328 Seiten.

15 E. Janiszewska-Talago, Szkoła antropologiczna prawa karnego w Polsce, Warszawa 1965, 152 Seiten.

16 M. Wąsowicz, Nurt socjologiczny w polskiej myśli prawnokarnej, Warszawa 1989, 270 Seiten.

17 A. Lityński, Wydział Karny Komisji Kodyfikacyjnej II Rzeczypospolitej, Katowice 1991, 150 Seiten.

18 M. Paszkowska, Nauka prawa karnego w środowisku „Gazety Sądowej Warszawskiej" (1873–1918), Warszawa 2010, 284 Seiten.

bisher nur Teilergebnisse erbracht hat. Besser sind die Leistungen rechtsgeschichtlicher Spezialstudien, die im Folgenden besprochen werden sollen. Dabei sind die Forschungsmöglichkeiten neuerdings erheblich besser geworden. Jeder Jurist oder Historiker wird ohne Schwierigkeiten Informationen über die Forschungsrichtungen und -themen an einzelnen Universitäten finden. Sie werden nicht nur schriftlich publiziert[19] sondern sind heute auch dauerhaft auf den Webseiten der Universitäten und anderen wissenschaftlichen Einrichtungen zu finden. Diese Angaben machen deutlich, woran aktuell an der jeweiligen Institution geforscht wird, und das erleichtert zumindest potentiell die Auswahl eines noch unbearbeiteten Themas zur Geschichte der Rechtswissenschaft erheblich.

Dazu kommt, dass digitale Bibliotheken heute immer mehr Quellen (Lehrbücher, Monographien und Einzelstudien) aus dem 19. und dem beginnenden 20. Jahrhundert bereitstellen; die wichtigsten Zeitschriften der Zeit, in denen die Meister und die „Handwerker" der Strafrechtswissenschaft veröffentlichten, sind inzwischen so gut wie vollständig im Netz zugänglich. Genannt seien in diesem Zusammenhang: „Czasopismo Prawnicze i Ekonomiczne" [„Juristische und Volkswirtschaftliche Zeitschrift"] (Kraków 1900–1939, 1945), „Gazeta Sądowa Warszawska" [„Warschauer Gerichtszeitung"] (Warszawa 1873–1939), „Głos Sądownictwa" [„Stimme der Rechtsprechung"] (Warszawa 1929–1939), „Kwartalnik Prawa Cywilnego i Karnego" [„Vierteljahresschrift für Zivil- und Strafrecht"] (Warszawa 1918–1920), „Przegląd Prawa i Administracji" [„Rechts- und Verwaltungsumschau"] (Lwów 1892–1939), die Vorgängerpublikation „Przegląd Sądowy i Administracyjny" [„Gerichts- und Verwaltungsumschau"] (Lwów 1876–1892), „Ruch Prawniczy, Ekonomiczny i Socjologiczny" [„Juristische, Volkswirtschaftliche und Soziologische Bewegung"] (Poznań 1921–1939), „Themis Polska" [„Polnische Themis"] (Warszawa 1828–1830) und noch einige andere. Alle diese Schriftenreihen kann man ohne Übertreibung als Schatzkammer von Artikeln und kleineren Arbeiten verdienter polnischer Strafrechtler bezeichnen. Im Netz finden sich auch ohne großen Rechercheaufwand Artikel und Beiträge zu rechtswissenschaftlichen und rechtshistorischen Themen aus den wissenschaftlichen Zeitschriften der einzelnen Universitäten. Die Digitalisate werden immer zahlreicher, weil jede Zeitschrift, die auf ihre Position in den Ranglisten der empfohlenen wissenschaftlichen Periodika achtet, dafür Sorge trägt, dass ihre Ausgaben auch online verfügbar sind.

Leider hat aber der Fortschritt der Forschung mit der unglaublichen Entwicklung des Zugangs zu den Quellen nicht Schritt gehalten.

---

19 Siehe bspw.: M. Materniak-Pawłowska, Dyscypliny historycznoprawne na wydziałach prawa i administracji, CPH 65, 2 (2013), S. 343–408; D. Janicka, Neuere Rechtsgeschichte in Polen in den Jahren 2002–2014, ZNR 37 (2015), S. 130–142.

Als die Professoren Stanisław Salmonowicz und Zbigniew Zdrójkowski ihr Forschungsprogramm veröffentlichten, verwiesen sie auf eine vorbildliche Arbeit, die in den 1970er Jahren die Strafrechtlerin Prof. Alicja Grześkowiak vorgelegt hatte. Thema der Abhandlung war Romuald Hube (1803–1890), der „Vater der polnischen Strafrechtslehre". Die Darstellung seiner Auffassungen ist bis heute vorbildlich geblieben[20]. Dieses Vorbild hat allerdings unter Rechtshistorikern einige Nachahmer gefunden. Auch zu den Konzeptionen Hubes selbst - er war Professor für Strafrecht an den Universitäten Warschau und St. Petersburg, Autor der ersten zusammenfassenden Darstellung des Allgemeinen Teils des Strafrechts und Hauptautor des russischen Strafgesetzbuches von 1845 sowie seiner polnischen Version von 1847[21] - sind nach und nach weitere Arbeiten erschienen. Genannt seien an dieser Stelle die Studien von Andrzej Zębik[22], Wojciech Witkowski[23], Stefan Pałczyński[24] und Krzysztof Pol[25].

Auf ihre wissenschaftliche Aufarbeitung warten dagegen unter den Gelehrten der Warschauer Jurafakultät in der Teilungszeit weiterhin Franciszek Maciejowski (1798–1873), Professor an der Hauptschule Warschau sowie Stanisław Budziński (1824–1895), Professor an der Kaiserlichen Universität Warschau. Ihre Biographien sind zwar in Lexika oder Fachwörterbüchern[26] kurz dargestellt, aber für ihre Arbeit und Leistung gilt das bisher nicht. Dabei hat Maciejowski, Professor für Römisches Recht an der Hauptschule Warschau, als Autor der bekannten Auslegung über das Strafrecht von 1848 eine dauerhafte Spur in der Wissenschaftsgeschichte hinterlassen[27]. Budziński, der nicht nur Jurist, sondern auch Literaturkritiker war, war dagegen der Lehrer von Edmund Krzymuski und Autor des ersten modernen polnischsprachigen Strafrechtslehrbuches[28]. Auf seinen Erforscher wartet auch

---

20 A. Grześkowiak, Poglądy Romualda Hubego na karę, CPH 26, 2 (1974), S. 151–166.

21 G. Bałtruszajtys (Hrsg.), Profesorowie (vgl. Anm. 10), S. 39–42.

22 A. Zębik, Poglądy Romualda Hubego na przestępstwo, winę i karę, AUL, Folia Iuridica 35 (1988), S. 195–216.

23 W. Witkowski, Aleksander This i Jan Kanty Wołowski: wybitni prawnicy Królestwa Polskiego, Lublin 2001, passim.

24 S. Pałczyński, Romualda Hubego teoria działania i czynu. Studium z zakresu podstaw konstrukcyjnych pierwszego polskiego nowoczesnego systemu prawa karnego, RPEiS 2 (2000), S. 15–54.

25 K. Pol, Poczet (vgl. Anm. 9), Aufl. 2, S. 145–164.

26 G. Bałtruszajtys (Hrsg.), Profesorowie (vgl. Anm. 10), S. 55–56 (F. Maciejowski), S. 65–67 (S. Budziński).

27 F. Maciejewski, Wykład prawa karnego w ogólności z zastosowaniem Kodexu kar głównych i poprawczych z dniem 20 grudnia / 1 stycznia 1848 w Królestwie Polskim obowiązującego, Warszawa 1848.

28 S. Budziński, Wykład porównawczy prawa karnego. Część ogólna, Warszawa 1868. Siehe auch: S. Budziński, Myśli do ułożenia nowego prawa karnego w formie projektu z motywami, Warszawa 1865; S. Budziński, Načala ugolovnago prava, Warszawa 1870.

noch das Werk von Aleksander Moldenhawer (1840–1909), Richter im Königreich Polen, sowie Włodzimierz Spasowicz (1829–1906), Professor an der St. Petersburger Universität, Anwalt, Publizist und Ehrendoktor der Jagiellonen-Universität Krakau. Von ihnen kennt man heute im wesentlichen ihre Lebensläufe, die in Überblickspublikationen referiert werden[29], aber ihre wissenschaftlichen Leistungen sind heute weitgehend vergessen. Um zu signalisieren, dass hier noch einiges zu erforschen wäre, sei an dieser Stelle nur darauf hingewiesen, dass zum Beispiel Moldenhawer als Organisator und Verfechter einer Strafvollzugsreform bekannt war und dass er eine ganze Reihe von Veröffentlichungen zum Strafvollzugsrecht vorgelegt hat[30]. Spasowicz seinerseits ist in die Rechtsgeschichte nicht nur als Autor eines Strafrechtslehrbuches eingegangen, über dessen Schicksal Marzenna Paszkowska geschrieben hat[31], sondern auch als engagierter Publizist und Rezensent von Strömungen im Strafrecht am Ende des 19. Jahrhunderts[32].

Vor dem Hintergrund der bisher bescheidenen Bilanz der Erforschung des Warschauer Juristenkreises nehmen sich die Forschungsleistungen zu den Juristenmilieus aus Krakau und Lemberg besser aus. Zu den Leuchten der galizischen Rechtswissenschaft gehörte Edmund Krzymuski (1851–1928), Absolvent der Kaiserlichen Universität Warschau, Professor, mehrfacher Dekan der Juristischen Fakultät in Krakau und schließlich auch Rektor der Jagiellonen-Universität, der nach 1918 auch in der polnischen Kodifikationskommission gearbeitet hat. Seine Biographie ist aus lexikalischen Veröffentlichungen rekonstruierbar[33], aber seine wissenschaftliche Leistung ist schon lange nicht mehr analysiert worden – mit Ausnahme einiger weniger Artikel, darunter der Arbeiten von Andrzej Zębik und Józef Koredczuk[34].

Bei weitem am besten und unbestrittensten erforscht sind heute Leben und Werk von Professor Juliusz Makarewicz (1872–1955), der an der Jagiellonen-Universität ausgebildet wurde und anschließend über viele Jahre Professor in Lemberg war,

29 PSB, Bd. 21, Wrocław-Warszawa-Kraków-Gdańsk 1976, S. 614–617 (Moldenhawer); PSB, Bd. 41, Warszawa-Kraków 2002, S. 45–53 (Spasowicz). Siehe auch: K. Pol, Poczet (vgl. Anm. 9), Aufl. 2, S. 253–271 (Spasowicz).

30 A. Moldenhawer, O przeprowadzeniu odosobnienia w zakładach więziennych, Teil 1–3, Warszawa 1866–1870. Siehe auch: K. Pawlak, Polski biograficzny słownik penitencjarny, Kalisz 2008, S. 64–65.

31 M. Paszkowska, Kartka z dziejów rosyjskiej nauki prawa karnego w XIX wieku. Uczebnik ugołovnogo prava Włodzimierza Spasowicza (1829–1906), ZP UKSW 2, 2 (2002), S. 101–116.

32 W. Spasowicz, Najnowsze prądy w nauce prawa karnego, Petersburg 1892.

33 J. Stelmach / W. Uruszczak (Hrsg.), Uniwersytet (vgl. Anm. 11), S. 191–193; P. M. Żukowski, Profesorowie (vgl. Anm. 12), S. 256–258. Siehe auch: K. Pol, Poczet (vgl. Anm. 9), Aufl. 2, S. 459–472.

34 A. Zębik, Przestępstwo, wina i kara w poglądach Edmunda Krzymuskiego, AUL, Folia Iuridica 22 (1985), S. 79–95; J. Koredczuk, *Edmund Krzymuski jako neokantysta*, AUWr nr 2367. Prawo CCLXXVI, Wrocław 2002, S. 259–275. Siehe auch: D. Janicka, Spór o teorie kary w dobie klasycznej szkoły prawa karnego na ziemiach polskich i niemieckich w XIX wieku, PKHN PAU, Bd. 2 (2000), S. 107–126.

dazu Senator der II. Republik und maßgeblicher Autor des ersten modernen polnischen Strafgesetzbuches von 1932[35]. Allerdings haben bisher vor allem Strafrechtler das Lebenswerk von Makarewicz aufgearbeitet, weniger Rechtshistoriker. Die Strafrechtlerin Prof. Alicja Grześkowiak von der Katholischen Universität Lublin hat 2005, zum 50. Todestag des führenden polnischen Vertreters der Strafrechtswissenschaft, einen Sammelband zu seinen Auffassungen herausgegeben[36]. Er enthält neben einem ausführlichen Kapitel zur Biographie von Makarewicz aus der Feder des Rechtshistorikers Adam Redzik[37] auch detaillierte Beiträge zu seinem wissenschaftlichen Werk. Das runde Jubiläum des Todes von Makarewicz war auch Anlass zur Herausgabe eines weiteren Tagungsbandes, in dem Strafrechtsspezialisten ausgewählte Aspekte seines wissenschaftlichen Erbes diskutierten. Auch dieses Buch, das von Ireneusz Nowikowski und Paweł Strzelec[38] herausgegeben wurde, ergänzt unser Wissen über Leben und Werk des Lemberger Professors[39].

In den darauf folgenden Jahren sind, wieder auf Initiative von Prof. A. Grześkowiak, viele Werke von Makarewicz neu herausgegeben worden, darunter auch die ursprünglich nur auf deutsch erschienenes Buch „Wstęp do filozofii prawa karnego w oparciu o podstawy historyczno-rozwojowe“ [“Einführung in die Philosophie des Strafrechts auf entwicklungsgeschichtlicher Grundlage“][40] und „Kodeks karny z komentarzem“ [„Strafgesetzbuch mit Kommentar“][41] sowie zwei umfangreiche

35 P. M. Żukowski, Profesorowie (vgl. Anm. 12), S. 313–315.

36 A. Grześkowiak (Hrsg.), Prawo karne w poglądach Profesora Juliusza Makarewicza, Lublin 2005, 365 Seiten. Als Folgeband erschien ein weiteres Buch, das zwar die bekannte polnische Strafrechtskodifikation von 1932 behandelte, aber doch zahlreiche Bezüge auf die Konzeptionen von Makarewicz enthält: A. Grześkowiak (Hrsg.), Kodeks karny z 1932 roku, Lublin 2015.

37 A. Redzik, Profesor Juliusz Makarewicz – życie i dzieło, in: A. Grześkowiak (Hrsg.), Prawo karne w poglądach [vgl. Anm. 36], S. 23–92; mehr zum Leben und Werk von Makarewicz siehe: G. Rejman, Juliusz Makarewicz – polski uczony na przełomie XIX i XX wieku (1872–1955), ebd. S. 93–117. Vgl. eine kurze Darstellung von A. Zoll, Juliusz Makarewicz (1872–1955), in: J. Stelmach / W. Uruszczak (Hrsg.), Uniwersytet (vgl. Anm. 11), S. 275–279. Siehe schließlich eine populärwissenschaftliche Publikation von K. Pol, Poczet (vgl. Anm. 9), Aufl. 2, S. 841–865.

38 I. Nowikowski / P. Strzelec (Hrsg.), Karnopolityczne koncepcje profesora Juliusza Makarewicza - wczoraj i dziś. (W 50. rocznicę śmierci), Lublin 2006, 142 Seiten.

39 A. Redzik, Działalność dydaktyczna Profesora Juliusza Makarewicza, in: I. Nowikowski / P. Strzelec (Hrsg.), Karnopolityczne koncepcje (vgl. Anm. 38), S. 71–99; E. Skrętowicz / P. Strzelec, Ostatnie lata życia Profesora Juliusza Makarewicza, ebd., S. 101–106.

40 Wstęp do filozofii prawa karnego w oparciu o podstawy historyczno-rozwojowe, übers. K. Jakubów, hrsg. A. Grześkowiak, Lublin 2009. Diese Ausgabe enthält ein Vorwort von A. Grześkowiak (S. 7–9) und eine Einführung von G. Rejman (S. 11–16). Die deutsche Ausgabe erschien 1906 in Stuttgart.

41 J. Makarewicz, Kodeks karny z komentarzem, Hrsg. A. Grześkowiak / K. Wiak, Lublin 2012, 697 Seiten. Es ist ein Reprint der fünften Auflage des Makarewiczs Kommentar von 1938 mit einem Vorwort von A. Grześkowiak (ebd. S. III-VI).

Bände von „Prace rozproszone" ["Miszellanea"][42]. Die Werke des Lemberger Gelehrten dem polnischen Publikum wieder zugänglich gemacht zu haben, verdient hohe Anerkennung, zumal die Neuausgaben in einigen Fällen mit Einleitungen oder Kommentaren versehen worden sind[43].

Es ist zu hoffen, dass diese Wiederveröffentlichung auch als Anlass genommen wird, sich den Konzeptionen von Makarewicz noch einmal in der Forschung zuzuwenden. Es gibt auf diesem Feld breite und differenzierte Möglichkeiten; davon zeugen die Beiträge der beiden Rechtshistoriker Józef Koredczuk[44] und Mariusz Mohyluk[45] sowie noch weitere Texte[46]. Auch die Autorin dieser Zeilen hat vor kurzem eine Arbeit zum Verhältnis von Makarewicz zu seinem akademischen Lehrer Franz von Liszt vorgelegt[47].

Am Rande sei zum Thema der Wiederherausgabe der Werke von Makarewicz erwähnt, dass Rechtshistoriker relativ selten solche Projekte, alte wissenschaftliche Texte neu zu edieren, in Angriff nehmen. Die Initiative auf diesem Gebiet liegt dagegen bei einigen Vertretern der Strafrechtswissenschaft, etwa Prof. Jan Widacki[48]. Auch Vertreter anderer Sozialwissenschaften entwickeln gelegentlich Interesse für juristische Texte, etwa Pädagogen. An dieser Stelle seien die von Danuta Raś zusammengestellten und edierten Anthologien erwähnt; sie umfassen vor allem Beiträge aus den Bereichen Kriminologie und Strafvollzugswissenschaft[49]. Auch wenn sie

42 J. Makarewicz, Prace rozproszone. T. 1: Publikowane w latach 1895–1901, Hrsg. A. Grześkowiak, Lublin 2010, 439 Seiten; J. Makarewicz, Prace rozproszone. T. 2: Publikowane w latach 1902–1913, Hrsg. A. Grześkowiak, Lublin 2012, 461 Seiten. Diese Publikationen hatten keine größeren Vorworte. Sie enthielten thematisch angeordnete Texte von Makarewicz, wobei als Gliederungsschema galt: Rechtsphilosophie, Strafrecht und Kriminologie, Strafverfahren und Rechtsprechung, Miszellanea (vor allem Rezensionen). In Band 2 wurden auch soziale Fragen behandelt.

43 Siehe oben Anm. 41–43.

44 J. Koredczuk, Poglądy Juliusza Makarewicza na zmiany w prawie karnym niemieckim po 1939 roku, AUWr Nr. 2750: Studia nad Faszyzmem i Zbrodniami Hitlerowskimi 28 (2005), S. 379–398.

45 M. Mohyluk, Juliusz Makarewicz o radzieckim prawie karnym, in: MI, Bd. 7: Między I a III Rzecząpospolitą. Kształtowanie europejskiej kultury prawnej. Prace ofiarowane prof. zw. dr. hab. Adamowi Lityńskiemu w czterdziestolecie pracy naukowej, Hrsg. M. Mikołajczyk / A. Drogoń, Tychy 2005, S. 218–231.

46 Vgl. bspw.: M. Wąsowicz, Kara w polskiej myśli prawniczej w XIX wieku, CPH 39, 1 (1987), S. 71–94.

47 D. Janicka, Makarewicz a Liszt. Próba analizy porównawczej, CPH 67, 1 (2015), S. 107–128.

48 J. Widacki gab einige Werke von E. Krzymuski heraus: E. Krzymuski, Szkoła klasyczna w defensywie, Kraków 2013; E. Krzymuski, Szkoła pozytywna prawa karnego we Włoszech, Kraków 2015; E. Krzymuski, Teoria karna Kanta: ze stanowiska jego ogólnej nauki o rozumie praktycznym, Kraków 2013; überdies gab er eine Bearbeitung von Rechtsmediziner und Professor Leon Wachholz, Rozważania o przyczynach zbrodni, Kraków 2008.

49 D. Raś, Uwagi o więzieniach, zapobieganiu występkom i wychowaniu młodzieży: wybór tekstów z XVI–XX wieku, Kraków 2011; D. Raś, Przestępczość i wychowanie w dwudziestoleciu międzywojennym: wybór tekstów, Kraków 2011.

in der Regel die Primärtexte ohne größere Kommentare oder Hinweise präsentieren, demonstrieren solche Editionen doch Fragen und Themen, die Gelehrte vor hundert oder zweihundert Jahren behandelt haben. In den Jahren 2015–2017 lief an der Nikolaus-Kopernikus-Universität ein vom polnischen Nationalen Wissenschaftszentrum bezuschusstes Teamprojekt mit dem Ziel, eine rechtshistorische Dokumentation in Gestalt einer spezifischen Anthologie von Auszügen aus Texten der größten polnischen Strafrechtler mit einer Einführung und einem Kommentar herauszugeben[50].

Um zur Charakteristik der rechtshistorischen Forschungen zur polnischen Strafrechtswissenschaft zurückzukehren: weitaus häufiger behandeln sie die Periode zwischen den beiden Weltkriegen in Polen.

Zuletzt galt das Interesse vor allem Wacław Makowski (1880–1942), Professor an der Universität Warschau, Anwalt und herausragendes Mitglied der Kodifikationskommission, Senator und Mitautor der Aprilverfassung von 1935[51]. Zu seiner Staatstheorie hat Grzegorz Ławnikowicz[52] eine grundlegende Studie vorgelegt und über die strafrechtlichen Konzeptionen Makowskis haben sich zuletzt u. a. Andrzej Pasek[53] und Mariusz Mohyluk[54] geäußert.

Auch über Bronisław Wróblewski (1888–1941), der an der Jagiellonen-Universität studiert hatte und später als Professor und Rektor der Stefan-Batory-Universität in Wilna wirkte, hat Jerzy Kolarzowski eine Monographie vorgelegt. Leider existiert sie nur als Typoskript, weil es zu einer Publikation nicht gekommen ist[55]. Künftige Forscher haben also einige, nicht immer einfache Arbeit vor sich[56]. Denn die Hinterlassenschaft Wróblewskis ist bedeutend und nicht nur für Juristen

50 Das Ergebniss dieser Forschung ist das Buch von D.Janicka, Polska myśl prawnokarna XIX–XX wieku: autorzy i ich dzieła. Od szkoły klasycznej do socjologicznej, mit dem Nachwort von J. Lachowski, Toruń 2017.

51 G. Bałtruszajtys (Hrsg.), Profesorowie (vgl. Anm. 10), S. 105–108. Siehe auch: K. Pol, Poczet (vgl. Anm. 9), Aufl. 2, S. 1037–1053.

52 G. Ławnikowicz, Między koniecznością państwa a pochwałą autorytaryzmu. Koncepcja państwa społecznego Wacława Makowskiego, Lublin 2014.

53 A. Pasek, Znaczenie profesora Wacława Makowskiego dla rozwoju polskiego prawa karnego, in: T. Kruszewski (Hrsg.), Nauka i nauczanie prawa w dziejach, Wrocław 2011, S. 81–90.

54 M. Mohyluk, Wacław Makowski o radzieckim prawie karnym, MHI 7 (2009), S. 85–94.

55 J. Kolarzowski, Myśl prawnicza Bronisława Wróblewskiego, Warszawa 1996, 232 Seiten, maschinengeschriebenes Manuskript in der Bibliothek der Juristischen Fakultät der Universität Warschau. Siehe auch: J. Kolarzowski, Definicja i funkcje polityki kryminalnej w pracach Bronisława Wróblewskiego, SI 31 (1996).

56 Siehe erste unvollständige Informationen: M. Tarkowski, Wydział (vgl. Anm. 14), S. 97–103, 231–237. Siehe auch: K. Buchała, Koncepcja polityki kryminalnej w pracach Bronisława Wróblewskiego, SP 3 (1983), S. 9–19.

von Interesse, sondern auch für Soziologen[57]. Seine originellen Konzepte in der Kriminologie, Pönologie oder Kriminalpolitik sind komplex und verwickelt und liegen im Grenzbereich mehrerer Sozialwissenschaften[58].

Nicht in Vergessenheit geraten ist Ludwik Dworzak (1900–1941?), ein Schüler von Makarewicz, Professor für Straf- und Strafprozessrecht sowie Kriminalpolitik und überdies Richter in Lemberg sowie – für kurze Zeit – Hochschullehrer an der Katholischen Universität Lublin[59]. Zuletzt hat Adam Redzik sein Leben und Werk gewürdigt[60]. Dasselbe kann man über Stanisław Śliwiński (1887–1959), sagen, ebenfalls ein Makarewicz-Schüler, Professor an der Universität Warschau und Mitglied der Kodifikationskommission[61]; er arbeitete selbst in der Zeit der nazideutschen Besatzung wissenschaftlich zum Straf- und Strafprozessrecht weiter, lehrte und veröffentlichte ein Lehrbuch[62]. Seine Tätigkeit ist unvergessen, auch wenn man von einem breiteren wissenschaftlichen Interesse an seiner Person und seiner Leistung einstweilen nicht sprechen kann[63].

Gegenstand spezieller Forschungen ist hingegen vor einigen Jahren das Denken von Aleksander Mogilnicki (1875–1957) geworden. Er war Richter und Anwalt, Professor an der Universität Warschau, Autor zahlreicher Arbeiten zum Straf- und Strafprozessrecht[64]. Bekannt ist sein ereignisreicher Lebenslauf als Theoretiker und Praktiker des Rechts, Mitglied der Kodifikationskommission (in der er der Hauptberichterstatter für das Gesetz über Jugendgerichte und die Strafprozessordnung war), während der Nazibesatzungszeit politischer Gefangener und Teilnehmer am Warschauer Aufstand[65]. 2015 ist an der Marie-Skłodowska-Curie-Universität in Lublin Agata Grudzińska mit einer Arbeit über „Koncepcje prawne Aleksandra

57 Vgl. U. Moś, Bronisław Wróblewski: przypadek socjologizmu polskiego, in: Szkice z historii socjologii polskiej, Hrsg. K. Sowa, Warszawa 1983, S. 136–152.

58 B. Wróblewski, Wstęp do polityki kryminalnej, Wilno 1922; B. Wróblewski, Penologia. Socjologia kar, Bd. 1–2, Wilno 1926.

59 A. Dębiński / W. Sz. Staszewski / M. Wójcik (Hrsg.), Profesorowie (vgl. Anm. 13), S. 119–122.

60 A. Redzik, Ludwik Dworzak (1900–1940?) – najbliższy uczeń Juliusza Makarewicza, in: Problemy stosowania prawa sądowego. Księga ofiarowana Profesorowi Edwardowi Skrętowiczowi, Hrsg. I. Nowikowski, Lublin 2007, S. 605–615.

61 G. Bałtruszajtys (Hrsg.), Profesorowie (vgl. Anm. 10), S. 136–137.

62 S. Śliwiński, Polskie prawo karne materialne, Warszawa 1946.

63 S. Kalinowski, Profesor Stanisław Śliwiński, SI 25 (1993), S. 135–139; G. Rejman, Wykłady prof. Stanisława Śliwińskiego w okresie tajnego nauczania (polskie prawo karne materialne), SI 25 (1993), S. 141–152; M. Cieślak, Spuścizna naukowa Stanisława Śliwińskiego, SWNS PAN 8 (1965), Hf.1, S. 39–56. Siehe auch: K. Pol, Poczet (vgl. Anm. 9), Aufl. 2, S. 1171–1184.

64 A. Mogilnicki, Indywidualizacja kary, Warszawa 1900; A. Mogilnicki, Kary dodatkowe: kary cielesne, kary hańbiące, pozbawienie czci i praw, Warszawa 2007; A. Mogilnicki, Dziecko i przestępstwo, Warszawa 1916.

65 PSB Bd. 21, Wrocław-Warszawa-Kraków-Gdańsk 1976, S. 559–562. Siehe auch: K. Pol, Poczet (vgl. Anm. 9), Aufl. 2, S. 891–902.

Mogilnickiego" [„Die juristischen Konzeptionen Aleksander Mogilnickis"] promoviert worden, und man kann nur hoffen, dass diese Schrift demnächst im Druck erscheint.

Dagegen harrt Emil Stanisław Rappaport (1877–1965), Absolvent der Universität Warschau, Anwalt, Richter und Professor an der Freien Allgemeinen Polnischen Hochschule und Dozent in Lemberg, noch seines Biographen[66]. Auch er war Mitglied der Kodifikationskommission und nach dem Ende des Zweiten Weltkriegs Professor der Universität Łódź. Sein langes Leben und so umfangreiches wie vielseitiges Werk, das schon zu seinen Lebzeiten auch im Ausland rezipiert wurde, hat sicherlich eine Bearbeitung verdient. Einstweilen aber sind nur Einzelbeiträge zu ihm erschienen, u. a. von Andrzej Pasek und Adam Redzik[67].

Die Erinnerung an Leon Peiper (1865–1942) ist vor kurzem aufgefrischt worden. Er war promovierter Jurist und verband seinen Beruf als Anwalt mit wissenschaftlicher Tätigkeit. Er war in der Zwischenkriegszeit einer der aktivsten Kritiker und Kommentatoren des damaligen Strafrechts. Sein Leben und Werk wurden vor kurzem durch Zenon Andrzejewski und Adam Redzik gewürdigt[68]. Dasselbe lässt sich auch über Józef Reinhold (1884–1928) sagen, den früh verstorbenen Professor der Jagiellonen-Universität und Mitbegründer der polnischen Kriminalpolitik[69]. Seine Lebensleistung hat vor kurzem Andrzej Dziadzio in Erinnerung gerufen[70]. Vor dem Vergessen bewahrt wurde auch die Gestalt des Gelehrten und Anwalts Józef Rosenblatt (1853–1917)[71]; an den Professor der Jagiellonen-Universität und Autor zahlreicher Arbeiten zum Straf- und Strafprozessrecht hat vor kurzem der Strafrechtler Prof. Jan Widacki erinnert[72].

Im Schatten ist bisher der außergewöhnliche Gelehrte Stefan Glaser (1895–1984) geblieben. Der Professor der Katholischen Universität Lublin und später der Universität Wilna war nach dem Prozess von Brest gezwungen, den Universitätsdienst

---

66 A. Liszewska / A. Pikulska-Radomska, 70 lat (vgl. Anm. 13), S. 155–161. Siehe auch: K. Pol, Poczet (vgl. Anm. 9), Aufl. 2, S. 949–968.

67 A. Pasek, *Udział profesora Emila Stanisława Rappaporta w pracach Komisji Kodyfikacyjnej Rzeczypospolitej Polskiej*, AUWr Nr. 2887, Prawo Bd. CCXCVIII, Studia Historycznoprawne, Wrocław 2006, S. 261–27; A. Redzik, Emil Stanisław Rappaport (1877-1965). GłP 5, 2 (2022), S. 441–457.

68 Z. Andrzejewski / A. Redzik, Leon Peiper (1865–1942) – zapomniany wybitny uczony i adwokat, Pal. 1–2 (2008), S. 177–190.

69 P. M. Żukowski, Profesorowie (vgl. Anm. 12), S. 418–419.

70 A. Dziadzio, Józef Reinhold (1884–1928) – „zapomniany" profesor prawa karnego Uniwersytetu Jagiellońskiego, KSHPiP 7, 2 (2014), S. 263–272.

71 PSB Bd. 32, Wrocław-Warszawa-Kraków 1989–1991, S. 69–71; P. M. Żukowski, Profesorowie (vgl. Anm. 12), S. 426–428.

72 Vgl. J. Widacki, Zapomniany profesor prawa karnego, in: J. Widacki, Szkice z dziejów prawa karnego i kryminologii w Krakowie: myśli i ludzie, Kraków 2014, S. 127–159.

zu verlassen und Anwalt zu werden[73]. Er war ein vorzüglicher Fachmann für Straf- und Strafprozessrecht, der sich nach dem Krieg entschied, in Belgien zu bleiben, wo speziell für ihn ein neuer Lehrstuhl geschaffen wurde. Er wurde im Westen berühmt als hervorragender Spezialist für internationales Strafrecht[74]. Die polnische Literatur der sozialistischen Zeit hat sein Schaffen ignoriert; seine wissenschaftliche Leistung harrt nach wie vor der Wiederentdeckung.

Wenn man das durch die Professoren Stanisław Salmonowicz und Zbigniew Zdrójkowski vor Jahren umrissene Forschungsprogramm aktualisieren will, wäre es sicherlich geraten, auch Biographien und Leistungen der jüngeren polnischen Spitzenjuristen der ersten Hälfte des 20. Jahrhunderts zu beschreiben.

Zu nennen wären hier Persönlichkeiten wie Mieczysław Szerer (1884–1981), Anwalt, Richter und Autor zahlreicher origineller Arbeiten[75]; Zdzisław Papierkowski (1903–1980), Makarewicz-Schüler, Hochschullehrer und Richter in Lemberg[76]; Jerzy Śliwowski (1907–1983), Spezialist für Straf- und Strafvollzugsrecht, Professor der Nikolaus-Kopernikus-Universität[77], oder Władysław Wolter (1897–1986), Krzymuski-Schüler und Professor an der Jagiellonen-Universität[78].

Unter den Genannten hat bisher nur das Schaffen von Mieczysław Szerer einiges Interesse der Nachwelt hervorgerufen, insbesondere seine Arbeiten zum Thema der Garantie von Bürgerrechten und Rechtsstaatlichkeit sowie zu soziologischen Themen[79]. Władysław Wolter ist dagegen ein Tagungsband gewidmet, der durch Strafrechtler erstellt wurde[80]. Über andere führende Angehörige der jüngsten Strafrechtslehre ist noch nicht viel bekannt, auch wenn bereits die ersten skizzenhaften Arbeiten entstehen[81].

---

73 M. Cieślak, Stefan Glaser (1895–1984), PiP 4 (1985), S. 104–106 (Nachruf). Siehe auch: M. Tarkowski, Wydział (vgl. Anm. 14), S. 104–108 und 239–243.

74 M. Marszał / J. Przygodzki, Wybitni prawnicy na przestrzeni wieków, Wrocław 2006, S. 229–230.

75 Vgl. PSB Bd 48, Hf. 2, Warszawa-Kraków 2012, S. 261–265.

76 Vgl. A. Dębiński / W. Sz. Staszewski / M. Wójcik (Hrsg.), Profesorowie (vgl. Anm. 13), S. 341–349.

77 Vgl. A. Michalska-Warias, Jerzy Śliwowski (1907–1983), in: A. Przyborowska-Klimczak (Hrsg.), Profesorowie (vgl. Anm. 13), S. 288–301.

78 Vgl. P. M. Żukowski, Profesorowie (vgl. Anm. 12), S. 570–571; J. Stelmach, W. Uruszczak (Hrsg.), Uniwersytet (vgl. Anm. 11), S. 337–345.

79 A. Puchejda, Odpowiedzialność i polityka wolności. Rzecz o Mieczysławie Szererze, in: M. Szerer, Śmiertelni Bogowie. Rzecz o demokracji i dyktaturze, Warszawa 2014; P. Kwiatkowski, Mieczysław Szerer, in: Sto lat socjologii polskiej, Hrsg. J. Szacki, Warszawa 1995.

80 K. Dyl (Hrsg.), Seminarium z okazji 110. rocznicy urodzin Profesora Władysława Woltera, Kraków 2007. Siehe auch eine polnische Videoaufzeichnung dieses Seminars: http://www.czpk.pl/index.php/wideo/czy-istnieje-krakowska-szkola-prawa-karnego (letzter Zugriff am 23.04.2023).

81 Siehe P. Sendecki, Adwokat profesor Zdzisław Papierkowski (1903–1980) – w 110 rocznicę urodzin, Pal. 3–4 (2013), S. 256–261.

3. Schussfolgerungen

Rechtshistoriker haben in den letzten Jahren nur wenige größere Arbeiten zur Geschichte der modernen Strafrechtswissenschaft vorgelegt. Kürzere Beiträge, insbesondere Publikationen von lexikalischem Charakter, gibt es dagegen etliche. Dank dieser Forschungsaktivitäten gibt es heute praktisch keine verdienten Vertreter der Rechtswissenschaft mehr, die vollständig in Vergessenheit geraten wären, auch wenn viele Gelehrte nach wie vor im Schatten stehen. Die polnische Strafrechtsdoktrin der Wende zum 20. Jahrhundert und der ersten Hälfte desselben ist vorwiegend von Strafrechtlern dargestellt worden; sie haben vor allem zu der Pflege des Andenkens an die Lebensleistung von Juliusz Makarewicz vieles beigetragen. Dieses Engagement der Strafrechtsspezialisten für die Erforschung der Geschichte der modernen Strafrechtswissenschaft verdient alle Anerkennung, obwohl man an dieser Stelle vielleicht daran erinnern darf, dass ihre Herangehensweise natürlich eine andere ist als die von Rechtshistorikern. Die letzteren werden immer anstreben, die Entstehung und den breiteren Kontext bestimmter Ansichten, Strömungen oder Schulen herauszuarbeiten, werden diese vor dem Hintergrund der jeweiligen sozialen und politischen Rahmenbedingungen in ihre Epoche einordnen.

Eine schöne Anregung zu Forschungen zur Geschichte des juristischen Denkens hat unabhängig von den Professoren Stanisław Salmonowicz und Zbigniew Zdrójkowski Prof. Katarzyna Sójka-Zielińska formuliert. Prof. Wojciech Witkowski hat sie in einer seiner originellen rechtshistorischen Monographien zitiert, und auch ich möchte abschließend dieses Zitat anführen:

> „Schon seit längerer Zeit ist die Forderung laut geworden, unseren Wissensstand über Leben und Werk der wichtigsten Persönlichkeiten aus Rechtswissenschaft und juristischer Praxis zu erweitern, damit ihre Leistungen im Bewusstsein künftiger Generationen präsent bleiben und die Erinnerungen an die großen Traditionen unserer Jurisprudenz wachgehalten werden, die in schwierigen Zeiten der Knechtschaft das Bewusstsein der nationalen Identität gepflegt hat. In der langfristigen Perspektive könnte und sollte daraus eine Gesamtsynthese der Geschichte des juristischen Denkens in Polen hervorgehen“[82].

Laborare necesse est…

Kurzfassung

Polnische Wissenschaftler, vor allem Rechtshistoriker und Strafrechtler, forschen derzeit intensiv an der Geschichte der modernen Strafrechtsdoktrin in Polen. Denn diese kann auf beachtliche Leistungen in Theorie und Kodifikation nicht nur aus

---

82 W. Witkowski, Aleksander This (vgl. Anm. 23), S. 10.

der Zwischenkriegszeit zurückgreifen, sondern auch schon auf der vorhergegangenen Periode der Teilung Polens. Die polnische wissenschaftliche Literatur der letzten Jahre verzeichnet zahlreiche Abhandlungen über einzelne Vertreter der Strafrechtswissenschaft, die in der Zeit der Zweiten Republik oder auch schon vor 1918 tätig waren. Wertvolle zusammenfassende Informationen enthalten Lehrbücher der Rechtsgeschichte und des Strafrechts, Lexika und eine Vielfahl universitärer Gedenkpublikationen. Detailanalysen finden sich in Monographien, Aufsätzen, Quellensammlungen und Neuauflagen historischer Werke, letztere nicht selten in kommentierter Form. Die Quellenbasis ist durch die Digitalisierung vieler Bibliotheken in Polen erheblich erweitert worden; diese Bestände machen zum Beispiel Kopien vollständiger Jahrgänge der polnischen juristischen Fachzeitschriften des 19. und frühen 20. Jahrhunderts wieder zugänglich. Am besten erforscht sind die wissenschaftlichen Leistungen an den Universitäten Krakau, Lemberg und Warschau, insbesondere das Werk der Professoren Juliusz Makarewicz, Wacław Makowski und Aleksander Mogilnicki. Der Aufsatz bietet sowohl einen Literaturbericht, als auch eine Einschätzung des Forschungsstandes zur modernen Strafrechtswissenschaft in Polen. Er umfasst wissenschaftliche Arbeiten von Rechtshistorikern und Strafrechtswissenschaftlern aus ungefähr den letzten 30 Jahren. Die wichtigsten Werke zur Doktrin des Strafrechts im 19. und 20. Jahrhundert werden erwähnt, selbst wenn ihr Umfang bescheiden ist. Gezeigt wird, welche Themenbereiche bereits weitgehend erschlossen sind, und welche noch auf ihre Erforschung und Publikation warten. Schließlich werden diejenigen Themen und Persönlichkeiten polnischer Juristen genannt, die in Vergessenheit geraten sind, aber deren Werk neue Forschungen verdient.

Summary

On the progress of research on the history of modern Polish criminal law science

Contemporary Polish scholars, especially historians of law and criminal law experts, conduct a large body of research on the history of modern doctrine of criminal law in Poland. This doctrine has considerable achievements in theory and in codification, not only noted in the interwar period, but also in the earlier period of partitions. In the Polish research and scholarly literature of recent years, one can find numerous studies devoted to scholars of the penal sciences active in the Second Republic of Poland and, earlier, in the Polish lands under partitions. Textbooks on the history of law and criminal law, encyclopaedias and numerous festschrifts contain valuable and concise information. Detailed analyses are provided by monographs, papers, source anthologies and re-editions of earlier works, often with commentaries. The resources of national digital libraries including, e. g., copies of sets of Polish legal journals from the nineteenth and early twentieth centuries offer a solid reference background. The scholarly output of the former academic circles of Kraków, Lvov and Warsaw, including works of Professors Juliusz Makarewicz, Wacław Makowski and Aleksander Mogilnicki, has been researched in greatest detail. This study presents and evaluates the state of research on the history of modern criminal law in Poland. It shows the achievements of historians of law and criminal law experts during the last three decades. It enumerates the most important works devoted to the doctrine of criminal law in the nineteenth and twentieth centuries, even those less extensive volume-wise. It indicates which issues have already been developed and which are still waiting to be explored and published. Finally, it lists topics and especially those Polish lawyers who have been forgotten but still merit new research.

Grundlagen der Kodifikation des polnischen Strafrechts von 1932

Die Sektion Strafrecht wird mit weniger Schwierigkeiten konfrontiert sein als die Sektion Zivilrecht. Außerdem ist ihr Thema weniger umfangreich.
Franciszek Ksawery Fierich, Rzut oka na najważniejsze zadania prac kodyfikacyjnych, KPCiK 1919

Die Mitglieder der Sektion vertraten in ihren Anschauungen zwei zahlenmäßig fast gleich große Gruppen. Die eine von ihnen stand den klassischen Konzeptionen des Strafrechts über die Begriffe von Schuld, Strafe und Aufgaben der Kriminalpolitik usw. näher, die andere neigte mehr oder minder deutlich zu den Tendenzen zur sozialen Verteidigung als Grundlage eines modernen Strafrechts; diese Haltung äußerte sich darin, dass die Vertreter der zweiten Gruppe im Zuge der Neuerungen den Vorrang der Sicherungs- und Besserungsmaßnahmen, der Einführung von Urteilen auf unbestimmte Dauer und der Vermeidung komplizierter Schuldkonstruktionen u. dgl. durchsetzen wollten.
Wacław Makowski, Wyjaśnienie do projektu odrębnego części ogólnej kodeksu karnego, RPEiS 1925

1. Einführende Bemerkungen

Die Arbeit an der Kodifikation des Strafrechts begann im November 1919 in Warschau am Dienstsitz des Obersten Gerichts im Krasiński-Palais, das damals den Beinamen Palast der Republik trug. Auf den ersten Treffen der Strafrechtsabteilung der Kodifikationskommission ging es noch nicht um die Grundvoraussetzungen des künftigen Gesetzbuches. Zunächst besprach man organisatorische Fragen und bemühte sich festzulegen, was Ziel der Arbeit sein solle. Man einigte sich auf die Erstellung eines neuen, eigenen, also polnischen, Strafgesetzbuches. Die ersten Entwürfe hierfür, verfasst von hervorragenden Gelehrten, lagen der Kommission schon vor; von ihnen wird später noch die Rede sein. Aber sie wurden nicht zur Arbeitsgrundlage. Der Vizepräsident der Abteilung, Prof. Juliusz Makarewicz, trat für ein anderes Beratungsverfahren ein und setzte sich damit ohne größeren Widerstand durch: es solle zunächst ein Fragebogen zur Programmatik des Allgemeinen Teils des Strafgesetzbuches erstellt und diskutiert werden; er selbst erstellte dieses Dokument. Auf diese Weise begann eine Arbeit, die ab Mitte Mai 1920 im Rahmen der neu errichteten Sektion für materielles Strafrecht fortgeführt wurde und schließlich im September 1931 damit endete, dass die Kodifikationskommission ihren Entwurf des Strafgesetzbuches endgültig verabschiedete und an das Justizministerium übermittelte[1].

Welche Konzeptionen lagen den Kodifikationsarbeiten zugrunde, und was war ihr Ursprung? Wurden sie veröffentlicht und artikuliert, und wenn ja, wann? Was waren die Grundannahmen des entstehenden Gesetzbuches und was die darauf aufbauenden Detailüberlegungen? Was waren die am kontroversesten diskutierten Fragen? Welche Gestalt erhielten sie in der Endfassung des Entwurfs? Der vorliegende Beitrag will versuchen, diese und weitere Fragen zu beantworten.

2. Quellen und Herkunft der Grundannahmen der Kodifikationsarbeiten

Das Fundament der Kodifikationsarbeiten ist nicht aus dem Nichts entstanden. Ganz im Gegenteil: seine Grundannahmen wurden in den Leistungen der polnischen Strafrechtsdoktrin der ersten Jahre des 20. Jahrhunderts vorgeprägt. Diese hatte bereits seit den 1870er Jahren für die Umstände der Teilung Polens relativ günstige Entwicklungsbedingungen vorgefunden. Sie bildete sich vor allem an den polnischsprachigen Universitäten Krakau und Lemberg heraus, aber auch in der Tätigkeit wissenschaftlicher Vereinigungen und in den Spalten juristischer Fachzeitschriften. In Warschau dominierte der 1907 gegründete Juristische Verein sowie die „Gazeta Sądowa Warszawska" [„Warschauer Gerichtszeitung"]. In Galizien kamen u. a. „Czasopismo Prawnicze i Ekonomiczne" [„Juristische und Volkswirtschaftliche Zeitschrift"] und „Przegląd Prawa i Administracji" [„Rechts- und Verwaltungsumschau"] heraus. Seit 1887 fanden über die Teilungsgrenzen hinweg gesamtpolnische Kongresse von Juristen und Volkswirten statt und bildeten eine wichtige Arena für wissenschaftliche Debatten und den Austausch von Erfahrungen. Bis zum Ersten Weltkrieg wurden fünf dieser Kongresse veranstaltet. So kristallisierten sich zwei Milieus heraus, die später die Gründungsväter des polnischen Strafrechts hervorbrachten: die galizischen Universitäten und der Warschauer Verein. Aus ihrer Mitte kamen viele der Gelehrten und Praktiker, die 1919 in die Strafrechtsabteilung der Kodifikationskommission berufen wurden[2].

1 Zur Kodifikationskommission und ihrer Tätigkeit eingehend: A. Lityński, Wydział karny Komisji Kodyfikacyjnej II Rzeczypospolitej: dzieje prac nad częścią ogólną kodeksu karnego, Katowice 1991, S. 40 ff.

2 Siehe: S. Grodziski, W osiemdziesięciolecie Komisji Kodyfikacyjnej (Geneza i struktura), PiP 2000, Hf. 4, S. 12; D. Janicka, Polska myśl prawnokarna XIX–XX wieku: autorzy i ich dzieła. Od szkoły

Polnische Juristen, darunter insbesondere die Strafrechtler in der Kodifikationskommission, vertraten Konzeptionen, die sich in der Jurisprudenz im Rahmen der sogenannten klassischen (manchmal seinerzeit auch als neoklassisch bezeichneten) bzw. der modernistischen oder soziologischen Strafrechtsschule herausgebildet hatten. Polnische Rechtswissenschaftler waren Zeuge einer offenen wissenschaftlichen Konfrontation zwischen Vertretern beider Strömungen der Strafrechtswissenschaft, die auf deutschem Boden um die Wende zum 20. Jahrhundert im Gang war; auch sie selbst hielten sich von diesen Auseinandersetzungen nicht fern[3].

Unabhängig davon, welchen Prinzipien sie insbesondere in der Frage, wie die Kriminalität am wirksamsten zu bekämpfen sei, anhingen, akzeptierten so gut wie alle polnischen Rechtswissenschaftler bestimmte universelle Grundsätze des Strafrechts, die in den europäischen Rechtsordnungen seit Mitte des 19. Jahrhunderts Fuß gefasst hatten: etwa die Prinzipien der Universalität und Gleichheit des Strafrechts, der Abkehr von der Anwendung von Analogien und der Einschränkung der Todes- und der Körperstrafen. Schon hier soll darauf hingewiesen werden, dass auch polnische Juristen im Zuge der Kodifikationsarbeiten gern und häufig eigene und ausländische Erfahrungen heranzogen, letztere u. a. aus Frankreich, Belgien, der Schweiz, Deutschland, Österreich und Großbritannien, ja sogar solchen aus den USA.

Die führende Rolle unter den Kodifikatoren spielte schnell der Lemberger Professor Juliusz Makarewicz, Autor viel diskutierter und rezipierter Arbeiten, die sich nicht so sehr auf dogmatische Überlegungen stützen, als vielmehr auf Forschungen historisch-ethnographischer und soziologischer Natur. Er war auch Mitglied des Senats, des Oberhauses des polnischen Parlaments jener Zeit[4]. Makarewicz gab sich als Gegner einer Revolutionierung des Rechts zu erkennen und trat für dessen

---

klasycznej do socjologicznej, Toruń 2017, S. 30–39. Mehr über Rolle der juristischen Fachzeitschriften siehe: S. Milewski / A. Redzik, Themis i Pheme: czasopiśmiennictwo prawnicze w Polsce do 1939 roku, Warszawa 2011, passim.

3 Die Auseinandersetzung wurde hauptsächlich in Italien und Deutschland geführt. In Deutschland zog sich der s. g. Schulenstreit mehr oder weniger bis zum Ausbruch des Ersten Weltkriegs hin. Ausgelöst wurde er durch Prof. F. von Liszt; gegen ihn traten die Klassiker, darunter Karl Binding und Karl von Birkmeyer, auf. Einen gewissen Kompromiss zwischen beiden Schulen bildeten die Entwürfe für die Novellierung des deutschen Strafgesetzbuches. Zum Schulenstreit eingehend: C. Bohnert, Zu Straftheorie und Staatsverständnis im Schulenstreit der Jahrhundertwende, Pfaffenweiler 1992; im polnischen Schrifttum: E. S. Rappaport, Zagadnienie kodyfikacji prawa karnego w Polsce, PPiA 45 (1920), S. 38–40. Im noch geteilten Polen vor 1918 kam es zur ersten Konfrontation der Schulen auf dem letzten gesamtpolnischen Juristenkongress vor dem Ende der Teilungszeit: dem V. Kongress der Juristen und Volkswirte in Lemberg – siehe: D. Janicka, Polska myśl, S. 38–39.

4 Mehr über Leben und Werk von Makarewicz siehe: A. Redzik, Profesor Juliusz Makarewicz – życie i dzieło, in: A. Grześkowiak (Hrsg.), Prawo karne w poglądach Profesora Juliusza Makarewicza, Lublin 2005, S. 23–92. Siehe auch einen kurzen Lebenslauf: von Makarewicz: D. Janicka. Polska myśl (vgl. Anm. 2), S. 153–156.

evolutionäre Entwicklung sowie dafür ein, dass die Kodifikation des Rechts die spezifischen kulturellen Bedingungen der Gesellschaft und das allgemeine Gerechtigkeitsempfinden mitberücksichtigen müsste[5].

3. Erste Versuche der Formulierung von Grundannahmen und deren Veröffentlichung

Polnische Juristen hatten den Weg für eine Vereinheitlichung und Kodifikation des Strafrechts schon vor der faktischen Erringung der staatlichen Unabhängigkeit geebnet. In den Jahren 1917 und 1918 gab es entsprechende Vorarbeiten in den zuständigen Ressorts des Vorläufigen Staatsrats und des Regentschaftsrats. Schon im Januar 1919, zwei Monate nach der Proklamation der polnischen Unabhängigkeit, erschien in der „Warschauer Gerichtszeitung" ein entschiedenes Plädoyer von Professor Wacław Makowski für die Einberufung einer speziellen staatlichen Institution mit der Aufgabe, das polnische Recht zu vereinheitlichen und zu kodifizieren[6]. Kaum ein halbes Jahr später fand bereits die konstituierende Sitzung der vom polnischen Sejm berufenen Kodifikationskommission statt[7], und ihr Präsident, Franciszek Ksawery Fierich, wies in seiner Rede auf die wichtigsten Ideen hin, die in Gesetzestexte umgesetzt werden sollten. Auf dem Gebiet des Strafrechts nannte er vor allem die Frage, welches Ziel die Kriminalstrafe und die Weise ihres Vollzugs verfolgen sollten (verbunden mit der Problematik der Organisation des Strafvollzugs), die Notwendigkeit, Maßnahmen der Sicherung und Besserung einzuführen sowie ein spezielles Jugendstrafrecht zu schaffen und das Ordnungswidrigkeitenrecht gesetzestechnisch vom Strafrecht zu trennen. Diese programmatischen Ziele Fierichs wurden mehrfach veröffentlicht[8].

Um diese Zeit gingen bei der Kommission zwei private Entwürfe für den Allgemeinen Teil des Strafrechts ein: einer aus der Warschauer Schule, verfasst von den Professoren und gleichzeitig Anwälten Aleksander Mogilnicki und Emil Stanisław Rappaport, und eines aus Krakau, dessen Autor Prof. Edmund Krzymuski war[9].

5 W. Wolter, O założeniach filozoficznych poglądów Juliusza Makarewicza, PiP 1966, Nr. 2, S. 233. Siehe auch: A. Lityński, Wydział (vgl. Anm. 1), S. 70.

6 W. Makowski, W sprawie ujednostajnienia ustawodawstwa, GSW 1919, Nr. 2–3, S. 13–15.

7 Ustawa z dnia 3 czerwca 1919 r. o komisji kodyfikacyjnej [Gesetz vom 3. Juni 1919 über die Kodifikationskommission], ABl. 1919 Nr. 44 Pos. 315.

8 F. K. Fierich, Rzut oka na najważniejsze zadania prac kodyfikacyjnych, KPCiK 1919, S. 455–480. Siehe auch: A. Lityński, Wydział (vgl. Anm. 1), S. 36; D. Janicka, Rozkwit doktryny prawa karnego w Polsce w dwudziestoleciu międzywojennym – ośrodki, uczeni, idee, SDPiPP 22 (2019), S. 191.

9 A. Mogilnicki / E. S. Rappaport, Projekt kodeksu karnego dla ziem polskich. Zeszyt I - Część ogólna, Warszawa 1916; E. Krzymuski, Projekt Kodeksu Karnego Polskiego. Uwagi autora, Tytuł wstępny i część ogólna, Sonderdruck von KPCiK 1918.

Obwohl beide Vorschläge hinsichtlich doktrinärer Fragen Kompromisscharakter trugen und die Bereitschaft erkennen ließen, Postulate der soziologischen Strafrechtsschule in größerem oder kleinerem Umfang zu berücksichtigen, wurde schon auf den ersten Sitzungen der Strafrechtsabteilung im November 1919 beschlossen, keinen dieser Entwürfe zur Grundlage der weiteren Arbeit zu machen, sondern anders vorzugehen; entsprechende Anträge hatten die Professoren Makowski und Makarewicz gestellt. Letzterer setzte – ohne auf besonderen Widerstand zu treffen – eine andere Arbeitsweise durch: den Gedanken, zunächst eine Art Fragebogen zu erstellen, dessen Beantwortung durch die Teilnehmer der Sektion die diskussions- und entscheidungsbedürftigen Punkte offenlegen solle. Makarewicz selbst erklärte sich bereit, diesen Fragebogen für den Allgemeinen Teil des Strafgesetzbuches zu formulieren[10].

Von da an trug Juliusz Makarewicz die Hauptlast der Kodifikationsarbeit am Allgemeinen Teil: er formulierte nicht nur den Fragebogen, er hielt auch die jeweils einführenden Vorträge. Der Fragebogen entstand um den Jahreswechsel 1919/20; er umfasste 41 Fragen in acht Teilen, die mit den Buchstaben A bis H gekennzeichnet waren. Das so zusammengeführte Diskussionsmaterial umfasste folgende Problemkreise: Umfang des Strafgesetzbuches, Klassifikation und Arten von Straftaten, das Schuldprinzip als Grundlage der strafrechtlichen Verantwortung, der Begriff der versuchten Straftat und der Mittäterschaft, schließlich die anzuwendenden Strafmittel sowie die Klassifizierung mildernder und strafverschärfender Umstände[11]. 1921 legte Makarewicz noch einen ergänzenden Fragebogen vor, in dem er Stellungnahmen zu Fragen wie Zurechnungsfähigkeit, Nebenstrafen, Maßnahmen der Sicherung und Besserung, Strafaussetzung zur Bewährung und zu anderen Fragen einholte[12].

Die Grundzüge des Allgemeinen Teils des Strafgesetzbuches wurden nach mehreren Debatten und zahlreichen Abstimmungen der Sektion für materielles Strafrecht erarbeitet. Anfang 1922 bereitete Prof. Makarewicz einen ausformulierten Text für den Allgemeinen Teil vor, der gedruckt und offiziell veröffentlicht wurde[13]. Im Anschluss daran gingen Reaktionen und Bemerkungen aus dem In- und Ausland ein, darunter 1925 auch ein weiterer privater Vorschlag für den Allgemeinen Teil. Dieser ebenfalls ausformulierte Entwurf stammte von Professor Makowski und fasste eine

---

10 A. Lityński, Wydział (vgl. Anm. 1), S. 43–44.

11 Ebd., S. 51.

12 Ebd., S. 85–86.

13 J. Makarewicz, Ustawa karna (część ogólna). Projekt wstępny, PPiA 1922, Hf. 4–6, S. 93–143. Es wurden insgesamt 5 Entwürfe des Allgemeinen Teils vorbereitet – siehe: A. Lityński, Wydział (vgl. Anm. 1), S. 124–125.

Reihe von Rechtsinstitutionen anders als der amtliche Entwurf[14]. Einen weiteren Gegenentwurf brachte 1926 unabhängig von Makowski der Polnische Verband für Strafrechtspflege ein; er enthielt Vorschläge für eine Reihe von Änderungen[15].

Die Kodifikationsarbeiten dauerten noch fast zehn weitere Jahre – so lange dauerte es, den Besonderen Teil zu erstellen. Dass diese Bemühungen so viel Zeit in Anspruch nahmen, lag an verschiedenen Umständen, vor allem aber den objektiven Schwierigkeiten, die verschiedenen Fassungen der Straftatbestände in den Rechtssystemen der Teilungsmächte, die im Rechtsgebrauch der ehemaligen drei Teilungsgebiete waren, zu vereinheitlichen[16].

4. Liste der fundamentalen Prinzipien des polnischen Strafgesetzbuches und der Grundsatz *nullum crimen sine lege*

Die vorrangigen Prinzipien, an denen sich die polnische Kodifikation orientierte, hat Prof. Makarewicz in einer ausführlichen Präambel zu seinem Kommentar des soeben erlassenen Strafgesetzbuches formuliert. Der Kommentar erschien erstmals 1932 und erlebte noch vier weitere Auflagen. In der Präambel unter dem Titel „Grundsätze des polnischen Strafgesetzbuches" verwies der Autor auf drei charakteristische Eigenschaften, die das „moderne" Strafgesetzbuch kennzeichnen sollten: 1. die Gründung der strafrechtlichen Verantwortung auf das Schuldprinzip und Individualität des Täters; 2. ein humanitärer Umgang mit den Strafsanktionen, und 3. das Bestreben, die Gesellschaft vor der Plage der Kriminalität zu schützen[17].

---

14 W. Makowski, Projekt odrębny Prof. Wacława Makowskiego. Część ogólna kodeksu karnego, RPEiS 1925, Hf. 3, S. 904–916. Siehe auch Motive zu dem Entwurf: W. Makowski, Wyjaśnienie do projektu odrębnego części ogólnej kodeksu karnego, ebd., S. 916–929. Vgl. auch: W. Makowski, Uwagi w sprawie koniecznych zmian i uzupełnień części ogólnej projektu kodeksu karnego, RPEiS 1929, Hf. 3, S. 245*–262*

15 Projekt przygotowawczy części ogólnej kodeksu karnego – opracowany na podstawie uchwalonego w trzecim czytaniu przez sekcję prawa karnego K.K. projektu oraz oceny tegoż w komisji prawa karnego Polskiego Towarzystwa Ustawodawstwa Kryminalnego, GSW 1926, Nr. 46, S. 630–636.

16 Dass die Kodifizierungsarbeiten am Besonderen Teil so lange dauerten, lag auch an der hohen Teilnehmerzahl der Kommission und an einer gewissen Schwerfälligkeit in der Arbeitsweise ihrer Sektion für materielles Strafrecht. Siehe: A. Lityński, Wydział (vgl. Anm. 1), S. 147.

17 J. Makarewicz, Kodeks karny z komentarzem, Lwów 1932 (Aufl. 3), S. 31: „Ein modernes Strafgesetzbuch muss drei charakteristische Kennzeichen aufweisen: a) eine weitestgehende Vertiefung des Grundsatzes der menschlichen Verantwortung für kriminelles Handeln und seine beabsichtigten oder unbeabsichtigten Folgen, eine Vertiefung, die ebensogut in Richtung Subjektivismus, wie Individualismus gehen kann; b) eine geschickte Kombination der Strafmittel, die den modernen Tendenzen der Humanität ebenso genügen wie dem Umgang mit der Strafe als Mittel sozialer Reaktion auf den Täter, die Beibehaltung oder Beseitigung von Spuren der Bestrafung je nach Bedarf, das Erleichtern einer Rückkehr ins normale Leben für Individuen, die dies verdienen, wobei gegenüber

Wie man sieht, fehlte also in der Präambel ein ausdrücklicher Bezug auf das Rechtsprinzip *nullum crimen sine lege poenali anteriori*. Dieser folgte wenig später im Text in den ersten Erläuterungen zu Artikel 1 des Gesetzbuches. Dieser Artikel enthielt die formale Definition der Straftat[18]. Genau eine solche Definition wurde als beste Lösung angesehen: nach Ansicht von Makarewicz garantierte sie, dass das Gesetz durch die Gerichte genau angewandt werden würde[19]. Die formale Definition der Straftat folgte in ihrem Wortlaut weitgehend der Formulierung im ersten amtlichen Entwurf des Gesetzbuches von 1922; an ihrem Wortlaut hatte u. a. auch Prof. Krzymuski seinen Anteil[20].

Kehren wir zurück zur Analyse des Grundsatzes *nullum crimen sine lege poenali anteriori*. Für die Mitglieder der Kodifikationskommission bildete er das oberste Prinzip des Strafrechts. Makarewicz sprach direkt von ihm als dem „Leitgedanken" des polnischen Gesetzbuches und nannte dieses die „Magna Charta des Bürgers im Konflikt mit den Interessen der Gesellschaft"[21]. In seinen Lehrbüchern ist Makarewicz immer wieder auf den Gedanken zurückgekommen, dass „das Strafgesetzbuch eine Charta der Freiheiten (Magna Charta) des gegen gesellschaftliche Interessen verstoßenden Individuums sein soll". Er fügte hinzu: „Wenn die konkrete Verletzung in dieser Charta genannt ist, soll sie bestraft werden; wenn sie darin nicht erwähnt ist, kann es auch keine Bestrafung geben"[22]. Die Kodi-

---

Menschen, die sich selbst außerhalb der Grenzen des sozialen Lebens stellen, die volle Strenge des Gesetzes angewandt werden muss; c) die Sicherung der Gesellschaft vor der Plage des modernen sozialen Lebens, der berufsmäßigen oder Suchtkriminalität, die sich oft aus der psychophysischen Verfassung des Täters ableitet. Mit normalen Mitteln des Strafrechts gegen diese Art der Kriminalität zu kämpfen, reicht nicht aus; wir müssen zu dem Arsenal neuer Methoden greifen, um dem Anwachsen von Phänomenen sozialer Pathologien entgegenzuwirken".

18 Rozporządzenie Prezydenta Rzeczypospolitej z dnia 11 lipca 1932 r. Kodeks karny [Verordnung des Präsidenten der Republik Polen vom 11. Juli 1932 – Strafgesetzbuch], ABl. 1932 Nr. 60 Pos. 571, Art. 1: „Bestraft werden kann, wer eine unter Strafandrohung durch das zum Tatzeitpunkt geltende Gesetz verbotene Tat begeht". Diese Definition hat sich bis heute fast vollständig erhalten – vgl. Art. 1 des geltenden polnischen Strafgesetzbuchs: Ustawa z dnia 6 czerwca 1997 r. - Kodeks karny [Gesetz vom 6. Juni 1997 – Strafgesetzbuch], ABl. 1997 Nr. 88 Pos. 553.

19 S. Hypś, Poglądy Juliusza Makarewicza na przestępstwo, in: A. Grześkowiak (Hrsg.), Prawo karne (vgl. Anm. 4), S. 176. An dieser Stelle sei erwähnt, dass Makarewicz bestritt, dass der materielle Inhalt des Verbrechens genau beschrieben werden könne.

20 S. Hypś, Poglądy (vgl. Anm. 19), S. 178.

21 J. Makarewicz, Kodeks karny (vgl. Anm. 17), S. 47.

22 J. Makarewicz, Prawo karne. Wykład porównawczy z uwzględnieniem prawa obowiązującego w Rzeczypospolitej Polskiej, Lwów-Warszawa 1924, S. 10; siehe identische Phrase: J. Makarewicz, Prawo karne ogólne, Kraków 1914, S. 6. Siehe auch: A. Grześkowiak, Aksjologia kodeksu karnego z 1932 roku, in: A. Grześkowiak / I. Zgoliński (Hrsg.), Aksjologiczne podstawy polskiego prawa karnego w perspektywie jego ewolucji, Bydgoszcz 2017, S. 52; D. Janicka, Makarewicz a Liszt. Próba analizy porównawczej, CPH 67, 1 (2015), S. 113–114.

fikatoren hatten das Bekenntnis zu diesem Grundsatz im Juni 1921 einstimmig beschlossen; sie waren sich dabei der Tatsache bewusst, dass er in diesem Wortlaut in der damals geltenden Verfassung nicht vorkam. Die Märzverfassung von 1921 garantierte das Recht auf rechtliches Gehör sowie die Verhängung von Strafen „nur auf der Grundlage eines geltenden Gesetzes“[23]. Die Mitglieder der Kodifikationskommission gingen jedoch über diese Formulierung hinaus und postulierten, dass der Grundsatz *nullum crimen sine lege* von dem Rückwirkungsverbot gemäß dem Rechtssatz *lex retro non agit* begleitet sein müsse. Genau dies ist die Lösung, die sie dann in Art. 1 des Strafgesetzbuches implementierten. Dessen Inhalt wiederum wirkte sicherlich darauf hin, dass die Aprilverfassung von 1935 diese Garantie des rechtlichen Gehörs entsprechend erweiterte[24]. Die polnischen Kodifikatoren beobachteten, wie in Europa – sowohl vor, als auch nach dem Inkrafttreten des polnischen Strafgesetzbuches – andere Gesetze erlassen wurden, die den Grundsatz *nullum crimen sine lege* brachen. Sie kritisierten solche Änderungen einmütig, und als sie 1937 am internationalen Kongress der Rechtsvergleichung in Den Haag teilnahmen, stimmten sie dafür, das Legalitätsprinzip als fundamentalen Grundsatz des Strafrechts beizubehalten[25].

5. Ein neues Handlungsfeld: die Ausgliederung des Ordnungswidrigkeitenrechts in ein gesondertes Gesetz

Bei der Besprechung der Grundprinzipien des neuen Strafgesetzbuches kann nicht übergangen werden, wie die Mitglieder der Kodifikationskommission mit den Grundsätzen der Vollständigkeit und der Allgemeinheit des Strafgesetzbuches umgingen. Ein Teil der Mitglieder der Sektion Strafrecht der Kommission war bestrebt, sämtliche verbotenen Handlungen in das geplante Strafgesetzbuch aufzunehmen. Einige äußerten sogar die Befürchtung, dass die Übergabe der Zuständigkeit für die Verfolgung geringfügigerer Straftaten von den Gerichten auf die Verwaltungsbehörden die Gewaltenteilung verletzen oder den Anlass für Amtswillkür bieten würde[26].

---

23 Ustawa z dnia 17 marca 1921 r. - Konstytucja Rzeczypospolitej Polskiej [Gesetz vom 17. März 1921 – Verfassung der Republik Polen], ABl. 1921 Nr. 44 Pos. 267, Art. 98 Satz 3.

24 Ustawa konstytucyjna z dnia 23 kwietnia 1935 r. [Verfassungsgesetz vom 23. April 1935], ABl. 1935 Nr. 30 Pos. 227, Art. 68 Abs. 4: „Niemand darf für eine nicht durch das Gesetz verbotene Tat vor deren Verübung bestraft werden“.

25 S. Glaser, Prawo karne na kongresie haskim, GSW 1937, Nr. 37–38, S. 497–500. Siehe auch: W. Daszkiewicz, K. Paluszyńska-Daszkiewicz, Proces karny i materialne prawo karne w Polsce w latach 1918–1939, Toruń 1965, S. 69.

26 A. Lityński, Wydział (vgl. Anm. 1), S. 56–57. Makarewicz zerstreute diese Befürchtungen mit dem Argument, dass Polen unabhängig sei, ein System der gerichtlichen Kontrolle der Verwaltungstätigkeit besitze, und dass gegen Entscheidungen der Verwaltungsbehörden die Berufung zu einem

Der Großteil der Professoren, mit Makarewicz, Makowski und Krzymuski an der Spitze, setzten jedoch die Konzeption der Schaffung eines gesonderten Gesetzes durch, das Verstöße gegen die öffentliche Ordnung umfassen sollte[27]. Damals wurde dieses Gesetz überwiegend als Polizeigesetzbuch bezeichnet. Die Abgrenzung zwischen Straftaten und Ordnungswidrigkeiten wurde so formuliert, dass letztere als Akte des Ungehorsams gegen Ordnungsnormen im Gegensatz zu den eigentlichen Verbrechen definiert wurden, durch welche direkte Angriffe auf Rechtsgüter verübt würden[28]. Prof. Makarewicz war darüber hinaus auch der Meinung, es sollte neben dem allgemeinen Strafrecht und dem Polizeistrafrecht noch eine dritte Abteilung des Strafrechts geben: das Steuerstrafrecht. So wurden in der Zweiten Polnischen Republik alle diese drei Gruppen von Taten in gesonderten Gesetzen kodifiziert: neben dem Strafgesetzbuch – im Ordnungswidrigkeitengesetzbuch und im Steuerstrafgesetzbuch[29].

Verbunden mit dieser Problematik war die Frage, ob die Straftaten in zwei oder drei Kategorien unterschieden werden sollten. Die einflussreichsten Mitglieder der Sektion Strafrecht mit den Professoren Makarewicz und Makowski an der Spitze waren gegen eine dreistufige Gliederung. Sie vertraten sogar die Auffassung, dass nicht einmal eine Gruppierung der Straftaten in zwei Kategorien (Verbrechen und Übertretungen) noch begründet sei, geschweige denn eine Dreigliederung in Verbrechen, Vergehen und Ordnungswidrigkeiten[30]. Nachdem die Ordnungswidrigkeiten ohnehin in einem gesonderten Gesetz erfasst worden waren, bauten sie das Strafrecht auf einer Zweiteilung der Straftaten auf, wobei sie diese Unterscheidung für letztlich unwesentlich und zweitrangig hielten. Nimmt man jedoch beide Kodifikationen von 1932 als Ganzes, kann man begründet zu dem Ergebnis kommen, dass das polnische Strafrecht der Zwischenkriegszeit *de facto* von einer Dreiteilung der Straftaten ausging. Makarewicz selbst trat übrigens dafür ein, die

---

allgemeinen Gericht möglich sei – siehe: S. Hypś, Poglądy (vgl. Anm. 19), S. 185–186. Diese letzte Regel – *nulla poena sine iudicio* –wurde in der polnischen Märzverfassung von 1921 (vgl. Anm. 23) im Art. 72 ausdrücklich besiegelt.

27 Vgl. J. Makarewicz, Granice ustawy karnej, PPiA 1920, S. 96 ff.

28 D. Szeleszczuk, Juliusza Makarewicza wizja prawa karnego, in: A. Grześkowiak (Hrsg.), Prawo karne (vgl. Anm. 4), S. 131–132.

29 Rozporządzenie Prezydenta Rzeczypospolitej z dnia 11 lipca 1932 r. - Prawo o wykroczeniach [Verordnung des Präsidenten der Republik Polen vom 11. Juli 1932 – Recht der Ordnungswidrigkeiten], ABl. 1932 Nr. 60 Pos. 572; Ustawa karna skarbowa z dnia 2 sierpnia 1926 r. [Steuerstrafrecht vom 2. August 1926], ABl. 1926 Nr. 105 Pos. 609; Ustawa z dnia 18 marca 1932 r. karna skarbowa [Steuerstrafrecht vom 18. März 1932], ABl. 1932 Nr. 34 Pos. 355; Dekret Prezydenta Rzeczypospolitej z dnia 3 listopada 1936 r. – Prawo karne skarbowe [Verordnung des Präsidenten der Republik Polen vom 3. November 1936 – Steuerstrafrecht], ABl. 1936 Nr. 84 Pos. 581.

30 Vgl. W. Makowski, Wyjaśnienie do projektu odrębnego części ogólnej kodeksu karnego, RPEiS 1925, Hf. 3, S. 920.

Straftaten nicht nach der Art der Sanktionen, mit denen sie bewehrt waren, zu gruppieren, sondern nach den vom Gesetzgeber zu schützenden Rechtsgütern, gegen die sie sich richteten[31].

6. Schuldprinzip und Individualisierung der strafrechtlichen Verantwortung

Kommen wir zurück auf das Grundprinzip des Strafrechts, das man als Subjektivismus oder Schuldprinzip bezeichnet. Zunächst ist darauf hinzuweisen, dass hierüber unter den Mitgliedern der Sektion Strafrecht sehr ernsthafte Diskussionen geführt wurden. Einige Dinge standen aber außer Zweifel: so war man sich insbesondere einig, dass der Täter nur für eine sowohl verbotene als auch schuldhafte Tat zur Verantwortung gezogen werden konnte, und dies innerhalb der Grenzen seiner Schuld. Abgelehnt wurden sämtliche Erscheinungsformen einer kollektiven oder objektiven Verantwortung, insbesondere die sogenannten objektiven Bedingungen der Strafverschärfung[32].

Prof. Makarewicz hat das Schuldprinzip ein „Dogma" des Strafrechts genannt. Es wurde die Grundlage einiger ausdrücklicher Formulierungen im Allgemeinen Teil des Gesetzbuches. So wurde das Thema der Verantwortung Minderjähriger oder unzurechnungsfähiger Personen, von dem noch die Rede sein wird, insbesondere auf den Grundsatz des Subjektivismus gegründet. Ebenso stand dieses Prinzip Pate bei der Konstruktion des Versuchs einer Straftat, insbesondere des sog. untauglichen Versuches. Nach einer nicht einfachen Diskussion mit Prof. Krzymuski setzte sich Prof. Makarewicz mit einer Regelung durch, die die Tatabsicht des Täters in den Vordergrund stellte und so mit der Konzeption brach, den Versuch als den Beginn der Verübung einer Straftat zu fassen. Mit anderen Worten folgte Makarewicz nicht der These, dass die Grenze der Strafbarkeit einer Tat die Vorbereitungshandlungen

---

31 S. Hypś, Poglądy (vgl. Anm. 19), S. 184. Siehe auch: D. Janicka, Materielles Strafrecht, in: M. Löhnig / A. Moszyńska (Hrsg.), Laboratorium für internationale gesetzgeberische Arbeit. Die Geburt der polnischen Rechtsordnung der Zwischenkriegszeit im europäischen Kontext, Wien-Köln-Weimar 2021, S. 287.

32 Makarewicz vertrat die Auffassung, eine höhere Strafe könne allein einen solchen Täter treffen, der schuldhaft oder fahrlässig Tatfolgen herbeigeführt habe, die eine solche höhere Strafe rechtfertigten. Das Oberste Gericht dagegen entschied in einem Grundsatzurteil (Zb.O. 42/33), dass der Tod eines Menschen eine objektive Bedingung für eine Strafbarkeit für Totschlag sei, wenn im Rahmen einer Schlägerei ein Mensch ums Leben gekommen sei (Art. 240 StGB – vgl. Anm. 18). Siehe auch: W. Daszkiewicz / K. Paluszyńska-Daszkiewicz, Proces (vgl. Anm. 25), S. 67; S. Pławski, Walka (vgl. Anm. 35), S. 242; J. Kochanowski, Subiektywizacja odpowiedzialności karnej (Na przykładzie kodeksu karnego z 1932 r.), PiP 1985, Nr. 5, S. 63–72.

dazu seien[33]. Es entstand die Vorschrift, dass ein untauglicher Versuch von einer Person verübt wird, die nicht wusste, dass die Tat wegen des dazu ungeeigneten Mittels nicht möglich war. Auch beschloss die Kodifikationskommission einstimmig, dass der Versuch einer Straftat milder zu bestrafen sei als die vollendete Verübung. Dieser Beschluss fand aber keinen Eingang in das Strafgesetzbuch, da dieses vorsah, den Versuch in den Grenzen zu bestrafen, die für die jeweilige Straftat vorgesehen waren, also auf gleicher Stufe wie die vollendete Tat. Eine außerordentliche Strafmilderung war nur im Fall des erwähnten untauglichen Versuchs möglich. Diese Konstruktion zeugte davon, dass das polnische Recht eine recht umfassende Kriminalisierung von Taten vornahm[34].

Die Anwendung des Subjektivitätsprinzips zeigte sich auch noch an einigen anderen gesetzgeberischen Detaillösungen, aber an dieser Stelle ist nicht der Ort, hierauf näher einzugehen[35].

Mit dem Subjektivitätsprinzip ging ein anderes Dogma Hand in Hand: die Forderung nach Individualisierung der strafrechtlichen Verantwortung. Mit ihr hingen die Regelungen zur Mittäterschaft zusammen, insbesondere die Feststellung einer spezifischen Verantwortung für Anstifter oder Gehilfen einer Straftat. Die Mitglieder der Kodifikationskommission waren sich darin einig, dass eine individuelle und der Schuld des Täters entsprechende Strafe verhängt werden sollte. Im Rahmen dieser letzteren unterschieden sie zwischen vorsätzlicher (direkter Vorsatz und Eventualvorsatz) und nicht vorsätzlicher (Leichtsinn und Fahrlässigkeit) Schuld.

Ohne diese übergeordneten Elemente zu negieren, war Prof. Makarewicz doch bestrebt, die akzessorische Gestalt der Schuld auszuschalten, die darin besteht, die Verantwortlichkeit des Anstifters oder des Gehilfen von der Verantwortlichkeit des Haupttäters abhängig zu machen. Er wollte genau die Verantwortlichkeit von

---

33 Krzymuski schlug vor, in der Definition des Tatversuchs subjektive Momente (die im Beschluss des Täters, Tatvorbereitungshandlungen aufzunehmen, zum Ausdruck kämen) und objektive (ausgedrückt in der Feststellung, dass der Täter bereits begonnen habe, seinen Beschluss auszuführen) zu vereinen. Makarewicz als sein Opponent wies darauf hin, dass die Aufnahme von Handlungen von Seiten des Täters bereits den Beginn der Tatausführung darstelle. Siehe auch: A. Lityński, Wydział (vgl. Anm. 1), S. 65.

34 W. Daszkiewicz / K. Paluszyńska-Daszkiewicz, Proces (vgl. Anm. 25), S. 73–74; M. Gałązka, Subiektywizm i indywidualizacja odpowiedzialności karnej w poglądach Juliusza Makarewicza, in: A. Grześkowiak (Hrsg.), Prawo karne (vgl. Anm. 4), S. 225–228 und 253. Vgl. Art. 23 StGB (vgl. Anm. 18).

35 Es ging dabei u. a. um die Frage, wie die Motive der Tat als Voraussetzung der Strafwahl gewertet werden sollten, und außerdem um das Problem, die aus der Sicht von Makarewicz ungerechte Regel ignorantia iuris nocet zurückzuweisen. Siehe: W. Wolter, O założeniach (vgl. Anm. 5), S. 234. Makarewicz trat in eine offene Polemik gegen ein damals vielbeachtetes Urteil des Obersten Gerichts von 1934 (Zb.O. 102/34) ein, das erkannt hatte, dass eine vorsätzliche Schuld nicht die Feststellung voraussetze, ob der Täter sich der Rechtswidrigkeit der Tat bewusst gewesen sei. Vgl. S. Pławski, Walka Juliusza Makarewicza o praworządność, PiP 1960, Nr. 2, S. 243.

Anstifter und Gehilfe selbständig regeln und schlug deshalb die Regel vor, dass Anstifter und Gehilfe im Maße ihres eigenen Vorsatzes unabhängig von Haupttäter zur Verantwortung gezogen werden konnten. Diese Lösung wurde dann auch tatsächlich eingeführt, und Makarewicz ging in die Strafrechtsgeschichte ein als der Autor der „polnischen Konzeption der Tatmerkmale" der Straftat. Die Strafbarkeit von Anstiftung und Mitwirkung bewegte sich in den Grenzen der Strafbarkeit der Tat selbst, obwohl die Kodifikatoren dies nicht *expressis verbis* so formulierten[36].

Das Schuldprinzip und der Grundsatz der Individualisierung der Strafe schlugen sich schließlich deutlich in den wohl bekannten Bestimmungen des Strafgesetzbuches zur Strafbemessung nieder. Diese von Makarewicz formulierten Normen gaben dem Richter auf, die verhängte Strafe an der Persönlichkeit des konkreten Täters zu orientieren[37]. Gleichzeitig erhielt der Richter damit einen erheblichen Ermessensspielraum. Zur Möglichkeit einer Individualisierung der Strafe trugen auch die im Strafgesetzbuch formulierten Normen bei, die Strafverbüßung unter bestimmten Voraussetzungen zur Bewährung auszusetzen oder zu beenden[38]. Beide Sanktionen standen unter dem Einfluss westeuropäischer Regeln: die bedingte Strafaussetzung war direkt dem schweizerischen System entlehnt, das wiederum an französische und belgische Vorbilder anknüpfte. Die polnischen Kodifikatoren beschlossen, die bedingte Strafaussetzung bei Arrest und Haftstrafen unter 2 Jahren vorzusehen, wobei von dieser Regelung Rückfall-, Berufs- und Gewohnheitstäter ausgeschlossen waren[39].

Der Grundsatz der Individualisierung der Strafe war eng mit einem weiteren Grundprinzip der Kodifikationsarbeiten verbunden: dem Humanitätsprinzip bei der Anwendung von Strafen. Die Kommissionsmitglieder verwandten viel Zeit und Energie auf die Diskussion eines Katalogs von Strafen, die Frage ihrer Differenzierung und der richtigen Direktiven für Strafzumessung und Strafvollstreckung. Nach

---

36 W. Daszkiewicz / K. Paluszyńska-Daszkiewicz, Proces (vgl. Anm. 25), S. 74; M. Gałązka, Subiektywizm (vgl. Anm. 34), S. 236–241. Vgl. auch Art. 28 StGB (vgl. Anm. 18). Zu erinnern ist daran, dass nach dem Erlass des Strafgesetzbuches eine Debatte über die Anstiftung nicht schuldfähiger Personen (Jugendlicher oder Unzurechnungsfähiger) zu strafbaren Handlungen begann. Sie war ausgelöst durch die Veröffentlichung eines Urteils des Obersten Gerichts (Zb.O. 49/34), das die Konzeption des vermittelnden Täters aufnahm. Makarewicz stellte sich dem klar entgegen.

37 A. Grześkowiak, Aksjologia (vgl. Anm. 22), S. 55; W. Daszkiewicz / K. Paluszyńska-Daszkiewicz, Proces (vgl. Anm. 25), S. 69. Vgl. Art. 54–55 StGB (vgl. Anm. 18).

38 Das polnische Strafgesetzbuch kannte auch das Recht des Richters, die Strafe zu erlassen oder außerordentlich zu mildern. Siehe: A. Grześkowiak, Aksjologia (vgl. Anm. 22), S. 55; P. Gensikowski, Odstąpienie od wymierzenia kary w polskim prawie karnym, Warszawa 2011, S. 30–33. Vgl. Art. 61 und 65 StGB (vgl. Anm. 18).

39 W. Daszkiewicz / K. Paluszyńska-Daszkiewicz, Proces (vgl. Anm. 25), S. 79; A. Lityński, Wydział (vgl. Anm. 1), S. 91–92; D. Janicka, Materielles Strafrecht (vgl. Anm. 31), S. 290–291. Vgl. auch Art. 61 StGB (vgl. Anm. 18).

eingehender Analyse sahen sie auf der einen Seite die Möglichkeit einer außerordentlichen Strafmilderung vor[40], auf der anderen Seite aber auch ihre Verschärfung im Fall von Rückfall-, Sucht- und Berufstätern[41].

7. Herauslösung des Jugendstrafrechts aus dem allgemeinen Strafrecht

Am schnellsten kamen die polnischen Kodifikatoren zu einem einhelligen Ergebnis, als sie die Grundsätze für die strafrechtliche Behandlung Minderjähriger erarbeiteten. Sie stellten schon im Dezember 1921 einen Gesetzentwurf über die Bildung von Jugendgerichten vor. Allerdings führten die erwarteten Kosten ihrer Einführung dazu, dass neue Grundsätze erst zehn Jahre später gemeinsam mit dem allgemeinen Strafgesetzbuch in Kraft traten[42].

Die Verantwortung für strafwürdige Taten von Minderjährigen wurde zwei Jahre lang in der Kommission lebhaft diskutiert. Umstritten war die Grenze der Strafmündigkeit, Fragen der Urteilsfähigkeit von Jugendlichen sowie das System der Strafen, die gegenüber Minderjährigen anzuwenden seien[43]. Es wurden auch Sachverständige aus dem Ausland eingeladen, vor allem aus Frankreich, Österreich und Belgien. Keine Zweifel gab es aber an der Grundentscheidung: dass es notwendig

---

40 Eine außerordentliche Strafmilderung war u. a. möglich, wenn verminderte Zurechnungsfähigkeit vorlag (Art. 18 § 1 StGB), bei Notwehrexzess (Art. 21 § 2 StGB) und in den Fällen, die im Besonderen Teil des Strafgesetzbuches genannt waren, z. B. beim geringfügigen Diebstahl oder beim geringfügigen Betrug (Art. 257 § 2; Art. 264 § 2 StGB). Vom Straferlass konnte laut Gesetzbuch Gebrauch gemacht werden, wenn Beweise der Unschuld des Verdächtigen verheimlicht wurden (Art. 145 § 2 StGB) oder nächste Angehörige versucht hatten, Hilfe bei der Vermeidung strafrechtlicher Verantwortung zu leisten (Art. 148 § 2–3 StGB), sowie bei Verletzung der körperlichen Unversehrtheit oder Beleidigung unter dem Einfluss von Provokation (Art. 239 § 2; Art. 256 § 2 StGB), schließlich auch beim Diebstahl aus Armut (Art. 257 § 2 StGB). Siehe auch: W. Daszkiewicz / K. Paluszyńska-Daszkiewicz, Proces (vgl. Anm. 25), S. 69.

41 Art. 60 StGB (vgl. Anm. 18).

42 Dass die Kodifikationskommission das Problem der Verantwortung Minderjähriger in ihren Arbeiten vorzog, geschah auf Bitte ihres Präsidiums und in der Überlegung, Öffentlichkeit und Politik davon zu überzeugen, dass die Kodifizierungsarbeiten rasch und effizient vorangingen. Berichterstatter war hier der sowohl praktisch als auch theoretisch ausgewiesene A. Mogilnicki, ein Spezialist für Jugendkriminalität und den Resozialisierungsprozess Minderjähriger. Siehe eingehend: A. Grześkowiak, Postępowanie w sprawach nieletnich (polskie prawo nieletnich), Toruń 1986, S. 25–30; A. Grześkowiak, Nieletni w Kodeksie karnym z 1932 roku, in: A. Grześkowiak (Hrsg.), Kodeks karny z 1932 roku, Lublin 2015, S. 69–90; A. Lityński, Wydział (vgl. Anm. 1), S. 98–110; D. Janicka, Polska myśl (vgl. Anm. 2), S. 192–204. Vgl. Art. 69–78 StGB (vgl. Anm. 18).

43 Siehe Zwiegespräch: J. Makarewicz, Z Komisji Kodyfikacyjnej. Nieletni przestępcy, PPiA 46 (1921), S. 1–17; E. S. Rappaport, Z powodu artykułu prof. dr. J. Makarewicza: „Z Komisji Kodyfikacyjnej. Nieletni przestępcy", GSW 1921, Nr. 9, S. 67–68, Nr. 10, S. 76, Nr. 11, S. 82, Nr. 12, S. 89–90, Nr. 13, S. 98, Nr. 14, S. 106, Nr. 15, S. 114, Nr. 16, S. 123–124.

sei, das Jugendstrafrecht aus dem allgemeinen herauszulösen und die Annahme, dass Minderjährigkeit zwar einerseits eine Schuld ausschließe, andererseits aber ab einem gewissen Alter durchaus die Verantwortung für verbotene Handlungen nach sich ziehen könne[44].

Die Mitglieder der Sektion Strafrecht einigten sich trotz einer anfangs anderen Meinung von Prof. Krzymuski schnell darauf, dass gegenüber Minderjährigen keine Kriminalstrafen angewandt werden sollten, sondern nur spezifische Institutionen der Bestrafung, die man als Erziehungs- und Besserungsanstalten bezeichnete. Nach längerer Debatte einigte man sich darauf, drei Altersstufen von Minderjährigen einzuführen. Kinder bis zum vollendeten 13. Lebensjahr sollten grundsätzlich nicht strafmündig sein, Jugendliche vom 13. bis zum 17. Lebensjahr bedingt strafmündig, wobei an die Stelle der Feststellung der Schuld die Feststellung der Urteilsfähigkeit treten sollte, ab dem 17. Lebensjahr dagegen sollten sie ebenso strafmündig sein wie Erwachsene[45]. Unabhängig von den besonderen Regeln für die Strafmündigkeit Minderjähriger besiegelte die Kommission auch die in Polen bereits beschlossene Einführung von Jugendgerichten (in Form spezieller Abteilungen innerhalb der ordentlichen Gerichte). Später kamen auch noch Bestimmungen für ein besonderes Verfahren gegen Minderjährige hinzu, die später und endgültig Eingang in die allgemeine Strafprozessordnung fanden[46]. In der Summe beruhte das Jugendstrafrecht auf fortschrittlichen und Kompromisse darstellenden Lösungen, die den neuesten europäischen Trends entsprachen.

8. Die Einführung eines zweiten Wegs der Kriminalitätsbekämpfung – der Maßnahmen der Sicherung und Besserung

Fast alle polnischen Juristen waren in der Zwischenkriegszeit entschiedene Anhänger der Einführung von sogenannten Maßnahmen der Sicherung und Besserung, die anfangs auch als Schutzmaßnahmen bezeichnet wurden. Das gilt auch für die

---

44 E. S. Rappaport, Zagadnienie (vgl. Anm. 3), S. 42.

45 Siehe: R. Hałas, Zasady odpowiedzialności nieletnich według Juliusza Makarewicza, in: A. Grześkowiak (Hrsg.), Prawo karne (vgl. Anm. 4), S. 309–316.

46 Rozporządzenie Ministra Sprawiedliwości (z dnia 26 lipca 1919 r.) w przedmiocie urządzenia sądów dla nieletnich [Verordnung des Justizministers (vom 26. Juli 1926) über die Einrichtung von Jugendgerichten], ABl. 1919 Nr. 63 Pos. 378; Rozporządzenie Prezydenta Rzeczypospolitej z dnia 19 marca 1928 r. Kodeks postępowania karnego [Verordnung des Präsidenten der Republik Polen vom 19. März 1928 – Strafprozessordnung], ABl. 1928 Nr. 33 Pos. 313, Art. 592–613. Die Besonderheiten des Verfahrens gegen Minderjährige bestanden in verminderten formalen Anforderungen, einer größeren Möglichkeit, die Öffentlichkeit auszuschließen, sowie stärkerem Gewicht auf der Erforschung der Persönlichkeit des Minderjährigen. Siehe: M. Cieślak, Od represji do opieki (rzut oka na ewolucję zasad odpowiedzialności nieletnich), Pal. 1973, Nr. 1, S. 42–43.

Mitglieder der Kodifikationskommission. Es herrschte die allgemeine Überzeugung, dass solche Maßnahmen zu einem modernen Katalog von Kriminalsanktionen dazugehörten. Sanktionen dieser Art waren schon in den beiden privaten Projekten für ein neues Strafgesetzbuch aus den Jahren 1916 und 1918 vorgesehen gewesen[47]. Sie sollten neben die traditionellen Freiheitsstrafen treten, weil diese verbreitet als unwirksam eingeschätzt wurden. Allerdings mussten und wollten die Kodifikatoren bei ihrer Einführung Rücksicht auf die öffentliche Meinung nehmen; Prof. Makarewicz befürchtete, sie könnte so innovative Weisen der Bekämpfung insbesondere der Rückfall- oder professionellen Kriminalität nicht verstehen. Dabei ermöglichten die vorgeschlagenen Maßnahmen *de facto*, Menschen, die ihre eigentliche Strafe bereits verbüßt hatten, auf Dauer von der Gesellschaft zu isolieren. Makarewicz wies also von Anfang an darauf hin, dass diese Maßnahmen in Polen als ergänzende Sanktion eingeführt werden sollten[48].

Auch wenn die Kommission das Prinzip der Einführung von Maßnahmen der Sicherung und Besserung zusätzlich zu den eigentlichen Strafen schnell und einmütig beschloss, war sie nie in der Lage, diese transparent und konsequent begrifflich von den eigentlichen Strafen abzugrenzen. Viele Juristen waren bemüht, den Unterschied von Strafe und Maßnahme der Sicherung und Besserung zu finden und zu beschreiben. Verwiesen wurde insbesondere darauf, dass die Strafe die Folge des Verbrechens sei und die Forderung nach Gerechtigkeit erfülle, während die Maßnahme der Sicherung und Besserung eine Auflage gegenüber einem gemeingefährlichen Individuum darstelle, die zum Schutz der Gesellschaft bzw. zum Zwecke der Erziehung oder Therapie des Täters verhängt werde[49]. Letztendlich gelang es aber keinem der Autoren, den Unterschied zwischen diesen beiden Arten von Strafsanktionen nachvollziehbar zu erklären.

Für ernsthafte Debatten sorgte in der Kodifikationskommission das Problem, wie man den Kreis der besonders gefährlichen Täter umreißen sollte, die zum Schutz der Gesellschaft dauerhaft isoliert werden sollten. Zweifel weckte insbesondere die Einführung neuer Begriffe ins Strafgesetzbuch. Dazu gehörte „Gefahrenzustand“, „Unverbesserlichkeit“ (des Täters), „Berufsverbrecher” und „Verbrecher aus Gewohnheit“[50]. Diese Termini hatten sich in der Rechtsdoktrin schon um die Jahrhundertwende fast in ganz Europa eingebürgert, aber sie sorgten immer noch

47 Es geht hier um private Entwürfe für den Allgemeinen Teil des Strafrechts von Mogilnicki / Rappaport und Krzymuski – vgl. oben Anm. 9.

48 A. Lityński, Wydział (vgl. Anm. 1), S. 93–96.

49 A. Flatau-Kowalska, Środki zabezpieczające w prawie karnym, Warszawa 1956, S. 221–254; die Autorin präsentiert und ordnet verschiedene Konzepte und Argumentationen der polnischen Gelehrten.

50 W. Daszkiewicz / K. Paluszyńska-Daszkiewicz, Proces (vgl. Anm. 25), S. 83.

für Diskussionen[51]. Auch den polnischen Kodifikatoren ist es nicht gelungen, sie zu präzisieren[52]. Das bedeutete in der Praxis, dass es in jedem Einzelfall Sache des Richters sein musste, einzuschätzen, ob von dem jeweiligen Täter eine Gefahr ausgehe. Nachdem das Strafgesetzbuch in Kraft getreten und einige Jahre lang angewandt worden war, stellte sich in ersten Untersuchungen der Rechtsprechungspraxis heraus, dass die Maßnahmen der Sicherung und Besserung zwar relativ selten verhängt worden waren, dass aber in die Anstalten für unverbesserliche Täter am häufigsten landläufige und wenig bedrohliche Verbrecher eingewiesen wurden. Daraufhin begann die wissenschaftliche Debatte aufs Neue[53]. Es hatte sich gezeigt, dass das Ideal einer zweigleisigen Bestrafungspraxis zu Ungerechtigkeiten führen kann[54].

9. Zwischen Gerechtigkeitsprinzip und Spezialprävention

Wie schon erwähnt, akzeptierten die Mitglieder der Kodifikationskommission einhellig die neuen Tendenzen der Rechtswissenschaft, die darauf hinwiesen, dass die Aufgabe des Strafrechts nicht nur darin bestehe, Gerechtigkeit walten zu lassen, sondern auch darin, die Gesellschaft gegen Kriminalität zu verteidigen. Das Gerechtigkeitsprinzip wurde als allgemeine Grundlage der Rechtsordnung jeder Gesellschaft angesehen. Gleichzeitig wurde ein Gerechtigkeitsbegriff im Kantischen Sinne des Rechtssatzes *Fiat iustitia, et pereat mundus* immer kritischer gesehen. Ein Teil der Kodifikatoren verlangte, das Ziel der Vergeltung als Element der Strafe zu streichen und der Strafsanktion einen schützenden und präventiven Charakter zu verleihen[55]. Ein differenziertes Verständnis von Wesen und Zielen der Strafe führte zu langen Debatten der Kommission über die Frage, wie das Strafsystem

51 D. Janicka, Niebezpieczny przestępca w doktrynie prawa karnego przełomu XIX i XX wieku, in: V. Kwiatkowska-Wójcikiewicz (Hrsg.), Kuba rozpruwacz i inni, Toruń 2015, S. 13–20. Eine vorzügliche Übersicht über die Ansichten der Doktrin und die europäischen Projekte bieten die umfangreichen Artikel aus den Jahren 1912–1916 von J. Reinhold, dem überzeugten Befürworter der Sicherungsmaßnahmen und späteren Professor der Jagiellonen-Universität – siehe: D. Janicka, Polska myśl (vgl. Anm. 2), S. 173–180. J. Reinhold nannte als Kriterien der „Unverbesserlichkeit": mehrfache Rückfälligkeit, besonderer psychologischer Typus, Charakter und Motivation des Täters – siehe: F. Ciepły, Geneza nieleczniczych środków zabezpieczających w polskim prawie karnym, PPE 2014, Nr. 3, S. 34.

52 Vgl. Art. 60 § 2 und Art. 83–84 StGB (vgl. Anm. 18).

53 Siehe bspw.: W. Świda, Zakład dla niepoprawnych w praktyce sądów polskich, GS 1936, Nr. 7/8, S. 538–540; E. S. Rappaport, Jeszcze o karach i środkach zabezpieczających, GS 1935, Nr. 11, S. 773–777.

54 A. Grześkowiak, Aksjologia (vgl. Anm. 22), S. 68.

55 E. S. Rappaport, Zagadnienie (vgl. Anm. 3), S. 37–38.

optimal zu gestalten sei, wie Zusatz- und Hauptstrafen verbunden werden könnten und vor allem, ob die Todesstrafe abgeschafft oder beibehalten werden solle.

Die Beibehaltung der Todesstrafe zählte nicht zu den Zielen der polnischen Kodifikatoren, ganz im Gegenteil: mindestens die Hälfte von ihnen trat für ihre Abschaffung ein. Auch in den veröffentlichten privaten Projekten des Allgemeinen Teils des Strafgesetzbuches von 1916 und 1918[56] oder in dem Entwurf von Prof. Makowski von 1925 war die Todesstrafe nicht enthalten – außer in Ausnahmesituationen wie Strafverfahren im Krieg oder Ausnahmezustand. Dagegen war sie in dem veröffentlichten Projekt von Prof. Makarewicz von 1922 und – nachdem sie einige Jahre lang gestrichen war – im endgültigen Entwurf von 1931 vorhanden. Letztendlich fand sie auch in das Strafgesetzbuch Eingang und wurde für eine gewöhnliche Straftat (Mord) sowie vier politische Verbrechen angedroht[57]. Das Verhältnis der Mitglieder der Kodifikationskommission zur Todesstrafe war nicht einheitlich. Selbst Prof. Makarewicz war nur ein bedingter Anhänger der Todesstrafe und begründete seinen Standpunkt, sie doch beizubehalten, mit Argumenten der Kriminalpolitik (Generalprävention, die sich schon aus der Existenz der Todesstrafe selbst ergebe) sowie der Stimme der öffentlichen Meinung, die die Beibehaltung dieser Sanktion forderte. Makarewicz war der Auffassung, die Todesstrafe verkörpere die Idee der Vergeltung und Unschädlichmachung des Verbrechers[58].

Den Gedanken der gerechten Vergeltung betrachtete die Kommission als Grundprinzip der strafrechtlichen Verantwortung, das im System der Strafen und in den Direktiven für ihren Vollzug sichtbar sein müsse. Das Element der – dem Grad der Schuld und der Schwere der Straftat proportionalen – Vergeltung war bei der Gestaltung der Hauptstrafen, die Leben, Freiheit und Vermögen des Verurteilten trafen, stark ausgeprägt. Bei den Nebenstrafen traten dagegen Präventionsgesichtspunkte in den Vordergrund, in erster Linie das Bestreben, die Gesellschaft vor der Tätigkeit der Verbrecher zu schützen. Deshalb wurden die Nebenstrafen oft mit den

56 Siehe oben Anm. 9. Bei der Debatte über die Todesstrafe stützten sich polnische Strafrechtler nicht mehr an die klassischen Konzeptionen von Cesare Beccaria – eingehend: S. Salmonowicz, Kilka uwag o recepcji Cezarego Beccarii (1738–1794) jako karnisty w Polsce. Uwagi w dwusetlecie zgonu, in: Dawne prawo i myśl prawnicza. Prace historyczno-prawne poświęcone pamięci Wojciecha Marii Bartla, Hrsg. J. Malec / W. Uruszczak, Kraków 1995, S. 167–169.

57 Anschlag auf die Unabhängigkeit des Staates oder eines Teils seines Gebiets; Anschlag auf Leben oder Gesundheit des Staatspräsidenten; Beteiligung polnischer Staatsbürger an militärischen Handlungen gegen Polen; Beteiligung von Personen, die nicht den Streitkräften des Kriegsgegners angehören, an Kriegshandlungen gegen Polen. Siehe: Art.225 § 1 und Art. 93 § 1, 94 § 1, 101 § 2, 102 StGB (vgl. Anm. 18).

58 A. Grześkowiak, Kara w poglądach Juliusza Makarewicza, in: A. Grześkowiak (Hrsg.), Prawo karne w poglądach (vgl. Anm. 4), S. 270; D. Janicka, Hube - Makarewicz - Wolter. Trzy koncepcje karania na przestrzeni stu lat, AKrym 39 (2017), S. 338.

Maßnahmen der Sicherung und Besserung verglichen und diese sogar als solche in das Strafgesetzbuch eingearbeitet[59].

Bei der Gestaltung der Hauptstrafen standen die Freiheits- und die Geldstrafe im Mittelpunkt; eine Einziehung des Vermögens war nicht vorgesehen. Überlegungen galten auch der detaillierten, aber vom Standpunkt der Spezialprävention wesentlichen Frage der kurzfristigen Freiheitsstrafen. Die meisten Kodifikatoren stimmten mit Prof. Makarewicz in der Überzeugung überein, die Möglichkeit der Verhängung solcher kurzfristigen Freiheitsstrafen so weit wie möglich zu beschränken. Als Untergrenze der Freiheitsstrafe wurde deshalb erst 1 Jahr vorgeschlagen, schließlich wurde die Grenze von 6 Monaten empfohlen und ging in dieser Form als die unter den polnischen Verhältnissen beste Möglichkeit in den Gesetzestext ein[60].

Der Gedanke der Spezialprävention wurde nicht nur im System der Strafen entwickelt, sondern auch in den Richtlinien für ihre Vollstreckung. Dies wurde bereits oben bei der Besprechung der Grundsätze von Schuldprinzip und Individualisierung der Strafe erwähnt. Allen Mitgliedern der Kodifikationskommission war das Bestreben gemeinsam, solche gesetzlichen Regelungen zu schaffen, die es ermöglichten, den verurteilten Täter in Richtung einer inneren Wandlung zu lenken.

10. Schussfolgerungen

Die Mitglieder der Kodifikationskommission waren hervorragende Gelehrte und Praktiker mit den Professoren Makarewicz, Makowski und Rappaport an der Spitze. Sie schufen die Grundlagen für das erste polnische Strafgesetzbuch des 20. Jahrhunderts und griffen dabei auf ihr umfassendes eigenes Wissen und ihre reichen Erfahrungen sowie die Kenntnis der neuesten westeuropäischen Entwicklungen in der Rechtswissenschaft zurück. Auch Spezialisten aus dem Ausland wurden um ihre Meinung gebeten.

In den Arbeiten der Sektion Strafrecht der Kodifikationskommission lassen sich einige Leitgedanken oder Axiome entdecken, auf deren Hintergrund sich das polnische Strafgesetzbuch letztlich entfaltete.

Das unzweifelhafte Grundprinzip, das die polnischen Kodifikatoren bedingungslos akzeptierten, war der Grundsatz *nullum crimen sine lege*. Mit dieser Überzeugung ging das Bewusstsein der Garantiefunktion des Strafrechts einher, die in der

59 A. Grześkowiak, Kara (vgl. Anm. 58), S. 269.

60 Ebd., S. 270–276. Zum Strafsystem eingehend: D. Janicka, Materielles Strafrecht (vgl. Anm. 31), S. 292–296.

Zwischenkriegszeit gern als die Formel ausgedrückt wurde, das Strafgesetzbuch sei eine Charta der Freiheiten (*Magna Charta*) des in Konflikt mit dem Recht geratenen Bürgers. Geringfügigere Verstöße gegen die Rechtsordnung wurden dagegen als Ordnungswidrigkeiten eingestuft und in einem gesonderten Gesetz behandelt.

Die von den polnischen Juristen und besonders durch Juliusz Makarewicz vertretenen Prinzipien des Schuldgedankens und der Individualität des Strafrechts verlangten von den Gerichten, individualisierte und an den Grad der Schuld des Täters angepasste Urteile zu fällen. Den Richtern ließen die Kodifikatoren einen breiten Ermessensspielraum für die Urteilsfindung. Prof. Makarewicz und seine Mitarbeiter waren bestrebt, jeden der Mitschuldigen für ein Verbrechen als selbständig verantwortliches Individuum zu behandeln. Das ermöglichte ihnen eine juristische Pionierleistung: die Konzeption der selbständigen Verantwortlichkeit des Anstifters und des Gehilfen einer Tat. Die Betonung des Schuldprinzips bedeutete in der Konsequenz auch, dass der Versuch einer Straftat ebenso beurteilt wurde wie die Tat selbst. Genau diese Lösung wurde für das Gesetzbuch empfohlen.

Die Mitglieder der Kodifikationskommission formulierten und unterstützten einhellig die Konzeption, neben dem allgemeinen Strafrecht zwei moderne und selbständige Teile desselben zu schaffen: das Jugendstrafrecht und das Recht der Sicherungsmaßnahmen. Das allgemeine Strafrecht sollte weiterhin auf dem Gedanken der gerechten Vergeltung beruhen, die nur bei Minderjährigen prinzipiell ausgeschlossen wurde, so dass hier besondere Mittel zum Zweck des Schutzes und der Erziehung der Jugendlichen vorgesehen wurden. Das Recht der Sicherungsmaßnahmen dagegen sollte die Gesellschaft vor bestimmten Individuen schützen, die als gefährlich betrachtet wurden, es sollte also präventiven Charakter besitzen. Die Spezialprävention lag auch den Richtlinien zur Strafzumessung zugrunde. Auf diesem Gebiet erhielten die Richter gemäß den Absichten der Kodifikationskommission große Handlungsfreiheit. Sie nutzten sie, um in den Strafgerichten eine recht liberale Rechtsprechung zu schaffen.

Kurzfassung

Die Arbeiten an der Kodifikaion des materiellen Strafrechts wurden im wiedergeborenen Polen 1919 aufgenommen und dauerten bis 1931. Der Entwurf für den Allgemeinen Teil des Strafgesetzbuches wurde schon 1922 veröffentlicht, aber die Kodifikation des Besonderen Teils nahm wesentlich mehr Zeit in Anspruch. Schließlich trat 1932 das erste moderne Strafgesetzbuch Polens in Kraft. Seine Grundprinzipien stimmen mit denen der polnischen und europäischen Strafrechtsdoktrin überein, sie bilden eine Synthese des Denkens zweier Strafrechtsschulen: der klassischen und der soziologischen. Fundamentale Bedeutung hatte der Grundsatz *nullum crimen sine lege poenali anteriori.* Gleichzeitig wurden leichtere Vergehen aus dem Strafgesetzbuch herausgenommen und in einem gesonderten

Ordnungswidrigkeitengesetzbuch behandelt. Gesondert behandelt wurde auch das Jugendrecht. Als Grundlage der strafrechtlichen Verantwortung wurde das Prinzip der gerechten Vergeltung eingeführt, aber das System der Strafen und Maßregeln der Besserung und Sicherung sowie die Regelungen zum Strafmaß stützten sich auf den Grundsatz der Spezialprävention. Die strafrechtliche Verantwortung beruht auf dem Schuld- und dem Individualitätsprinzip. Der Aufsatz stellt im Detail die Wurzeln der Konzeptionen der Schöpfer des polnischen Strafgesetzbuches dar und zeichnet das Verfahren der Kodifikationsarbeiten nach. Anschließend präsentiert er eine Reihe von Konzeptionen von erstrangiger Bedeutung, die von den polnischen Juristen damals diskutiert und in die Gesetzgebung eingearbeitet wurden: die formale Definition der Straftat, die Aufteilung der strafwürdigen Handlungen, die Frage der Strafbarkeit von Versuch, Anstiftung und Beihilfe, die Verantwortung minderjähriger Straftäter, die angestrebten Strafzwecke, den Katalog der Strafen und Sicherungsmaßnahmen, die Regeln der Strafbemessung und andere.

Summary

Principles of the 1932 Polish criminal law codification

The work on the codification of substantive criminal law began in newly reborn Poland in 1919 and lasted until 1931. The draft of the general part was announced already in 1922, but the codification of the special part took much longer. Ultimately, in 1932, the first modern Polish criminal code was published. Its basic principles were derived from the achievements of Polish and European criminal law doctrine, i. e., the concept of two academic schools, the classical and the sociological. The fundamental assumption of the Polish codification was the principle of *nullum crimen sine lege poenali anteriori*. At the same time, minor violations of the law were excluded from the Criminal Code and included in a separate law on petty offences. Legal regulations concerning minors were also separated. The fair retribution principle was adopted as the basis for criminal liability, but the system of punishment and preventive measures as well as the punishment rules were based on the principle of individual prevention. Criminal liability was constructed on the principles of subjectivism and individualism. The study presents in detail the sources of the concepts of the Polish Criminal Code's authors and outlines the process of the work of codification. This is followed by a list of key concepts that have been discussed by Polish scholars and incorporated into legislation: a formal definition of crime, the division of punishable acts, the issues of liability for criminal attempts, inciting and aiding a crime, the liability of juvenile offenders, the assumed goals of criminal sanctions, a catalogue of punishment and preventive measures, penal rules, etc.

Deutsche Autoren über das Makarewicz-Strafgesetzbuch

Wir haben schon Beweise dafür, dass das Projekt Eindruck macht (unter den Deutschen, also Leuten, die sicher nicht bestrebt sind, im Sinne der Versailler Höflichkeit freundlich zu uns zu sein)
Juliusz Makarewicz, Projekt polskiego kodeksu karnego, GAiPP 1924

Es ist für uns sehr interessant zu sehen, wie andere Nationen unser Strafgesetzbuch bewerten, vor allem solche, die eine andere Weltanschauung haben als wir
Jerzy Władysław Śliwowski, Kodeks Karny Polski w opinii obcych, GS 1936

1. Einführende Bemerkungen

Die wissenschaftliche Literatur über das erste moderne polnische Strafgesetzbuch vom 11. Juli 1932[1] ist in letzter Zeit um eine langerwartete Monographie reicher geworden: unter der Redaktion von sechs Wissenschaftlern des Lehrstuhls für Strafrecht der Katholischen Johannes-Paul-II.-Universität in Lublin unter der Leitung von Frau Prof. Dr. habil. Alicja Grześkowiak ist ein Sammelband mit dem Titel *Kodeks karny z 1932 roku* [Das Strafgesetzbuch von 1932] erschienen[2]. Die Autoren stellen darin die komplexe Charakteristik der Kodifikation vor und berücksichtigen ihre Entstehungsgeschichte ebenso wie die im Allgemeinen und im Besonderen Teil gefundenen Lösungen.

Schon in den ersten Sätzen der Einführung zu diesem Sammelband wird völlig zu Recht die Überzeugung vom „außergewöhnlichen Charakter" des Strafgesetzbuches hervorgehoben, da dieses auf den damals „modernsten" Konzeptionen der juristischen Doktrin beruht habe[3]. Ein großes Lob stellten den Autoren des Gesetz-

1 Rozporządzenie Prezydenta Rzeczypospolitej z 11 lipca 1932 r. Kodeks karny [Verordnung des Präsidenten der Republik Polen vom 11. Juli 1932 – Strafgesetzbuch], ABl. 1932 Nr. 60 Pos. 571.

2 A. Grześkowiak (Hrsg.), Kodeks karny z 1932 roku, Lublin 2015.

3 Ebd., S. 7: „Der Ausnahmecharakter dieses Gesetzbuches hat seine Wurzeln in den Traditionen des polnischen Strafrechts. Eine weitere ist die Kritik an den vorherrschenden Schulen und Richtungen sowie dem intellektuellen Mut des Autors, der ihm anbefahl, seinem eigenen Weg zu folgen. Gleichzeitig jedoch beruhte alles in hohem Maße auf den modernsten Tendenzen, die damals in der europäischen Gesetzgebung aufkamen".

buches auch die übrigen Verfasser der einzelnen Kapitel des Buches aus[4]; ebenso haben sich andere polnische Strafrechtler[5] und Rechtshistoriker geäußert[6].

Aus der Perspektive der Rechtsgeschichte dagegen hat es bisher keine zusammenfassende oder ausführliche Besprechung des Makarewicz-Gesetzbuches gegeben. Es fehlt zwar nicht an Einzelbeiträgen, u. a. aus den Federn der Professoren Adam Lityński[7], Józef Koredczuk[8] oder von Dr. Andrzej Pasek[9] und anderen Autoren[10], aber eine breiter angelegte Studie liegt einstweilen nicht vor.

In dieser Situation kann das Ziel der hier vorgelegten Arbeit nur sein, einen weiteren Teilaspekt des Strafgesetzbuches von 1932 unter rechtshistorischem Ansatz zu besprechen. Ein bisher nicht erforschter Aspekt der Wirkungsgeschichte dieser Kodifikation ist der im Zusammenhang ihrer Rezeption im deutschen Sprachraum, insbesondere ihre Beurteilung durch deutsche Autoren der Zwischenkriegszeit. Ich möchte die Frage beantworten, wie deutsche Juristen unser Gesetzbuch bewerteten, und ob diese Bewertung in der Tendenz einhellig war. Am Rande soll es auch um die Frage gehen, ob auf die Wahrnehmung des polnischen Strafgesetzbuch die Naziideologie einen Einfluss gehabt hat.

---

4 T. Bojarski, Autor des ersten Teils des Buches, der der Gliederung des Gesetzbuches und seiner Vorschriften gewidmet war, unterstrich, die Kodifizierung habe sich „an die Spitze der europäischen Gesetzbücher gesetzt, und dies sowohl auf inhaltlicher Ebene, als auch von der gesetzgebungstechnischen Seite“ - siehe ebd., S. 10.

5 T. Bojarski, Źródła prawa karnego, in: System prawa karnego, Bd. II, Warszawa 2011, S. 154: „Das polnische Strafgesetzbuch von 1932 ragte unter den europäischen Lösungen der 1930er Jahre hervor“. Der Autor verwies auch auf die Stellungnahmen vieler anderer damaliger Vertreter der Strafrechtslehre - siehe bspw.: A. Marek, Prawo karne, Aufl. 10, Warszawa 2011, S. 18: „Es gehörte zu den herausragendsten gesetzgeberischen Leistungen jener Epoche in Europa“. A. Marek berief sich auf die Bewertung durch den herausragenden deutschen Strafrechtler H.-H. Jescheck - vgl. unten Anm. 61.

6 K. Sójka-Zielińska, Historia prawa, Aufl. 15, Warszawa 2015, S. 275: „Vom Standpunkt der Gesetzgebungstechnik war das polnische Strafgesetzbuch ein modernes Werk, das sich an den besten Leistungen des damaligen Wissens orientierte“. Siehe auch: S. Płaza, Historia prawa w Polsce na tle porównawczym: cz.3, Okres międzywojenny, Kraków 2001, S. 381: „Wenn er nicht das beste Gesetzbuch jener Zeit war, so gehört es doch jedenfalls der Gruppe der besten damaligen Lösungen an“.

7 A. Lityński, Dwa kodeksy karne 1932 roku. W osiemdziesiątą rocznicę, RAiP WSH 2012, Nr. 12, S. 207–218.

8 J. Koredczuk, Znaczenie kodeksu karnego z 1932 r. dla rozwoju nauki i prawa karnego w Polsce w XX wieku, ZP UKSW 11 (2011), Nr. 2, S. 45–60.

9 A. Pasek, Kodeks karny z 1932 roku w opiniach autorów polskich, AUWr, Nr. 2620, Prawo, Bd. CCXC, Studia Historycznoprawne, Wrocław 2004, S. 297–306.

10 M. Wąsowicz, Juliusz Makarewicz – uczony i kodyfikator, SI 1993, Nr. 26, S. 111–131; A. Redzik, Profesor Juliusz Makarewicz – życie i dzieło, in: Prawo karne w poglądach Profesora Juliusza Makarewicza, Hrsg. A. Grześkowiak, Lublin 2005, S. 23–92.

2. Deutsche Autoren über das polnische Gesetzbuch

Einleitend soll es um die Frage gehen, welche Möglichkeiten deutsche Rechtswissenschaftler überhaupt hatten, sich mit dem Inhalt des Makarewicz-Gesetzbuches vertraut zu machen.

Schon Anfang der 1920er Jahre, die Kodifikationsarbeiten standen noch weitgehend an ihrem Anfang, wurde der Entwurf für den Allgemeinen Teil auf französisch – der damaligen *lingua franca* der Wissenschaft – veröffentlicht[11]. Wenig später erschien eine deutsche Zusammenfassung[12] und 1928 auch eine Übersetzung des Volltexts ins Deutsche[13]. Das war seinerzeit ein verbreitetes Vorgehen: in vielen Ländern Europas waren damals ähnliche Kodifikationsarbeiten im Gang wie in Polen, man beriet darüber in der Fachwelt des In- und jeweiligen Auslands, und wissenschaftliche Kritik der verschiedenen Entwürfe war an der Tagesordnung[14].

Nachdem es in Kraft getreten war, wurde das polnische Strafgesetzbuch durch seine Übersetzungen auch im Ausland bekannt. Die Qualität der Übersetzungen war sicherlich vorzüglich – so entstand die ins Französische unter Beteiligung des Professors und Richters Jean André Roux[15]. Die erste Übersetzung ins Deutsche kam noch von Juliusz Makarewicz selbst, der in Deutschland studiert und viele seiner Arbeiten auf deutsch publiziert hatte. Diese deutsche Ausgabe wur-

---

11 Projekt przygotowawczy części ogólnej kodeksu karnego [Tekst polski i tłumaczenie francuskie], in: Przegląd polskiego ustawodawstwa 1922, Warszawa 1922.

12 Revue pénal suisse, 1922 (übers. J. Makarewicz).

13 Der polnische Strafgesetzentwurf. Erster Teil, besorgt von J. Makarewicz, Lwów 1928, 22 Seiten. Siehe auch online zugängliche Berichte der Kodifikationskommission : Komisja Kodyfikacyjna Rzeczypospolitej Polskiej, Bd. I, Hf. 11, Warszawa 1929, S. 330 und 352, http://www.bibliotekacyfrowa.pl/dlibra/plain-content?id=39728 [Zugriff: 30.03.2023].

14 Siehe einige Beispiele aus dem polnischen Schrifttum: S. Budziński, Pogląd ogólny na prawodawstwa karne XIX-go wieku, GSW 1883, Nr. 4, S. 64–65; J. Reinhold, Środki zabezpieczające przeciw niepoprawnym i anormalnym przestępcom, ze szczególnym uwzględnieniem nowych projektów kodeksów karnych, PPiA 37 (1912), S. 390–450; W. Makowski, Nowy Kodeks Karny Norweski, przekład postanowień szczegółowych i uwagi, in: Materiały do Kodyfikacji Prawa Karnego opracowane przez Sekcję Karną Towarzystwa Prawniczego w Warszawie, Hf.1, Warszawa 1916, S. 171–174; S. Glaser, Prawo karne. Część ogólna. Na podstawie niemieckiej ustawy karnej z r. 1871, Warszawa 1920; S. Glaser, Das neue polnische Strafgesetzbuch und die deutsche Strafrechtsreform, ZfO 1933, Nr. 7, S. 348–358. Siehe auch die Polemik zwischen Makarewicz und von Gleispach; J. Makarewicz, Randbemerkungen zum Strafgesetzentwurf, ÖZS 1910, Bd. 1, S. 244–257; W. von Gleispach, Das polnische Strafgesetzbuch, ebd., S. 330–341.

15 Code pénal polonais du 11 juillet 1932 et Loi sur les contraventions du 11 juillet 1932. Traduit sous la direction de M. Emile Stanislas Rappaport, par M. Conrad Berezowski, Paris 1933. Mehr über Autoren dieser Übersetzung siehe: E. S. Rappaport, Wybrane zagadnienia nowoczesnej polityki kryminalnej (XX wieku), Łódź 1960, S. 47.

de 1932 im Verlag des Hilfsbüros der Kodifikationskommission herausgegeben[16]. Gleich danach wurde das Strafgesetzbuch in der Sammlung „Polnische Gesetze und Verordnungen in deutscher Übersetzung“ (1932) herausgegeben, desgleichen als gesonderter Titel (1933)[17]. Die nächste Ausgabe erschien dann deutlich später, erst am Anfang des Zweiten Weltkrieges, im Auftrag des berühmten Breslauer Osteuropainstituts. Im Rahmen der Serie „Sammlung polnischer Gesetze in deutscher Übersetzung“ wurde das Strafgesetzbuch zusammen mit dem Ordnungswidrigkeitenrecht und den Einführungsvorschriften in der Übersetzung von Josef Anton Chodzidlo veröffentlicht, der auch eine Einführung dazu beitrug[18].

Schon in der Zeit der Kodifikationsarbeiten hatte das polnische Strafgesetzbuch als Entwurf lebhaftes Interesse bei deutschen Rechtswissenschaftlern gefunden[19]. Sie standen damit nicht allein – auch andere Forscher zeigten Interesse, und der französische Professor Pierre Garraud legte schon 1924 die erste größere Abhandlung über das entstehende polnische Strafgesetzbuch bei[20].

Nach dem Inkrafttreten des Gesetzbuches gab es eine Vielzahl kürzerer oder längerer Rezensionen, die die polnische Kodifikation vorstellten und bewerteten. Eine der ersten kam von dem Juristen Heinrich Freund im Jahrgang 1933 der Zeitschrift „Osteuropa. Zeitschrift für die gesamten Fragen des Europäischen Ostens“[21]. Der Autor bettete sie ein in eine ausführliche Darstellung der gesamten Gesetzgebung der II. Republik, und bei dieser Gelegenheit bewertete er auch strafrechtliche Aspekte. Freund unterstrich vor allem die Vollständigkeit, zu welcher der polnische Gesetzgeber seiner Meinung nach gekommen sei, indem er sowohl das materielle Strafrecht als auch das Strafprozessrecht kodifiziert und damit 1932 „ein neues Gebäude der Strafjustiz“ für Polen vorgelegt habe[22]. Anschließend wies

---

16 Das Strafgesetzbuch für die Republik Polen vom 11. Juli 1932, Warschau 1932. Verlag vom Hilfsarbeitenbüro der Kodifikationskommission. Dank der Übersetzung verbreitete sich das polnische Strafgesetzbuch im deutschsprachigen Raum – siehe: E.D., Das Strafgesetzbuch für die Republik Polen vom 11. Juli 1932, SZS 1933, Bd. 47, S. 143.

17 Vgl. A. Schönke, Ausländisches Strafrecht. Übersicht über die wichtigsten Quellen und über das wichtigste Schrifttum, München-Berlin 1948, S. 32.

18 Sammlung polnischer Gesetze in deutscher Übersetzung. Herausgegeben im Auftrage des Osteuropa-Instituts von Dr. Heinz Meyer, Berlin, Band 7: Das polnische Strafgesetzbuch mit der Verordnung betr. Übertretungen und den Einführungsvorschriften, Berlin 1940.

19 J. Makarewicz, Projekt polskiego kodeksu karnego, GAiPP 1924, Nr. 1, S. 5. In der Berichterstattung wurde erwähnt, dass der Entwurf des Allgemeinen Teils große Aufmerksamkeit in den Fachkreisen Frankreichs, Österreichs und der Schweiz gefunden habe – siehe: Komisja Kodyfikacyjna (vgl. Anm. 13), S. 330.

20 Les Avant-projets polonais de 1922 sur la partie generale d'un code pénal, leur place dans le mouvement de reforme et de codification du droit pénal, Paris 1924, 122 Seiten.

21 15 Jahre polnischer Rechtsentwicklung, OE 1932/33, Bd. VIII, S. 530–541.

22 Ebd., S. 540.

der Rezensent darauf hin, dass das Strafgesetzbuch auf dem Grundsatz der „moralischen Haftung“ und der Strafe beruhe, wobei ihm gleichzeitig der an vielen Stellen hervortretende Aspekt der Sicherung des Gesellschaft auffiel. Freund lobte es entschieden, dass das Ordnungswidrigkeitenrecht als gesondertes Gesetz verabschiedet und geringfügigere Straftaten den Verwaltungsbehörden zur Ahndung in erster Instanz mit Berufungsmöglichkeit zu Gericht überlassen worden seien. Auch das System der Strafen lobte er, vor allem die Einschränkung der Verhängung kurzfristiger Freiheitsstrafen. Er betonte auch den breiten Rahmen der Strafsanktionen sowie relativ weiten richterlichen Ermessungsspielraum bei der Strafbemessung. Abschließend kam er zu der Einschätzung, dass „in der Summe das neue polnische Strafgesetzbuch viele Berührungspunkte mit dem damals diskutierten deutschen Novellierungsentwurf aufweise, und das Gesetz zwar nicht hypermodern sei, dass es aber moderne Postulate in hinreichendem Maße berücksichtigt habe“[23].

Schon Ende 1932 entstand ein ausführlicher zusammenfassender Bericht über das polnische Gesetzbuch aus der Feder von Wenzeslaus Graf Gleispach. Der Autor, der auch auf persönliche Kommentare nicht verzichtete, war Professor in Wien und ein engagierter herausragender Mitarbeiter an der österreichischen Gesetzgebung, gleichzeitig aber auch Anhänger der Nationalsozialisten[24]. Gleispachs Text erschien im Jahrgang 1933 der Berliner „Zeitschrift für Ostrecht“; die Redaktion machte in einer Fußnote deutlich, dass der Text Anfang Januar 1933 eingegangen sei, also knappes halbes Jahr, nachdem der polnische Gesetzestext in Kraft getreten war[25]. Gleispachs Besprechung war fachlich wie analytisch auf höchstem Niveau. Es soll hier wiederholt werden, dass der Autor selbst 30 Jahre lang verschiedene österreichische Gesetzentwürfe beratend begleitet und sogar ein eigenes Projekt für den Allgemeinen Teil des österreichischen Strafrechts vorgelegt hatte. Es ist insofern nicht erstaunlich, dass der Wiener Gelehrte an verschiedenen Stellen seiner Rezension nach Entlehnungen der polnischen Kodifikatoren aus dem österreichischen Strafgesetzbuch von 1912 suchte[26].

---

23 Ebd., S. 541: „Im ganzen genommen ist das neue polnische Strafrecht, das sehr viele Berührungspunkte mit dem neuen deutschen Entwurf aufweist, zwar nicht hypermodern, aber es hat den modernen Bestrebungen doch hinreichend Rechnung getragen“.

24 W. v. Gleispach kam aus einer aristokratischen österreichischen Familie und war Professor in Wien sowie aktiver Teilnehmer der Kodifikationsarbeitgen am österreichischen Strafgesetzbuch. Nachdem er in den Ruhestand versetzt worden war, ging er nach Berlin, wo er seine Karriere u. a. wegen seiner Unterstützung der Nazis fortsetzen konnte. So erreichte er noch die Stellung eines Dekans – siehe: A.-M. Gräfin von Lösch, Der nackte Geist. Die Juristische Fakultät der Berliner Universität im Umbruch von 1933, Tübingen 1999, s. 190–191.

25 W. Gleispach, Das polnische Strafgesetzbuch (vgl. Anm. 14), S. 331–347. Die genannte Zeitschrift entstand aus der Fusion zweier Vorgängerpublikationen: der aus Breslau (herausgegeben vom berühmten Osteuropa-Institut) und der aus Berlin. Nur acht Nummern sind erschienen (1927–1934).

26 W. Gleispach, Das polnische Strafgesetzbuch (vgl. Anm. 14), S. 342, 344 ff.

Gleispach stellte die ganze strafrechtliche Thematik des Makarewicz-Gesetzbuches kühl und sachlich vor und erlaubte sich nur gelegentlich Lob oder Kritik. Er lobte die Form der Inkraftsetzung des Gesetzes durch Verordnung des Präsidenten der Republik Polen, die eine Parlamentsdebatte vermieden habe, bei der der Text hätte „verunstaltet" werden können. Er lobte die konzentrierte Sprache der Vorschriften, die Einfachheit des Strafsystems, das gesondert gefasste Minderjährigenstrafrecht und die Konstruktion der Maßnahmen der Sicherung und Besserung. Was er kritisierte, war die seines Erachtens unklare Fassung des Schuldbegriffs und der große richterliche Ermessensspielraum, der dem Richter auf der anderen Seite kaum Hinweise darauf gebe, welche Strafe er nun verhängen solle. Gleispach wies auf einige kleine Mängel in der Anordnung des Besonderen Teils hin und hob außerdem hervor, dass einige Verbrechen nicht benannt worden seien. Er schloss seine Besprechung mit einer originellen Schlussbemerkung: „Denkt man sich die Gesetzgebungswerke unserer Zeit in einer langen Reihe geordnet, die mit dem italienischen Strafgesetzbuch beginnt und dem Sowjetrußlands endet, dann steht das polnische Strafgesetzbuch erfreulicherweise dem ersteren viel näher als dem letzteren"[27].

Außer Freund und Gleispach warf auch der Berliner Professor und Richter Karl Klee schon relativ schnell einen Blick auf das polnische Gesetzbuch. Er veröffentlichte in der seit Mitte des 19. Jahrhunderts erscheinenden und hochangesehenen Fachzeitschrift „Archiv für Strafrecht" eine prägnante Analyse[28].

Klee konzentrierte sich auf den Allgemeinen Teil, zum Besonderen Teil des Strafgesetzbuches von Makarewicz blieb er kursorisch, und er bewertete die in Polen in Kraft getretenen Lösungen ausschließlich aus der deutschen Perspektive. Sein erster Gedanke galt der Einführung der Maßnahmen der Sicherung und Besserung neben oder anstelle der Freiheitsstrafe in Polen. Er wies darauf hin, dass dies im Prinzip den Ansätzen des deutschen und des österreichischen Novellierungsentwurfes entspreche. Dabei hatte er sicherlich die deutsche Strafgesetzbuch-Novelle von 1930 im Auge[29]. Außerdem verglich er und bewertete den Charakter der polnischen

27 Ebd., S. 347.

28 K. Klee, Das Strafgesetz für die Republik Polen vom 11. Juli 1932, deutsch übersetzt, Warschau 1932, AfS 1933, Nr. 77, S. 154–155. Die genannte Zeitschrift erschien unter diesem Titel seit 1880; zuvor war sie als „Archiv für Gemeines Deutsches und für Preußisches Strafrecht" (1871–1879) und „Archiv für preußisches Strafrecht", d. h. „Goltdammer's Archiv für Strafrecht" (1853–1871) bekannt.

29 Das deutsche Projekt von 1930 basierte ebenso wie etliche frühere auf dem sog. Radbruch-Entwurf von 1922. Dieser hatte sich unter anderem zum Ziel gesetzt, das deutsche und das österreichische Recht anzugleichen. Nach der Machtergreifung Hitlers wurde noch im Jahre 1933 ein neuer Entwurf veröffentlicht, der auf dem vorherigen von 1927 aufbaute – eingehend: T. Vormbaum, K. Rentrop (Hrsg.), Reform des Strafgesetzbuches. Sammlung der Reformentwürfe, Bd. 1, 1909 bis 1919, Bd. 2, 1922 bis 1939, Berlin 2008, passim.

Vorschriften zur Verfolgung von im Ausland oder durch Ausländer begangenen Straftaten. Er kam zu dem Ergebnis, dass sie auf dem „Schutzprinzip und Universalprinzip" beruhten, während im Entwurf des deutschen Strafgesetzbuches das „Weltstrafrechtsprinzip" maßgeblich gewesen sei[30]. Der Rezensent wies auch auf die polnische Konstruktion des Rechtsirrtums hin: in Polen könne ein entschuldbarer Rechtsirrtum die Grundlage für eine außergewöhnliche Strafmilderung sein[31]; ebenso machte er darauf aufmerksam, dass in Polen der Versuch einer Straftat ebenso bestraft werde wie die vollendete Tat. Schließlich bemerkte er die Ausgliederung der „Polizeidelikte" (Ordnungswidrigkeiten) aus dem Strafgesetzbuch. Zusammenfassend kam er zu dem Ergebnis, dass „Alles im allem ist zu sagen, dass das neuste Polnische StGB den Anforderungen, die an eine moderne Strafgesetzgebung zu stellen sind, vollauf entspricht"[32].

Von spezifischem Charakter war eine Kurzrezension von Walter Mannzen. Sie galt eigentlich nicht dem polnischen Strafgesetzbuch von 1932, als vielmehr einer 1933 in Deutschland erschienenen Arbeit über dieses aus der Feder eines aus Wilna stammenden Juristen, der als Gregor Wirschubski zeichnete[33]. Der deutsche Rezensent dieser Arbeit, Mannzen, hob besonders die Einführung der Sicherungs- und Besserungsmaßnahmen in Polen hervor, die es auch ermöglichte, unzurechnungsfähige Täter in Heilanstalten einzuweisen. Der Rezensent wies sarkastisch darauf hin, dass diese Vorschrift gerade in Polen überaus sinnvoll sei, da – wie er schrieb – in Polen 28.000 psychisch Kranke der Einweisung in solche Anstalten bedürften[34]. Allerdings war eine so einseitige Meinung eine Seltenheit.

1936 erschien in der bekannten und international verbreiteten „Zeitschrift für die gesamte Strafrechtswissenschaft" eine umfassende, fast 20 Seiten lange, Arbeit des Leipziger Richters und Dozenten Richard Busch mit dem Titel „Kritische Bemerkungen zum polnischen Strafgesetzbuch"[35].

---

30 Das polnische Strafgesetzbuch empfahl, unabhängig von der Staatsbürgerschaft des Täters, Taten wie Piraterie, Geldfälschung, Menschenhandel, gemeingefährliche Verbrechen, Rauschgifthandel und Pornographie auch dann zu bestrafen, wenn die Taten außerhalb der Grenzen Polens begangen worden waren. Dasselbe galt für Taten, die unter gezielter Nutzung von Mitteln begangen worden waren, die eine allgemeine Sicherheitsgefährdung hervorrufen konnten. Weiter ging es um Straftaten gegen die Sicherheit Polens und seiner Behörden.

31 Diese Frage wurde auch in Deutschland diskutiert – siehe: S. Płaza, Historia (vgl. Anm. 6), S. 412.

32 K. Klee, Das Strafgesetz (vgl. Anm. 28), S. 155.

33 Wirschubski veröffentlichte mehrere Bearbeitungen über die polnische Strafrechtskodifikation, v. a. Das polnische Strafgesetzbuch vom 11.7.1932 und die kriminalpolitischen Forderungen der Gegenwart, Dresden 1933; Polski kodeks karny z 11 lipca 1932 r. a wymogi współczesnej polityki kryminalnej, WPP 5 (1934), Nr. 3, S. 73–78; Nr. 4, S. 115–118.

34 W. Mannzen, [Rezension], Wirschubski Gregor, Das polnische Strafgesetzbuch vom 11.7.1932 und die kriminalpolitischen Forderungen der Gegenwart, Dresden 1933, MschKrim 1933, Nr. 24, S. 766.

35 R. Busch, Kritische Bemerkungen zum polnischen Strafgesetzbuch, ZStW 1936, Nr. 55, S. 621–641.

Trotz des Titels, der „kritische Bemerkungen zum polnischen Strafgesetzbuch" ankündigte, hatte der Text Buschs eher polemischen Charakter und bewegte sich meines Erachtens völlig innerhalb der Grenzen des damaligen wissenschaftlichen Diskurses. Der Autor präsentierte die polnischen Lösungen mit großer Sachkenntnis, stellte sie selten in Frage und verglich sie stattdessen mit anderen bereits erlassenen oder in Arbeit befindlichen Strafgesetzbüchern in Deutschland, Frankreich und Italien. Der Grundton seiner Rezension war positiv, kritisch setzte er sich nur mit ausgewählten theoretischen Konstruktionen der neuen polnischen Kodifikation auseinander[36].

Schon zu Beginn seines Beitrags unterstrich Busch, dass das polnische Strafgesetzbuch nicht nur neu, sondern auch eigenständig sei[37]. Er stellte fest, dass es unter dem Einfluss der Hauptideen der heutigen europäischen Strafrechtsreformbewegung stehe, die auf die wirksame Bekämpfung der Kriminalität im Bereich der Regulierung der Verbrechensfolgen abziele. Busch verwies auf die Dogmatik der deutschen Reformprojekte von 1927 und 1930 bei der Fassung der allgemeinen Vorschriften über das Wesen des Verbrechens hin, weiter auf die in der Association Internationale de Droit Pénal erarbeiteten Prinzipien hin, die auf eine Angleichung der einzelnen nationalen Rechtsordnungen im Bereich des internationalen Strafrechts hinwirken sollten[38]. Gleichzeitig grenzte er sich prinzipiell gegen den bereits erwähnten Grafen Gleispach ab, der die Auffassung vertreten hatte, das neue polnische Strafgesetzbuch hätte genauso gut in jedem anderen Land Europas entstehen können[39]. Busch wies mit Nachdruck darauf hin, dass man über den nationalpolnischen Charakter des Gesetzbuches erst dann begründet sprechen könne, wenn man den Nationalcharakter der Polen gründlich erforscht habe; und die polnische Kodifikation gehe „in vielen Fragen eigene Wege"[40].

Anschließend widmete sich Busch dem Charakter des polnischen Strafgesetzbuches aus einer spezifischen, teilweise schon historischen Perspektive. Er machte sich zur Aufgabe zu klären, ob die polnischen Lösungen zum Willensstrafrecht

36 Buschs Studie wurde rezensiert von dem jungen polnischen Strafrechtler Jerzy Śliwowski, einem Absolventen der Warschauer Universität – siehe: J. W. Śliwowski, Kodeks Karny Polski w opinji obcych, GS 8 (1936), Nr. 7–8, S. 593–595. Der Rezensent nahm die wichtigsten Kritikpunkte des deutschen Gelehrten zur Kenntnis und wies einige von ihnen zurück. Nach meinem Urteil sind der deutsche Text und die polnische Erwiderung typische Beispiele für den damaligen Stil der wissenschaftlichen Auseinandersetzung unter Strafrechtswissenschaftlern.

37 R. Busch, Kritische Bemerkungen (vgl. Anm. 35), S. 621: „nicht nur ein neues, sondern zum ersten Male wieder seit etwa 200 Jahren ein eigenes Strafrecht".

38 Ebd., S. 621–622.

39 W. Gleispach, Das polnische Strafgesetzbuch (vgl. Anm. 14), S. 332: „Wir haben ein Werk vor uns, das uns nicht an Polen gebunden erscheint, wie ein Vergleich mit Gesetzen und Entwürfen erweisen würde, die im letzten Jahrzehnt im europäischen Raum da und dort erschienen sind".

40 R. Busch, Kritische Bemerkungen (vgl. Anm. 35), S. 622.

oder zum Erfolgsstrafrecht gehörten[41]. Hinter diesen Begriffen verbarg sich, grob gesagt, der Unterschied zwischen der im Schuldprinzip zum Ausdruck kommenden Subjektivität des Strafrechts und auf der anderen Seite der Konstruktion einer objektiven Strafbarkeit.

Das erste Beispiel, das der Autor für die Präsenz des „Willensstrafrechts" im polnischen Gesetzbuch anführte und analysierte, war die polnische Konstruktion des Versuchs; ihr Vorbild hätten, so urteilte Busch, die deutschen Entwürfe der Jahre 1927 und 1930[42] oder auch die Hinweise der Association Internationale de Droit Pénal sein können[43]. Der Autor legte dar, dass der Versuch nur vom subjektiven Standpunkt des Täters aus als Versuch bestimmt werden könne, und er wies auf den Unterschied zwischen dem Versuch und der (im polnischen Recht nicht strafbaren) Vorbereitungshandlung zu einer Straftat hin, außerdem darauf, dass der Versuch nur in den Grenzen der Strafandrohung für das jeweilige versuchte Verbrechen bestraft werden könne. Er verglich die polnischen Lösungen mit italienischen[44] und französischen[45] und kam abermals zu der Folgerung, dass sie am meisten den deutschen ähnelten[46].

Anschließend konzentrierte sich Busch auf die polnische Konzeption des kriminellen Zusammenwirkens. Er unterstrich, dass Gehilfen wie für den Versuch bestraft würden und grundsätzlich nicht in den Genuss einer außerordentlichen Strafminderung kämen – hierdurch unterschieden sich die polnischen Lösungen von den westeuropäischen[47].

Bei der Analyse der Vorschriften zur Strafbarkeit des Versuchs und des kriminellen Mitwirkens wies der Rezensent darauf hin, dass der polnische Gesetzgeber den Hauptakzent auf die subjektive Seite des verübten Verbrechens gelegt habe, mit anderen Worten: die polnischen Lösungen gingen von einem subjektiven Ansatz

41 J. W. Śliwowski, Kodeks Karny (vgl. Anm 36), S. 593.

42 Vgl. oben Anm. 29.

43 Mehr über den französischen Verein, der nach dem Ersten Weltkrieg als Folge der Spaltung in der ehemaligen Internationalen Kriminalistischen Vereinigung entstanden war – siehe: P. Cornil, Betrachtungen zum 50-jährigen Bestehen der Association Internationale de Droit Pénal, ZStW 1975, Nr. 87, S. 438–457.

44 Das italienische Strafgesetzbuch vom 19. November 1930 ist am 1. Juli 1931 in Kraft getreten. Vgl. seine zweisprachige Ausgabe: Das italienische Strafgesetzbuch vom 19. Oktober 1930 <Königl. Dekret Nr. 1398> = Il Codice penale Italiano <regio decreto 19 ottobre 1930 n. 1398>, übersetzt und mit einer Einführung, Anmerkungen, einem Sachverzeichnis und einer Vergleichstabelle versehen von R. Riz, Berlin 1969.

45 Der französische Entwurf von 1933 trug eklektischen Charakter und griff auf Vorarbeiten einiger damals neuer Strafgesetzbücher zurück – des polnischen allerdings nicht. Freilich trat er nie in Kraft. Siehe: S. Płaza, Historia (vgl. Anm. 6), S. 352–353.

46 R. Busch, Kritische Bemerkungen (vgl. Anm. 35), S. 626.

47 Ebd., S. 627.

aus und seien insofern dem sogenannten Willensstrafrecht zuzuordnen. Ähnliches stellte der Rezensent auch zu den polnischen Vorschriften zur Strafbarkeit eingeschränkt schuldfähiger Täter fest sowie solcher, die unter dem Einfluss von Alkohol stünden, Rückfalltätern, Berufstätern und Verbrechern aus Sucht[48].

Weiter richtete Busch sein Augenmerk auf die polnische Definition des Verbrechens. Er sah sie als auf einem formalen Begriff der Rechtswidrigkeit beruhend an und betrachtete dies als Ähnlichkeit zu Lösungen im französischen oder italienischen Strafrecht. Nach Ansicht des Rezensenten war die polnische Kodifikation die Folge der Ansicht des Gesetzgebers, strafbar seien nur Taten, die durch Gesetz verboten seien, so dass man den Richter bei der Entscheidung, wer zu bestrafen sei, eng an das Gesetz binden müsse. Gleichzeitig erkannte Busch von Anfang an, dass diese starke Bindungswirkung auf den Richter dadurch ausgeglichen werde, dass im Besonderen Teil die Figur der schweren oder leichten Form einer Straftat weitestgehend fehle und daher den Richtern ein weitgehender Ermessensspielraum bei der Strafbemessung eingeräumt worden sei[49]. Auf diesen Aspekt kam er in seinem Text mehrfach zurück.

Große Aufmerksamkeit widmete der deutsche Gelehrte dem Thema des Rechtsirrtums beim Täter. Er kritisierte die polnische Regelung insoweit, als sie nicht klar zwischen einem faktischen und einem rechtlichen Rechtsirrtum des Täters unterscheide. Dadurch sei es nicht möglich, auf die Bestrafung eines unter dem Einfluss eines Rechtsirrtums handelnden Täters zu verzichten. Busch sah hierin eine Parallele der polnischen Lösung zur italienischen[50].

Auch die polnischen Regelungen zur Notwehr und zum rechtfertigenden Notstand fanden vor den Augen des deutschen Rezensenten keine Gnade. Busch bemerkte, sie entsprächen denen im italienischen Strafgesetzbuch, seien aber zu lakonisch, und also unter dem dogmatischen Aspekt unklar sowie nicht auf die praktische Anwendung ausgerichtet[51].

Breiten Raum widmete Busch der Besprechung des in Polen geltenden Strafsystems. Hinsichtlich der Todesstrafe unterstrich er, dass sie stets als Alternative zu einer Freiheitsstrafe auftrat, was im allgemeinen angesichts der polnischen Bestimmungen zum Mord gerechtfertigt sei[52]. Busch hob hervor, dass im polnischen System die Freiheitsstrafe an zentraler Stelle stand, und dass sie nur in zwei elementaren Formen vorgesehen war: Gefängnis und Arrest. Er stellte dieses Modell dem

48 Ebd., S. 628.

49 Ebd., S. 630. Der Autor stellte die polnischen Lösungen den italienischen gegenüber.

50 Ebd., S. 630–631. Busch polemisierte direkt gegen die Auffassung von Makarewicz zur Interpretation von Art. 20 des polnischen Strafgesetzbuches.

51 Ebd., S. 633.

52 Das polnische Gesetzbuch machte keinen Unterschied zwischen Mord und anderen qualifizierten Formen der Tötung.

französischen Projekt gegenüber, in dem das System der Freiheitsstrafen stärker ausdifferenziert gewesen sei. Als Bewertung der polnischen Lösung wies er schließlich darauf hin, dass das polnische System unweigerlich zu einer Nivellierung der Bewertung von Straftaten führen werde. Der deutsche Gelehrte verhehlte nicht, dass er eine andere Lösung vorgezogen haben würde, die zum Beispiel ermöglicht hätte, einen Mörder oder Hochverräter schwerer zu bestrafen als jemanden, der wegen fahrlässiger Tötung oder schwerer Körperverletzung vor Gericht stehe. Er berief sich bei dieser Kritik auf Erfordernisse der Kriminalpolitik und natürlich das damals diskutierte deutsche Reformprojekt[53].

Ausführlich besprach Busch die Nebenstrafen, insbesondere das Verbot der Berufsausübung, die Einziehung von durch Straftaten erworbenen Vermögenswerten sowie der Tatwerkzeuge sowie die Möglichkeit der schriftlichen Veröffentlichung des Urteils. Er unterstrich, dass diese und die weiteren Nebenstrafen in Polen nicht automatisch als Folge der Verurteilung einträten, sondern dass sie gesondert verhängt würden, ob fakultativ oder zwangsläufig. Hierin unterscheide sich das polnische Strafgesetzbuch vom italienischen oder französischen. Gleichzeitig schätzte der Rezensent ein, dass in Polen die Nebenstrafen, insbesondere das Verbot der Berufsausübung, eher den Charakter von Sicherungsmaßnahmen hätten, denn ihr Ziel bestehe ja darin, die Gesellschaft vor künftigen strafbaren Handlungen von Seiten bestimmter Täter zu schützen[54]. Die letzte Strafform, der sich Busch näher widmete, war die Veröffentlichung des Urteils. Er tadelte dabei die polnischen Bestimmungen als unzureichend und stellte ihnen die in Italien bereits beschlossenen und in Frankreich sowie Deutschland in Vorbereitung befindlichen Lösungen gegenüber, in denen die Veröffentlichung des Urteils wesentlich öfter verhängt werden könne. Der Autor vertrat den Standpunkt, dass eine häufigere Veröffentlichung von Verurteilungen der Generalprävention dienlich sei[55].

Hinsichtlich der Maßnahmen der Sicherung und Besserung argumentierte Busch, die polnischen Lösungen ähnelten dem deutschen Entwurf und seien jedenfalls besser als die Lösungen aus Italien und Frankreich. Er hob den weiteren Ermessensspielraum der polnischen Richter im Vergleich zu ihren Kollegen in Westeuropa bei der Verhängung solcher Maßnahmen hervor. Dem Kriterium einer „Gefahr für die Rechtsordnung" als Voraussetzung einer Verhängung konnte er jedoch nichts abgewinnen; stattdessen hätte er, wie er schrieb, die deutsche Formulierung einer

---

53 R. Busch, Kritische Bemerkungen (vgl. Anm. 35), S. 635. Interessanterweise stimmte der polnische Rezensent der Arbeit von Busch diesem Vorwurf zu – siehe: J. W. Śliwowski, Kodeks Karny (vgl. Anm. 36), S. 594 in fine.

54 R. Busch, Kritische Bemerkungen (vgl. Anm. 35), S. 635–637.

55 Ebd., S. 637. Der Autor empfahl unter Berufung auf Vorbilder in Italien und Frankreich, das Urteil am Ort seiner Verkündung öffentlich bekannt zu machen, überdies am Tatort und dem letzten Wohnort des Täters.

„Gefahr für die öffentliche Ordnung" als Voraussetzung vorgezogen. Schließlich wies er darauf hin, dass in der polnischen Kodifikation eine Definition der Begriffe des Berufs- und Suchttäters fehle; dies könne dazu führen, dass die Richter bei der ersten Verurteilung solcher Täter davon absehen müssten, solche Maßnahmen der Sicherung und Besserung zu verhängen[56].

Die besonderen Strafbestimmungen für Minderjährige erweckten ebenfalls das Interesse des deutschen Gelehrten. Er hob vor allem deren erzieherischen Charakter hervor. Er akzeptierte eine solche Lösung, hätte jedoch nach seinen Worten das deutsche Modell vorgezogen, in dem die Richter die Wahl zwischen Erziehungsmaßnahmen oder einer gemilderten Strafe für Minderjährige hätten.

Das letzte Thema, auf das Busch einging, war der Ermessensspielraum des polnischen Richters. Er wiederholte, dass der polnische Gesetzgeber davon Abstand genommen habe, viele Voraussetzungen einer Strafverschärfung oder Strafminderung zu normieren und er lobte dies als Bestreben, das Strafgesetzbuch synthetischer zu gestalten. Er wies gleichzeitig darauf hin, dass die Richter in Polen nicht nur weit gefasste Rahmen des Strafmaßes nutzen könnten, sondern darüber hinaus Möglichkeiten zur außerordentlichen Strafmilderung genössen und ihnen auch die Entscheidung über eine eventuelle vorzeitige Strafaufhebung, eine Strafaussetzung zur Bewährung oder die Verhängung von Erziehungsmitteln oder die Einweisung in Besserungsanstalten im Falle Minderjähriger sowie die Option, Maßnahmen der Sicherung und Besserung nur befristet anzuordnen, freistehe. Der Autor lobte diese Lösung und wies auf ihre Ähnlichkeit zum deutschen Entwurf hin; gleichzeitig äußerte er aber Zweifel daran, ob dies alles sich in der Praxis bewähren werde, und dass die Richter keinerlei „weltanschauliche" (ideologische) Richtlinien für Auslegung und Anwendung des Strafrechts in Polen an die Hand bekämen. Man kann annehmen, dass diese Beunruhigung sich aus den Bedingungen ergab, unter denen der Rezensent in dem ideologischen Umfeld des Dritten Reiches tätig war. Dies war aber die einzige Stelle, an der sich in dieser Rezension eine sichtbare Spur der NS-Ideologie im Denken des deutschen Gelehrten andeutete[57].

Auch nach dem Zweiten Weltkrieg genoss das Strafgesetzbuch von Makarewicz im deutschen Sprachraum einen guten Ruf[58]. Einige deutsche Autoren der zweiten Hälfte des 20. Jahrhunderts verwiesen, meiner Ansicht nach zu Recht, darauf, dass das polnische Strafrecht nicht so sehr aus deutschen oder österreichischen Quellen

---

56 Ebd., S. 638–639. Der Rezensent der Studie von Busch stimmte den deutschen Befürchtungen voll zu – siehe: J. W. Śliwowski, Kodeks Karny (vgl. Anm 36), S. 595.

57 Busch war dabei kein Anhänger extremer Auffassungen, davon zeugt seine eigene negative Stellungnahme zur Äußerung von Gleispach – siehe oben Anm. 39–40.

58 Vgl. L. Frendl, Die Strafe im Entwurf des polnischen Strafgesetzbuches, JOR 1968, Bd. IX, Nr. 2, S. 110: „StGB vom 11.7.1932, das seinerzeit auch im Westen als modernes Gesetzeswerk hoch angesehen und geschätzt wurde".

geschöpft habe, als vielmehr dem Schweizer Strafrecht nachgebildet worden sei[59]. Allerdings ist dieser Aspekt immer nur eine Randbemerkung geblieben[60].

Es war Professor Hans-Heinrich Jescheck, der in der deutschen juristischen Literatur die Auffassung zur Vorherrschaft gebracht hat, dass das Makarewicz-Strafgesetzbuch eine ungewöhnlich gute Lösung gewesen sei. Jescheck war ein hervorragender Kenner des Strafrechts, Autor zahlreicher akademischer Lehrwerke und langjähriger Direktor des Max-Planck-Instituts für deutsches und internationales Strafrecht in Freiburg im Breisgau. In der zweiten Hälfte der 1970er Jahre schrieb er, das polnische Strafgesetzbuch von 1932 „zu den besten Leistungen der neueren Strafgesetzgebung in Europa zählte, schon den Einfluß moderner kriminalpolitischer Auffassungen widerspiegelte“[61]. Dieses Urteil hat die Anschauung vieler anderer Juristen sowohl in Deutschland als auch in Polen geprägt[62].

3. Schlussfolgerungen

Die Haltung der deutschen Rechtswissenschaftler zum Makarewicz-Gesetzbuch war positiv und konkret, wenn auch nicht immer unparteiisch. Die Mehrheit der deutschen Autoren, alle Meister der Rechtsphilosophie und juristischen Doktrin, setzte sich nicht weiter mit der weltanschaulichen Grundhaltung der polnischen Kodifikation auseinander. Sie suchten in dem Gesetzeswerk auch keine Antworten auf Grundsatzfragen wie die nach Wesen und Sinn der Strafe, der Willensfreiheit des Menschen oder den Quellen der Kriminalität – alle die Themen, die die damalige Doktrin so gern diskutierte. Nur wenige deutsche Gelehrte blickten auf die Konstruktion des neuen polnischen Strafrechts aus dem Blickwinkel der NS-Ideologie.

---

59 Professor R. Schnur, ein Kenner des polnischen Rechts und mehrfacher Rezensent desselben, legte in einer konzentrierten Studie zu den Spuren des deutschen und österreichischen Rechts in Polen dar, dass das neue Strafgesetzbuch sich vor allem am schweizerischen Strafrecht orientiert – siehe: R. Schnur, Einflüsse des deutschen und österreichischen Rechts in Polen, Berlin – New York 1985, S. 17.

60 An dieser Stelle ist daran zu erinnern, dass der Vorentwurf zu einem Strafgesetzbuch von Karl Stoos stammt und bereits 1893 entstand. Mehrere weitere Versionen folgten, bis die letzte regierungsamtliche Fassung von 1918 entstand. Der Entwurf wurde über Jahre im Schweizer Parlament diskutiert, überarbeitet und schließlich 1931 offiziell veröffentlicht. Das Schweizer Parlament verabschiedete ihn 1937, eine Volksabstimmung bestätigte dies im folgenden Jahr – siehe: S. Płaza, Historia (vgl. Anm. 6), S. 366–367. Siehe auch: D. Janicka, Makarewicz a Liszt. Próba analizy porównawczej, CPH 67, 1 (2015), S. 107–128; D. Janicka, Niebezpieczny przestępca w doktrynie prawa karnego przełomu XIX/XX w., in: Kuba rozpruwacz i inni, Hrsg. V. Kwiatkowska-Wójcikiewicz, Toruń 2015, S. 9–32.

61 H.-H. Jescheck, Das neue deutsche Strafrecht im Vergleich mit dem polnischen Recht, ZStW 1976, Nr. 88, S. 467.

62 Siehe oben Anm. 5.

Die Deutschen wussten konkrete Regelungen des Gesetzbuches zu schätzen, erkannten den Wert der einzelnen Lösungen recht präzis und polemisch. Auf die Garantiefunktion des polnischen Strafrechts für den Verurteilten gingen sie nicht weiter ein, dagegen bemerkten und billigten sie die formale Definition des Verbrechens. Sie hoben hervor, dass das polnische Gesetz die klassische Dreiteilung der Straftaten aufgegeben hatte, indem die Ordnungswidrigkeiten in ein gesondertes Gesetz ausgelagert wurden, und sie äußerten sich vollauf positiv über diese Systematik. Sie bemerkten die Vorschriften, die in Polen die strafrechtliche Verantwortlichkeit subjektiv fassten, und sie hoben die innovativen Elemente hervor, die die Institutionen des Versuchs der Straftat sowie des kriminellen Zusammenwirkens aufwiesen; das bedeutete nicht, dass sie diese Auffassung immer geteilt hätten. Durchweg gelobt wurden die in Polen eingeführten Strafmittel, insbesondere die völlig neuen Maßnahmen der Sicherung und Besserung. Ebenfalls durchweg begrüßt wurde der Wegfall kurzzeitiger Freiheitsstrafen, und die Einführung eines speziellen Jugendstrafrechts wurde als natürlich und vorteilhaft gelobt.

Die deutschen Fachleute betonten, dass das polnische Kodifikationswerk innerlich kohärent, selbständig und zeitgemäß sei.

Kurzfassung

Während der Kodifikationsarbeiten an dem 1932 verabschiedeten polnischen Strafgesetzbuch wurden seine Entwürfe auch in Fremdsprachen veröffentlicht, u. a. auf Deutsch. Dass Gesetzentwürfe übersetzt und damit im Ausland verbreitet wurden, war damals allgemeine Praxis und sollte dazu dienen, den wissenschaftlichen Austausch zu fördern. So stießen auch die Übersetzungen der polnischen Kodifikation ins Deutsche bei den Rechtswissenschaftlern Deutschlands und Österreichs auf lebhaftes Interesse. Es kann nicht erstaunen, dass nach dem Inkrafttreten des polnischen Gesetzbuchs auch im Ausland viele Besprechungen des Werks erschienen. Autoren dieser Rezensionen waren prominente Rechtswissenschaftler an den Universitäten, manchmal auch Richter. Der allgemeine Tenor der Besprechungen in Deutschland war positiv. Besonders schätzten deutsche Rezensenten den synthetischen Charakter der Vorschriften und den eigenständigen Charakter des Gesamtwerks. Sie lobten unter anderem die Einführung der Maßregeln der Besserung und Sicherung, des gesonderten Jugendstrafrechts, die getrennte Regelung der Ordnungswidrigkeiten, neue Lösungen bei der Fassung des Versuchs und der gemeinsam begangenen Straftaten, wie auch die Einschränkung der Verhängung kurzer Freiheitsstrafen. Der Aufsatz ist der erste zu diesem Aspekt in der polnischen Fachliteratur und gibt die Einschätzungen der deutschen Juristen im Detail wieder. Die Meinungen deutscher Autoren waren wichtig dadurch, dass die deutsche Rechtswissenschaft im Europa des frühen 20. Jahrhunderts hohes und von niemandem in Frage gestelltes Ansehen genoss. Die deutschen Autoren verfolgten die

Leistung der polnischen Kodifikatoren mit großer Präzision und Eindringlichkeit, zumal es ihnen im eigenen Land in der Zwischenkriegszeit nicht gelang, ein ähnlich modernes Gesetzeswerk auf den Weg zu bringen. Als die Nazis 1933 an die Macht kamen, wurde das Strafrecht des Dritten Reiches völlig umgestaltet im Sinne einer Abkehr von bisherigen Standards der Gesetzgebung.

Summary

Makarewicz's code in the views of German authors

During the codification works carried out in Poland on the 1932 Criminal Code, drafts of it were published in foreign languages, e. g. in German. The practice of translating and disseminating legislative drafts was a standard at that time in Europe and it was intended for the exchange of academic concepts and ideas. Translations of the Polish code into German aroused vivid interest of German and Austrian scholars. No wonder that many of its foreign reviews were published shortly after the Polish code came into effect. These reviews were authored by scholars holding university positions, and sometimes also by judges. The opinions of the German reviewers were generally positive. The Germans highly appreciated the concise nature of the provisions of the Polish code and its original character. They praised, inter alia the introduction of preventive measures, special rules regarding the liability of minors, separate regulations concerning minor offences, innovative solutions in criminal complicity and criminal attempts, as well as limiting short-term imprisonment sentences. This study, a pioneering one in the Polish literature in the field, presents in detail the opinions of German lawyers. They were important insofar as they were offered by scholars who had an exceptionally strong, unquestionable scholarly position in Europe in the early twentieth century. The Germans observed the achievements of the Polish authors of the Code meticulously and insightfully, the more so as they themselves did not manage to work out similarly innovative laws in the interwar period; when the Nazis came to power, the criminal law of the Third Reich was completely transformed, largely departing from the existing legislative standards.

Der „gemeingefährliche Verbrecher“ in der Strafrechtsdoktrin der Zeit um 1900

Rechtswidriges Handeln breitet sich im öffentlichen wie im privaten Leben aus. Es vergeht kein Tag, an dem wir nicht von irgendeinem Raubüberfall, einer Veruntreuung oder einem Betrug hören, und die statistischen Angaben stellen eine immer höhere Zahl begangener Verbrechen fest.
N. N., Piąty Zjazd prawników i ekonomistów polskich we Lwowie, CPiE 1912 (aus einer Ansprache von Fryderyk Zoll Senior)

Das absolute Modethema in der heutigen Kriminalistik ist zweifellos die Frage der „Gemeingefährlichkeit“ und der Schutzmittel gegen sie, welche die Gesellschaft ergreifen kann und soll, um sich gegen diese Gefahr zu schützen, die von diesem oder jenem Individuum ausgeht.
Aleksander Mogilnicki, V-ty Zjazd prawników i ekonomistów polskich we Lwowie, GSW 1912 (aus einem Referat des Rechtsanwalts Wacław Makowski)

1. Einführung

Das 19. Jahrhundert ist in die Geschichte Europas als Epoche einer sozialen Transformation eingegangen, die durch die industrielle Revolution hervorgerufen wurde. Die Folge von technischem Fortschritt, Industrialisierung und Urbanisierung, aber auch einer Verbesserung der sanitären Bedingungen, war eine demographische Explosion, die die Verarmung eines Teils der Bevölkerung zur Folge hatte[1]. Mit den sozioökonomischen Veränderungen ging eine Entwicklung der Wissenschaften einher, zu deren Symbolfiguren u. a. Auguste Comte, Karl Marx und Charles Darwin geworden sind. Der von Comte begründete Positivismus bedeutete, die Metaphysik hinter sich zu lassen und zu versuchen, einheitliche Entwicklungsgesetze der Wirklichkeit zu ermitteln[2]; der Marxismus schlug u. a. eine Lehre von den allgemeinen

1 J. M. Kelly, Historia zachodniej teorii prawa, übers. Pietrzyk-Reeves, Dorota et al., Kraków 2006, s. 331.

2 Comte beeinflusste u. a. den belgischen Mathematiker, Astronomen, Soziologen und Kriminologen A. Quételet, der ein Wegbereiter des Übergangs vom Positivismus zum Empirismus war. Siehe: E.

Entwicklungsgesetzen vor, die auf der Entwicklung von Widersprüchen beruhte. Dagegen zeigte die Darwinsche Evolutionstheorie, dass der Mensch im Kern ein natürliches Wesen sei, das von seinen biologischen Instinkten gesteuert werde[3]. Die sozialen Veränderungen, die Verarmung vieler Menschen und das Entstehen des Industrieproletariats veranlassten auch die katholische Kirche, zu den Veränderungen Stellung zu nehmen. Dies geschah in der Enzyklika *Rerum novarum,* die Papsts Leo XIII. 1891 verkündete[4].

Eine der Konsequenzen der zivilisatorischen, insbesondere der wirtschaftlichen, Entwicklung war das Anwachsen der Kriminalität, insbesondere der gegen das Eigentum. Die damals gerade entstehende Kriminalstatistik verwies - trotz damals noch nicht voll ausgebildeter wissenschaftlicher Instrumentarien und Methoden - auf die Tatsache hin, dass Verstöße gegen das Strafrecht immer häufiger wurden. Gleichzeitig gewann die Allgemeinheit den Eindruck, dass die traditionellen Methoden zur Bekämpfung der Kriminalität, insbesondere der berufsmäßig betriebenen, ineffizient und die Strafgesetze und Strafvollzugseinrichtungen veraltet seien[5].

In der zweiten Hälfte des 19. Jahrhunderts äußerte sich das unter dem Einfluss von Positivismus, Materialismus und Evolutionismus geschaffene intellektuelle Klima auch in neuen wissenschaftlichen Theorien. So trat im Italien der 1870er Jahre der Arzt und Psychiater Cesare Lombroso (1835–1909) mit der These an die Öffentlichkeit, es gebe geborene Verbrecher - Menschen mit primitiven anatomischen und psychophysischen Anlagen, die man angeblich mit Hilfe empirischer Forschungen erkennen könne. Solche Forschungen betrieb der italienische Gelehrte auf breiter Front[6]; seine Aufsehen erregenden Thesen über den Verbrecher als einen gesonderten anthropologischen Typus wurden jedoch bald Gegenstand wissenschaftlicher Kritik und verfielen anschließend der Ablehnung[7]. Selbst die beiden italienischen Lombroso-Schüler Raffaele Garofalo (1851–1934) und Enrico Ferri (1856–1929) setzten sich von seiner einseitigen These über den geborenen Verbrecher ab und wandten sich umfassenderen kriminologischen, psychologi-

---

Bellmann, Die Internationale Kriminalistische Vereinigung (1889–1933), Frankfurt am Main 1994, S. 13–14.

3 J. Tomkowski, Dzieje myśli, Warszawa 1997, S. 218 ff.

4 J. M. Kelly, Historia (vgl. Anm. 1), S. 364–366.

5 E. Janiszewska-Talago, Szkoła antropologiczna prawa karnego w Polsce, Warszawa 1965, passim.

6 J. Warylewski, Kierunki i szkoły w nauce prawa karnego, in: System prawa karnego, Bd.1: Zagadnienia ogólne, Hrsg. A. Marek, Warszawa 2010, S. 72–73.

7 J. M. Kelly, Historia (vgl. Anm. 1), S. 372 und 417–418. Siehe auch: J. Nelken, Polska myśl kryminologiczna od schyłku XIX w. do 1939 r., AKrym 13 (1986), S. 224; M. Frommel, Internationale Reformbewegung zwischen 1880 und 1920, in: J. Schönert (Hrsg.), Erzählte Kriminalität. Zur Typologie und Funktion von narrativen Publizistik und Literatur zwischen 1770 und 1920, Tübingen 1991, S. 482–486.

schen und soziologischen Forschungen zu[8]. Die italienische Schule der Kriminologie musste sich schon bald der moderneren jungdeutschen Schule geschlagen geben[9].

In Deutschland war es der gebürtige Österreicher und spätere Professor in Berlin Franz von Liszt (1851–1919), der die umfassendsten Überlegungen zur Kriminologie anstellte. Er war es auch, der ein informelles, aber in ganz Europa populäres, kriminologisches Seminar ins Leben rief. Liszt und seine Anhänger hielten zwar an den wichtigsten Errungenschaften der klassischen Strafrechtsschule fest, aber sie suchten die Gründe der Kriminalität vor allem in den sozialen Bedingungen und nicht – wie noch Lombroso und seine Schüler – in biologischen Merkmalen. Aus diesem Grund wird die von Liszt begründete rechtswissenschaftliche Schule die soziologische genannt[10].

Gemeinsam mit dem Belgier Adolphe Prins (1845–1919) und dem Niederländer Gerard Anton van Hamel (1842–1917) begründete Liszt 1889 die Internationale Kriminalistische Vereinigung (IKV) – eine überstaatliche Organisation, die auf dem Gebiet des Strafrechts, der Kriminologie, der Kriminalpolitik und verwandten Wissensgebieten tätig war[11]. Die Mitgliedszahl lag anfangs knapp unter 100, nahm jedoch in beeindruckendem Tempo zu und betrug Anfang des 20. Jahrhunderts schon über 1000 Gelehrte und sonstige Fachleute aus etwa 30 Ländern[12]. Die Wirkung der Internationalen Kriminalistischen Vereinigung ist schwierig zu überschätzen, obwohl sie nur 25 Jahre lang aktiv war. Die Organisation gab eine eigene Zeitschrift heraus, in der Gelehrte aus aller Welt, die sich mit Straf- und

8 J. Warylewski, Kierunki (vgl. Anm. 6), S. 74–75. Siehe auch: J. M. Kelly, Historia (vgl. Anm. 1), S. 418–419.

9 Die Zeitgenossen sprachen, auch in Polen, von der jungdeutschen oder soziologischen Schule. Siehe: A. Koch, Binding vs. v. Liszt – Klassische und moderne Strafrechtsschule, in: E. Hilgendorf, J. Weitzel (Hrsg.), Der Strafgedanke in seiner historischen Entwicklung. Ringvorlesung zur Strafrechtsgeschichte und Strafrechtsphilosophie, Berlin 2007, S. 127. Im polnischen Schrittum: E. S. Rappaport, Walka o reformę prawa karnego w Niemczech, Warszawa 1909, S. 8.

10 M. Wąsowicz, Nurt socjologiczny w polskiej myśli prawnokarnej, Warszawa 1989, passim.

11 Die Organisation führte offiziell zwei Bezeichnungen, eine in deutscher und eine in französischer Sprache: Internationale Kriminalistische Vereinigung; Association Internationale de Droit Pénal. Der darin benutzte Begriff „kriminalistisch“ hatte mit der Kriminalistik wenig zu tun – die Mitglieder des Vereins widmeten sich eher der Kriminologie. Siehe eingehend: L. Radzinowicz, The Roots of the International Association of Criminal Law and their Significance. A Tribute and a Re-assessment on the Centenary of the IKV, Freiburg 1991, S. 1–14; M. Paszkowska, Nauka prawa karnego w środowisku „Gazety Sądowej Warszawskiej“ (1873–1918), Warszawa 2010, S. 198–205; A. Mogilnicki, V-ty Zjazd prawników i ekonomistów polskich we Lwowie, GSW 29 (1912), S. 450.

12 L. Radzinowicz, The Roots (vgl. Anm. 11), S. 2. Der polnische Autor führt konkrete Angaben an, wonach 200 Teilnehmer aus 17 Ländern beim ersten Kongress der Vereinigung in Brüssel anwesend gewesen seien, und dass der Hamburger Kongress von 1905 mit 1200 Teilnehmenden aus 30 Ländern den Höhepunkt der Aktivität der Vereinigung markiert habe.

Strafprozessrecht sowie Kriminalpolitik beschäftigten, ihre Forschungsergebnisse publizierten[13]. Die Vereinigung betrieb die Veröffentlichung europäischer und außereuropäischer Strafgesetzbücher in fachspezifischen Übersetzungen (vor allem ins Deutsche) und versorgte so die Fachwelt mit wichtigen und nützlichen Quellentexten[14]. Auf ihre Initiative hin entstand schließlich ein monumentaler, vielbändiger Korpus von Untersuchungen zum internationalen Strafrechtsvergleich[15]. Neben der verlegerischen und redaktionellen Tätigkeit der Vereinigung organisierte sie regelmäßig internationale Kongresse zur Diskussion der wichtigsten anstehenden Fragen des Strafrechts und wies den europäischen Gesetzgebern Wege zur Reform der Rechtslage[16]. Der erste derartige Kongress fand 1889 in Brüssel statt, der letzte 1913 in Kopenhagen[17].

2. Ausgewählte Konzeptionen europäischer Rechtswissenschaftler

Wie schon skizziert, erblickten die Vertreter der soziologischen Schule des Strafrechts in der Kriminalität vor allem einen gesellschaftlichen Missstand. Genau diese Formulierung fand sich in den Satzungen der IKV von 1889[18]. Die Rechtswissenschaftler der Wende vom 19. zum 20. Jahrhundert nutzten zur Analyse der Kriminalität Werkzeuge der Kriminalstatistik[19]. Die ihnen vorliegenden Daten

13 Mitteilungen der Internationalen Kriminalistischen Vereinigung / Bulletin de l'Union internationale de droit pénal. Unabhängig hiervon wurde in Deutschland ab 1881 die Veröffentlichung der „Zeitschrift für die gesamte Strafrechtswissenschaft" aufgenommen; in ihr publizieren bis heute Gelehrte aus aller Welt.

14 Die Strafgesetzgebung der Gegenwart in rechtsvergleichender Darstellung, Hrsg. F. v. Liszt, Bd. 1–2, Berlin 1894–1899.

15 Vergleichende Darstellung des deutschen und ausländischen Strafrechts, Hrsg. K. Birkmeyer et al., Bd. 1–15, Berlin 1905–1908.

16 Insgesamt wurden 12 Kongresse organisiert: 1889 (Brüssel), 1890 (Bern), 1891 (Kopenhagen), 1893 (Paris), 1894 (Antwerpen), 1895 (Linz), 1897 (Lissabon), 1899 (Budapest), 1902 (St. Petersburg), 1905 (Hamburg), 1910 (Brüssel), 1913 (Kopenhagen). Siehe: L. Radzinowicz, The Roots (vgl. Anm. 11), S. 8.

17 Das Programm der Vereinigung, insbesondere ihr Insistieren auf den soziologischen Aspekten der Strafrechtswissenschaft, wurde von der Société Internationale de Défense Sociale fortgesetzt, die 1947 durch den Italiener Filippo Grammatica ins Leben gerufen wurde. Siehe: H.-H. Jescheck, T. Weigend, Lehrbuch des Strafrechts. Allgemeiner Teil, Berlin 1996, S. 74.

18 Den deutschsprachigen Text der Satzungen hat E. Bellmann, Die Internationale Kriminalistische Vereinigung (vgl. Anm. 2), S. 216–219 publiziert. Art. 1 Pkt. 1 der Satzungen lautete: „Aufgabe der Strafe ist die Bekämpfung der Kriminalität als sozialer Erscheinung."

19 H. Müller-Dietz, Strafbegriff und Strafrechtspflege, Bonn 1968, S. 34. Zum wirkungslosen Versuch der Schaffung einer komparativen Statistik eingehend: E. Bellmann, Die Internationale Kriminalistische Vereinigung (vgl. Anm. 2), S. 44–47; der Versuch scheiterte vor allem an bürokratischen

wirkten alarmierend. Denn vor allem zeugten sie davon, dass die Rückfallquote bei den Tätern sehr hoch war[20]. Wie in ganz Europa, konzentrierten sich schließlich Juristen auch im damals noch geteilten Polen unter dem Einfluss der erwähnten italienischen Schule auf kriminologische Forschungen[21]. Als deren Ergebnis konstruierten sie gern sogenannte Typologien der Verbrecher. Sie beruhten darauf, dass Delinquenten in verschiedene Kategorien aufgeteilt wurden, die Namen bekamen und für die jeweils die nach Ansicht der Autoren geeignetsten Mittel der strafrechtlichen Repression vorgeschlagen wurden. Im Rahmen dieser Aufteilung auf theoretische Schubladen kam auch der mich hier interessierende Begriff der „gemeingefährlichen" (französisch: *dangereux*) Täter auf.

Autor einer der bekanntesten, grundsätzlichsten und gleichzeitig populärsten derartigen Typologien von Verbrechern war Franz von Liszt. Er unterteilte die Täter in Gelegenheitsverbrecher, Besserungsfähigen und Unverbesserlichen[22]. Im Prinzip verfocht er damit ein dreiteiliges Modell der Tätertypen, das sich an einen Gedanken eines anderen Österreichers anknüpfte: des um eine Generation älteren Wiener Professors Wilhelm Emil Wahlberg (1824–1901). Dieser war zwar noch kein Vertreter der soziologischen Schule, aber er hatte bei der Beschreibung der Kriminalität zwischen Zufalls- und Mehrfachtätern unterschieden[23].

In der Lisztschen Interpretation war der Gelegenheitsverbrecher eine bisher unbescholtene Person, die in augenblicklicher, leidenschaftlichen Erregung oder

---

Hindernissen. Zu den Fehlern und Schwierigkeiten bei den statistischen Untersuchungen siehe ebd., S. 85–87.

20 In Preußen sagten die amtlichen Statistiken aus, dass ein Viertel der Rückfalltäter auf den Weg des Verbrechens zurückgekehrt sei – siehe: E. Bellmann, Die Internationale Kriminalistische Vereinigung (vgl. Anm. 2), S. 47. In der Zweiten Polnischen Republik betrug die Rückfallquote nach Berechnungen von Wissenschaftlern 60–70%. In Deutschland und Frankreich wurde sie auf 25–46, bzw. 46–50% geschätzt. Die amtlichen Statistiken aus Polen verzeichnen für die Mitte der 1920er Jahre eine Rückfallquote von 100–150 auf 1000 Verurteilte, also etwa 10–15% – siehe: A. Ettinger, Przestępca zawodowy a polityka kryminalna, GSW 24 (1930), S. 837. Vgl. die Statistiken aus dem Königreich Polen für das 19. Jh.: H. Konn, Przestępność Królestwa Polskiego, GSW 27 (1912), S. 418–419.

21 Das Hauptwerk von R. Garofalo „La criminologia" erschien 1885; das Werk von E. Ferri „La sociologie criminelle" wurde 1892 herausgegeben. Siehe: L. Radzinowicz, The Roots (vgl. Anm. 11), S. 17.

22 Siehe damalige deutsche Nomenklatur: „Gelegenheitsverbrechen", „Augenblicksverbrechen", „akute Kriminalität; andererseits: „Gewohnheitsverbrechen", „Zustandsverbrechen", „chronische Kriminalität". Neben den notorischen Tätern wurden auch „gewerbsmäßige Verbrecher" dargestellt – siehe bspw. F. v. Liszt, Lehrbuch des Deutschen Strafrechts, Berlin 1912, S. 79.

23 W. Brauneder (Hrsg.), Juristen in Österreich (1200–1980), Wien 1987, S. 171–176. Das Hauptwerk von Wahlberg, dem Vertreter der klassischen Strafrechtsschule, trug den Titel „Das Prinzip der Individualisierung in der Strafrechtspflege" (Wien 1869).

unter dem Einfluss drückender Notlage gehandelt habe[24]. Ihm stellte der Professor den notorischen Täter gegenüber, den er als Menschen charakterisierte, den „brutale Rohheit, gefühllose Grausamkeit, beschränkter Fanatismus, gedankenloser Leichtsinn, unüberwindliche Arbeitsscheu, geschlechtliche Lasterhaftigkeit" auszeichneten[25]. Später erweiterte von Liszt diesen Katalog noch um „Versoffenheit"[26]. Aus seiner Tätertypologie suchte der deutsche Professor dann die Ziele der Strafsanktion zu entwickeln; er wies darauf hin, dass der Zufallstäter („Gelegenheitsverbrecher") abgeschreckt, der besserungsfähige Mehrfachtäter gebessert und der unverbesserliche unschädlich gemacht werden müsse[27]. Von Liszt entwickelte diese Typologie der Täter nicht in die Tiefe; trotzdem verbreitete sich die von ihm geschaffene Dreiteilung der Täter und das hieraus entwickelte Modell einer dreidimensionalen strafenden Einwirkung in verschiedenen Konfigurationen in ganz Europa, und damit auch im polnischen Sprachraum[28]. Der deutsche Gelehrte motivierte nur die von ihm gesehene Notwendigkeit, unverbesserliche Täter wirksam zu isolieren, etwas ausführlicher. Er schrieb die kategorischen Sätze: „Gegen die Unverbesserlichen muss die Gesellschaft sich schützen; und da wir köpfen und hängen nicht wollen und deportieren nicht können, so bleibt nur die Einsperrung auf Lebenszeit (bezw. auf unbestimmte Zeit)"[29].

Die Frage, wer ein notorischer Verbrecher, und insbesondere ein unverbesserlicher, sei, war vom Anfang an Gegenstand einer lebhaften Debatte in der Internationalen Kriminalistischen Vereinigung. Auf den ersten Kongressen der Organisation ging es um das Problem, wie der unverbesserliche Verbrecher gesetzlich definiert werden solle; es wurde empfohlen, die Persönlichkeit der Täter strafwürdiger Handlungen zu untersuchen, und es wurden Methoden einer wirksamen strafrechtlichen

24 F. v. Liszt, Lehrbuch (vgl. Anm. 22), S. 79.

25 Ebd.

26 F. v. Liszt, Lehrbuch des Deutschen Strafrechts, Berlin 1922, S. 11.

27 T. Stäcker, Die Franz von Liszt-Schule und ihre Auswirkungen auf die deutsche Strafrechtswissenschaft, Baden-Baden 2012, S. 28–29. Vgl. D. Janicka, Makarewicz a Liszt. Próba analizy porównawczej, CPH 67, 1 (2015), S. 107–128.

28 Zum Vergleich: der erwähnte R. Garofalo unterteilte die Gesamtheit der Straftäter in instinktive (bei denen ein grundsätzliches Fehlen moralischer Instinkte festgestellt worden sei) und zufällige (Täter mit reduzierten moralischen Instinkten). Gleichzeitig betrachtete er einen Teil der Verbrecher als unverbesserlich und empfahl, sie zu vernichten oder auf andere Weise unschädlich zu machen – siehe: J. Nelken, Polska myśl (vgl. Anm. 7), S. 225. Der polnische Autor W. Zalewski kommt zu der Einschätzung, dass die Klassifikationen von Garofalo und anderen „im großen und ganzen nur Paraphrasen oder eine detailliertere Fortführung der Grundsätze von Liszt" gewesen seien – siehe: W. Zalewski, „Przestępca „niepoprawny" – jako problem polityki kryminalnej, Gdańsk 2010, S. 144 Das Thema harrt jedoch meines Erachtens noch seiner genaueren Untersuchung.

29 F. v. Liszt, Der Zweckgedanke im Strafrecht, ZStW 3 (1883), S. 39. Zu den früheren Konzeptionen siehe: A. Schmidt-Recla, H. Steinberg, Eine publizistische Debatte als Geburtsstunde des „Marburger Programms", ZStW 119 (2007), S. 195–213.

Repression gesucht. Damals wurden zur Kategorie der unverbesserlichen Delinquenten auch Bettler und Landstreicher gerechnet. Parallel entwickelte sich auch eine juristische Fachdiskussion, ob man Unverbesserliche und Rückfalltäter gleichsetzen dürfe und solle. Weder die durch Mitglieder der Vereinigung vorgelegten Studien noch die mündliche Diskussion bewirkten aber die Formulierung einhelliger Schlussfolgerungen oder konkreter Empfehlungen für die Gesetzgebung. Nicht einmal die erwartete allgemeine Einigung auf die wirksamsten Kriminalsanktionen gegen unverbesserliche Kriminelle kam zustande; ein Antrag des Mitbegründers der Vereinigung, G.A. van Hamels zugunsten einer unbefristeten Bestrafung als angemessenster Sanktion verfehlte die Mehrheit[30]. Vereinbart wurde nur, dass Zwangsarbeitshäuser das geeignetste Mittel zur Bekämpfung von Bettelei und Landstreicherei seien[31].

Die Problematik der unverbesserlichen Kriminellen, vor allem der gemeingefährlichen, stand Anfang des 20. Jahrhunderts immer noch ungelöst auf der Tagesordnung der Beratungen der Internationalen Kriminalistischen Vereinigung. Auf deren Kongress 1905 in Hamburg kam es allerdings zu einem qualitativen Durchbruch: man beschloss, den Forschungsschwerpunkt vom Thema der Rückfalltäterschaft und des unverbesserlichen Kriminellen in Richtung der Erforschung der „Gemeingefährlichkeit" solcher Täter zu verschieben[32]. Gleichzeitig beschlossen die Teilnehmer erstmals, sich nur noch mit dem Thema der Täterpersönlichkeit zu befassen. Die in Hamburg stattfindenden Beratungen fanden in ganz Europa ein breites Echo[33].

In Hamburg trat einer der Gründerväter der Vereinigung, der Professor und Rektor der Freien Universität Brüssel und gleichzeitig Generalinspektor des belgischen Strafvollzugswesens, A. Prins mit einem Vortrag auf[34]. Er schlug vor, von der bisherigen prozessualen Umgangsweise mit Rückfalltätern insoweit abzugehen, als nicht mehr nur ihre im engeren Sinne kriminellen Handlungen einbezogen werden sollten. Er rief dazu auf, Strafen auf Grundlage der Persönlichkeit des Täters und einer Prognose seiner Gemeingefährlichkeit zu verhängen; als Kriterium sollte die

---

30 E. Bellmann, Die Internationale Kriminalistische Vereinigung (vgl. Anm. 2), S. 55–61. An dieser Stelle ist zu ergänzen, dass die Klassiker der Verschärfung der Sanktionen gegen Gewohnheitsverbrecher zustimmten, auch wenn sie forderten, diese nicht als Strafen, sondern als „Schutzmittel" zu bezeichnen – siehe: M. Frommel, Franz von Liszt, NDB 14 (1985), S. 705.

31 E. Bellmann, Die Internationale Kriminalistische Vereinigung (vgl. Anm. 2), S. 72–73.

32 Die „Gemeingefährlichkeit" des Täters wurde im Französischen als *état dangereux* bezeichnet. Siehe: ebd., S. 88.

33 Siehe: M. Frommel, Präventionsmodelle in der deutschen Strafzweck-Diskussion. Beziehungen zwischen Rechtsphilosophie, Dogmatik, Rechtspolitik und Erfahrungswissenschaften, Berlin 1987, passim.

34 Die Tätigkeit von Prins und seine im Französischen publizierten Werke waren in Europa bekannt – siehe: L. Radzinowicz, The Roots (vgl. Anm. 11), S. 60–61.

Zahl der vorherigen Verurteilungen herangezogen werden[35]. Dieser Gedanken verfiel grundsätzlicher Kritik. Die Opponenten von Prins verwiesen darauf, dass es durchaus Mehrfachtäter gebe, die man nicht umstandslos für gemeingefährlich erklären könne, und umgekehrt habe schließlich jeder gemeingefährliche Täter irgendwann erstmals vor Gericht gestanden. Heftig umstritten war auch die Frage, wer die Aufgabe übernehmen solle, die Täter zu klassifizieren und sie gegebenenfalls als gemeingefährlich zu identifizieren. In Frage kamen Ärzte, Psychiater und Juristen, ein Konsens kam nicht zustande[36]. Weitere Sitzungen kamen auf das Thema zurück. Adolphe Prins sprach sich dafür aus, den Strafrichtern das Verhängen der Sanktion zu überlassen, und zwar ausschließlich auf Grundlage der Persönlichkeit des Täters, nicht auf Grundlage der ihm vorgeworfenen Tat(en). Außerdem schlug er vor, in diesem Fall an die Stelle der Strafe die Präventionsmaßnahmen treten zu lassen. Gegen diese Vorschläge protestierten einige der Teilnehmer und äußerten Befürchtungen, dass sie mit Grundprinzipien des Strafrechts nicht übereinstimmten. Unter den Opponenten gegenüber den Auffassungen von Prins befand sich u. a. der russische Jurist Władimir Nabokow (1870–1922)[37].

An dieser Stelle möchte ich in Erinnerung rufen, dass um die Wende vom 19. zum 20. Jahrhundert im Zusammenhang mit der allgemeinen Kritik an der Ineffizienz des Strafvollzugssystems und der Freiheitsstrafe als dessen Hauptelements im Kampf gegen die Kriminalität eine neue Sichtweise auf die rechtswidrige Tat um sich griff. Juristen schlugen neben den repressiven Kriminalstrafen Sicherungsmaßnahmen von isolierendem Charakter vor. Vater dieser Konzeption war Karl Stooss (1849–1934), ein aus der Schweiz gebürtiger Jurist, der lange Jahre an der Universität Wien lehrte[38]. Die Sicherungsmaßnahmen fanden bei vielen europäischen Rechtswissenschaftlern Anerkennung und wurden von der Internationalen Kriminalistischen Vereinigung in die Liste ihrer wichtigsten Grundannahmen aufgenommen. Schon die Ursprungsversion der Satzung der Vereinigung von 1889 formulierte in Art. 1, Punkt 3 folgende These: „Die Strafe ist eines der wirksamsten Mittel zur Bekämpfung des Verbrechens. Sie ist aber nicht das einzige Mittel. Sie darf daher nicht aus dem Zusammenhange mit den übrigen Mitteln zur Bekämpfung, insbesondere mit den übrigen Mitteln zur Verhütung des Verbrechens, gerissen werden"[39].

---

35 E. Bellmann, Die Internationale Kriminalistische Vereinigung (vgl. Anm. 2), S. 88.

36 Ebd., S. 89.

37 Ebd., S. 87–91.

38 P. Kaenel, Die kriminalpolitische Konzeption von Carl Stooss im Rahmen der geschichtlichen Entwicklung von Kriminalpolitik und Straftheorien, Bern 1981, S. 112 ff. Vgl. H. Planitz (Hrsg.), Die Rechtswissenschaft der Gegenwart in Selbstdarstellungen, Bd.2, Leipzig 1925, S. 214–220.

39 Siehe: E. Bellmann, Die Internationale Kriminalistische Vereinigung (vgl. Anm. 2), S. 216.

Auf dem Kongress der IKV in Hamburg wurde auch über die Problematik diskutiert, wie mit nur teilweise zurechnungsfähigen Straftätern umzugehen sei. Franz von Liszt machte auf diesem Gebiet eine Reihe von Vorschlägen; er erzielte die Zustimmung der Kongressteilnehmer dazu, dass gegenüber dieser Tätergruppe Sicherungsmaßnahmen verhängt werden müssten[40]. Es wurde ein beispielloser Beschluss mit der Empfehlung gefasst, Schutzmaßnahmen gegen Personen mit geistiger Behinderung und verminderter Zurechnungsfähigkeit zu verhängen, ohne Rücksicht darauf, ob sie ein Verbrechen begangen haben oder nicht, soweit sie für sich selbst, ihre Umgebung oder die Gesellschaft gefährlich geworden seien[41]. Auf diese Weise wurde ein Merkmal der Täterpersönlichkeit, konkret die angebliche Gefährlichkeit von Tätern mit geminderter Zurechnungsfähigkeit, als Grundlage strafrechtlicher Repression eingeführt. Eine andere, thematisch verwandte, Resolution empfahl, gegenüber Tätern mit nachweislich verminderter Zurechnungsfähigkeit eine besondere Strafe oder eine besondere Behandlung zu verhängen[42]. Es kam aber nicht zu einer Einigung über die damit verbundenen Verfahrensfragen. Insbesondere wurde nicht im Konsens geklärt, wer über solche in ihrer Zurechnungsfähigkeit geminderten Täter urteilen solle und welche Strafen oder andere Sanktionen angebracht seien. Der Antrag von Liszts, solche Täter zunächst dem Strafrichter vorzuführen, der gleichzeitig den Grad ihrer Gefährlichkeit feststellen solle, und anschließend über den so beurteilten Täter durch ein Zivilgericht die Anwendung von Sicherungsmaßnahmen verhängen zu lassen, fand nicht die Zustimmung der Versammelten. Noch weniger Anklang fand ein weiterer Vorschlag des deutschen Professors, in ihrer Zurechnungsfähigkeit geminderte Personen, die kein Verbrechen begangen hatten, ebenfalls einem Zivilgericht vorzuführen, das dann ohne vorausgegangenes Strafurteil den Grad ihrer Gefährlichkeit beurteilen und die eventuelle Anwendung von Sicherungsmaßnahmen verhängen sollte[43].

Auf dem Brüsseler Kongress der IKV 1910 trat die Debatte über die gefährlichen Verbrecher in eine neue Phase ein. Es gab Versuche, den gemeingefährlichen Personenkreis zu definieren. Der französische Jurist Emile Garçon (1851–1922)[44]

---

40 Bereits 1904 war auf der Sitzung der deutschen Sektion der Internationalen Kriminalistischen Vereinigung ein Kompromiss angenommen worden, den von Liszt in Hamburg vorstellte. Der Kompromiss stützte sich u. a. auf Untersuchungsergebnisse des bekannten deutschen Psychiaters A. W. Delbrück (1862–1944). Siehe: J. Reinhold, Środki zabezpieczające przeciw niepoprawnym i anormalnym przestępcom, ze szczególnym uwzględnieniem nowych projektów kodeksów karnych, PPiA 37 (1912), S. 431–432.

41 Ebd., S. 433.

42 Ebd.

43 Ebd., S. 433–434.

44 Mehr zur Tätigkeit von Garçon siehe: L. Radzinowicz, The Roots (vgl. Anm. 11), S. 10.

schlug drei Hauptkategorien solcher Delinquenten vor: erstens Rückfalltäter, zweitens Zuhälter, Alkoholiker, Bettler und Landstreicher und drittens Personen mit geminderter Zurechnungsfähigkeit. Der Referent wies darauf hin, dass gegenüber Rückfalltätern strenge Schutzmaßnahmen angewandt werden müssten, dass hingegen Personen aus sozialen Randgruppen aus der zweiten Gruppe mit neu zu schaffenden fürsorglich-strafenden Maßnahmen zu begegnen sei – und zwar auch dann, wenn sie keine Straftaten begangen hätten, während gegenüber teilweise unzurechnungsfähigen Personen Sicherungsmaßnahmen unumgänglich seien[45]. In der Debatte ergriff auch F. von Liszt das Wort; er war, wie schon erwähnt, persönlich seit langem von der Notwendigkeit überzeugt, gefährliche Verbrecher zu unbefristeten Strafen zu verurteilen und die Strafrichter zu ermächtigen, diese unbefristeten Strafen zu verhängen. Diesmal aber schlug von Liszt im Bestreben, einen Kompromiss unter den viele nationale Rechtstraditionen vertretenden Juristen möglich zu machen, vor, die Definitionsfragen zunächst beiseite zu lassen und das Problem der strafrechtlichen Sanktionen gegen gemeingefährliche Täter in den Vordergrund zu stellen. Der für seine humanistische Grundeinstellung bekannte Niederländer G. A. van Hamel[46] warnte in seiner Erwiderung davor, dass ein präventiver Schutz vor gefährlichen Verbrechern zur Verletzung von deren individuellen Freiheitsrechten führen könne[47]. Unter den versammelten europäischen Gelehrten war eine gewisse Fraktionierung zwischen den Anhängern der eher auf dem Standpunkt der Wahrung bürgerlicher Freiheit und der unbedingten Überzeugung, dass einzig eine gesetzgeberische Lösung diese Freiheiten einschränken könne, stehenden französischen Konzeptionen und den Anhängern des deutschen Standpunkts zu beobachten, die die Notwendigkeit, die Gesellschaft vor Gefahren infolge der Kriminalität zu schützen, in den Vordergrund stellten[48]. Letztlich einigten sich die Teilnehmer des Brüsseler Kongresses auf eine Kompromissresolution, in deren Inhalt man allerdings den ersten Versuch erkennen konnte, eine „soziale Verteidigung" zu realisieren[49]. In der Resolution hieß es: „Das Gesetz muss besondere Maßnahmen zum Schutze der sozialen Sicherheit gegen den Delinquenten erlassen,

45 W. Makowski, Środki ochronne wobec recydywistów i przestępców anormalnych, PPiA 36 (1911), S. 847.

46 Mehr zur Tätigkeit von van Hamel siehe: L. Radzinowicz, The Roots (vgl. Anm. 11), S. 61.

47 Interessant ist in diesem Zusammenhang eine sarkastische Bemerkung des bereits erwähnten Nabokow: wenn der klassischen Schule immer vorgeworfen worden sei, sie analysiere die Tat, vergesse aber den Täter, so verfalle die soziologische Schule in den umgekehrten Fehler: sie konzentriere sich auf den Täter und vergesse die Tat – siehe: E. Bellmann, Die Internationale Kriminalistische Vereinigung (vgl. Anm. 2), S. 94.

48 Mehr zur damaligen Einschätzung siehe: W. Makowski, Środki (vgl. Anm. 45), s. 846.

49 Zu den Begründern der sozialen Verteidigung gehörte der oben erwähnte A. Prins, Autor des 1910 herausgegebenen Buchs „La défense sociale et les transformations du droit pénal" – siehe: L. Radzinowicz, The Roots (vgl. Anm. 11), S. 32.

der aus folgenden Gründen gefährlich ist: sei es aufgrund von Rückfälligkeit; sei es aufgrund der natürlichen Anlagen wie Erbgut oder aufgrund eines Verbrechens, welches ihn bestimmt; sei es aufgrund der Lebensgewohnheiten“[50].

Die letzte Runde der internationalen Debatte über das Thema gemeingefährlicher Verbrecher fand auf dem Kopenhagener Kongress der IKV 1913 statt. Man befasste sich mit drei Tätergruppen: Rückfälligen, Alkoholikern sowie Bettlern und Landstreichern – letztere vor allem unter dem Aspekt ihrer Bestrafung. Referate hielten der schon erwähnte Russe Wladimir Nabokow (er sprach über die Rückfallkriminalität), der Rumäne V. Cornateanu von der Universität Bukarest (zur Kriminalität unzurechnungsfähiger Täter) und der französische Professor René Gerraud (über die Kriminalität von Bettlern und Landstreichern).

Nabokow schlug vor, gegenüber Rückfalltätern nach Verbüßung ihrer Strafe Sicherungsmaßnahmen zu verhängen, allerdings nicht als unbefristete Strafen. Gleichzeitig gab er sich als Anhänger der Einführung spezieller Kommissionen aus Beamten, Ärzten und Geistlichen zu erkennen, die die Entscheidung über die Verhängung solcher Sicherungsmaßnahmen treffen sollten. Dabei trat Nabokow klar dafür aus, Täter aus politischen Motiven gegenüber sonstigen Rückfalltätern von der Anwendung der Vorbeugemaßnahmen auszunehmen. Über die Thesen Nabokows gab es eine lange Diskussion. Die einen Gelehrten sprachen sich für die Empfehlung einer relativ unbestimmten Strafe für Rückfalltäter aus, andere trugen vor, dass es zumindest für den Laien keinen großen Unterschied mache, ob er einer Kriminalstrafe oder einer Sicherungsmaßnahme unterzogen werde. Letztlich wurde eine alternative Resolution angenommen, die F. von Liszt eingebracht hatte. Sie besagte, dass Gerichte gegen gemeingefährliche Täter Strafen in Verbindung mit späteren Sicherungsmaßnahmen verhängen sollten, gegebenenfalls aber auch nur Sicherungsmaßnahmen ohne vorherige Strafe. Gegen Nabokows Vorschlag, politisch motivierte Täter von der Anwendung der für gemeingefährliche Verbrecher vorgesehenen Präventivmaßnahmen auszunehmen, gab es keine Einwände[51].

Der rumänische Gelehrte V. Cornateanu unternahm den Versuch, die Kategorie der unzurechnungsfähigen (oder, im damaligen Wortlaut: „fehlerhaften“) Täter näher einzugrenzen. Er argumentierte: „Jedes durch seine Erbanlage oder seine Lebensführung (z. B. verursacht durch starken Alkoholkonsum) degenerierte Individuum, welches unzweifelhaft Tendenzen zu schweren Gesetzesübertretungen aufweist oder bereits solche begangen hat, muss als 'défectueux dangereux' gelten“. Cornateanu schlug vor, Delinquenten aus dieser Kategorie zur Isolation in Verbindung mit ärztlicher Behandlung zu verurteilen. Der Vortrag des Franzosen R. Garraud konnte aus Zeitmangel nicht mehr mündlich vorgetragen werden, sondern

50 Zitiert nach: E. Bellmann, Die Internationale Kriminalistische Vereinigung (vgl. Anm. 2), S. 94–95.
51 Ebd., S. 100–105.

wurde nur schriftlich eingereicht. Er galt der letzten Kategorie gemeingefährlicher Täter, nämlich Bettler, Landstreicher und Zuhälter. Zu einer Diskussion über die Referate von Cornateanu und Garraud kam es nicht mehr; wenig später begann der Erste Weltkrieg, und die Internationale Kriminalistische Vereinigung stellte ihre Arbeit in der bisherigen Form ein[52].

3. Ausgewählte Konzeptionen polnischer Gelehrter

Auch polnische Strafrechtler bemerkten ebenso wie ihre europäischen Kollegen das Problem der anwachsenden Kriminalität und suchten ebenso wie jene wirksame Methoden, mit diesem Phänomen zu kämpfen. Viele von ihnen waren im Westen ausgebildet, vor allem in Deutschland und Frankreich[53]. Einige Polen gehörten auch der Internationalen Kriminalistischen Vereinigung an, deren Diskussionen und Leistungen ich vorstehend im Überblick dargestellt habe. Darunter waren u. a. so hervorragende Juristen wie der Professor der Jagiellonen-Universität Edmund Krzymuski (1851–1928), der ebendort als Hochschullehrer tätige Rechtsanwalt Józef Rosenblatt (1853–1917) sowie der Absolvent der selben Hochschule und spätere Professor an der Jan-Kazimierz-Universität in Lemberg Juliusz Makarewicz (1872–1955)[54].

Im ersten Jahrzehnt des 20. Jahrhunderts waren in der polnischen juristischen Fachwelt die Thesen der soziologischen Schule gut bekannt und wurden breit diskutiert. Aleksander Mogilnicki (1875–1957), damals an der Jagiellonen-Universität promovierter Anwalt, rief in seinem Bericht vom 5. Kongress Polnischer Juristen und Volkswirte 1912 offen in Erinnerung: „Die wichtigsten und am dringendsten der gemeinsamen Lösung harrenden Themen auf dem Gebiet des Strafrechts sind nicht die einstigen Feinheiten unterschiedlicher dogmatischer Konstruktionen, sondern die schmerzlichen Zweifel der Kriminal-, Gesellschafts- und Sozialpolitik (die Arbeiterfrage), die mehr oder minder gleichartig nicht nur auf polnischem Boden auftreten, sondern in allen zivilisierten Gesellschaften. Ein zielgerichteter, auf die Erforschung der Ursachen der Kriminalität gestützter, Kampf mit dem Verbrechen aus Sucht nicht in vergeltender, sondern in vorbeugender Absicht – das

---

52 Ebd., S. 105. Zitat nach: ebd., S. 101.

53 Siehe: C. Kraft, Europa im Blick der polnischen Juristen. Rechtsordnung und juristische Profession im Spannungsfeld zwischen Nation und Europa 1918–1939, Frankfurt am Main 2002, passim.

54 Der Organisation gehörten außerdem an: der Anwalt und Hochschullehrer in Lemberg Władysław Ostrożyński (1857–1898) sowie der Richter im Königreich Polen Aleksander Moldenhawer (1840–1909). Auch der Professor an der Kaiserlichen Universität Warschau Stanisław Budziński (1824–1895) wurde zum Beitritt eingeladen, aber aus einstweilen unbekannten Gründen kam es nicht hierzu. Siehe: M. Paszkowska, Nauka (vgl. Anm. 11), S. 198.

ist die Parole, das Gelände und das Thema sämtlicher kriminologischen Kongresse der letzten Zeit […]“[55].

Genau wie unter den westeuropäischen Strafrechtlern wurde auch in Polen vor allem über das Thema der unverbesserlichen und abnormen Verbrecher sowie über die Frage der Maßnahmen der Sicherung und Besserung (damals auch als Schutzmaßnahmen bezeichnet) und ihr Verhältnis zu den eigentlichen Strafen diskutiert[56]. Im Großen und Ganzen bedienten sich die polnischen Juristen allgemein der von Lisztschen Typologie der Täter, und sehr viel Aufmerksamkeit galt den unverbesserlichen Verbrechern, die als wissenschaftliche Kategorie betrachtet wurden. Józef Reinhold (1884–1928), ein Richter und Hochschullehrer, argumentierte vor dem Ersten Weltkrieg: „Die Existenz einer Gruppe von unverbesserlichen Verbrechern ist vor allem eine empirisch feststellbare Tatsache. Sowohl Richter als auch die Beamten im Strafvollzug kennen Individuen, die dieser Gruppe angehören. Die wissenschaftliche Bestätigung dieser Tatsache finden wir […] einerseits in der Kriminalstatistik, die darauf hinweist, dass das gewaltige Anwachsen der Kriminalität ausschließlich auf der Zunahme der Rückfalltaten beruht […]. Auf der anderen Seite kennt die Kriminalpsychologie seit langem den Typ des Kriminellen, der für das Verbrechen und von dem Verbrechen lebt. Der unverbesserliche Kriminelle existiert als soziologischer Typ“[57].

In ähnlichem Geist schrieb der damalige Lemberger Professor Juliusz Makarewicz: „Die Kriminalstatistik liefert uns vielsagende Zahlen, was die Frage der Rückfälligkeit angeht; auch die Folgerung ist leicht nachzuvollziehen, dass die Täter in zwei Hauptgruppen zu unterscheiden sind: solche, die erstmals mit dem Strafgesetz in Konflikt geraten, und Rückfalltäter. Die Kriminalpolitik zieht aus dieser Differenzierung die weitreichendsten Konsequenzen: für Ersttäter maximale Rücksicht, gegenüber Rückfalltätern maximale Strenge […] Individuen, die eine dauernde Gefahr neuer Verbrechen bedeuten, müssen von der Gesellschaft abgesondert werden, genauso, wie man einen für seine Umwelt gefährlichen Geisteskranken einsperrt und wie man einen Menschen, der aus einem Seuchengebiet heimkehrt, oder einen Aussätzigen, der andere anzustecken droht, in Quarantäne steckt“[58].

Die polnischen Strafrechtler äußerten sich also im selben Geist wie die Juristen aus anderen Ländern, aber auch sie konnten ebenso wie jene gewissen terminologischen Problemen nicht entgehen: polnische Autoren gaben direkt zu, dass

55 A. Mogilnicki, V-ty Zjazd (vgl. Anm. 11), S. 450.

56 NN, Piąty Zjazd prawników i ekonomistów polskich we Lwowie, CPiE 13 (1912), S. 232–233.

57 J. Reinhold, Środki (vgl. Anm. 40), S. 393–394.

58 J. Makarewicz, Prawo karne. Wykład porównawczy z uwzględnieniem prawa obowiązującego w Rzeczypospolitej Polskiej, Warszawa-Lwów 1924, S. 45–46.

der Begriff des „unverbesserlichen“ Verbrechers dem des „Verbrechers aus Lasterhaftigkeit, des kriminellen Handwerkers, des Rückfalltäters und des gefährlichen Verbrechers“ nahe steht[59]. Ihre Ansichten über die einzelnen Täterkategorien waren jedoch bei weitem nicht einheitlich.

Edmund Krzymuski, Professor an der Krakauer Jagiellonen-Universität, war eigentlich ein Vertreter der klassischen Schule der Strafrechtslehre. Aber auch er bediente sich der Phrase von den „gemeingefährlichen“ Verbrechern, denen er unter anderem die unzurechnungsfähigen Täter zurechnete[60]. Gleichzeitig zweifelte er an der Möglichkeit, dass Richter die Täter zutreffend klassifizieren könnten – wenigstens in Zufalls- oder unverbesserliche Täter. Und ähnlich wie viele seiner Kollegen aus Westeuropa beschloss er, die Aufmerksamkeit auf die Anwendung von Sicherungsmaßnahmen gegen unverbesserliche Verbrecher zu konzentrieren[61]. Der erwähnte Józef Reinhold unterschied ebenfalls unverbesserliche Delinquenten; er verstand unter ihnen Personen, die schwere Verbrechen begangen hatten, und diese nannte er gefährlich. Sein Argument: „Gefährlich macht den Verbrecher nicht nur die größere oder geringere Häufigkeit seiner Angriffe auf fremde Rechtsgüter, sondern vor allem der Umstand, dass er wichtige und hochstehende Rechtsgüter angreift“[62]. Dabei legte er Wert auf die Feststellung, dass die Begriffe „unverbesserlich“ und „gemeingefährlich“ nicht synonym seien. Den Unterschied sah er darin, dass „Unverbesserlichkeit ein Dauerzustand ist, Gefährlichkeit dagegen in der Regel eine Frage des Augenblicks und der Situation“. Diese These illustrierte er mit zwei Beispielen: unverbesserliche Bettler oder Landstreicher seien nicht zwangsläufig gemeingefährlich, hingegen könne ein politisch motivierter Täter zwar unter Umständen gefährlich sein, aber nicht zwangsläufig unverbesserlich[63]. Professor J. Makarewicz dagegen setzte unverbesserliche Täter im Prinzip mit „gefährlichen Individuen“ gleich[64]. Er erläuterte, dass der unverbesserliche Täter einer sei, „bei dem wir eine so starke Tendenz zur Begehung von Verbrechen feststellen, dass keinerlei Strafen außer vielleicht der Hinrichtung in der Lage sind, ihn vom

59 A. Mogilnicki, V-ty Zjazd (vgl. Anm. 11), S. 463.

60 Der Autor schrieb über „Verbrecher mit bestimmten für das allgemeine Wohl gefährlichen Neigungen“ – siehe: A. Zębik, Przestępstwo, wina i kara w poglądach Edmunda Krzymuskiego, AUL, Folia Iuridica 22 (1985), S. 93–94.

61 W. Zalewski, Przestępca (vgl. Anm. 28), S. 146–149.

62 J. Reinhold, Środki (vgl. Anm. 40), S. 396. Vgl. die Zusammenfassung der Äußerungen Reinholds, wie sie A. Mogilnicki, V-ty Zjazd (vgl. Anm. 11), S. 463, zitiert: „Als unverbesserlich sei ein allgemeingefährlicher Verbrecher zu betrachten, der sich in nachdrücklicher und bedrohlicher Form gegen wichtige Rechtsgüter vergehe – im Unterschied zu geringfügigen Schädlingen (wie Bettlern, Landstreichern usw.)“.

63 J. Reinhold, Środki (vgl. Anm. 40), S. 396.

64 J. Makarewicz, Kodeks karny z komentarzem, Lwów 1935, S. 40–41 und 119.

Weg des Verbrechens abzubringen“[65]. Gleichzeitig vertrat er die Auffassung, dass potentielle Gemeingefährlichkeit auch in der Kleinkriminalität schlummere, wie sie Landstreicher und Bettler verübten – jedenfalls dürfe diese Kriminalität nicht ignoriert oder kleingeredet werden[66].

Von der Neigung der Juristen, zu den unverbesserlichen bzw. gemeingefährlichen Verbrechern nicht nur die Täter schwerer Verbrechen zu zählen, sondern auch Kleinkriminelle, zeugen auch viele andere Äußerungen. So erklärte Witold Świda (1899–1989) am Anfang seiner wissenschaftlichen Karriere jede Art von chronischen Verbrechern für gemeingefährlich, vor allem die zahlenmäßig starke Gruppe von Berufskleinkriminellen, die „sich in der Stadt hauptsächlich von kleinen Diebstählen auf Märkten ernähren, und auf dem Lande durch Diebstähle von Geflügel und Lebensmitteln“[67]. Gleichzeitig reservierte Świda den Begriff des „gemeingefährlichen“ Verbrechers für die Rückfalltäter: „Der Verbrecher, der mehrfach in Konflikt mit dem Strafgesetzbuch gerät, wird auch als Rückfälliger, Mehrfach-Rückfalltäter, unverbesserlicher und schließlich gemeingefährlicher Verbrecher bezeichnet“[68]. Der bereits erwähnte A. Mogilnicki stellte in seiner programmatischen Arbeit von 1900 mit dem Titel „Indywidualizacja kary“ [„Die Individualisierung der Strafe“][69] die These auf, dass im Prozess der strafenden Einwirkung auf den Täter die Spezifik der jeweiligen Täterpersönlichkeit berücksichtigt werden müsse; diese müsse an den Grad seiner Gemeingefährlichkeit angepasst und dosiert werden[70].

Ähnlich wie ihre französischen Kollegen waren die polnischen Juristen dafür, die Frage, wann ein Verbrecher gemeingefährlich für die Rechtsordnung sei, gesetzlich zu regeln. Hiervon zeugt z. B. eine Äußerung von Wacław Makowski (1880–1942), damals Anwalt und junger, überaus ehrgeiziger Teilnehmer an der rechtswissenschaftlichen Debatte, aus der Zeit vor dem Ersten Weltkrieg. Makowski betonte, dass es Aufgabe des Gesetzgebers sei festzulegen, „wann ein Individuum aufgrund

---

65 J. Makarewicz, Zbrodnia i kara, Lwów 1922, S. 79. Siehe auch: F. Ciepły, Środki zabezpieczające według koncepcji Juliusza Makarewicza, in: A. Grześkowiak, (Hrsg.), Prawo karne w poglądach Profesora Juliusza Makarewicza, Lublin 2005, S. 297.

66 J. Makarewicz, Prawo karne. Wykład (vgl. Anm. 58), S. 46: „Man muss sich bewusst sein, dass es neben den Tätern im großen Stil, den eigentlichen Verbrechern, noch das Proletariat des Verbrechens gibt, also Bettler und Landstreicher. [...] Sie sind das Reservoir, aus dem sich die größere Kriminalität rekrutiert.“

67 W. Świda, Zakład dla niepoprawnych w praktyce sądów polskich, GS 8 (1936), Nr. 7/8, S. 538.

68 W. Świda, Przestępca zawodowy, Wilno 1932, S. 18.

69 A. Mogilnicki, Indywidualizacja kary, GSW 1899, Nr. 50–52, S. 793, 810–813, 822–828. Vgl. auch den Sonderduck: Indywidualizacja kary, Warszawa 1900. Mogilnicki hat einen Großteil seiner Konzeptionen später in das Projekt des Strafgesetzbuches von 1916 überführt, das er gemeinsam mit E. S. Rappaport erstellt hat - siehe: A. Mogilnicki, E. S. Rappaport, Projekt kodeksu karnego dla ziem polskich. Zeszyt I - Część ogólna, Warszawa 1916, passim.

70 W. Zalewski, Przestępca (vgl. Anm. 28), S. 144.

des Wiederholungscharakters und der allgemeinen Natur der von ihm verübten Straftaten, im Hinblick auf seinen Geisteszustand, seine Lebensgewohnheiten und seine im Verbrechen zutage tretende Lebensweise als gemeingefährlich anzusehen ist“[71]. Dieses Postulat ergab sich aus der Befürchtung, in Ermangelung einer gesetzlichen Regelung könne es zu Willkürakten der das Recht anwendenden Organe kommen. In der Gesetzgebung des wiedererstandenen Polens wurde dieser Forderung dann Rechnung getragen; wir werden noch darauf eingehen.

Es gab unter den polnischen Juristen viele Anhänger der Anwendung neuer Strafsanktionen gegenüber gemeingefährlichen Delinquenten. Wacław Makowski regte an, sie „in eigens zu diesem Ziel geschaffenen Einrichtungen unterzubringen, die ihre eigene, vom Strafvollzugspersonal getrennte und entsprechend qualifizierte Verwaltung besitzen“ sollten. Dabei bezeichnete er diese neuen Sanktionen als „Schutzmaßnahmen“ und schlug vor, sie zusätzlich zu den eigentlichen Strafen zu verhängen[72]. Juliusz Makarewicz trat im Fall von Rückfalltätern dafür ein, einerseits verschärfte Strafen zu verhängen, andererseits sog. Sicherungsmaßnahmen von isolierendem Charakter, die nach der eigentlichen Strafe anzutreten wären. Rigoros erklärte er: „Wenn der Täter keine Besserungsperspektive zeigt, dann muss er nach Verbüßung der Strafe, die seiner Verfehlung entspricht, nachdem ihm ein Übel zugefügt worden ist, das der Sozialschädlichkeit seiner Tat entspricht, als Individuum, von dem ständig die Gefahr neuer Straftaten ausgeht, von der Gesellschaft abgesondert werden […]“[73].

Im Zuge der Kodifikationsarbeiten am polnischen Strafgesetzbuch traten so gut wie alle beteiligten Juristen für die Einführung der Sicherungsmaßnahmen ein, auch diejenigen, die eigentlich der klassischen Strafrechtsschule angehörten. Der bereits erwähnte Professor Krzymuski bezeichnete diese Strafmittel zwar als „Schutzmaßnahmen“ und rechnete sie den Werkzeugen der Kriminalpolitik zu[74], aber er zögerte nicht, sie in dem von ihm verfassten Entwurf des Strafgesetzbuches in den Katalog der Strafsanktionen aufzunehmen[75]. Ausnahmen blieben einige radikale Vertreter mit ihrer Forderung, gemeingefährliche Täter obligatorisch und unmittelbar auf Grundlage der gesetzlichen Vorschriften zu verurteilen. Eine solche

71 W. Makowski, Środki (vgl. Anm. 45), S. 851.

72 Ebd., S. 852.

73 J. Makarewicz, Prawo karne. Wykład (vgl. Anm. 58), S. 45.

74 Krzymuski beschrieb die Sicherungsmaßnahmen als „wirksames Hilfsmittel gegen Neigungen, die der Verurteilte hege und die die Gemeinschaft bedrohten“ – siehe: A. Zębik, Przestępstwo (vgl. Anm. 60), S. 94.

75 Der Autor schlug u. a. Arbeitshäuser für gefährliche Verbrecher aus Sucht vor, Heilanstalten für Alkoholiker sowie sogar die Ausweisung gefährlicher Verurteilter aus der jeweiligen Ortschaft bzw. dem Landkreis. Siehe: E. Krzymuski, Projekt Kodeksu Karnego Polskiego. Uwagi autora, Tytuł wstępny i część ogólna, KPCiK 1 (1918), passim.

Forderung trug insbesondere Adam Ettinger (1878–1934), seinen Überzeugungen nach Marxist und Professor an der Freien Polnischen Hochschule, vor; er wollte gemeingefährliche Täter in Schutzisolation nehmen, anstatt sie zu bestrafen[76].

4. Einige Worte über den Einfluss wissenschaftlicher Konzeptionen auf die Gesetzgebung

Das Postulat einer strengen Behandlung gemeingefährlicher, insbesondere unverbesserlicher und rückfällig gewordener Täter setzte sich allmählich in allen europäischen Gesetzgebungen durch. In Westeuropa gab die Gesetzgebung gewöhnlich den Richtern auf, den Charakter und die Anzahl der vorgeworfenen Taten und der (verbüßten oder verhängten) Vorstrafen bei der Strafbemessung zu berücksichtigen. Allerdings waren diese Vorschriften eher kasuistisch angelegt.

Diese Beobachtung gilt zum Beispiel für das französische Gesetz über die Ausweisung vom 27. Mai 1885; es zählte im Detail diejenigen Kategorien von Verbrechern auf, die abgesehen von der eigentlichen Strafe mit lebenslanger Verbannung in die Kolonien bestraft werden sollten. Diese Vorschrift des französischen Gesetzgebers galt für mehrfach rückfällige Täter; sie wurde in der Praxis überwiegend (zu 75%) gegen Diebe, Betrüger und schwere Fälle von (qualifizierter) Landstreicherei und Bettelei angewandt[77].

Das norwegische Strafgesetzbuch von 1902 sah für rückfällig gewordene Täter – bei Mord, Totschlag, Diebstahl, Raub und vergleichbaren Verbrechen – eine nach der Verbüßung der eigentlichen Strafe anschließende bis zu 15-jährige zusätzliche Freiheitsstrafe vor. Die Entscheidung, ob diese Zusatzstrafe verhängt werden sollte, wurde den Richtern, oder eigentlich den Geschworenen überlassen, die zu erwägen hatten, „ob der betreffende Verbrechter angesichts des Charakters seiner Tat, seiner Motive oder seiner zutage getretenen Persönlichkeit für Gesellschaft, Leben, Gesundheit oder andere Rechtsgüter des Einzelnen besonders gefährlich ist"[78]. In der Praxis wurde diese Vorschrift kaum angewandt und blieb weitgehend auf dem Papier[79].

In England trat 1908 das *Prevention of Crime Act* in Kraft. Es bot die Grundlage, um mehrfache Rückfalltäter, die dort als Gewohnheitskriminelle (*habitual*

76 A. Ettinger, Przestępca zawodowy a polityka kryminalna, GSW 1930, Nr. 24, S. 837–841, passim.

77 W. Świda, Przestępca (vgl. Anm. 68), S. 130–136. Der Autor fügte hinzu, dass die französischen Richter trotz der obligatorischen Relegation nicht selten die Absichten des Gesetzgebers paralysiert hätten - ebd., S. 79.

78 Ebd., S. 82–84.

79 Ebd., S. 83.

criminals) bezeichnet wurden, nach Verbüßung der eigentlichen Strafe – schwerer Zwangsarbeit – in Anstalten von etwas weniger strenger Ordnung zu verlegen und sie dort zwischen 5 und 10 Jahren festzuhalten. Auch in England wurde diese Option von den Richtern nur selten angewandt, ihre Bedeutung blieb daher in der Praxis beschränkt[80].

Gegen Ende des ersten Jahrzehnts des 20. Jahrhundert wurden in Kontinentaleuropa fast gleichzeitig drei verschiedene Entwürfe für neue Strafgesetzbücher veröffentlicht: zuerst 1908 in der Schweiz, dann 1909 in Deutschland und 1910 in Österreich. In keinem der Texte kam das Wort „gemeingefährlicher Verbrecher" vor, aber in allen fanden sich spezielle Vorschriften, Rückfall-, Gewohnheits- und/oder Berufskriminelle in gesonderten Haftanstalten unterzubringen. Die Autoren des Schweizer Entwurfs bezeichneten die gegen diese Tätergruppe anzuwendenden besonderen Mittel als Isolationsmaßnahmen (nicht als Strafen), die deutschen Autoren blieben bei der Bezeichnung Strafe, obwohl es sich in der Sache um eine verschleierte Form der Sicherungs- und Besserungsmaßnahmen handelte[81]. Die österreichischen Gesetzgeber dagegen wollten gegenüber dieser Tätergruppe kumulativ sowohl Strafen als auch Sicherungsmaßnahmen verhängt sehen. Im österreichischen Entwurf fand sich ausdrücklich die Voraussetzung der „Gemeingefährlichkeit" als Merkmal des mehrfachen Straftäters[82]. Alle drei angesprochenen Entwürfe enthielten Vorschriften zur Bestrafung von Delinquenten ohne oder mit eingeschränkter Zurechnungsfähigkeit. Für sie waren in Abhängigkeit vom Grad der von ihnen mutmaßlich ausgehenden Gefahr für die Allgemeinheit Sicherheitsmaßnahmen vorgesehen[83].

Eine spezifische Ausprägung erfuhr der Gedanke der Unschädlichmachung unverbesserlicher oder gemeingefährlicher Täter in den dreißiger Jahren in Deutschland. Auf Grundlage des schändlichen nazistischen Gesetzes gegen gefährliche Gewohnheitsverbrecher und über Maßregeln der Sicherung und Besserung vom 24. November 1933[84] wurde eine extrem harte Behandlung von Mehrfachtätern („Gewohnheitsverbrechern") ermöglicht. Sie konnten in Schutzhaft genommen und sogar im Namen des Schutzes der sogenannten Volksgemeinschaft getötet

---

80 Ebd., S. 84–91.

81 J. Reinhold, Środki (vgl. Anm. 40), S. 408–411.

82 Ebd. S. 413.

83 Ebd., S. 434–450.

84 Gewohnheitsverbrechergesetz vom 24. November 1933, RGBl. I, S. 995. Siehe auch: E. Schmidt, Anselm von Feuerbach und Franz von Liszt, MschKrim 33 (1942), S. 222.

werden[85]. Der 1919 verstorbene Franz von Liszt hat einen derartigen Missbrauch seiner Konzeptionen meines Erachtens nicht voraussehen können.

Im polnischen Strafgesetzbuch von 1932 wurde, wie gezeigt, ein kohärentes und strenges System der Bestrafung von Rückfall-, Berufs- und Gewohnheitstätern geschaffen. Angehörige dieser Täterkategorien sollten die Richter in Anstalten für Unverbesserliche schicken, wenn sie zu der Prognose kamen, dass es eine „Gefahr für die Rechtsordnung" darstellen würde, sie in Freiheit zu lassen[86]. Überdies konnten die Richter für Täter, die sich einer geregelten Arbeit zu entziehen suchten, die Einweisung in Zwangsarbeitsanstalten anordnen[87]. Ich möchte an dieser Stelle nochmals daran erinnern, dass es in Polen die Richter waren, die darüber entschieden, ob ein Täter als Berufs- oder Gewohnheitsverbrecher eingestuft wurde. Der polnische Gesetzgeber hatte diese Einstufung nicht als direkte Folge der Rückfälligkeit vorgesehen, auch die Zahl der zuvor begangenen Straftaten spielte explizit im Gesetzestext keine Rolle. Theoretisch war es also denkbar, ein Individuum als unverbesserlich einzuschätzen, auch wenn es gerade erstmals vor einem Strafrichter stand. Voraussetzung war lediglich, dass der urteilende Richter zu der Prognose gelangte, die Belassung des Angeklagten in Freiheit schaffe eine Gefahr für die Rechtsordnung[88]. Es sei noch einmal darauf verwiesen: das entscheidende Kriterium, um Sicherungsmaßnahmen anzuordnen, war eine Gefahr für die Rechtsordnung[89]. Eine Form dieser Sicherungsmaßnahmen war auch die Einwei-

85 Vgl. M. Köhler, Strafrecht. Allgemeiner Teil, Berlin 1997, S. 40; E. Stoiber, Zur Renaissance der Sicherungsverwahrung, Festschrift für Friedrich-Christian Schroeder zum 70. Geburtstag, Heidelberg 2006, S. 3.

86 Rozporządzenie Prezydenta Rzeczypospolitej z dnia 11 lipca 1932 roku - Kodeks karny [Verordnung des Präsidenten der Republik Polen vom 11. Juli 1932 – Strafgesetzbuch], ABl. 1932 Nr. 60 Pos. 571, Art. 84 § 1. Die Ausführungsverordnung wurde 1934 erlassen: Rozporządzenie Ministra Sprawiedliwości z dnia 15 stycznia 1934 roku w sprawie organizacji zakładów dla niepoprawnych przestępców [Verordnung des Justizministers vom 15. Januar 1934 über die Organisation von Anstalten für unverbesserliche Verbrecher], ABl. 1934 Nr. 5 Pos. 38.

87 StGB (vgl. Anm. 86), Art. 83 § 1. In der Praxis kam diese Vorschrift nicht zur Anwendung, weil keine Ministerialverordnung dazu erlassen wurde. An deren Stelle trat in gewissem Umfang eine Verordnung des Präsidenten der Republik Polen: Rozporządzenie Prezydenta Rzeczypospolitej z 14 października 1927 roku o zwalczaniu żebractwa i włóczęgostwa [Verordnung des Präsidenten der Republik Polen vom 14. Oktober 1927 über Bekämpfung der Bettelei und Landstreicherei], ABl. 1927 Nr. 92 Pos. 823. Sie sah u. a. Arbeitshäuser für Bettler und Landstreicher vor, ohne dass diese jedoch als Maßnahmen der Sicherung und Besserung bezeichnet wurden. Siehe auch: W. Zalewski, Przestępca (vgl. Anm. 28), S. 166–168.

88 W. Świda, Zakład (vgl. Anm. 67), S. 538–539. So war es auch in der Praxis, da gelegentlich Menschen in Anstalten für unverbesserliche Täter eingewiesen wurden, die jedenfalls insofern nicht rückfällig waren, als sie zuvor nicht mindestens dreimal bestraft worden waren – siehe: ebd., S. 550.

89 StGB (vgl. Anm. 86), Art.79 § 1; 80 § 1; 84 § 1: „den Verurteilten in Freiheit zu belassen, stellt eine Bedrohung der Rechtsordnung dar".

sung in geschlossene Anstalten für psychisch Kranke oder andere Heilanstalten, in die etwa vollständig unzurechnungsfähige Personen obligatorisch eingewiesen werden sollten, sofern eine Gefahr für die Rechtsordnung erwartet wurde, wenn sie in Freiheit belassen würden[90].

In der Praxis machten polnische Richter ähnlich wie ihre Kollegen in Westeuropa von den Bestimmungen über die Anstalten für Unverbesserliche nur zurückhaltend Gebrauch. Wahrscheinlich stand dahinter, dass sie von dieser neuen Strafsanktion nicht überzeugt waren[91]. Zu erwähnen ist, dass die als unverbesserlich und gewohnheitsmäßig verurteilten Täter zu 90 Prozent Diebstahl (professionellen oder geringfügigen) oder andere Straftaten gegen das Eigentum begangen hatten. Recht häufig wurden auch Landstreicher nach diesen Paragraphen verurteilt. Gegen politische oder Sexualstraftäter oder bei Verbrechen gegen Leib und Leben wurden die Sicherungsmaßnahmen in keinem einzigen Fall verhängt; isoliert wurden dagegen einige Mörder[92].

5. Schlussfolgerungen

Der starke Anstieg der Kriminalität am Ende des 19. Jahrhunderts infolge u. a. des rapiden sozioökonomischen Wandels alarmierte die juristische Fachwelt. Der wissenschaftliche Fortschritt generell und die Herausbildung der Kriminologie und anderer Hilfswissenschaften des Strafrechts im Besonderen ermöglichten, das Wachstum der Kriminalität von allen Seiten zu analysieren und nach den angemessensten Gegenmitteln gegen den zur Dauererscheinung gewordenen Rechtsbruch zu suchen.

Die Persönlichkeit des Verbrechers wurde zuerst in Italien von Vertretern der sogenannten anthropologischen Strafrechtsschule analysiert. Der Begründer der soziologischen Strafrechtsschule, Franz von Liszt, und seine Anhänger entwickelten eine Typologie der Täter und schlugen vor, neuartige Strafsanktionen insbesondere gegen Wiederholungstäter anzuwenden. In der mächtigsten Organisation von

90 StGB (vgl. Anm. 86), Art. 79. Begrenzt zurechnungsfähige Täter wurden fakultativ auf Grundlage des StGB, Art. 80 verurteilt, ähnlich wie Alkoholiker und Drogenabhängige nach Art. 82.

91 W. Świda, Zakład (vgl. Anm 67), S. 540. Der Autor berechnete, dass es 392 rechtskräftige Verurteilungen zu Anstalten für Unverbesserliche in den Jahren 1932–1935 gegeben habe, darunter 355 gegen Männer und 37 gegen Frauen. Die zugrundeliegenden Urteile hatten überwiegend Amtsgerichte gefällt, wobei sie sich geographisch ungleichmäßig verteilten – siehe: ebd., S. 547–548.

92 Als Missverständnis bezeichnete der Autor den Fall, dass ein junger Mensch in eine Anstalt für Unverbesserliche eingewiesen wurde, der zuvor nicht straffällig geworden und zuvor zu einer kurzfristigen Freiheitsstrafe und anschließend wegen illegalen Grenzübertritts verurteilt worden war – siehe ebd., S. 545.

Juristen und Kriminologen aus allen Ländern des damaligen Europas, der Internationalen Kriminalistischen Vereinigung, versammelten sich europäische Gelehrte und debattierten über Rückfalltäter und andere unverbesserliche Verbrecher. Anschließend wandten sie sich der Frage der Gefährlichkeit der Verbrecher für die Allgemeinheit zu. Sie waren sich einig, dass gefährliche Verbrecher unschädlich gemacht werden müssten, auch indem gegen sie neue Sanktionen angewandt wurden, die nicht als Strafen bezeichnet wurden. Diese sogenannten Sicherungsmaßnahmen waren recht radikal – in manchen Ländern nahmen sie die Form einer Verbannung in die Kolonien an, in anderen sahen sie eine teilweise jahrzehntelange Isolation des Täters in speziell dafür geschaffenen Haftanstalten vor. Auf diese Weise hoffte man die Gesellschaft von Individuen säubern zu können, die man als gefährlich einschätzte.

Als gefährlich für die Rechtsordnung galten in Polen ähnlich wie unter Juristen in anderen Ländern Europas in erster Linie rückfällige sowie unzurechnungsfähige Straftäter. Juliusz Makarewicz, die unbestrittene Koryphäe der polnischen Rechtswissenschaft, führte 1932 in das neue Strafgesetzbuch Elemente seiner Tätertypologie, die Kategorie des Gefährdungsstatus und die Sicherungsmaßnahmen ein. Woran sich die Gefährlichkeit konkret ablesen und bemessen lasse, wurde im polnischen Strafrecht ebensowenig wie in den Lösungen anderer Länder mit hinreichender Präzision festgelegt, auch wenn einige Juristen dies vom Gesetzgeber forderten. Gleichwohl flossen Persönlichkeitsmerkmale des Täters in die Bewertung der Tat ein und wurden in der Konsequenz zur Grundlage seiner Bestrafung bzw. der Unterwerfung unter andere Sanktionen. Diese einseitige Lösung wurde eingeführt, um die Gesellschaft in erster Linie vor Tätern zu schützen, die „vom Verbrechen und für das Verbrechen lebten".

Kurzfassung

Mit der Industriellen Revolution des 19. Jahrhunderts ging eine demographische Explosion einher, und mit dieser viele neue soziale Phänomene, darunter ein starkes Anwachsen der Kriminalität. Die gleichzeitige Entwicklung der Wissenschaften erlaubte, auch dieses Thema zum Forschungsgegenstand u. a. für Biologen und Statistiker zu machen. Die in der zweiten Hälfte des 19. Jahrhunderts von Cesare Lombroso verkündete Theorie, es gebe „geborene Verbrecher", löste in weiten Teilen der Gesellschaft, insbesondere aber in den Rechtswissenschaften, eine lebhafte Debatte aus. Einer ihrer wichtigsten Aspekte betraf die Frage, wie man mit „gefährlichen" oder als „unverbesserlich" erachteten Straftätern umgehen solle. Die Gelehrten diskutierten nicht nur untereinander, sondern auch auf dem Forum der Internationalen Kriminalistischen Vereinigung, der über 1000 Mitglieder aus etwa 30 Ländern in aller Welt angehörten, darunter auch Vertreter des damals noch geteilten Polens. In diesem Verband wurde lange nach Antworten auf die Frage gesucht, wen man der Kategorie der gefährlichen oder unverbesserlichen Verbrecher zurechnen könne und wie mit diesem Personenkreis umzugehen sei. Die damals erarbeiteten theoretischen Konzepte wurden in einigen Staaten auch realisiert, u. a. in Polen durch das Strafgesetzbuch von 1932. Der Aufsatz stellt die wissenschaftlichen Konzepte dieser Debatte im Detail dar und behandelt unter anderem die „Typologie der Verbrecher" und die Charakterisierung von Straftätern als gefährlich: als solche galten vor allem Rückfalltäter, eingeschränkt zurechnungsfähige Personen, Alkoholiker, Bettler und Landstreicher. Gezeigt wird, wie der Begriff der Gefährlichkeit eines Täters die Rechtsordnung prägte, und welche neue Strafsanktionen gegen diesen Personenkreis vorgeschlagen wurden. In der Hauptsache ging es um unbestimmte Strafen und Maßregeln der Besserung und Sicherung. Die Analyse umfasst das Denken ausländischer und polnischer Juristen sowie ausgewählte gesetzgeberische Lösungen der Jahre 1885–1933.

Summary

A dangerous criminal in the doctrine of criminal law at the turn of the twentieth century

The industrial revolution of the nineteenth century and the accompanying demographic explosion brought about many new social phenomena, including an increase in crime. Research and academic development allowed this phenomenon to become the subject of e. g. statistical and biological research. The theory of a born criminal, developed in the second half of the nineteenth century by Cesare Lombroso, inspired a massive debate in a number of circles, especially legal ones. One of the main topics was dealing with dangerous criminals, identified as incorrigible offenders. Scholars had their debates not only in their own circles, but also in the forum of the International Criminal Law Association, with its over 1,000 members from nearly 30 countries around the world, including the Polish lands under partitions. For many years, this organisation had been seeking answers to questions about who should be classified as a dangerous or incorrigible offender, and how to deal with them. Theoretical concepts developed were later implemented by law in several countries, including Poland, i. e., in the 1932 Criminal Code. This study includes a detailed presentation of scholarly concepts, covering the typologies of criminals, the profiles of dangerous criminals (that mainly included repeated offenders, partially insane persons, alcoholics, beggars, or vagrants), the concept of an offender being a threat to the legal order and recommendations as to new types of punishment that were to be applied to these groups of offenders - mainly indeterminate punishment and preventive measures. The analyses include the thoughts and concepts of foreign and Polish scholars as well as selected legislation from 1885–1933.

Die Bekämpfung von Bettelei und Landstreicherei in der II. Polnischen Republik (1918–1939). Eine rechtshistorische Studie

Die Bekämpfung von Bettelei und Landstreicherei ist nicht einfach, weil Grundlage dieser Erscheinung tiefreichende psychologische Momente sind. Wenn man den Kampf mit dieser Plage aufnehmen will, muss man sich ausreichend wappnen. Vor allem muss man den Gegner erkennen. Dabei können sowohl die Wissenschaft als auch die jahrhundertelange Erfahrung hilfreich sein. Psychologische Kenntnisse werden ebenso nötig sein wie medizinische, juristische, pädagogische und soziologische. Jede dieser Wissenschaften trägt das Ihre zur Bekämpfung dieser Plage bei.
Leon Dydusiak, Zagadnienie żebractwa w Polsce, Borysław 1938

Das Problem existiert sei jeher. Manchmal begegnete man ihm mit Barmherzigkeit, aber wenn die Geduld erschöpft war, zwang man die Bettler zur Arbeit oder hängte sie. Es gab im Umgang mit der Bettelei keine Konsequenz, weder damals noch heute.
Tomasz Jastrun, Pasożyty sumienia czy jego podnieta, RPN 1998

1. Einführung

Wie man mit Menschen ohne festen Wohnsitz und ohne festes Einkommen umgehen und ob man sie strafrechtlich zur Verantwortung ziehen solle, ist seit Jahrhunderten ein Thema für Gesetzgeber in aller Welt. Seit etwa 200 Jahren weckt diese Frage auch das Interesse der Rechtsdoktrin. Gesetzgeber und Spezialisten der Strafvollzugswissenschaften haben dazu unterschiedliche Standpunkte eingenommen und tun es weiterhin; die Positionen gehen von dem Vorschlag, Bettelei zu dulden[1],

1 Vgl. bspw. B. Geremek, Litość i szubienica. Dzieje nędzy i miłosierdzia, Warszawa 1989, S. 23–45. Die allgemeine historische und historisch-anthropologische Literatur über den Umgang mit verschiedenen Gemeinschaften von Ausgegrenzten oder Abgehängten, die heute als soziale Randgruppen bezeichnet werden, ist recht umfangreich – siehe einen allgemeinen Bericht über das Schrifttum: M. Rodak (Hrsg.), Margines społeczny Drugiej Rzeczypospolitej (= „Metamorfozy Społeczne“ 6), Warszawa 2013, S. 8–11. Siehe auch unten Literaturangaben in den Anm. 6–8, 10–12, 19, 28, 37, 40, 49, 78, 87.

bis zu der Forderung, sie zur Straftat zu erklären[2], oder, genau umgekehrt zu der Anregung, sie zu entkriminalisieren[3]. In dem vorliegenden Beitrag soll es darum gehen, wie in der Zeit der Zweiten Polnischen Republik die Bekämpfung von Bettelei und Landstreicherei juristisch wahrgenommen wurde; wie einige Äußerungen aus den 1920-er Jahren belegen, hatte Polen damals unter Ausländern den Beinamen erhalten, es sei in Europa das „Land der Bettler"[4]. Mein Ziel ist erstens, das repressive Verhältnis des Gesetzgebers und der Vertreter der Strafrechtswissenschaft gegenüber dem Phänomen der Bettelei und Landstreicherei zu erläutern. Zweitens soll hier die Verordnung des polnischen Staatspräsidenten aus dem Jahr 1927 über die Bekämpfung von Bettelei und Landstreicherei analysiert und bewertet werden, ebenso die daran anschließende Ausführungsverordnung des Ministers für Arbeit und Sozialfürsorge aus dem Jahre 1929. Am Rande wird es auch darum gehen, warum beide Vorschriften praktisch nie in Kraft gesetzt worden sind, und es sollen statistische Daten vorgelegt werden, die davon zeugen, wie die Polizei jener Zeit Fälle von Bettelei und Landstreicherei wahrnahm und verfolgte. Letztliches Ziel der Autorin ist es darzustellen, wie und in welchem Maße sich in den 20er Jahren der Zwischenkriegszeit die Standards für den Umgang mit Bettlern und Landstreichern auf der Seite der strafrechtlichen Bekämpfung ihrer Lebensweise verändert haben, und außerdem darzustellen, ob und ggfs. wie sich die Anschauungen der polnischen Juristen zum Thema der Bekämpfung dieser marginalisierten Gruppe der Gesellschaft in dieser Zeit geändert haben[5].

---

2 Siehe unten Ansichten von L. Dydusiak (Anm. 63–64), Z. Grzegorzewski (Anm. 66–67), J. Makarewicz (Anm. 26 und 58), W. Wolter (Anm. 44 und 62). Vgl. den vielfach zitierten und mehr als ein halbes Jahrhundert alten Kommentar von D. Egierska zum Schutzobjekt der Vorschriften zur Bestrafung der Bettelei: sie schütze „die Gesellschaft vor Erschleichung, vor der missbräuchlichen Ausnutzung ihrer Hilfsbereitschaft durch die Aufdringlichkeit der die Bettelei betreibenden Personen" – zitiert nach: J. Bafia, D. Egierska, I. Śmietanka, Kodeks wykroczeń: komentarz, Warszawa 1974, S. 185. Aktuell dazu zwei Meinungen: A. Płoszka, Żebractwo z perspektywy praw człowieka, PiP 2017, Nr. 6, S. 91 – der Autor vertritt die Auffassung, der Gesetzgeber habe eine sog. vereinfachte Kriminalisierung der Bettelei vorgenommen; R. Krajewski, Prawo wobec kwestii żebractwa, PolS 2008, Nr. 2, S. 13 – der Autor verweist darauf, der Gesetzgeber hätte ja auch ein generelles Verbot der Bettelei erlassen können, das diese Erscheinung hätte beseitigen können, wenn es entschieden durchgesetzt worden wäre.

3 Vgl. die zeitgenössische Kritik der Vorschriften zur Pönalisierung der Bettelei aus dem geltenden Ordnungswidrigkeitenrecht: A. Płoszka, Żebractwo (vgl. Anm. 2), S. 87–100; hier wurde vom Standpunkt der geltenden Verfassung bestritten, dass im Falle der Bettelei eine Ordnungswidrigkeit überhaupt vorliege – siehe ebd., S. 95–98. Auch die allgemeinen Voraussetzungen der betreffenden Ordnungswidrigkeit wurden kritisiert – siehe: R. Krajewski, Żebractwo w ujęciu przepisów prawa karnego, PPr 2013, Nr. 5, S. 5–18, insbesondere S. 8–9.

4 Z. Grzegorzewski, Żebractwo i włóczęgostwo, PiOS 1927, Nr. 4, S. 41.

5 Der vorliegende Aufsatz wurde im Rahmen eines Projektzuschusses Nr. 2014/15/B/HS5/03161 des Nationalen Wissenschaftszentrums NCN gefördert.

2. Historische Bemerkungen

Im mittelalterlichen Polen galt Armut als einer der geistigen Grundwerte; die polnische Kirche rief, ebenso wie die allgemeine, dazu auf, die Armut zu praktizieren. Arme sowie Angehörige von Bettelorden konnten damit auf Almosen zählen, und diejenigen, die sie unterstützten, konnten die Überzeugung pflegen, sie praktizierten die Tugend der Mildtätigkeit[6]. Im Gegenzug zu den erhaltenen Gaben verpflichteten sich die Armen, für das Seelenheil ihrer Wohltäter zu beten; insofern hatten die Almosen eine eschatologische Dimension. Diese Form privater Umverteilung war in Polen nicht nur im Mittelalter weit verbreitet, sondern bis weit in die Neuzeit hinein. Bettler wurden vor allem aus Anlass feierlicher Gottesdienste, Ablassfeiern oder Beerdigungen individuell bedacht[7].

Neben der privaten Wohltätigkeit entwickelten sich in Polen seit dem 12. Jahrhundert, insbesondere aber seit dem 13. Jahrhundert, die meist von religiösen Gemeinschaften getragenen Spitäler, die neben allen ihren anderen Aufgaben auch die Funktion von Obdachlosenasylen erfüllten. Hier fanden Arme und Alte, darunter auch Bettler, vor allem während der kalten Jahreszeit Obdach und Unterschlupf. In der Moderne wuchs die Zahl dieser Spitäler, wobei sie bis weit ins 19. Jahrhundert hinein den Charakter kirchlicher Einrichtungen behielten[8].

Seit dem 14. und verstärkt im 15. Jahrhundert aber sind in ganz Europa einschließlich Polens die ersten deutlichen Versuche zu beobachten, die Bettelei zu beschränken und die Landstreicherei zu bekämpfen. Die Herrscher etlicher Staaten und die Spitzen bestimmter großer Städte gingen dazu über, das Betteln zu verbieten und Zwangsarbeit anzuordnen. Alle gesunden Personen wurden zur Arbeit verpflichtet und das Betteln wurde lediglich zu bestimmten Zeiten, an bestimmten Orten oder für Personen erlaubt, die eine spezielle Bettelmarke aus Metall vorweisen konnten. Diese frühen Repressionen folgten vielen Überlegungen. Es gab die Absicht, die arme Bevölkerung zu kontrollieren und sogar Register der zum Betteln befugten Personen zu erstellen. Man versuchte, der Verbreitung ansteckender Krankheiten, vor allem todbringender Epidemien, entgegenzutreten, die damals

---

6 D. Janicka, Rechtliche Maßnahmen gegen Bettelei und Landstreicherei in der Neuzeit (bis zum ausgehenden 19. Jh.), in: M. Luts-Sootak, F. L. Schäfer (Hrsg), Recht und Wirtschaft in Staat und Land. Law and Economics in Urban and Rural Environment, Bern 2020, S. 73–87. Vgl. J. Kracik, M. Rożek, Hultaje, złoczyńcy, wszetecznice w dawnym Krakowie. O marginesie społecznym w XVI–XVIII w., Kraków 1986, S. 121–139. Mehr zu den Bettelorden siehe: Ch. T. Maier, Preaching the crusades: mendicant friars and the cross in the thirteenth century, Cambridge 2003, passim (hier auch polnische Angelegenheiten: S. 87–91 und 94–95).

7 M. Surdacki, Opieka społeczna w Polsce do końca XVIII wieku, Lublin 2015, S. 411–426.

8 Ebd., S. 81–102. Vgl. E. Leś, Od filantropii do pomocniczości: studium porównawcze rozwoju i działalności organizacji społecznych, Warszawa 2000, s. 33–37; E. Leś, Zarys dobroczynności i filantropii w Polsce, Warszawa 2001, passim (populärwissenschaftliches, reich illustriertes Buch).

Europa in Panik versetzten; außerdem war die Politik bestrebt, mehr Arbeitskräfte zu mobilisieren, nachdem – insbesondere infolge der erwähnten Epidemien – das Arbeitskräfteangebot durch den unterbrochenen natürlichen Bevölkerungszuwachs eingeschränkt worden war[9].

In Polen war es nicht anders. Hier richtete sich die Gesetzgebung vor allem gegen Vagabunden (sog. „fahrende Menschen“), die keinen festen Wohnsitz, keine Arbeit und kein Vermögen besaßen und die auf der Suche nach einem Unterhalt nomadisierten und dabei gelegentlich zu Diebstählen griffen. Zu den Vagabunden zählten insbesondere Bettler und Landstreicher, vor der Leibeigenschaft geflohene Bauern, Menschen, die sich Gerichtsurteilen zu entziehen suchten, Deserteure, Prostituierte und andere Personen aus gesellschaftlichen Randgruppen[10].

1496 erließ der polnische König Jan Olbracht die „Statuten von Piotrków“, die u. a. den Behörden in Städten und Dörfern aufgaben, die Zahl der zum Betteln berechtigten Personen zu begrenzen und ihnen spezielle, sichtbar zu tragende, Erkennungszeichen zu erteilen. Nicht registrierte Bettler sollten zu Zwangsarbeiten vor allem bei der Reparatur von Verteidigungsanlagen und beim Bau von Befestigungen gegen die Türken herangezogen werden. Die Bestimmungen dieses Erlasses wurden im 16. und 17. Jahrhundert immer wieder durch Beschlüsse polnischer Reichstage bestätigt[11]. Im 17. und 18. Jahrhundert errichteten die Behörden mehrerer Städte in der polnisch-litauischen Adelsrepublik Zwangsarbeitshäuser, in die Bettler und Landstreicher, Prostituierte und Kleinkriminelle eingewiesen wurden[12]. Daran änderte auch die Aufklärungszeit nichts Wesentliches: noch 1786 bestätigte ein Rundschreiben des polnischen Königs Stanisław August Poniatowski den erwähnten Erlass von König Jan Olbracht und forderte, dass die Behörden in Stadt und Land ausschließlich einheimische arbeitsunfähige Arme unterstützten und das Betteln genehmigungspflichtig machten[13]. So entstand auch in Polen die aus vielen Ländern des damaligen Europas bekannte sogenannte konzessionierte Bettelei[14].

9 B. Geremek, Litość (vgl. Anm. 1), S. 99. Siehe auch: D. Janicka, Rechtliche Maßnahmen (vgl. Anm. 6), S. 76.

10 M. Maludzińska, Żebracy i włóczędzy w stanisławowskiej Warszawie, Warszawa 2014, S. 8–9. Vgl. R. Poniat, Ludzie luźni w społeczeństwie Rzeczypospolitej szlacheckiej w kontekście badań nad cyklem życia, RDSG 73 (2013), S. 51–77 (hier eine umfangreiche Kritik des bisherigen polnischen und ausländischen Schrifttums).

11 S. Grodziski, Ludzie luźni. Studium z historii państwa i prawa polskiego, Kraków 1961, S. 63–75 (insbesondere S. 67).

12 M. Bogucka, Dom pracy przymusowej w Gdańsku w XVII w., KHKM 34, 2 (1986), S. 265–269; D. Janicka, Więzienia w Toruniu w XVIII-XX wieku, RT 30 (2003), S. 87–90.

13 J. Kracik, M. Rożek, Hultaje (vgl. Anm. 6), S. 144.

14 D. Janicka, Rechtliche Maßnahmen (vgl. Anm. 6), S. 76. Siehe auch: B. Geremek, Litość (vgl. Anm. 1), S. 57.

Im 19. Jahrhundert wurden das Betteln und die Landstreicherei in fast allen Staaten Europas strafbar[15]. Das damals unter der Herrschaft der drei Teilungsmächte stehende Polen war dazu keine Ausnahme. Das Strafgesetzbuch des – russisch kontrollierten – Königreichs Polen von 1818 bedrohte Betteln und Vagabundieren mit Geldstrafen[16], und schon 1830 beschloss der Landtag des Königreichs Polen ein Gesetz über Landstreicher, Herumtreiber und Bettler, auf dessen Grundlage Menschen aus sozialen Randgruppen ab der zweiten Bestrafung zwangsweise für bis zu 3 Monaten in Arbeits- und Armenhäuser eingewiesen werden konnten. Wer mehrfach ertappt worden war, konnte bis zu zwei Jahre dort inhaftiert werden. Das erwähnte Gesetz war vor dem Hintergrund der Bestimmungen gegen die Armen im Rest Europas vergleichsweise human, es trat allerdings infolge des polnischen Novemberaufstands von 1830 nie in Kraft[17]. In der Praxis wurde gegen Arme das russische Strafgesetzbuch (Gesetz über die Haupt- und Besserungsstrafen) von 1847 angewandt[18]. Es sah für eine Reihe kasuistisch aufgeführter Vergehen strenge Vorschriften bis hin zu Haft- und Prügelstrafen gegenüber Landstreichern und Bettlern an, im Falle des Rückfalls auch ihre Unterbringung in Arbeitshäusern für bis zu einem Jahr. Wer im Besitz von Werkzeugen zum Einbruch oder von Waffen gefasst wurde, sollte bis zu einem Jahr verbannt werden. Das Problem der Armut und Bettelei war im Königreich Polen und vor allem in Warschau so verbreitet, dass neben den Strafen auch ein System der sozialen Fürsorge entstand. Menschen aus sozialen Randgruppen wurden in das Warschauer Obdach- und Arbeitshaus aufgenommen, das im Grunde eine milde Form des Gefängnisses war, aber auch in Herbergen und sogenannte Wintersäle[19].

---

15 Siehe ausführliche rechtsvergleichende Analyse: A. Męciński, O żebractwie i włóczęgostwie ze stanowiska historycznego, socjalno-ekonomicznego i prawnego, Lwów 1893, S. 226–285.

16 Im ursprünglichen Entwurf des Gesetzbuches wurden sie als Verstöße qualifiziert, für die die Unterbringung in einer Besserungsanstalt für bis zu 3 Monaten, und in Ausnahmefällen sogar bis zu einem Jahr vorgesehen war – eingehend: J. Śliwowski, Kodeks karzący Królestwa Polskiego (1818 r.): historia jego powstania i próba krytycznej analizy, Warszawa 1958, S. 150–151.

17 Prawo o włóczęgach, tułaczach i żebrakach (Gesetz vom 16 / 28.06.1830), ABl. des Königreichs Polen Bd. 13, Nr. 52, S. 130–138, https://pbc.biaman.pl/dlibra/publication/4612/edition/4385/content (letzter Zugriff am 11.04.2023).

18 Uloženie o nakazaniâh ugolovnyh i ispravitel'nyh. Kodex kar głównych i poprawczych, Warszawa 1847, http://pbc.biaman.pl/dlibra/docmetadata?id=4524&from=publication (letzter Zugriff am 11.04.2023). Die entsprechenden Paragraphen fanden sich im Abschnitt „Über die Verletzung von Ruhe und Ordnung sowie der sie schützenden Vorschriften". An dieser Stelle sei erwähnt, dass einige Strafbestimmungen zur Bekämpfung der Bettelei und Landstreicherei (Art. 649, 661, 664) schlossen die Anwendung von Prügelstrafe und Zwangsarbeit aus und somit sanktionierten eine Ungleichheit gegenüber dem Strafrecht. Siehe auch: A. Flatau-Kowalska, Środki zabezpieczające w prawie karnym, Warszawa 1956, s. 122–124.

19 E. Mazur, Dobroczynność w Warszawie XIX wieku, Warszawa 1999, S. 48–69. Vgl. Cz. Kępski, Idea miłosierdzia a dobroczynność i opieka, Lublin 2002, S. 76–80.

In der preußischen und österreichischen Teilungszone wurden Bettelei und Landstreicherei als Verstöße behandelt, die mit Arrest und der Möglichkeit der Einweisung in Zwangsarbeitshäuser geahndet werden konnten. In dem preußischen Teilungsgebiet galt das Preußische Landrecht von 1794, das vorsah, keiner geregelten Arbeit nachgehende Personen praktisch unbefristet in Arbeitshäuser einzuweisen und Bettler an ihre Geburtsorte zurückzusenden[20]. Gleichzeitig verpflichtete der preußische Gesetzgeber alle Gemeinden, ein System der Fürsorge für die Ärmsten zu organisieren, das von den übergeordneten Behörden mitfinanziert werden sollte[21]. 1851 trat das erste moderne preußische Strafgesetzbuch in Kraft, das das Betteln – oder den Einsatz von Kindern als Bettler – mit Haft bis zu 6 Wochen bedrohte[22]. Parallel baute der preußische Staat sein System der Armenfürsorge aus[23].

Die österreichischen Behörden erließen in den 70er und 80er Jahren des 19. Jahrhunderts eine Reihe von Ausführungsgesetzen (*lex specialis)* zum geltenden Strafgesetzbuch von 1852[24]. Sie verboten das Herumtreiben „ohne Beschäftigung und Arbeit" und das Betteln an öffentlich zugänglichen Orten oder in Form des Wanderns von Haus zu Haus und verpflichteten die örtlichen Behörden gleichzeitig, Zwangsarbeitshäuser zu betreiben, in welche Täter solcher und ähnlicher Verfehlungen einzuweisen waren[25]. Die Ausführungsverordnung von 1885 galt jedoch ausdrücklich nicht im damals notorischen Elendsgebiet Galizien, so dass hier die Bettelei in der Praxis häufig toleriert oder sogar konzessioniert wurde, indem die Gemeinden die Befugnis erhielten, für bestimmte Wochentage je nach lokaler Gewohnheit die Genehmigung zum Erbitten von Almosen zu erteilen[26]. Die Sozi-

20 Allgemeines Landrecht für die Preußischen Staaten, Teil 2, Neunzehnter Titel: Von Armenanstalten, und andern milden Stiftungen, §§ 4–5, 17–19, 22; Zwanzigster Titel: Von den Verbrechen und deren Strafen, § 191. Vgl. die Nomenklatur in der polnischen Ausgabe des Landrechts: Powszechne Prawo Krajowe dla Państw Pruskich. Nowe wydanie, Teil II, Bd. 2, Poznań 1826.

21 Ebd., Neunzehnter Titel, §§ 10–16, 25–30.

22 Siehe polnische Ausgabe: Kodex karny dla Państw Królestwa Pruskiego i Ustawa tycząca się zaprowadzenia tegoż z dnia 14 kwietnia 1851, Brodnica 1854, § 341. Siehe auch: A. Flatau-Kowalska, Środki zabezpieczające (vgl. Anm. 18), S. 130–132.

23 Eingehend: A. Męciński, O żebractwie (vgl. Anm. 15), S. 152–157; Cz. Kępski, Idea (vgl. Anm. 19), S. 111–112.

24 Strafgesetz über Verbrechen, Vergehen und Übertretungen für das Kaisertum Österreich vom 27. Mai 1852, Reichsgesetzblatt Nr. 117, S. 493 ff.

25 Gesetz vom 10. Mai 1873 (ABl. Nr. 108), geändert durch Gesetz vom 24. Mai 1885 (ABl. Nr. 89); Gesetz vom 24. März 1885 (ABl. Nr. 90); Verordnung des Innenministers vom 26. Juli 1885 (ABl. Nr. 106) – zitiert nach: Z. Grzegorzewski, Zwalczanie żebractwa i włóczęgostwa (Rozporządzenie Prezydenta Rzplitej z 14 października r. 1927), GAiPP 1927, Nr. 11, S. 970. Siehe auch: A. Flatau-Kowalska, Środki zabezpieczające (vgl. Anm. 18), S. 127–130.

26 A. Męciński, O żebractwie (vgl. Anm. 15), S. 243–244. Vgl. einen Aufruf zur Errichtung der Zwangsarbeitshäuser von 1905: J. Makarewicz, Dwudziestolecie galicyjskiej krzywdy, in: J. Makarewicz,

alfürsorge war in der österreichisch-ungarischen Monarchie Sache der Kommunen, und sie war in Galizien abgesehen von den Städten Krakau und Lemberg schwach entwickelt[27].

3. Die Gesetzgebung der Zweiten Polnischen Republik

3.1 Die überkommene Gesetzgebung der Teilungsmächte

Das wiedergeborene Polen war ein Land enormer sozialer und wirtschaftlicher Unterschiede in den Nationalitätsverhältnissen, der Religion, der Kultur im weitesten Sinne und der Wirtschaft. Letztere blieb in hohem Maße traditionell bestimmt und stützte sich auf die Landwirtschaft. Fehlende Beschäftigungsmöglichkeiten, Wohnungsmangel, Armut, ein unzulängliches System der Sozialfürsorge und der medizinischen Versorgung brachten verschiedene soziale Missstände hervor, zu denen auch die verbreitete Bettelei gehörte[28].

Von den Teilungsmächten erbte Polen Strafgesetzbücher, die in ihren den Ordnungswidrigkeiten gewidmeten Abschnitten Vorschriften über die Bestrafung von Bettelei und Landstreicherei enthielten[29].

Das deutsche Strafgesetzbuch von 1871 widmete den hier besprochenen Personengruppen den § 361. Er sah Haftstrafen für diejenigen vor, die als Landstreicher umherzogen oder bettelten, bzw. Kinder zum Betteln anleiten oder ausschicken, oder Personen, welche seiner Gewalt und Aufsicht untergeben sind und zu seiner Hausgenossenschaft gehören, vom Betteln abzuhalten unterlassen[30]. In den deutschen Regelungen fehlte eine präzise Definition der als strafbar erklärten Handlungen in Form des Bettelns oder der Landstreicherei[31].

Prace rozproszone. Tom 2. Publikowane w latach 1902–1913, Hrsg. A. Grześkowiak, Lublin 2012, S. 265–274.

27 Cz. Kępski, Idea (vgl. Anm. 19), S. 108–110.

28 P. Grata, Polityka społeczna Drugiej Rzeczypospolitej: uwarunkowania, instytucje, działania, Rzeszów 2013, S. 10–11.

29 Eingehend zu den „Ordnungswidrigkeiten gegen das gesellschaftliche Zusammenleben" in den Gesetzbüchern der Teilungszeit: W. Makowski, Prawo karne. O przestępstwach w szczególności. Wykład porównawczy prawa karnego austriackiego, niemieckiego i rosyjskiego, obowiązującego w Polsce, Warszawa 1924, S. 179–182.

30 Siehe polnische Ausgabe: Kodeks karny Rzeszy Niemieckiej z dnia 15 maja 1871 r. z późniejszymi zmianami […]. Przekład urzędowy Departamentu Sprawiedliwości Ministerstwa b. dzielnicy Pruskiej, Poznań 1920, https://www.wbc.poznan.pl/dlibra/publication/55215/edition/71376 (letzter Zugriff am 11.04.2023).

31 A. Męciński, O żebractwie (vgl. Anm. 15), S. 231.

Der österreichische Gesetzgeber widmete sich in dem bereits erwähnten Gesetz von 1885 dem Phänomen der Bettelei und Landstreicherei, wobei dieses Gesetz die allgemeinen Bestimmungen des Strafgesetzbuches von 1852 teilweise aufhob[32]. Dieses Gesetz trat zwar für Galizien nicht in Kraft, es verdient aber als einer der wenigen Versuche jener Zeit in Europa Erwähnung, entsprechende legale Definitionen einzuführen. Als Landstreicher wurde eine Person bezeichnet, die ohne Beschäftigung und Arbeit umherzog und die nicht in der Lage war, ein zu ihrem Unterhalt ausreichendes Vermögen nachzuweisen oder ein solches zu erarbeiten. Als Bettler definierte das Gesetz hingegen Personen, die an öffentlich zugänglichen Orten um Almosen baten oder mit dem selben Ziel von Haus zu Haus gingen. Mit den Bettlern gleichbehandelt wurden Personen, die aus „Arbeitsscheu" Klienten der öffentlichen Sozialfürsorge waren sowie solche, die Minderjährige zur Bettelei anhielten[33].

Ausführlich ging auf die Phänomene der Armut und Obdachlosigkeit auch das russische Strafgesetzbuch von 1903 ein, das den strafbaren Übertretungen über 200 Paragraphen widmete. Es sah Haftstrafen für alle Personen vor, die sich „herumtrieben" und dabei keine „vorschriftsmäßigen Aufenthaltstitel [...] oder bestimmten Wohnsitz, kein Handwerk, keine sonstigen Einkommensquellen oder bestimmten Beschäftigungen" aufzuweisen hatten (§ 274)[34]. Diese Vorschrift kam allerdings im wiedergeborenen Polen selten zur Anwendung, weil die Melde- und Passvorschriften im Vergleich zu den einst in Russland geltenden Regeln liberalisiert worden waren[35]. Der anschließende § 275 sah eine strenge Bestrafung für qualifizierte Formen des „Herumtreibens" vor, die sich dadurch auszeichneten, dass der Täter es ablehnte, „sich auszuweisen oder falsche Angaben zu seiner Person machte". Diese Ordnungswidrigkeit galt als Landstreicherei und war mit bis zu drei Jahren Aufenthalt in einer Besserungsanstalt zu bestrafen. Für qualifizierte, d. h. hartnäckige, betrügerische oder dreiste Bettelei sah § 276 Haftstrafen bis zu 3 Monaten

---

32 Aufgehoben wurden §§ 517–521 aus Abschnitt 13 „Über die Vergehen und Übertretungen gegen die öffentliche Sittlichkeit" des Strafgesetzbuchs. Siehe polnische Ausgabe: Ustawa karna austriacka o zbrodniach, występkach i przekroczeniach z dnia 27 maja 1852, übers. J. Przeworski, Warszawa 1924, S. 308. Auf europäischer Ebene originell war die Vorschrift des § 517 insofern, als er die Strafbarkeit der Bettelei davon abhängig machte, dass Fürsorgeanstalten vorhanden waren. Im österreichischen Recht waren die wesentlichen Voraussetzungen für eine Strafbarkeit: die Rückfälligkeit sowie die öffentliche Demonstration von Verkrüppelungen durch Bettler und zusätzlich der Einsatz von Kindern zum Betteln. Siehe: Z. Grzegorzewski, Zwalczanie (vgl. Anm. 25), S. 970.

33 Ebd. Siehe auch A. Męciński, O żebractwie (vgl. Anm. 15), S. 278.

34 Siehe polnische Ausgabe: Kodeks karny z r. 1903 (przekład z rosyjskiego), Hrsg. Ministerstwo Sprawiedliwości, Warszawa 1922, http://www.bibliotekacyfrowa.pl/dlibra/publication/50138/edition/50650/content?ref=desc (letzter Zugriff am 11.04.2023).

35 Z. Grzegorzewski, Zwalczanie (vgl. Anm. 25), S. 968–969.

vor. Noch strenger wurden Bettler bestraft, die im Besitz von Einbruchswerkzeugen oder Waffen gefasst wurden[36].

Allen Gesetzgebungen der Teilungsmächte war gemeinsam, dass sie Bettelei und Landstreicherei als Straftaten gegen die öffentliche Ordnung, Sicherheit und Moral ansahen. Im deutschen Recht waren für solche Taten keine gesetzgeberischen Merkmale definiert, anders als im österreichischen und russischen Recht. Letzteres beschrieb sie in eher kasuistischer Form. Auch die relativ strengen Strafen waren allen Gesetzgebungen der Teilungsmächte gemeinsam, vor allem, wenn es um professionelle Bettler[37] und solche ging, die mehrfach ertappt wurden, eine Behinderung vortäuschten oder Kinder zum Betteln anhielten. In der Praxis wurden für vergleichbare Taten meistens Arreststrafen verhängt[38].

3.2 Die neue polnische Gesetzgebung

Im wiederentstandenen Polen galten die Regelungen der Teilungsmächte gegenüber Bettelei und Landstreicherei teilweise bis 1927, teilweise bis 1932 und in einigen Fällen sogar bis zum Ende der Zwischenkriegszeit.

Noch vor dem Erlass des einheitlichen polnischen Strafgesetzbuchs und des einheitlichen Ordnungswidrigkeitenrechts (1932) wurde 1927 eine Verordnung des Staatspräsidenten der Republik Polen über die Bekämpfung von Bettelei und Landstreicherei erlassen[39]. Die mit Gesetzeskraft erlassene Verordnung enthielt zu Beginn Definitionen der beiden zu bekämpfenden Erscheinungen. Als Bettler galt laut Artikel 2 derjenige, der „berufsmäßig" damit beschäftigt war, für sich „Almosen irgendeiner Art zu erbitten". Daneben gab es eine qualifizierte Form der Bettelei für Menschen, die bettelten, obwohl sie „hinreichende Unterhaltsmittel" besaßen

---

36 Kodeks karny z r. 1903 (vgl. Anm. 34). Siehe auch: L. Czarnecki, Szkic zwalczania włóczęgostwa i żebractwa, GSW 1928, Nr. 21, S. 321.

37 Als professionelle Bettler wurden in der Regel arbeitsfähige Personen eingestuft, die (manchmal gar nicht schlecht) von Almosen lebten oder die Leistungen der öffentlichen Sozialfürsorge erschlichen. Im alten Polen war die Begrifflichkeit eine etwas andere gewesen: Autoren und Publizisten nannten Menschen, die die Lohnarbeit zu vermeiden suchten und auf fremde Kosten lebten, sogenannte falsche Bettler. Diese Gruppe stellten sie den sogenannten echten Bettlern gegenüber, zu denen sie u. a. die gesellschaftlich akzeptierten Bettelsänger zählten, d. h. die am Rande von Kirchengemeinden existierenden Klageweiber und -männer. Eingehend: M. Maludzińska, Żebracy (vgl. Anm. 10), S. 130–131; K. Mihajlova, Dziad wędrowny w kulturze ludowej Słowian, übers. H. Karpińska, Warszawa 2010, S. 228–232.

38 Z. Grzegorzewski, Żebractwo (vgl. Anm. 4), S. 38.

39 Rozporządzenie Prezydenta Rzeczypospolitej z dnia 14 października 1927 r. o zwalczaniu żebractwa i włóczęgostwa [Verordnung des Präsidenten der Republik Polen vom 14. Oktober 1927 über die Bekämpfung der Bettelei und Landstreicherei], ABl. 1927 Nr. 92 Pos. 823. Am Rande ist zu erwähnen, dass diese Vorschriften auch für Alkoholiker, Drogen- und Spielsüchtige galten, die öffentliche Hilfe in Anspruch nahmen – vgl. Art. 4 der genannten Verordnung.

(Art. 25). Landstreicher war im Sinne der erwähnten Verordnung derjenige, der „ohne Arbeit und Mittel seines Unterhalts" „ständig seinen Aufenthalt wechselte, ohne dabei eine Beschäftigung zu suchen" (Art. 3). Sowohl für Bettelei als auch für Landstreicherei sah die Verordnung prinzipiell keine Strafen im engeren Sinne vor, sondern Maßnahmen der Sicherung und Besserung. Einzige Ausnahme war das erwähnte professionelle Betteln, das – nach der Festlegung des Gesetzgebers – durch Personen im Besitz ausreichender Unterhaltsmittel betrieben wurde. Hierfür drohten Haftstrafen zwischen 6 Monaten und 2 Jahren, und im Falle des Rückfalls bis zu 5 Jahren. Zusätzlich konnten Geldstrafen zwischen 100 und 5000 Złoty verhängt werden (Art. 25).

Schon ein oberflächlicher Blick auf diese Vorschriften verrät, dass der Gesetzgeber 1927 beschlossen hatte, zur Bekämpfung von Bettelei und Landstreicherei vor allem sogenannte Maßnahmen der Sicherung und Besserung (auch Schutzmaßnahmen genannt) einzusetzen, und weniger Strafsanktionen im engeren Sinne. Das entsprach dem Geist der damaligen Zeit; solche Lösungen waren seit Ende des 19. Jahrhunderts in der europäischen und polnischen juristischen Doktrin breit diskutiert und nach und nach in die Gesetzgebung eingeführt worden[40]. Im Lichte der neuen Verordnung waren folgende Formen der Vorbeugungs- und Besserungsanstalten vorgesehen: freiwillige Arbeitshäuser, Asyle oder Zwangsarbeitsanstalten (Art. 5). Alle diese Einrichtungen waren mit Freiheitsentzug verbunden, sollten aber auch der Ausbildung für einen Beruf dienen, und die Arbeit in ihnen sollte vergütet werden und mit moralischer Einwirkung auf die Insassen verbunden sein (Art. 6). Die Verordnung ging davon aus, dass die freiwilligen Arbeitshäuser Bettler und Landstreicher auf deren eigenen Wunsch aufnehmen sollten, dass Asyle arbeitsunfähigen Bettlern und Landstreichern Obdach geben sollten, die dorthin auf Anweisung der Gerichte oder Fürsorgebehörden einzuweisen wären, während die Zwangsarbeitsanstalten für arbeitsfähige Bettler und Landstreicher vorgesehen waren, die dort durch Gerichtsentscheide eingewiesen würden (Art. 7–22). Die genannten Anstalten sollten im übrigen nicht nur für Personen vom Rand der Gesellschaft dienen, sondern waren auch für andere Armen, mit Ausnahme von Geisteskranken oder an ansteckenden Krankheiten leidenden Personen wie auch von schwangeren und nährenden Müttern vorgesehen (Art. 24)[41].

---

40 Eingehend: D. Janicka, Niebezpieczny przestępca w doktrynie prawa karnego przełomu XIX/XX w., in: Kuba Rozpruwacz i inni, Hrsg. V. Kwiatkowska-Wójcikiewicz, Toruń 2015, S. 23–28; D. Janicka, Polska myśl prawnokarna XIX–XX wieku: autorzy i ich dzieła. Od szkoły klasycznej do socjologicznej, mit dem Nachwort von J. Lachowski, Toruń 2017, S. 140–144, 169–172, 174–180. Siehe auch: P. Góralski, Przekształcenia koncepcji środków zabezpieczających w polskim prawie karnym, NKPK 2012, S. 35–48.

41 Zu den Maßnahmen gegen das Betteln und die Landstreicherei eingehend: H. Karnecki, Na marginesie „rozporządzenia o włóczęgostwie i żebraninie", GSW 1928, Nr. 3, S. 33–34.

Die vorstehend dargestellten gesetzlichen Definitionen des Bettlers und Landstreichers sowie die vorgesehenen Vorbeugungsmittel und Sanktionen lösten in der juristischen Doktrin keine größeren Kontroversen aus, obwohl gegen einige von ihnen recht überzeugende Argumente vorgebracht wurden. So wurde gegen die in der Verordnung von 1927 enthaltene Definition des Landstreichers eingewandt, dass sie sich gegen Abenteuerlustige ohne Mittel für den eigenen Unterhalt wendete, jedoch Personen nicht erfasste, die (bei der Landstreicherei gefasst) Einkünfte aus noch nicht aufgeklärten Straftaten aufwiesen. Es wurde argumentiert, dass eine Institution fehle, welche die Landstreicher und Bettler verschiedener Typen sortieren könne, und dass das einzige Kriterium ihrer Einstufung als solche das ökonomische in Gestalt des Fehlens oder Vorhandenseins von Mitteln für den eigenen Unterhalt sei. Es wurde auf die Möglichkeit von Fehlern oder Missbräuchen in Form der Einweisung von Bettlern in Asyle (anstelle der Arbeitshäuser) hingewiesen, sofern diese in der Lage seien, ihre Arbeitsunfähigkeit darzulegen. Andere Autoren kamen zu dem Urteil, dass die Zwangsarbeitsanstalt *de facto* nichts anderes sei als ein Gefängnis, in dem im Polen der Zwischenkriegszeit ebenfalls charakteristisch und untrennbar eine Arbeitspflicht bestand[42].

Alle Zweifel und Anmerkungen dieser Art hatten jedoch keine größere Bedeutung; denn die Verordnung des Präsidenten der Republik Polen von 1927 wurde faktisch nur in geringem Umfang angewandt. Es fehlte nämlich an entsprechenden Institutionen für die Betreuung der Zielgruppe dieser Vorschriften und an Geld, um sie einzurichten[43]. Dem Gesetzgeber war dies von Anfang an bewusst, und so beschloss er in einer der Schlussvorschriften der Verordnung, dass die Bestimmungen über die obligatorische Unterbringung in Asylen und Zwangsarbeitsanstalten in den einzelnen Wojewodschaften erst dann in die Tat umgesetzt werden sollten, wenn künftige Verordnung der einzelnen Ministerien dies vorsehen würden. Bis 1939 erging nur eine einzige derartige Verordnung in Gestalt der Verordnung des Ministers für Sozialfürsorge von 1933 über die zwangsweise Unterbringung in Asylen und Arbeitshäusern in der Hauptstadt Warschau[44]. Die Verordnung bestand nur aus zwei Sätzen und stellte fest, dass die Verordnung des Präsidenten der

---

42 Ebd., S. 34–35. Vgl. L. Dydusiak, Zagadnienie żebractwa w Polsce, Lwów 1938, S. 11 – hier werden die neuen Regelungen als logisch und konsequent bewertet. Siehe auch: Z. Grzegorzewski, Zwalczanie (vgl. Anm. 25), S. 973–974 – hier wird die gesetzliche Definition „unterhält sich vom Erbetteln von Almosen" (Verordnung des Präsidenten, vgl. Anm. 39, Art. 2) gelobt, weil sie eine Trennung zwischen Bettlern und Personen vorgenommen habe, die auf karitativem Gebiet zugunsten Anderer tätig waren.

43 L. Dydusiak, Zagadnienie (vgl. Anm. 42), S. 13.

44 Rozporządzenie Ministra Opieki Społecznej z dnia 23 września 1933 r. wydane w porozumieniu z Ministrem Sprawiedliwości i Ministrem Spraw Wewnętrznych w sprawie przymusowego umieszczania w przytułkach i domach pracy przymusowej w m. st. Warszawie [Verordnung des Sozialministers vom 23. September 1933 über die zwangsweise Unterbringung in Armenhäusern und Zwangsarbeits-

Republik Polen von 1927 auf dem Gebiet der Hauptstadt in Kraft trete. In der Praxis wurde diese Verordnung, auch ohne dass eine gesonderte Einführungsbestimmung erlassen worden wäre, auch in den Wojewodschaften Posen und Pommerellen in die Tat umgesetzt[45].

Gleichwohl zog die Verordnung des Staatspräsidenten über die Bekämpfung von Bettelei und Landstreicherei eine Reihe von Ausführungsbestimmungen nach sich. So erging 1929 eine Verordnung des Ministers für Arbeit und Sozialfürsorge über die Organisation der Asyle und freiwilligen sowie zwangsweisen Arbeitsanstalten[46]. Sie enthielt detaillierte Verfahrensvorschriften und interne Regulierungen für die Aufnahme und den Aufenthalt von Bewohnern der genannten Einrichtungen. Mit dem Erlassen dieser Vorschrift ging jedoch kein Ausbau der entsprechenden Infrastruktur einher, so dass in der Praxis während der gesamten Zwischenkriegszeit Bettelei und Landstreicherei ein ungelöstes soziales Problem blieben. Über seine Ausmaße wird noch die Rede sein.

Die einzige Vorschrift aus der Verordnung von 1927, die praktische Anwendung fand, war der bereits erwähnte Artikel 25, der die gewerbsmäßige Bettelei mit Haft- oder (fakultativ) Geldstrafe bedrohte. Hierzu merkten Vertreter der juristischen Doktrin an, dass man diese Straftat eigentlich im Strafgesetzbuch hätte unterbringen müssen, und zwar als eine schwerwiegende Form des Betrugs. Die für Bettelei vorgesehene Strafsanktion in Gestalt von Freiheitsentzug wurde 1932 im Strafgesetzbuch endgültig geregelt[47].

---

häusern in der Hauptstadt Warschau], ABl. 1933 Nr. 73 Pos. 540. Siehe auch: W. Wolter, Organizacja profilaktyki kryminalnej w Polsce, PWP 1939, Nr. 1, S. 99.

45 J. Starczewski, Czy i jakie są możliwości zwalczania żebractwa i włóczęgostwa, OS 1937, Nr. 5, S. 21–22.

46 Rozporządzenie Ministra Pracy i Opieki Społecznej z dnia 25 maja 1929 r. wydane w porozumieniu z Ministrem Sprawiedliwości i Ministrem Spraw Wewnętrznych o organizacji przytułków, domów pracy przymusowej i dobrowolnej [Verordnung des Ministers für Arbeit und Soziales vom 25. Mai 1929 über die Organisation von Armenhäusern, Zwangsarbeitshäusern und Arbeitshäusern], ABl. 1929 Nr. 41 Pos. 350. Zweifel in der Doktrin löste die Vorschrift des § 5 aus, die faktisch einen Arbeitszwang in den Obdachlosenasylen einführte, was von der Verordnung des Präsidenten (vgl. Anm. 39) nicht abgedeckt war. Vgl. H. Karnecki, Walka z włóczęgostwem i żebractwem a rozporządzenie o przytułkach i domach pracy, PWP 1933, Nr. 3, S. 7 – hier merkte der Autor kritisch an, dass die Arbeitspflicht die ursprüngliche Idee verfälscht habe, die Asyle gesondert zu behandeln.

47 Rozporządzenie Prezydenta RP z dnia 11 lipca 1932 r. Kodeks karny [Verordnung des Präsidenten der Republik Polen vom 11. Juli 1932 – Strafgesetzbuch], ABl. 1932 Nr. 60 Pos. 571, Art. 39. Siehe auch: J. Makarewicz, Kodeks karny z komentarzem, Aufl. 3, Lwów 1932, S. 101–104, http://www.wbc.poznan.pl/dlibra/doccontent?id=77578 (letzter Zugriff am 11.04.2023).

Gleichzeitig mit dem neuen Strafgesetzbuch trat 1932 auch das einheitliche Ordnungswidrigkeitenrecht in Kraft[48]. Sein Abschnitt II war den „Verstößen gegen die öffentliche Ordnung“ gewidmet und enthielt in Gestalt des Artikels 32 eine – und die – einzige komplexe Vorschrift über die Bettelei. Er sah Arreststrafen bis zu einem Monat dafür vor, Minderjährige unter 17 Jahren zum Betteln anzuhalten (Art. 32, Abs. 1) sowie für „dreistes oder betrügerisches Betteln“ (Art. 32, Abs. 2). Die Vorschrift trat zum 1. September 1932 gleichzeitig mit dem Strafgesetzbuch in ganz Polen in Kraft.

Im Vergleich zu den vorherigen sehr repressiven Regelungen der Strafgesetzbücher der Teilungsmächte und der Verordnung von 1927 beschränkte sich das polnische Ordnungswidrigkeitenrecht darauf, die Bettelei unter Strafe zu stellen. Dabei verzichtete der Gesetzgeber auf die vorher geltende Kategorie des „gewerbsmäßigen Bettelns zum eigenen Vorteil“ und ersetzte sie durch die Konstruktion des „dreisten oder betrügerischen Bettelns“[49]. Der polnische Gesetzgeber stand damit nicht allein; ähnliche Regelungen hatten bereits frühere europäische Gesetze, u. a. das russische Strafgesetzbuch von 1903 enthalten[50]. Kennzeichnend für die neuen Vorschriften war dagegen, dass die Arreststrafe als Sanktion für Bettelei wiederhergestellt wurde. Im Rückblick gewinnt man den Eindruck, dass dies eine rationale Lösung war, insbesondere vor dem Hintergrund der Verordnung von 1927. Denn diese hatte zwar die Unterbringung in einem Asyl oder Arbeitshaus vorgesehen, ohne jedoch dafür Sorge zu tragen, dass solche Einrichtungen auch entstanden. Hinzu kam die mit bis zu 2 Jahren ausgesprochen strenge, selbst gegenüber sogenannten professionellen Bettlern, Strafandrohung.

Das neue Ordnungswidrigkeitenrecht wurde in der juristischen Fachwelt überwiegend begrüßt. Unterstützt wurde vor allem die Pönalisierung des Einsatzes von Kindern zum Betteln, weil dies die junge Generation „zum Nährboden künftiger Bettler und Landstreicher“ mache[51]. Zuvor hatte auf diesem Gebiet die unterschiedliche Gesetzgebung der Teilungsmächte gegolten. Außerdem wiesen die Vertreter der Strafrechtswissenschaft darauf hin, dass die Vorschriften über die Bekämpfung der Bettelei im Ordnungswidrigkeitenrecht und der vorausgehenden Verordnung

48 Rozporządzenie Prezydenta Rzeczypospolitej z dnia 11 lipca 1932 r. Prawo o wykroczeniach [Verordnung des Präsidenten der Republik Polen vom 11. Juli 1932 – Recht der Ordnungswidrigkeiten], ABl. 1932 Nr. 60 Pos. 572.

49 Fälle von dreister Bettelei zählten gerade in den polnischen Ostgebieten nicht zu den Seltenheiten. Auf dem Lande waren Bettler teilweise organisiert am Werk, verlangten Geld anstellte von Naturalleistungen und griffen sogar zu Drohungen gegen Bewohner, die es ablehnten, sie finanziell zu unterstützen – eingehend: B. Chlebowska, Problematyka żebractwa wiejskiego na I Zjeździe Przeciwżebraczym, ZW 2004, Nr. 9, S. 157–158. Zum professionellen Betteln siehe oben Anm. 37.

50 Vgl. oben Anm. 35. Siehe auch: L. Czarnecki, Szkic (vgl. Anm. 36), S. 323.

51 L. Dydusiak, Zagadnienie (vgl. Anm. 42), S. 23.

von 1927 lediglich die gewerbsmäßige Bettelei beträfen, im Unterschied zur Bettelei aus Not, die in der Praxis häufig toleriert wurde[52].

4. Äußerungen von Vertretern der Strafrechtswissenschaft

Welche Schwierigkeiten und Dilemmata die juristische Bekämpfung eines im Grunde sozialen Problems wie Bettelei und Landstreicherei aufwarf, wurde in der Zwischenkriegszeit sowohl von Theoretikern, wie auch von Praktikern der Strafrechtswissenschaft vielfach thematisiert. Zweifellos hatte die Kriminologie als damals aufsteigende Wissenschaft einigen Einfluss auf die Entwicklung der Forschungsarbeit und den Anstieg der Zahl von Veröffentlichungen, darunter der Kommentare zu einzelnen Gesetzen. Die Vertreter der damals in der Strafrechtswissenschaft dominierenden soziologischen Schule befassten sich intensiv mit der Entstehung der Kriminalität, insbesondere mit ihren inneren (psychologischen und biologischen) und äußeren (Armut, Analphabetismus, Alkoholismus und andere familiäre sowie gesellschaftliche Missstände) sozial-ökonomischen Voraussetzungen[53]. Die meisten Autoren hielten allerdings daran fest, Bettelei und Landstreicherei als bedrohliche soziale Erscheinungen einzuschätzen, zumal beide Phänomene im Umfang eher zunahmen.

Schon an der Schwelle des 19. zum 20. Jahrhundert hatte es in der europäischen und polnischen Literatur an meinungsstarken und kompromisslosen Äußerungen über Menschen, die von Almosen lebten und sich ohne feste Arbeit herumtrieben, nicht gefehlt. Viele Autoren schlossen sich der populistischen These an, dass Armut und Kriminalität Geschwister seien[54]; andere artikulierten erste Enttäuschungen darüber, dass das im 19. Jahrhundert entstandene System der Freiheitsstrafen die an dieses System gestellten Erwartungen nicht erfülle[55]. Manche zogen daraus die Konsequenz, die Repression zu verstärken. So schrieb Aleksander Męciński, Richter in Jaworów (heute Jaworiw, Ukraine) aus der Sicht der richterlichen Praxis eine 1893 veröffentlichte umfangreiche Studie über Bettelei und Landstreicherei

52 J. Starczewski, Czy i jakie są możliwości (vgl. Anm. 45), S. 20.

53 D. Janicka, Polska myśl (vgl. Anm. 40), S. 39–45.

54 Einen interessanten Versuch der Antwort auf die Frage, ob „Armut Diebe mache", hat der polnische Kriminologe W. Klaus unternommen – siehe W. Klaus, Relacje między biedą i wykluczeniem społecznym a przestępczością, in: K. Buczkowski et al., Społeczno-polityczne konteksty współczesnej przestępczości w Polsce, Warszawa 2013, S. 110–148. Er griff auf historische Beispiele zurück und stellte das komplexe und verwickelte Verhältnis zwischen dem Anwachsen von Armut und Kriminalität heraus. Siehe auch: B. Geremek, Litość (vgl. Anm. 1), S. 287.

55 J. Migdał, J. Raglewski, Kara pozbawienia wolności: zarys dziejów polskiej doktryny, prawa i praktyki penitencjarnej, Gdańsk 2005, S. 55–119.

und nannte das betreffende Phänomen ein „unheilbares Krebsgeschwür am Leib einer kranken Gesellschaft“, forderte aber, Bettler in Zwangsarbeitsanstalten einzuweisen und Strafkolonien zu schaffen, weil die seiner Ansicht nach zu milde Arreststrafe ihr Ziel der Abschreckung nicht erreiche[56]. Józef Rosenblatt, Professor der Jagiellonen-UIniversität in Krakau und gleichzeitig Rechtsanwalt, schreckte nicht einmal davor zurück, unter dem Einfluss damaliger westeuropäischer Tendenzen die Wiederbelebung der Prügelstrafe zu fordern, insbesondere gegenüber jugendlichen wohnsitzlosen Delinquenten[57].

Der Lemberg Professor Juliusz Makarewicz, der wichtigste Dogmatiker und Philosoph des Strafrechts der Zwischenkriegszeit und gleichzeitig wesentlicher Kodifikator des polnischen materiellen Strafrechts, nannte Bettler und Landstreicher das „Proletariat des Verbrechens“. Er befürchtete, dass ihr Elend sie zu „Verbrechermaterial“ mache und empfahl, sie ihn Zwangsarbeitsanstalten einzuweisen[58].

Der hervorragende Anwalt und bekannte Soziologe Henryk Karnecki, Autor zahlreicher in Polen und im Ausland veröffentlichter Studien, äußerte sich ebenfalls mehrfach über das soziale Phänomen von Bettelei und Vagabundentum[59]. Er scheute nicht davor zurück, die Verantwortung dafür in die Individualität von Menschen zu verlegen, die durch „organische Degeneration“ gekennzeichnet seien. Deren Merkmale seien „angeborene Blutarmut, Kraftlosigkeit, Rachitis und vor allem als überragendes psychisches Defizit Trägheit, Langsamkeit und seelische Verstimmung“[60]. Auf diese Weise konstruierte Karnecki einen besonderen Persönlichkeitstyp von Menschen, die zu einem normalen von Arbeit geprägten Leben unfähig seien. Karnecki verband dies mit Warnungen vor den Gefahren, die von Landstreicherei und Bettelei ausgingen; nach seiner Ansicht konnten Obdachlose und Bettler schnell zu gefährlichen Verbrechern werden[61].

Auch Władysław Wolter, ein junger Professor für Strafrecht an der Jagiellonen-Universität Krakau, vertrat die These, dass Bettler und Landstreicher antisoziale Elemente seien, die unabhängig davon, ob man ihnen bestimmte Straftaten nachweisen könne, verfolgt werden müssten. Er sprach sich vollkommen positiv über verschiedene Formen der Prävention gegenüber dieser Personengruppe aus, und

56 A. Męciński, O żebractwie (vgl. Anm. 15), S. 46 und 254–255. Das Werk des Autors wurde oben in der Anm. 15 erwähnt.

57 J. Rosenblatt, Czy należy przywrócić karę chłosty?, PSiA 13 (1888), S. 891–893.

58 J. Makarewicz, Zbrodnia i kara, Lwów 1922, s. 145–146. Zum Leben und Werk von Makarewicz siehe: D. Janicka, Polska myśl (vgl. Anm. 40), S. 153–156.

59 Zur Tätigkeit von Karnecki siehe: W. Wincławski, Słownik Biograficzny Socjologii Polskiej, Bd. 2 (I–M), Toruń 2004, S. VII.

60 H. Karnecki, Zwalczanie włóczęgostwa, GAiPP 1924, Nr. 29, S. 598.

61 H. Karnecki, Walka (vgl. Anm. 46), S. 7.

zwar sowohl auf der Ebene der eigentlichen Strafen, als auch der der Sicherungsmaßnahmen[62].

Leon Dydusiak, der an der Jan-Kazimierz-Universität in Lemberg über ein Thema aus dem Bereich der Sozialfürsorge promoviert hatte, stellte in einer gesonderten Monographie die Gründe dar, aus denen die Bettelei von besonderer Sozialschädlichkeit sei. Er hob besonders den Aspekt des Missbrauchs der „öffentlichen Wohltätigkeit" hervor, weiter die Übertragung ansteckender Krankheiten, die fließenden Übergänge in die Welt des Verbrechens und schließlich ihren verderblichen Einfluss auf Kinder[63]. Dydusiak akzeptierte die These, dass es einen für Bettler und Landstreicher spezifischen „besonderen psychisch-physiologischen Typus" gebe, und er bezeichnete diesen Personenkreis als „asoziale Individuen, die an den edelsten menschlichen Gefühlen parasitieren", ja sogar als „Abschaum, trübe Gestalten, für die das Leben auf fremde Kosten ein einträgliches Gewerbe" sei. Das Erbetteln von Mitteln zum eigenen Unterhalt nannte Dydusiak eine „psychische Einstellung von Egoisten mit dem Ziel, auf Kosten der Gesellschaft eine parasitäre Existenz zu fristen", und an anderer Stelle ein „Leben ohne eigene Arbeit und auf Kosten fremder Arbeit"[64]. Der Autor trat dafür ein, Bettelei und Landstreicherei streng zu bestrafen, insbesondere dort, wo die betreffenden Personen eine Gefahr für die öffentliche Sicherheit und Ordnung darstellten. Dabei schlug er gleichzeitig die Schaffung neuer Formen der sozialen Betreuung der Ärmsten, teilweise orientiert an westeuropäischen Lösungen, vor[65].

Ein Kenner der Problematik der Sozialfürsorge und der Probleme von aus dem Gleis geworfenen Menschen war der engagierte Warschauer Jurist Ziemowit Grzegorzewski. Er nannte drei Quellen und Gründe für Bettelei und Vagabundentum: physische Unfähigkeit, sich aus eigener Kraft zu unterhalten, wirtschaftliche Untauglichkeit sowie eine psychische Neigung zu diesem Verhalten, die in Verbindung mit den beiden ersten Gründen auftreten könne. Aus dieser Klassifikation leitete der Autor Methoden ab, wie die öffentlichen Gewalten auf den betreffenden Personenkreis einwirken sollten: soziale Betreuung physisch Erwerbsunfähiger, Arbeitsbeschaffung für Arbeitslose und strafende, bessernde und präventive Mittel gegenüber Menschen, die sich aus freien Stücken der Bettelei und Landstreicherei verschrieben hätten[66]. Grzegorzewski verfolgte die Entwicklung der Armengesetze

62 W. Wolter, Prewencja przedprzestępcza (na marginesie hiszpańskiej ustawy przeciwko włóczęgom i osobnikom aspołecznym z 4 VIII 1933), AK 1935, Hf. 1–2, S. 250–251 und 259–260. Zum Leben und Werk von Wolter siehe: D. Janicka, Polska myśl (vgl. Anm. 40), S. 234–236.

63 L. Dydusiak, Zagadnienie (vgl. Anm. 42), S. 53. Siehe auch: L. Dydusiak, Opieka publiczno-prawna nad dzieckiem w Polsce, Lwów 1938.

64 L. Dydusiak, Zagadnienie (vgl. Anm. 42), S. 3–4.

65 Ebd., S. 5 und 33–51.

66 Z. Grzegorzewski, Zwalczanie (vgl. Anm. 25), S. 972.

im Ausland, wies auf die Herauslösung von Vorschriften zur Bestrafung von Bettelei und Vagabundentum aus den Strafgesetzbüchern und deren Verankerung in Sondergesetzen hin und lobte die polnische Verordnung von 1927 als dem Zeitgeist, den modernen Postulaten der Rechtsdoktrin sowie humanitären Gesichtspunkten entsprechend. Humanitären Charakter besaßen nach Ansicht des Autors insbesondere die Vorschriften der Verordnung, die die Unterbringung in Zwangsarbeitsanstalten zeitlich begrenzten, die Verbringung dorthin zur Bewährung aussetzten und die vorzeitige Entlassung ermöglichten, sowie insgesamt alle Regelungen, die die Entscheidung über die Anwendung von Maßnahmen der Sicherung und Besserung oder von Strafmaßnahmen gegenüber Bettlern und Landstreichern den Gerichten (anstatt der Polizei) übertrugen[67].

Insgesamt dominierte in der wissenschaftlichen Literatur der Zwischenkriegszeit eine traditionelle, negative Haltung gegenüber Menschen aus sozialen Randgruppen, die sich durch Betteln erhielten und ziellos durchs Land streiften. Gelehrte und Praktiker waren nicht frei von paternalistischen Haltungen gegenüber diesem Personenkreis, wie sie für die privilegierten Gesellschaftsschichten charakteristisch waren, und sie scheuten auch vor Konzeptionen punitativen Charakters nicht zurück. Das so geprägte polnische Strafrechtsdenken brachte die Vorschriften der Zweiten Polnischen Republik hervor, die die Bestrafung einiger Formen des Bettelns und Vagabundierens vorsahen und die Anwendung von Sicherungs- und Besserungsmaßnahmen anstelle von Strafen *sensu stricto* anordneten. Diese Regelungen knüpften an moderne Postulate der europäischen Rechtsdoktrin an und fanden in Wissenschaft und Rechtsanwendung – grundsätzlich – volle Zustimmung.

5. Einige Bemerkungen über die Praxis und die Statistik

Die zwanzig Jahre der Zwischenkriegszeit waren ein zu kurzer Abschnitt, um sämtliche herangereiften sozialen Probleme zu lösen, insbesondere diejenigen, die sich aus Krankheiten und Armut ergaben. Das System der Sozialfürsorge beruhte auf einem Gesetz aus dem Jahre 1923[68]. Es war ein reines Rahmengesetz, das nur die Armenfürsorge im engsten Sinne regelte, ohne auf Fragen der Sozialversicherung oder eine besondere Fürsorge für Kinder oder Behinderte einzugehen.

Die Sozialfürsorge gegenüber Erwachsenen stützte sich in der Zweiten Polnischen Republik auf offene und geschlossene Armenanstalten. Zu den ersteren gehörten Obdachlosenasyle und spezielle Einrichtungen für unheilbar Kranke oder geistig

67 Z. Grzegorzewski, Żebractwo (vgl. Anm. 4), S. 38–39.

68 Ustawa z dnia 16 sierpnia 1923 r. o opiece społecznej [Gesetz vom 16. August 1923 über Sozialfürsorge], ABl. 1923 Nr. 92 Pos. 726.

Behinderte. Sie betreuten in der Summe einen Personenkreis von weniger als 20.000 Menschen, während der Bedarf wesentlich höher lag. In den 30er Jahren wurde mehr Augenmerk auf verschiedene Formen der Fürsorge mit weniger repressivem Charakter gelegt, insbesondere Unterkünfte für Obdachlose und Volksküchen für Arme, wo diese zusätzlich verpflegt wurden. Die Zahl solcher Einrichtungen ging in die hunderte[69].

Trotz aller organisatorischen und gesetzgeberischen Bemühungen war das System der Sozialfürsorge ineffizient. Die große Mehrheit der offenen und geschlossenen Fürsorgeeinrichtungen wurde von Kommunalverbänden betrieben, denen das Gesetz diese Aufgabe auferlegt hatte. Die Kommunen aber litten an einer chronischen Unterfinanzierung. Auch die Zusammenarbeit der öffentlichen mit den wenigen privaten Fürsorgeeinrichtungen bewährte sich nicht; im Gegenteil kam es sogar zu Konkurrenzsituationen[70]. Auch der Erlass einer im Prinzip fortschrittlichen Verordnung über die Einführung sozialer Betreuer im Jahre 1928[71] trug nicht zu einer Verbesserung der Lage bei. Die Gemeinden waren skeptisch gegenüber der Tätigkeit der Sozialbetreuer, weil sie befürchteten, dass dadurch lediglich der Bedarf an öffentlichen Unterstützungsleistungen wachsen und somit der von ihnen zu tragende Aufwand steigen würde. Im Zusammenhang damit waren sie zögerlich, solche Personen zu berufen, oder sie beriefen als Sozialbetreuer solche Mitarbeiter, die keine sonderliche Aktivität entwickelten[72].

Im Rahmen der Sozialfürsorge war auch die Betreuung von Menschen organisiert, die als pathologisch eingestuftes Verhalten zeigten, darunter Bettelei. Das Gesetz über die Sozialfürsorge erwähnte Bettler und Landstreicher nur an einer einzigen Stelle: in Artikel 2f, der die Zielgruppen der Sozialfürsorge umschrieb[73]. In der Praxis gewährten die Gemeinden Wohnsitzlosen oder Landstreichern allenfalls ein Nachtlager, und dies im Rahmen ihrer ohnehin bescheidenen Möglichkeiten. Diese Obdachlosenasyle – formal galten sie als Fürsorgeeinrichtungen – waren aber nicht für alle Bedürftigen zugänglich, unter anderem deshalb, weil ihre Nutzung nicht kostenlos war, sondern eine – wenn auch geringe – Gebühr erhoben wurde[74].

69 P. Grata, Polityka (vgl. Anm. 28), S. 222–225.

70 J. Starczewski, O kartotekę Opieki Społecznej w stolicy, OS 1937, Nr. 4, S. 10. Vgl. Z. Grzegorzewski, Opieka społeczna, in: Encyklopedia podręczna prawa publicznego, Hrsg. Z. Cybichowski, Bd. 1, Warszawa 1928, S. 558–563.

71 Rozporządzenie Prezydenta Rzeczypospolitej z dnia 6 marca 1928 r. o opiekunach społecznych i o komisjach opieki społecznej [Verordnung des Präsidenten der Republik Polen vom 6. März 1928 über über die Einführung sozialer Betreuer und Fürsorgekommissionen], ABl. 1928 Nr. 29 Pos. 267.

72 L. Dydusiak, Zagadnienie (vgl. Anm. 42), S. 16–17. Die Zahl der begünstigten Menschen wurde in Hunderttausenden gezählt – eingehend: P. Grata, Polityka (vgl. Anm. 28), S. 256–257.

73 L. Dydusiak, Zagadnienie (vgl. Anm. 42), S. 26; E. Leś, Od filantropii (vgl. Anm. 8), S. 87–92.

74 I. Surmacka, Schroniska miejskie dla bezdomnych, PiOS 1936, Nr. 3, S. 236.

In begrenztem Umfang zahlten die Kommunen auch finanzielle Unterstützungen aus. Aber deren Umfang in Höhe von 1–2 Złoty monatlich zwang die Leistungsbezieher, sich nach anderweitiger Hilfe umzusehen[75]. Im Polen der Zwischenkriegszeit kam es daher vor, dass Alte – als in Haushalt oder Landwirtschaft bereits unproduktive Personen – von ihren eigenen Familien zum Betteln geschickt wurden[76]. In den Städten stand das Straßenbetteln und das Betteln von Haus zu Haus in Blüte[77]. Manche Bettler erweckten den Eindruck, als Hausierer oder Erbringer kleinerer handwerklicher Dienstleistungen tätig zu sein, andere simulierten das Betteln oder Vagabundieren zu dem einzigen Zweck, einen Platz in einem Obdachlosenasyl zu erhalten[78]. In den großen Städten waren Razzien der Polizei gegen Bettelnde an der Tagesordnung[79]. Vor allem zu Beginn des Winters, um die Zeit der Allerseelen, gingen hiermit oft zwangsweise Bäder und Desinfektionen einher. So wurden 1934 in Warschau über 260 Bettelnde zwangsweise einer Waschung unterzogen[80].

Während der Zweiten Republik gelang es einzig in Warschau und Posen, Obdachlosenasyle oder Arbeitshäuser zu organisieren, wie sie die Verordnung des Staatspräsidenten von 1927 vorsah. Mitte der 1920er Jahre wurde der Bedarf in diesem Bereich auf 15 neue Arbeitshäuser und Zwangsarbeitsanstalten geschätzt. Tatsächlich gab es nur zwei Zwangsarbeitseinrichtungen: eine in Warschau – sie wurde später nach Oryszew im Kreis Sochaczew verlegt – sowie eine in Bojanowo bei Posen. Hier wurden nicht mehr benötigte Kasernenanlagen aus dem 19. Jahrhundert zu diesem Zweck genutzt. In diesen Zwangsarbeitsanstalten waren insgesamt etwa 500–700 Insassen untergebracht, in zehn Einrichtungen für freiwilligen Arbeitseinsatz knapp 1000 Personen[81].

Obwohl also in Polen ein – wie auch immer rudimentäres – System der Sozialfürsorge und auf der anderen Seite eines der Repression gegen Bettelnde und Vagabundierende existierte, mehrten sich in den 1930er Jahren die Klagen über die „Bettlerplage“[82]. Leon Radzinowicz, Dozent an der Freien Polnischen Hochschule in Warschau[83], hat zu den offiziellen Zahlen geforscht und 1935 eine Kriminalitäts-

75 L. Dydusiak, Zagadnienie (vgl. Anm. 42), S. 30.

76 Ebd., S. 24.

77 Ebd., S. 50. Der Autor illustrierte das Niveau der Bettelei am Beispiel der ihm bekannten Verhältnisse der mittelgroßen Industriestadt Borysław in der Nähe von Lemberg. Dort habe es gegenüber 45.000 Einwohnern durchschnittlich etwa 200 Bettler gegeben – siehe ebd., S. 38–39.

78 B. Chlebowska, Żebractwo wiejskie II Rzeczypospolitej, ZW 2005, Nr. 10, S. 157; J. Starczewski, Czy i jakie są możliwości (vgl. Anm. 45), S. 23.

79 L. Dydusiak, Zagadnienie (vgl. Anm. 42), S. 13.

80 K. Król, Żebractwo we współczesnej Polsce jako kwestia społeczna, Aufl. 4, Rzeszów 2017, S. 39.

81 P. Grata, Polityka (vgl. Anm. 28), S. 242. Siehe auch: Z. Grzegorzewski, Zwalczanie (vgl. Anm. 25), S. 978.

82 L. Dydusiak, Zagadnienie (vgl. Anm. 42), S. 9.

83 Zum Leben und Werk von Radzinowicz siehe: D. Janicka, Polska myśl (vgl. Anm. 40), S. 220–221.

statistik veröffentlicht, die auch Ordnungswidrigkeiten wie Bettelei und Landstreicherei umfasste. Der Untersuchungszeitraum umfasste die Jahre 1924–1933. Die Angaben des Autors stützten sich auf die Polizeistatistik; aus ihnen ging hervor, dass in den 1920er und vor allem zu Beginn der 1930er Jahre die Kriminalität im eigentlichen Sinne in Polen zugenommen hatte, während die Anzahl der Ordnungswidrigkeiten mehr oder minder auf einem konstanten Niveau verblieben war[84]. Der Autor wies später darauf hin, dass im Untersuchungszeitraum Polen zwei gegensätzliche Wirtschaftsperioden durchgemacht habe: eine Hochkonjunktur in den Jahren 1927–1929, und wenig später zwischen 1931 und 1933 die tiefste Depression. Diese starke Veränderung der ökonomischen Rahmenbedingungen stand nach der Überzeugung von Radzinowicz hinter dem deutlichen Anwachsen der Diebstähle 1931–1932 – ein Wachstum um die Hälfte. Hingegen sei die Zahl der Fälle von Bettelei und Landstreicherei nur regional gestiegen, im Maßstab des gesamten Landes dagegen nach den amtlichen Statistiken im wesentlichen gleichgeblieben[85].

Tabelle 1 Zahl der Fälle von Landstreicherei und Bettelei im Vergleich zur Gesamtzahl der Ordnungswidrigkeiten in Polen 1924–1933

Jahr		Zentrum und Osten	Westen und Oberschlesien	Süden und Cieszyner Schlesien	Polen insgesamt
1	2	3	4	5	6
1924	Gesamtzahl der Ordnungswidrigkeiten	892 599	195 882	496 070	1 584 551
	Darunter Bettelei und Landstreicherei	7 936	3 358	5 944	17 238
1925	Gesamtzahl der Ordnungswidrigkeiten	827 123	181 885	482 162	1 491 170
	Darunter Bettelei und Landstreicherei	8 000	4 844	8 447	21 291

84 L. Radzinowicz, Przestępczość w Polsce w latach 1924–1933 na podstawie policyjnej statystyki kryminalnej, AK 2 (1935), Hf. 1–2, S. 508–520. Siehe auch Analyse und Einschätzung der Gegenwart: K. Buczkowski, Stan przestępczości w Polsce od roku 1918 do współczesności, in: K. Buczkowski et al., Społeczno-polityczne konteksty (vgl. Anm. 54), S. 33–72.

85 L. Radzinowicz, Wpływ warunków ekonomicznych na przestępczość w Polsce w latach 1928–1934, CPH 21, 2 (1969), S. 142–143.

Jahr		Zentrum und Osten	Westen und Oberschlesien	Süden und Cieszyner Schlesien	Polen insgesamt
1926	Gesamtzahl der Ordnungswidrigkeiten	814 886	172 917	382 595	1 370 398
	Darunter Bettelei und Landstreicherei	6 325	3 630	6 378	16 333
1927	Gesamtzahl der Ordnungswidrigkeiten	1 251 917	198 581	554 226	2 004 724
	Darunter Bettelei und Landstreicherei	5 697	2 991	6 535	15 223
1928	Gesamtzahl der Ordnungswidrigkeiten	1 073 185	175 842	513 553	1 762 580
	Darunter Bettelei und Landstreicherei	5 413	2 517	6 407	14 337
1929	Gesamtzahl der Ordnungswidrigkeiten	1 152 784	203 614	516 012	1 872 410
	Darunter Bettelei und Landstreicherei	4 085	2 195	5 865	12 145
1930	Gesamtzahl der Ordnungswidrigkeiten	911 001	185 884	447 290	1 544 175
	Darunter Bettelei und Landstreicherei	3 845	2 404	6 475	12 724
1931	Gesamtzahl der Ordnungswidrigkeiten	765 708	162 248	393 047	1 321 003
	Darunter Bettelei und Landstreicherei	2 823	2 761	6 979	12 563
1932	Gesamtzahl der Ordnungswidrigkeiten	746 631	157 403	345 353	1 249 387
	Darunter Bettelei und Landstreicherei	2 118	3 240	4 649	10 007
1933	Gesamtzahl der Ordnungswidrigkeiten	782 226	167 856	351 446	1 301 528
	Darunter Bettelei und Landstreicherei	4 377	5 490	2 308	12 175

Quelle: eigene Aufstellung auf Grundlage von: Leon Radzinowicz, Przestępczość w Polsce w latach 1924–1933 na podstawie policyjnej statystyki kryminalnej, AK 1935, Bd. 2, H. 1–2.

Auf der Grundlage von durchgeführten Analysen und der erstellten Tabelle kann man einige Teilfolgerungen ziehen[86]. Sie sind jedoch als vorläufig zu beurteilen und mit Vorsicht zu interpretieren, weil die Statistik von Radzinowicz lediglich diejenigen Fälle umfasste, die von der staatlichen Polizei registriert und verfolgt wurden. Diese offiziellen Daten spiegeln mit Sicherheit nicht das volle Ausmaß von Bettelei und Landstreicherei wieder, weil in der Zwischenkriegszeit vor allem auf dem Lande diese Phänomene sozial toleriert wurden und manchmal aus verschiedenen Gründen nicht offengelegt wurden. Im Zusammenhang hiermit gibt die Polizeistatistik ein unvollständiges Bild[87].

Die von Leon Radzinowicz erstellte Statistik zeigt, dass in den 1920er Jahren alljährlich eine niedrig fünfstellige Zahl von Fällen von Bettelei und Landstreicherei offiziell registriert wurde; 1925 überstieg dieser Wert die Zahl von 21.000 Fällen. In absoluten Zahlen lagen die Fallzahlen unter 10.000 nie, was auf ein erhebliches Problem hindeutet. Im heutigen Polen, dessen Bevölkerung um etwa 5 Millionen höher ist als die Zweite Republik bei der Volkszählung von 1933 ermittelte, registriert die Polizei jährlich etwa 3600 Ordnungswidrigkeiten in Gestalt von einfachem oder verschärftem Betteln; dazu kommen etwa 1100 Fälle des Anhaltens Minderjähriger oder abhängiger Personen zum Betteln[88].

Am höchsten waren die absoluten Zahlen von Bettelei und Landstreicherei im Polen der Zwischenkriegszeit in der ehemals russischen Teilungszone des sog. Kongresspolens und der Ostgebiete. Die zentralen und östlichen Wojewodschaften wiesen auch die höchste Einwohnerzahl auf. Ähnlich hoch war offiziell die Zahl der aufgegriffenen Bettelnden und Landstreicher in den südlichen Wojewodschaften – im ehemaligen Galizien, obwohl dort nur halb so viele Menschen lebten wie in Zentral- und Ostpolen. Hier haben wir also die relativ meisten Fälle vor uns. Die geringste Fallzahl gab es in den westlichen Wojewodschaften und im räumlich beschränkten Oberschlesien. Sie war um die Hälfte niedriger als in Zentral- und Ostpolen bzw. im Süden des Landes; allerdings muss dabei erwähnt werden, dass in der ehemals preußischen Teilungszone auch nur 15% der Bevölkerung des damaligen Polens lebten[89]. Die regionale Verteilung von Bettelei und Landstreicherei

---

86 Vgl. die zeitgenössische Einschätzung der theoretischen und methodologischen Schwierigkeiten bei der Diagnostik der Kriminalität: J. Błachut, Problemy związane z pomiarem przestępczości, Warszawa – Kraków 2007, passim.

87 Viele Historiker haben auf das verbreitete Ausmaß der besprochenen Praktiken hingewiesen, insbesondere solche Autoren, die die Quellen aus der Zwischenkriegszeit und die damalige Strafvollzugspraxis betrachteten. Siehe: B. Chlebowska, Żebractwo (vgl. Anm. 78), S. 110; P. Grata, Polityka (vgl. Anm. 28), S. 242; M. Rodak, Pospolitacy, cuwaksi, powrotowcy: osadzeni w Więzieniu Karnym Warszawa-Mokotów (1918–1939), Warszawa 2017, S. 68.

88 A. Płoszka, Żebractwo (vgl. Anm. 2), S. 95 (hier gibt es Daten aus den Jahren 2009–2015).

89 Vgl. die Volkszählungsdaten: insgesamt 27 Millionen Einwohner (32 Millionen im Jahre 1931), davon in den zentralen und östlichen Wojewodschaften über 15 Millionen (19 Millionen im Jahre

unterschied sich damit nicht grundlegend von der Verteilung der Gesamtkriminalität im Landesmaßstab während der Zwischenkriegszeit. Denn auch von den sonstigen offiziell registrierten Straftaten entfielen über 50% auf die zentralen und östlichen Wojewodschaften, etwa 30% auf die südlichen und 15% aller Verbrechen wurden in den Westgebieten begangen. Die absoluten Zahlen spiegeln damit vor allem Fläche und Bevölkerungszahl der einzelnen Großregionen[90].

Nimmt man die Zahl der Bettler und Landstreicher pro 100.000 Einwohner, zeigen sich abweichende Tendenzen[91]. Hier lagen das ehemalige Galizien und die frühere preußische Teilungszone auf unrühmlichen Spitzenplätzen. So wurden 1931 in den südlichen Wojewodschaften 82 Bettler und Landstreicher auf 100.000 Einwohner polizeilich dingfest gemacht, in den westlichen einschließlich Oberschlesien – 62 und in den zentralen und östlichen Wojewodschaften – lediglich 15 Fälle auf 100.000 Einwohner[92].

Was die allgemeinen Kriminalitätszahlen angeht, so wies in der Zwischenkriegszeit wiederum das ehemalige Galizien die höchsten Werte auf, bevor sich in der Mitte der 1930er Jahre die ehemals preußische Teilungszone zu einem Kriminalitätsschwerpunkt entwickelte. Die geringsten Zahlen wurden im ehemaligen Kongresspolen registriert[93].

Keine größere Auswirkung hatte dagegen auf die Entwicklung von Bettelei und Landstreicherei die im Herbst 1929 einsetzende Weltwirtschaftskrise. Sie traf schmerzhaft alle europäischen Länder, darunter auch Polen, wirkte sich aber kaum auf die Zahl der offiziell registrierten Fälle von Bettelei und Landstreicherei aus. Es ist schwierig, diese historische Tatsache eindeutig zu interpretieren. Sicherlich

---

1931), im Westen und in Oberschlesien 4 Millionen (4,5 Millionen im Jahre 1931), und in den südlichen Wojewodschaften 7,5 Millionen (8,5 Millionen im Jahre 1931) – Daten aufgrund der Geschichte Polens in Zahlen: Historia Polski w liczbach, Bd. 1: Państwo, społeczeństwo, Hrsg. A. Jezierski, A. Wyczański, Warszawa 2003, S. 358.

90 K. Krajewski, Przestępczość w II Rzeczpospolitej w świetle danych statystycznych, AKrym 34 (2012), S. 555. Der Autor zeigt genaue Daten für die 20er oder 30er Jahre des 20.Jh.

91 Ebd., S. 538. Der Autor stellt das Niveau der Kriminalität pro 100.000 Einwohner den absoluten Zahlen gegenüber.

92 Im Landesmaßstab betrug die Bettlerdichte etwa 39 Bettler und Landstreicher auf 100.000 Bewohner. Alle Berechnungen stützen sich auf die Ergebnisse der Volkszählung auf Grundlage der Geschichte Polens in Zahlen (vgl. Anm. 89), S. 358. Die Volkszählung umfasste folgende Faktoren: Anzahl der Bevölkerung in den zentralen und östlichen (18.929.000), den westlichen und oberschlesischen (4.482.000) sowie südlichen (8.505.000) Wojewodschaften. Die Gesamtzahl belief sich auf 31,9 Mio. Personen, zusätzlich noch 200.000 Personen nach der getrennt durchgeführten Zählung des Militärs, also insgesamt 32,1 Millionen Einwohner.

93 K. Krajewski, Przestępczość (vgl. Anm 90), S. 556–559. Der Autor kommt zu der Schlussfolgerung, dass die Kriminalität schwerpunktmäßig ein Problem der ökonomisch und zivilisatorisch am höchsten entwickelten Teile Polens sei. Als Ausnahme verweist er auf das ehemalige Galizien, wo trotz der zivilisatorischen Rückständigkeit eine hohe Kriminalitätsrate zu verzeichnen gewesen sei.

zeichneten die offiziellen Statistiken nicht das volle Ausmaß des hier besprochenen sozialen Phänomens nach. Man kann vermuten, dass die insgesamt verarmende polnische Gesellschaft der wirtschaftlichen Krisenzeit toleranter gegenüber Armen wurde und nicht alle Fälle von Bettelei oder Vagabundentum bei den Behörden anzeigte. Vielleicht war es auch so, dass ein Teil der bisherigen Bettler und Landstreicher unter dem Einfluss der Krise und verschärften Not zu echten Straftaten überging, insbesondere Diebstählen, deren Wachstum die Polizeistatistik anzeigte. Nicht auszuschließen ist auch, dass die Zahl der bettelnden Kinder – die von der Statistik nicht erfasst wurden – damals stieg. Eine definitive Interpretation der Zusammenhänge zwischen der Wirtschaftskrise und den offiziellen Zahlen zur Armutskriminalität würde jedoch vertiefte und interdisziplinäre Forschungen jenseits der rechtshistorischen Betrachtungen in dem vorliegenden Beitrag erfordern.

Im letzten Jahr, für das Leon Radzinowicz seine Zahlen vorgelegt hat – 1933, dem Jahr des Tiefpunkts der Wirtschaftskrise – lag die Fallzahl von Bettelei und Landstreicherei bei etwa 12.000 im Landesmaßstab. Das waren nur 0,9 Prozent aller Ordnungswidrigkeiten, die der Autor berücksichtigte. Trotzdem gab es in Tagespresse, Publizistik und Wissenschaft – nicht nur der Rechtswissenschaft – immer wieder viele negative Äußerungen über Bettler und Vagabunden[94]. 1937 organisierten Sozialaktivisten und Kommunen in Posen den I. Anti-Bettler-Kongress, der in seiner Abschlusserklärung verlangte, die Mittel für eine größere Zahl von Fürsorgeeinrichtungen zu bewilligen und die berufsmäßige Bettelei mit Hilfe von Strafmaßnahmen zu bekämpfen. Die Teilnehmer der Veranstaltung riefen auch die Bevölkerung auf, das Betteln nicht durch ihre Almosen zu unterstützen[95].

Am Rande seien noch einige Zahlen aus Warschau selbst genannt. Die Hauptstadt war bekanntlich einer der wenigen Orte, an denen die Verordnung von 1933 über die zwangsweise Einweisung in Asyle und Arbeitsanstalten umgesetzt wurde. Hier wurden in den ersten drei Jahren der Geltung dieser Vorschrift über 4000 Personen wegen Bettelei und Landstreicherei festgenommen, von denen 1050 in die Zwangsarbeitsanstalt in Oryszew eingewiesen wurden[96].

---

94 Siehe bspw.: Z. Grzegorzewski, Żebractwo (vgl. Anm. 4), S. 40 – der Autor schrieb über „erschreckende Ausmaße der Bettelei" in den 20er Jahre; H. Karnecki, Na marginesie (vgl. Anm. 41), S. 8 – der Autor argumentierte, dass nach dem Erlass der Verordnungen von 1927 und 1929 (vgl. Anm. 39 und 46) die Bettler unverschämter geworden seien, und dass sich die Landstreicherei in eine „Sucht der Nichtsesshaften" verwandelt habe. Er berief sich dabei auf Berichte der Tagespresse. Siehe auch: K. Motyliński (Hrsg.), Pierwszy Ogólnopolski Zjazd Przedstawicieli Opieki Społecznej Samorządu Terytorialnego, Poznań 24 do 25 IX 1933. Pierwszy Ogólnopolski Zjazd Przeciwżebraczy, Poznań 24 do 26 II 1937: materiały sprawozdawcze, Poznań 1937, S. 78–80, 85–90, 196–197 – zitiert nach: B. Chlebowska, Żebractwo (vgl. Anm. 78), S. 110.

95 B. Chlebowska, Problematyku (vgl. Anm. 49), S. 154–161 (insbesondere S. 160).

96 J. Starczewski, Czy i jakie są możliwości (vgl. Anm. 45), S. 21–23.

6. Schlussfolgerungen

Bettelei und Landstreicherei galten in der Zweiten Republik Polen als beunruhigende Phänomene von erheblichem Ausmaß. Beide Taten wurden als Verletzung moralischer Normen, der guten Sitten des Zusammenlebens und rechtswidrige Handlungen gegen die öffentliche Ordnung behandelt. Deshalb war es in Rechtsdoktrin, Gesetzgebung und Rechtspraxis Konsens, dass diese Taten zu bestrafen und zu verfolgen seien. Die Wissenschaft betrachtete innerhalb und außerhalb der Rechtswissenschaft die entsprechenden Menschen aus sozialen Randgruppen als psychophysisch degeneriert, einige Autoren spekulierten sogar über eine spezifische Bettlerpersönlichkeit. Es herrschte die übereinstimmende Auffassung, dass zwar vielleicht nicht jeder Bettler und Landstreicher *a priori* ein Verbrecher sei, aber doch leicht zu einem werden könne; im Zusammenhang hiermit wurde allgemein für Sicherungsmaßnahmen in Gestalt von Inhaftierung und Zwangsarbeit plädiert. Einige Formen der Bettelei wurden in den neu erlassenen polnischen Strafbestimmungen explizit pönalisiert, wobei diese Regelungen sich während der Zwischenkriegsjahre fortentwickelten. 1927 vertrat der polnische Gesetzgeber den Standpunkt, dass das Erbetteln von Almosen durch Personen, die hinreichende Unterhaltsmittel besaßen, strafwürdig sei, 1932 dagegen reduzierte er die Strafforderung auf das aufdringliche oder betrügerische Betteln sowie das Anhalten von Kindern zur Bettelei. Unter dem Strich muss man die Bestimmung gegen das Betteln in Polen der Zwischenkriegszeit als ziemlich streng und repressiv betrachten. Zwar fand die Verordnung von 1927 mit der Einführung von freiwilligen und Zwangsarbeitshäusern für Bettler und Landstreicher und sogar der Androhung von Haftstrafen in der Praxis keine breitere Anwendung, aber das Ordnungswidrigkeitenrecht von 1932 trat in Kraft und wurde angewandt. Auf seiner Grundlage wurden Bettler und Personen, die Kinder zum Betteln anhielten, zu Arreststrafen verurteilt. Die offizielle Statistik zeigt, dass die Polizei Bettelei und Landstreicherei resolut bekämpfte, und im zeitlichen Querschnitt erweist sich sogar ein leichter Rückgang dieses Phänomens in der Zwischenkriegszeit. Die Entwicklung eines Netzes von Fürsorgeeinrichtungen hätte das Phänomen des Lebens von Almosen weiter einschränken können, aber den zuständigen Kommunalbehörden fehlte es an Kräften und Mitteln, diese Einrichtungen zu schaffen. So ist dem Fachmann Ziemowit Grzegorzewski in seiner aus dem Jahre 1927 stammenden Aussage zuzustimmen, dass „ein Gelingen des Kampfes gegen Bettelei und Landstreicherei weniger von der Existenz dieser oder jener Vorschriften abhängt, als vielmehr vom allgemeinen Wohlstandsniveau des Landes und dem Grad, in dem bestehende Vorschriften der Sozialgesetzgebung faktisch umgesetzt werden“[97].

97 Z. Grzegorzewski, Zwalczanie (vgl. Anm. 25), S. 979.

Kurzfassung

Das Verhältnis von Staaten und Gesellschaften zu Bettelei und Landstreicherei, insbesondere die Einschränkung und Bekämpfung dieser Erscheinung, hat im Laufe der Geschichte verschiedene Formen angenommen. Im 19. Jahrhundert betrachteten die meisten europäischen Staaten Bettelei und Landstreicherei als strafwürdige Taten, die die öffentliche Ordnung, Sicherheit und Moral gefährdeten. Schon in der Zeit der Teilung Polens hatten alle drei Teilungsmächte Bettler und Landstreicher tatkräftg bekämpft: solche Personen wurden in Arrestanstalten eingesperrt oder in Zwangsarbeitseinrichtungen verlegt. Im wiedergeborenen Polen wurde 1927 eine Verordnung des Präsidenten der Republik gegen Bettelei und Vagabundismus erlassen. Sie sah vor, Personen, die diesen unerlaubten Tätigkeiten nachgingen, in Heime oder Zwangsarbeitseinrichtungen zu verbringen. Das Strafgesetzbuch von 1932 bedrohte professionelle Bettler, die Leistungen der Sozialfürsorge erschwindelten, mit Gefängnisstrafen. Im Ordnungswidrigkeitenrecht von 1932 wurde dagegen „dreisten" oder „betrügerischen" Bettlern administrativer Arrest angedroht; dasselbe galt für Eltern, die ihre Kinder zum Betteln auf die Straße schickten. Die genannten Bestimmungen waren ebenso wie einige weitere zu diesem Themenbereich äußerst streng. Wie intensiv die Polizei die Bekämpfung von Bettelei und Vagabundismus betrieb, zeigt auch die offizielle Statistik der Ordnungswidrigkeiten. Der Aufsatz unternimmt den Versuch, das repressive Verhältnis des polnischen Gesetzgebers und der Vertreter der juristischen Wissenschaft zu Bettlern und Landstreichern zu erläutern. Im Detail analysiert werden nicht nur die rechtlichen Regulierungen, sondern auch die Frage, in welchem Maße sie tatsächlich angewandt wurden. Die juristischen und historischen Analysen werden ergänzt um statistische Angaben und Hinweise zu einigen Aspekten der Verfolgung von Menschen, die am Rande der Gesellschaft der Zweiten Republik lebten, ebenso aber auch ihrer Unterstützung im Rahmen der Sozialfürsorge.

Summary

On combating begging and vagrancy in the Second Republic of Poland (1918–1939): historical and legal study

Attitudes towards begging and vagrancy, and especially limiting and combating these practices, have changed throughout history. In the nineteenth century, most European countries considered begging and vagrancy as shameful acts that violated public peace and order, safety and morality. In the Polish lands under partitions, a resolute fight against such acts was also undertaken: vagrants and beggars were detained or sent to forced labour facilities. In Poland, reborn after World War I, the President of the Republic of Poland issued a regulation on combating begging and vagrancy in 1927. It provided for the confinement of persons, who engage in these unlawful acts, in asylums or forced labour facilities. Pursuant to the

1932 Criminal Code, professional beggars could face imprisonment as welfare frauds. The 1932 law on petty offences, on the other hand, recommended the arrest of bold and cheating beggars, as well as people who sent children to the streets to ask for alms. These and other regulations were very strict. The official statistics of misdemeanours also indicated the resolute fight of the police against begging and vagrancy. This study attempts to explain the repressive attitude of the Polish legislation, as well as scholars in the legal sciences, towards beggars and vagrants. Legal regulations and their actual implementation were discussed in detail. Statistical data and comments on certain aspects of prosecuting people living on the margin of society in the Second Republic of Poland, as well as supporting them under social welfare, complement historical and legal analyses.

Schlusswort

Die polnische Strafrechtswissenschaft kann auf eine lange und wertvolle Geschichte zurückblicken. Diese ist bei weitem nicht nur von historischem Interesse; viele ihrer Konzeptionen wirken bis in die Gegenwart fort. Ihren Ursprung nimmt die polnische Strafrechtswissenschaft in der Epoche der Aufklärung; aber erst im 19. Jahrhundert wurde das Strafrecht zu einem autonomen Teilbereich der Rechtswissenschaft. Und genau in diesem 19. Jahrhundert hat die polnische Strafrechtsdoktrin trotz ungünstiger Rahmenbedingungen Ideen und Thesen entwickelt, die sich auch noch auf die moderne strafrechtliche Lehrmeinung und die übrigen mit dem Strafrecht verbundenen Wissenschaften ausgewirkt haben.

In der Zeit der Teilung Polens galt das wissenschaftliche Interesse der polnischen Juristen zwangsläufig ausländischen Rechtssystemen: dem russischen, dem preußischen (das in das deutsche überging) und dem österreichischen. Sie hatten jedoch durchaus den Ehrgeiz und auch die Fähigkeiten, auf philosophischen Grundlagen eigene Systeme aufzubauen. Gleichzeitig wandten sie der Komparatistik große Aufmerksamkeit zu. Ende des 19. Jahrhunderts begann für die Strafrechtsdoktrin eine Blütezeit. Polnische Juristen, die an den Universitäten im autonomen österreichischen Kronland Galizien in Krakau und Lemberg lehrten, und andere Rechtswissenschaftler traten in wissenschaftlichen Austausch, insbesondere auch mit dem Ausland, und es kam zu fruchtbaren Gedankenaustauschen und dem Entstehen vieler wertvoller Konzeptionen. Den größten Teil des 19. Jahrhunderts über dominierte in der Strafrechtswissenschaft die klassische Schule; erst ab 1890 bekam sie Konkurrenz von der italienischen (anthropologischen) und der soziologischen Schule des Strafrechts. Die polnischen Juristen nahmen unter dem Einfluss dieser neuen Schulen Forschungen über die Entstehungsbedingungen der Kriminalität sowie Instrumente zu ihrer Prophylaxe und Bekämpfung mit Hilfe von Strafen und anderen Mitteln auf.

Bekanntlich arbeiteten an der Wende zum 20. Jahrhundert die meisten und auch die besten Strafrechtler Polens an den Hochschulen der österreichischen Teilungszone. Hier sind insbesondere die Namen Edmund Krzymuski, Józef Rosenblatt, Józef Reinhold und Juliusz Makarewicz zu nennen. Im ehemaligen Königreich Polen, der russischen Teilungszone, wo es keine polnischsprachige Universität gab, waren u. a. Stanisław Budziński, Włodzimierz Spasowicz, Walenty Piotr Miklaszewski und Aleksander Moldenhawer auf dem Gebiet des Strafrechts tätig.

Als Polen 1918 seine Unabhängigkeit wiedererlangte, fanden die Wissenschaftler endlich würdige Voraussetzungen für ihre weitere Karriere. Sie setzten sie an den nunmehr fünf öffentlichen Hochschulen Polens in Warschau, Krakau, Lemberg,

Posen und Wilna fort; außerdem pflegten eine Vielzahl rechtswissenschaftlicher Verbände und ein umfangreiches Schrifttum die juristische Diskussion. An der wieder polnisch gewordenen Universität Warschau machten vor allem die Professoren Aleksander Mogilnicki, Wacław Makowski und Stanisław Śliwiński auf sich aufmerksam; an der Jan-Kazimierz-Universität in Lemberg wirkten neben Juliusz Makarewicz u. a. Emil Stanisław Rappaport und Zdzisław Papierkowski; an der Stefan-Batory-Universität in Wilna vertraten Stefan Glaser und Bronisław Wróblewski das Strafrecht, und an der Jagiellonen-Universität in Krakau hatte Władysław Wolter das Erbe des verstorbenen Edmund Krzymuski angetreten. Viele der genannten Professoren beteiligten sich auch an den Arbeiten der 1919 gegründeten Kodifikationskommission, die die Aufgabe hatte, ein einheitliches polnisches Strafrecht zu erarbeiten. Das Ergebnis, das moderne polnische Strafgesetzbuch, trat 1932 in Kraft; schon vorher hatte die Kommission die fortschrittliche Strafprozessordnung von 1928 erstellt. Es stellt keine Übertreibung dar, wenn man konstatiert, dass diese beiden Kodifikationen – ganz zu schweigen von dem gesondert gefassten Ordnungswidrigkeitenrecht und dem Gesetz über die Organisation des Gefängniswesens, einer langen Reihe herausragender theoretischer Schriften und vielen bahnbrechenden Theorien – ein wirklich imposantes Gesamtwerk bilden: ein Denkmal der polnischen Strafrechtswissenschaft, die bis heute ihren Einfluss nicht verloren hat.

Unter den vielen wertvollen, oftmals universellen Wert aufweisenden Konzeptionen polnischer Juristen, auf die die vorliegende Publikation Bezug nimmt, verdienen insbesondere diejenigen Aufmerksamkeit, die das Wesen und die Struktur des Verbrechens (mit seiner objektiven und subjektiven Seite), die staatliche Strafgewalt (*ius puniendi*) und die Frage der Kriminalisierung oder Entkriminalisierung menschlicher Verhaltensweisen zum Thema haben. Nicht minder wesentlich erscheint die an vielen Stellen des vorliegenden Buchs dargestellte Problematik der Strafe, ihrer Funktionen und Arten (einschließlich des Bewährungssystems), und schließlich die Frage der Quellen des Verbrechens und seiner Bekämpfung sowohl mit Hilfe strafrechtlicher Sanktionen, als auch unter Rückgriff auf Maßnahmen der Besserung und Sicherung, also vorbeugende Eingriffe. Noch heute klingt manche These polnischer Strafrechtler, die vor 100 oder sogar 150 Jahren geäußert wurde, kreativ, fortschrittlich und treffend.

Conclusion

The Polish science of criminal law has an outstanding and valuable legacy, which not only is of historical significance but is also essential today. The origins of this legacy date back to the Enlightenment, but it was not until the nineteenth century that criminal law became an autonomous branch of jurisprudence. In this century, the Polish legal doctrine, despite unfavourable conditions for its development, did shape ideas and theories that affected the contemporary dogmatics of criminal law and other penal studies.

During the period of partitions, Polish lawyers naturally extended their interests and research to foreign laws, i. e., Russian, Prussian (and then German) and Austrian. However, they were ambitious and capable of constructing their own systems which they created on philosophical foundations; concurrently, they attached massive importance to comparative legal research. The doctrine of criminal law flourished at the end of the nineteenth century. Owing to scholars active at Polish universities that operated in autonomous Galicia (at the Jagiellonian and Lvov Universities) as well as the involvement of lawyers in academic – mostly international – mobility, there was an unprecedented exchange of scholarly ideas and concepts resulting in the creation of many valuable theories. For much of the nineteenth century, criminal law was dominated by the ideas of the classical school, but in the last decade of that century they underwent a certain revaluation. Polish scholars, influenced by new schools – Italian and sociological ones – conducted research on the determinants of crime, instruments for preventing and combatting crime with the use of punishment and other preventive measures.

As we know, at the turn of the nineteenth century, the most numerous and eminent criminal law experts were active in the Austrian partition, namely, in Galicia. Among those professors with outstanding achievements we should mention Edmund Krzymuski, Józef Rosenblatt, Józef Reinhold and Juliusz Makarewicz. At the same time, in the former Kingdom of Poland – at that time deprived of a Polish-language university – criminal law was the scholarly domain of Stanisław Budziński, Włodzimierz Spasowicz, Walenty Piotr Miklaszewski, and Aleksander Moldenhawer.

When Poland regained independence, scholars finally found the appropriate conditions for academic development. From then on, they pursued their scholarly careers at five public universities: in Warsaw, Kraków, Lvov, Poznań and Vilnius, and also in many research societies and in numerous journals. The re-established University of Warsaw became the academic home to Professors Aleksander Mogilnicki, Wacław Makowski and Stanisław Śliwiński; at Jan Kazimierz University in Lvov [presently Ivan Franko National University of Lvov], apart from Juliusz Makarewicz, there were also Emil Stanisław Rappaport and Zdzisław Papierkowski; Stefan Glaser and Bronisław Wróblewski developed penal studies at Stefan Batory University in Vilnius, whereas Władysław Wolter took over from the late Edmund Krzymuski at the Jagiellonian University. Many of these scholars joined the Codification Commission in 1919, whose activities bore excellent fruit in the form of the modern 1932 Criminal Code and the progressive Code of Criminal Procedure of 1928. It would be no exaggeration to say that these two codes, not to mention a separate law on misdemeanours or the law on the organisation of the prison system, as well as a body of excellent theoretical works and, finally, many groundbreaking theories, altogether contributed to a monumental work, i. e., Polish penal theory, which has been important and influential ever since.

Among the many valuable, often universal, concepts of Polish lawyers presented in this volume, those that concern the essence and structure of crime (with its subject- and object-oriented sides) as well as the issue of the state's *iuris puniendi* and the criminalisation or decriminalisation of human behaviours truly deserve our attention. The concept of punishment, its functions and types (including the probation system), and the sources of crime and combating it, both with the help of criminal sanctions and preventive measures, seem to be equally important. A number of concepts or theories by Polish criminal law experts, propounded one hundred or even one hundred and fifty years ago, are still original, progressive and accurate.

Verzeichnis der Erstdrucke

1. *Aksjologiczne priorytety polskiej doktryny prawa karnego w XIX w. (w systemach Maciejowskiego, Hubego, Budzińskiego i Krzymuskiego)*, in: Alicja Grześkowiak, Igor Zgoliński (Hg.), *Aksjologiczne podstawy polskiego prawa karnego w perspektywie jego ewolucji*, Verlag: Wydawnictwo Kujawsko-Pomorskiej Szkoły Wyższej w Bydgoszczy, Bydgoszcz 2017, S. 27–43.
2. *Makarewicz a Liszt. Próba analizy porównawczej*, Czasopismo Prawno-Historyczne, Bd. 67, Hf. 1 (2015), Verlag: Wydział Prawa i Administracji Uniwersytetu im. Adama Mickiewicza w Poznaniu, Wydawnictwo Nauka i Innowacje sp. z o.o. w Poznaniu, S. 107–128.
3. *Hube - Makarewicz - Wolter. Trzy koncepcje karania na przestrzeni stu lat*, Archiwum Kryminologii, Bd. 39 (2017), Verlag: Polska Akademia Nauk, Instytut Nauk Prawnych, Zakład Kryminologii, S. 5–25.
4. *Rozkwit doktryny prawa karnego w Polsce w dwudziestoleciu międzywojennym – ośrodki, uczeni, idee*, Studia z Dziejów Państwa i Prawa Polskiego, Bd. 22 (2019), Verlag: Oficyna Wydawnicza Krakowskiej Akademii im. A. F. Modrzewskiego, S. 185–208.
5. *O postępie badań nad historią nowoczesnej polskiej nauki prawa karnego*, Studia Iuridica Lublinensia, Bd. 25, Hf. 3 (2016), Verlag: Wydział Prawa i Administracji Uniwersytetu Marii Curie-Skłodowskiej w Lublinie, S. 345–361.
6. *O pionierach nauk kryminologicznych w Polsce*, Czasopismo Prawno-Historyczne, Bd. 68, Hf. 1 (2016), Verlag: Wydział Prawa i Administracji Uniwersytetu im. Adama Mickiewicza w Poznaniu, Wydawnictwo Nauka i Innowacje sp. z o.o. w Poznaniu, S. 29–50.
7. *Założenia kodyfikacji polskiego prawa karnego z 1932 r.*, unveröffentlichter Vortrag gehalten an der gesamtponischen Konferenz „Auf der Suche nach Regeln des vernünftigen Rechts. Zum hundertjährigen Jubiläum der Kodifikationskommission der Republik Polen", 03.06.2019, Universität Warschau.
8. *Kodeks Makarewicza w opiniach niemieckich autorów*, in: *Nil nisi veritas. Księga dedykowana Profesorowi Jackowi Matuszewskiemu* pod red. Marcina Głuszaka, Doroty Wiśniewskiej-Jóźwiak, Verlag: Wydawnictwo Uniwersytetu Łódzkiego, Łódź 2016, S. 501–516.
9. *Niebezpieczny przestępca w doktrynie prawa karnego przełomu XIX i XX wieku*, in: Violetta Kwiatkowska-Wójcikiewicz (Hg.), *Kuba rozpruwacz i inni*, Verlag: Wydawnictwo Naukowe Uniwersytetu Mikołaja Kopernika, Toruń 2015, S. 9–32.

10. *O zwalczaniu żebractwa i włóczęgostwa w II Rzeczypospolitej (1918–1939). Studium historycznoprawne*, Archiwum Kryminologii, t. 41, nr 1 (2019), Polska Akademia Nauk, Instytut Nauk Prawnych, Zakład Kryminologii, s. 465–495.

Bibliographie

Quellen

Baley, Stefan, Ekspertyza psychologiczna [Psychologische Expertise], AK 1933, Hf. 1.

Batawia, Stanisław, Biologia kryminalna, jej cele i metody oraz wyniki dotychczasowych badań [Kriminalbiologie, ihre Ziele, Methoden und Ergebnisse bisheriger Forschungen], AK 1933, Hf. 1.

Batawia, Stanisław, Cele i metody badań kryminalno-biologicznych [Ziele und Methoden der kriminalbiologischen Untersuchungen], Pal. 1931, Nr. 1–2.

Batawia, Stanisław, Kryminologia [Kriminologie], in: Encyklopedia podręczna prawa karnego [Hand-Enzyklopädie des Strafrechts], Hrsg. Makowski, Wacław, Bd. 2, Warszawa 1934–1936.

Batawia, Stanisław, Wstęp do nauki o przestępcy. Zagadnienie skłonności przestępczych [Einführung in die Lehre vom Verbrecher. Zum Problem krimineller Neigungen], Warszawa 1931.

Bełza, Józef (Hrsg.), Chemia policyjno-prawna [Polizei- und Rechtschemie], Warszawa 1844.

Błachowski, Stefan, O przedmiocie i zadaniach psychologii dla prawników [Vom Gegenstand und Aufgaben der Psychologie für Juristen], RPEiS 1937.

Błachowski, Stefan, O psychologii zeznawania dzieci w przestępstwach przeciw obyczajności [Über Psychologie der Ausagen von Kindern in Fällen von Straftaten gegen die Sittlichkeit], RPEiS 1939.

Bobrzyński, Michał, Historia prawa niemieckiego wraz z historią prawa tego w Polsce [Geschichte des deutschen Rechts mit seiner Geschichte in Polen], Kraków 1876.

Bossowski, Józef Jan, Ewolucja postępowania dowodowego w procesie karnym. Od pojedynku sądowego i Sądów Bożych do psychologicznej oceny zeznań i dowodów rzeczowych [Die Entwicklung des Beweisverfahrens im Strafprozess. Vom Gerichtskampf und den Gottesurteilen zur psychologischen Bewertung von Aussagen und Sachbeweisen], Poznań 1924.

Bossowski, Józef Jan, Wiadomości z nauk kryminologicznych [Neues aus der Kriminalwissenschaft], Poznań 1945.

Buchała, Kazimierz, Wolter, Władysław, Wykład prawa karnego na podstawie kodeksu karnego z 1969 r. Cz. 1, Część ogólna. Z. 1, Nauka o ustawie karnej i o przestępstwie w oprac. W. Woltera [Darstellung des Strafrechts auf Grund des Strafgesetzbuchs von 1969. Teil I. Allgemeiner Teil, Hf. 1: Die Lehre vom Strafgesetz und vom Verbrechen bearbeitet von W. Wolter], Kraków 1970.

Budziński, Stanisław, Myśli do ułożenia nowego prawa karnego w formie projektu z motywami [Gedanken über Erstellung eines neuen Strafrechts in Form eines Entwurfs mit Motiven], Warszawa 1865.

Budziński, Stanisław, Načala ugolovnago prava [Anfänge des Strafrechts], Warszawa 1870.

Budziński, Stanisław, O przestępstwach w szczególności. Wykład porównawczy z uwzględnieniem praw obowiązujących w Królestwie Polskim i Galicji austriackiej [Über Verbrechen im besonderen. Eine vergleichende Darstellung mit Berücksichtigung der im Königreich Polen und im österreichischen Galizien geltenden Rechte], Warszawa 1883.

Budziński, Stanisław, Pogląd ogólny na prawodawstwa karne XIX-go wieku [Allgemeine Ansicht über Strafgesetzgebungen des 19. Jh.], GSW 1883, Nr. 4.

Budziński, Stanisław, Wykład porównawczy prawa karnego, część ogólna [Vergleichende Darstellung des Strafrechts. Allgemeiner Teil], Warszawa 1868.

Bugajski, Zygmunt / Neymark, Edward (Hrsg.), Księga jubileuszowa więziennictwa polskiego 1918–1928 [Jubiläumsbuch des polnischen Gefängniswesens 1918–1928], Warszawa 1929 (Neudruck: Warszawa 2005).

Busch, Richard, Kritische Bemerkungen zum polnischen Strafgesetzbuch, ZStW 55 (1936).

Bystroń, Jan Stanisław, Socjologia: wstęp informacyjny i bibliograficzny [Soziologie. Eine Informations- und bibliographische Einführung], Warszawa 1931.

Comte, Auguste, Cours de philosophie positive, Vol. 4, Paris 1839.

Czarnecki, Lucjan, Szkic zwalczania włóczęgostwa i żebractwa [Skizze zur Bekämpfung von Bettelei und Landstreicherei], GSW 1928, Nr. 21.

Czernicki, Karol, Przestępczość w Polsce w latach 1935–1937 według policyjnej statystyki kryminalnej [Kriminalität in Polen in den Jahren 1935–1937 nach der polizeilichen Kriminalstatistik], AK 1939, Hf. 3.

Czerwiński, Adolf, Obecny stan ustawodawstwa karnego przeciwko nieletnim w Polsce [Gegenwärtiger Zustand der Gesetzgebung gegen jugendliche Straftäter in Polen], Lwów 1933.

Czerwiński, Stanisław, Walka z przestępcami niepoprawnymi w świetle Kodeksu karnego i rozporządzenia Ministra Sprawiedliwości z dnia 15 stycznia 1934 r. [Der Kampf gegen unverbesserliche Straftäter im Lichte des Strafgesetzbuchs und der Verordnung des Justizministers vom 15. Januar 1934], PWP 1935, Nr. 9.

Czerwiński, Stanisław, Walka z przestępczością nieletnich [Der Kampf gegen die Jugendkriminalität], GS 1937, Nr. 3.

Dąbkowski, Przemysław, Zemsta, okup i pokora na Rusi Halickiej w wieku XV i pierwszej połowie wieku XVI [Blutrache, Lösegeld und Reue in der Haliczer Rus im 15. und der 1. Hälfte des 16. Jahrhunderts], Lwów 1898.

Dunin, Karol (Hrsg.), Romualda Hubego Pisma poprzedzone zarysem biograficzno-bibliograficznym [Romuald Hubes Schriften mit einleitendem Abriss der Biographie und Bibliographie], Bd. 1–2, Warszawa 1905.

Dydusiak, Leon, Opieka publiczno-prawna nad dzieckiem w Polsce [Őffentlich-rechtliche Kinderbetreuung in Polen], Lwów 1938.

Dydusiak, Leon, Zagadnienie żebractwa w Polsce [Das Problem der Bettelei in Polen], Lwów 1938.

E.D., Das Strafgesetzbuch für die Republik Polen vom 11. Juli 1932, SZS 1933, Nr. 47.

Ettinger, Adam, Das Verbrecherproblem in anthropologischer und soziologischer Beleuchtung. Ein historisch-kritischer Beitrag zur Kriminal-Soziologie, Bern 1909.

Ettinger, Adam, Przestępczość w świetle badań kryminologicznych w wieku XIX [Kriminalität im Lichte von kriminologischen Untersuchungen im 19. Jh.], Prawda 1901, Nr. 18–19.

Ettinger, Adam, Przestępca zawodowy a polityka kryminalna [Der Berufsverbrecher und die Kriminalpolitik], GSW 1930, Nr. 24.

Ettinger, Adam, Zbrodniarz w świetle antropologii i psychologii [Der Verbrecher im Lichte von Anthropologie und Psychologie], Warszawa 1924.

Fajer, Lucjan, Pismo jako dowód rzeczowy [Schrift als Sachbeweis], Warszawa 1939.

Fierich, Franciszek Xawery, Rzut oka na najważniejsze zadania prac kodyfikacyjnych [Ein kurzer Blick auf die wichtigsten Aufgaben der Kodifikationsarbeit], KPCiK 1919.

Frendl, L., Die Strafe im Entwurf des polnischen Strafgesetzbuches, JOR 1968, Nr. 9, 2.

Freund, Heinrich, 15 Jahre polnischer Rechtsentwicklung, Osteuropa. Zeitschrift für die gesamten Fragen des Europäischen Ostens 8 (1932/33).

Friedreich, Johann B., System der gerichtlichen Psychologie, Regensburg 1832.

Garçon, Emile Auguste, Le droit pénal origines – évolution – état actuel, Paris 1922.

Garraud, Pierre, Les Avant-projets polonais de 1922 sur la partie generale d'un code pénal, leur place dans le mouvement de reforme et de codification du droit pénal, Paris 1924.

Glaser, Stefan, Das neue polnische Strafgesetzbuch und die deutsche Strafrechtsreform, ZfO 7 (1933).

Glaser, Stefan, Kara odwetowa a kara celowa (Zalety i braki teorii pragmatycznej) [Vergeltungsstrafe oder Zweckstrafe (Vorteile und Nachteile der pragmatischen Theorie)], Lublin 1924.

Glaser, Stefan, Od kary do środka zabezpieczającego [Von der Strafe bis zum Sicherungsmaßnahme], GłP 1930, Nr. 5.

Glaser, Stefan, Prawo karne. Część ogólna. Na podstawie niemieckiej ustawy karnej z r. 1871 [Strafrecht. Allgemeiner Teil auf Grund des deutschen Strafgesetzes von 1871], Warszawa 1920.

Glaser, Stefan, Prawo karne na kongresie haskim [Strafrecht auf dem Kongress in Den Haag], GSW 1937, Nr. 37–38.

Glaser, Stefan, Wstęp do nauki procesu karnego [Einführung in die Strafprozesslehre], Warszawa 1928.

Gleispach, Wenzeslaus Graf, Das polnische Strafgesetzbuch, ZfO 7 (1933).

Gross, Hans, Criminalpsychologie, Graz 1897.

Gross, Hans, Handbuch für Untersuchungsrichter, Polizeibeamte, Gendarmen u.s.w, Graz 1893.

Gryziecki, Feliks, Do reformy prawa karnego [Zur Reform des Strafrechts], Lwów 1891.

Grzegorzewski, Ziemowit, Opieka społeczna [Sozialfürsorge], in: Encyklopedia podręczna prawa publicznego [Hand-Enzyklopädie des öffentlichen Rechts], Hrsg. Cybichowski, Zygmunt, Bd. 1, Warszawa 1928.

Grzegorzewski, Ziemowit, Żebractwo i włóczęgostwo [Bettelei und Landstreicherei], PiOS 1927, Nr. 4.

Grzegorzewski, Ziemowit, Zwalczanie żebractwa i włóczęgostwa (Rozporządzenie Prezydenta Rzplitej z 14 października r. 1927) [Bekämpfung von Bettelei und Landstreicherei (Verordnung des Präsidenten der Republik Polen von 14. Oktober 1927)], GAiPP 1927, Nr. 11.

Grzywo-Dąbrowski, Wiktor, Medycyna sądowa [Gerichtsmedizin], in: Encyklopedia podręczna prawa karnego [Hand-Enzyklopädie des Strafrechts], Hrsg. Makowski, Wacław, Bd. 2, Warszawa 1934–1936.

Grzywo-Dąbrowski, Wiktor, Podręcznik medycyny sądowej dla studentów medycyny i lekarzy [Handbuch der Gerichtsmedizin für Studenten und Ärzte], Warszawa 1948.

Grzywo-Dąbrowski, Wiktor, Zarys medycyny sądowej z atlasem [Abriss der Gerichtsmedizin mit einem Atlas], Lwów 1924.

Hamczyk, Stanisław, Wyniki badań inteligencji nieletnich przestępców [Ergebnisse der Untersuchungen an Inteligenz der jugendlichen Verbrecher], Warszawa 1917.

Handelsman, Marceli, Kara w najdawniejszym prawie polskim [Strafe im ältesten polnischen Recht], Warszawa 1908.

Hechell, Fryderyk, Historyczno-krytyczne badania początku i wzrostu medycyny sądowej, jako oddzielna gałąź nauki lekarskiej uważanej [Historisch-kritische Untersuchungen zu Anfang und Bedeutungsgewinn der Gerichtsmedizin als eigenständiger ärztlicher Wissenschaft], Kraków 1839.

Horoszowski, Paweł, Kryminologia [Kriminologie], Warszawa 1965.

Horoszowski, Paweł, Przestępczość w świetle badań nad bliźniętami [Kriminalität im Lichte von Untersuchungen an Zwillingen], PWP 1937, Nr. 4.

Horoszowski, Paweł, Psychopaci i ich znaczenie w biologii kryminalnej [Psychopathen und ihre Bedeutung in der Kriminalbiologie], PWP 1938, Nr. 3.

Horoszowski, Paweł, Statystyka kryminalna [Kriminalstatistik], Łódź 1950.

Hube, Romuald, Historia prawa karnego ruskiego [Geschichte des ruthenischen Strafrechts], Bd. 1, Teil 1–2, Warszawa 1870–1872.

Hube, Romuald, O teoriach prawa kryminalnego. Rzecz czytana na publicznym posiedzeniu królewskiego uniwersytetu, dnia 19 września 1827 r. [Über die strafrechlichen Theorien. Vorlesung in der öffentlichen Sitzung der Königlichen Universität am 19. September 1827], in: Dunin, Karol (Hrsg.), Romualda Hubego Pisma poprzedzone zarysem biograficzno-bibliograficznym [Romuald Hubes Schriften mit einleitendem Abriss der Biographie und Bibliographie], Bd. 1, Warszawa 1905.

Hube, Romuald, Ogólne zasady nauki prawa karnego [Allgemeine Grundsätze der Strafrechtslehre], Warszawa 1830.

Hube, Romuald, Studia nad kodeksem karnym 1818 roku, Część 1 [Studien zum Strafgesetzbuch von 1818, Teil 1], Warszawa 1863.

Jamontt, Janusz / Rappaport, Emil Stanisław, Kodeks karny r. 1932 z dostosowanymi do kodeksu tezami [Strafgesetzbuch von 1932 mit anpassenden Thesen], Warszawa 1932.

Janikowski, Andrzej (Hrsg.), Zasady dochodzeń sądowo-lekarskich w przypadkach śmierci [Grundsätze der gerichtlich-ärztlichen Ermittlungen nach Todesfällen], Warszawa 1852.

Karnecki, Henryk, Na marginesie „rozporządzenia o włóczęgostwie i żebraninie" [Am Rande der Verordnung über Bettelei und Landstreicherei], GSW 1928, Nr. 3.

Karnecki, Henryk, Walka z włóczęgostwem i żebractwem a rozporządzenie o przytułkach i domach pracy [Der Kampf gegen Bettelei und Landstreicherei und die Verordnung über die Armen- und Arbeitshäusern], PWP 1933, Nr. 3.

Karnecki, Henryk, Zwalczanie włóczęgostwa [Bekämpfung von Landstreicherei], GAiPP 1924, Nr. 29.

Klee, Karl, Das Strafgesetz für die Republik Polen vom 11. Juli 1932, deutsch übersetzt, Warschau 1932, AfS 1933, Nr. 77.

Konn, Henryk, Przestępność Królestwa Polskiego [Kriminalität im Königreich Polen], GSW 1912, Nr. 27.

Krychowski, Tadeusz, Pierwszy Międzynarodowy Kongres Kryminologiczny w Rzymie [Der Erste Internationale Kriminologische Kongress in Rom], PWP 1939, Nr. 1.

Krzymuski, Edmund, Projekt Kodeksu Karnego Polskiego. Uwagi autora, Tytuł wstępny i część ogólna [Entwurf eines polnischen Strafgesetzbuchs. Bemerkungen des Verfassers, Einführungstitel und allgemeiner Teil], KPCIK 1918.

Krzymuski, Edmund, Szkoła klasyczna w defensywie [Klassische Schule in der Defensive], Vorwort: Widacki, Jan, Kraków 2013.

Krzymuski, Edmund, Szkoła pozytywna prawa karnego we Włoszech [Positive Strafrechtsschule in Italien], PSiA 1889, Hf. 1–5 [Reprint: Kraków 2015, Vorwort: Widacki, Jan].

Krzymuski, Edmund, Teoria karna Kanta: ze stanowiska jego ogólnej nauki o rozumie praktycznym [Kants Straftheorie vom Standpunkt seiner allgemeinen Lehre von der praktischen Vernunft], Vorwort: Widacki, Jan, Kraków 2013.

Krzymuski, Edmund, Wiek młodzieńczy przed sądem karnym [Jugendalter vor dem Strafgericht], Kraków 1916.

Krzymuski, Edmund, Wykład prawa karnego ze stanowiska nauki i prawa austriackiego [Darstellung des Strafrechts unter besonderer Berücksichtigung der österreichischen Lehre und Gesetzgebung], Bd. 1–2, Kraków 1885–1887; Aufl. 2: Kraków 1901–1902; Aufl. 3: Kraków 1911.

Krzymuski, Edmund, Wykład procesu karnego austriackiego [Darstellung des österreichischen Strafprozesses], Kraków 1910.

Krzywicki, Ludwik, Studia socjologiczne [Soziologische Studien], Warszawa 1923.

Kuczma, Tadeusz, Genetyczne ujęcie przestępstwa [Das Verbrechen in genetischer Hinsicht], Poznań 1939.

Kuczma, Tadeusz, Przestępstwa zbiorowe w świetle współczesnej kryminologii [Kollektivverbrechen im Hinblick auf die moderne Kriminologie], Poznań 1932.

Kurella, Hans, Lombroso i jego teoria [Lombroso und seine Theorie], übers. Szenhak, Izydor Izaak, Warszawa 1897.

Kutrzeba, Stanisław, Dawne polskie prawo sądowe [Älteres polnisches Gerichtsrecht], Kraków 1927.

Kwieciński, Henryk, Grafologia sądowa – zasady ekspertyzy dokumentów i analizy pisma, [Gerichtliche Graphologie – Grundsätze der Urkunden- und Schriftexpertise], Warszawa 1936.

Laniewski, Alfred, Świadek młodociany (Studium kryminalno-socjologiczne) [Der minderjähriger Zeuge (Kriminal- soziologische Studie)], RPEiS 1939.

Lernell, Leszek, Podstawowe zagadnienia penologii [Grundfragen der Pönologie], Warszawa 1977.

Lernell, Leszek, Zarys kryminologii ogólnej [Abriss der allgemeinen Kriminologie], Warszawa 1978.

Limanowski, Bolesław, Socjologia [Soziologie], Kraków 1919.

Liszt, Franz v., Das deutsche Reichsstrafrecht, Berlin – Leipzig 1881.

Liszt, Franz v., Der Zweckgedanke im Strafrecht, ZStW 1883, Nr. 3.

Liszt, Franz v., Die Deliktsobligationen im System des Bürgerlichen Gesetzbuchs. Kritische und dogmatische Randbemerkungen, Berlin 1898.

Liszt, Franz v., Die deterministischen Gegner der Zweckstrafe, in: Liszt, Franz v., Strafrechtliche Aufsätze und Vorträge, Bd. 2, Berlin 1905.

Liszt, Franz v., 'Die Sichernden Maßnahmen' in den drei neuen Strafgesetzentwürfen, ArchRWPhil. 1909/1910, Nr. 3.

Liszt, Franz v., Die strafrechtliche Zurechnungsfähigkeit. Vortrag, gehalten am 4. August 1896 auf dem III. Internationalen Psychologen-Kongress, ZStW 1897, Nr. 17.

Liszt, Franz v., Die Zukunft des Strafrechts, in: Liszt, Franz v., Strafrechtliche Aufsätze und Vorträge, Bd. 2, Berlin 1905.

Liszt, Franz v., Kriminalpolitische Aufgaben, ZStW 1889, Nr. 9; 1890, Nr. 10; 1892, Nr. 12.

Liszt, Franz v., Lehrbuch des deutschen Strafrechts, Berlin 1912 (Aufl. 21/22: Berlin 1919; Aufl. 24: Berlin 1922).

Liszt, Franz v., Strafrechtliche Aufsätze und Vorträge, Bd.1 - 2, Berlin 1905.

Liszt, Franz v., Strafrechtsreform (in Deutschland) (1911), in: Handbuch der Politik, Bd. 3, Berlin-Leipzig 1921.

Liszt, Franz v., Über den Einfluss der soziologischen und anthropologischen Forschungen, in: Liszt, Franz v., Strafrechtliche Aufsätze und Vorträge, Bd. 2, Berlin 1905.

Locard, Edmond, Dochodzenie przestępstw według metod naukowych [Ermittlung der Verbrechen nach wissenschaftlichen Methoden], übers. Merson, Roman / Wiśniewski, Eugeniusz, Łódź 1937.

Locard, Edmond, Traité de criminalistique, Vol. 1–6, Lyon 1931–1936.

Lombroso, Cesare, Człowiek zbrodniarz w stosunku do antropologii, jurysprudencyi i dyscypliny więziennej: zbrodniarz urodzony: obłąkaniec zmysłu moralnego [Der Verbrecher in Bezug auf Anthropologie, Jurizprudenz und Gerichtsdisziplin: der geborene Verbrecher: der Wahnsinnige des Moralsinns], übers. Popławski, Jan Ludwik, Bd. 1–3, Warszawa 1891–1892.

Łaguna, Stanisław, O identyfikacji broni [Über Identifizierung von Waffen], CSL 1933, Hf. 3–4.

Łoziński, Bronisław, Tłum. Szkic socjologiczny [Menschenmasse. Eine soziologische Skizze], Kraków 1895.

Maciejowski, Wacław Aleksander, Historia prawodawstw słowiańskich [Geschichte der slawischen Gesetzgebungen], Bd. 1–4, Warszawa 1832–1835 (Aufl. 2: Bd. 1–6, Warszawa 1856–1865).

Maciejowski, Franciszek, Wykład prawa karnego w ogólności z zastosowaniem Kodexu kar głównych i poprawczych z dniem 20 grudnia = 1 stycznia 1848 r. w Królestwie Polskiem obowiązującego tudzież Ustawy przechodniej i Instrukcyi dla sądów [Darstellung des allgemeinen Teils des Strafrechts auf Grund des vom 20. Dezember = 1. Januar 1848 ab im Königreich Polen geltenden Strafgesetzbuchs der Haupt- und Besserungsstrafen, sowie des Übergangsgesetzes und der Instruktion für Gerichte], Warszawa 1848.

Makarewicz, Juliusz, [Rezension] Dr. Franz von Liszt, Lehrbuch des Deutschen Strafrechts. Siebente durchgearbeitete Auflage. Erster Teil, Berlin 1895, PPiA 1896.

Makarewicz, Juliusz, Dwudziestolecie galicyjskiej krzywdy (1905) [Zwanzig Jahre des galizischen Unrechts (1905)], in: Prace rozproszone. Tom 2. Publikowane w latach 1902–1913 [Verstreute Arbeiten. Bd. 2. Veröffentlichungen aus den Jahren 1902–1913], Hrsg. Grześkowiak, Alicja, Lublin 2012.

Makarewicz, Juliusz, Einführung in die Philosophie des Strafrechts auf entwicklungsgeschichtlicher Grundlage, Stuttgart 1906.

Makarewicz, Juliusz, Granice ustawy karnej [Grenzen des Strafgesetzes], PPiA 1920.

Makarewicz, Juliusz, Klasycyzm i pozytywizm w nauce prawa karnego [Klassizismuu und Positivismus in der Strafrechtswissenschaft], PPiA 1896, Hf. 8–9.

Makarewicz, Juliusz, Kodeks karny z komentarzem [Strafgesetzbuch mit Kommentar], Aufl. 3, Lwów 1932; Aufl. 4: Lwów 1935.

Makarewicz, Juliusz, Kodeks karny z komentarzem: reprint wyd. 5 z roku 1938 [Strafgesetzbuch mit Kommentar: Neudruck der 5. Aufl. von 1938, Hrsg. Grześkowiak, Alicja / Wiak, Krzysztof, Lublin 2012.

Makarewicz, Juliusz, Powrotna fala (Projekt ustawy o wykroczeniach) [Rückwelle (Entwurf eines Ordnungswidrigkeitengesetzes)], RPEiS 1930, Hf. 4.

Makarewicz, Juliusz, Prace rozproszone. T. 1, Publikowane w latach 1895–1901 [Verstreute Arbeiten, Bd. 1. Veröffentlichungen aus den Jahren 1895 bis 1901], Hrsg. Grześkowiak, Alicja, Lublin 2010.

Makarewicz, Juliusz, Prace rozproszone. T. 2, Publikowane w latach 1902–1913 [Verstreute Arbeiten, Bd. 2. Veröffentlichungen aus den Jahren 1902 bis 1913], Hrsg. Grześkowiak, Alicja, Lublin 2012.

Makarewicz, Juliusz, Prawo karne i prawa obywatela, odczyt wygłoszony dnia 20 stycznia 1936 r. w Auli Uniwersytetu Jana Kazimierza we Lwowie w czasie Akademii związanej z 275. rocznicą założenia Uniwersytetu [Strafrecht und Bürgerrechte, Vortrag vom 20. Januar 1936 in der Aula der Jan-Kazimierz-Universität in Lemberg aus Anlass einer Festveranstaltung zum 275. Jahrestag der Universitätsgründung], Lwów 1936.

Makarewicz, Juliusz, Prawo karne ogólne [Allgemeines Strafrecht], Kraków 1914.

Makarewicz, Juliusz, Prawo karne. Wykład porównawczy z uwzględnieniem prawa obowiązującego w Rzeczypospolitej Polskiej [Strafrecht. Ein vergleichender Vortrag mit Berücksichtigung des in der Republik Polen geltenden Rechts], Lwów - Warszawa 1924.

Makarewicz, Juliusz, Projekt polskiego kodeksu karnego [Entwurf eines polnischen Strafgesetzbuches], GAiPP 1924, Nr. 1.

Makarewicz, Juliusz, Randbemerkungen zum Strafgesetzentwurf, ŐZS 1910, Nr. 1.

Makarewicz, Juliusz, Ustawa karna (część ogólna). Projekt wstępny [Strafgesetz (Allgemeiner Teil). Vorentwurf], PPiA 1922.

Makarewicz, Juliusz, Wstęp do filozofii prawa karnego w oparciu o podstawy historyczno-rozwojowe [Einführung in die Philosophie des Strafrechts auf entwicklungsgeschichtlicher Grundlage], übers. Jakubów, Katarzyna, hrsg. Grześkowiak, Alicja, Lublin 2009.

Makarewicz, Juliusz, Wzrost przestępczości w Polsce: ustęp z przemówienia wygłoszonego w Senacie (Debata nad budżetem Min. Sprawiedliwości) [Wachstum der Kriminalität in Polen: Abschnitt aus dem im Senat gehaltenen Vortrag (Debatte zum Haushalt des Justizministers)], PPiA 1931.

Makarewicz, Juliusz, Z Komisji Kodyfikacyjnej. Nieletni przestępcy [In der Kodifikationskommission. Jugendliche Verbrecher], PPiA 1921.

Makarewicz, Juliusz, Zbrodnia i kara [Verbrechen und Strafe], Lwów 1922.

Makarewicz, Juliusz, Źródła przestępczości [Quellen der Kriminalität], Lwów 1913.

Makowski, Wacław, Kara a środki ochronne [Strafe und Sicherungsmaßnahmen], RPEiS 1926.

Makowski, Wacław, Nowy Kodeks Karny Norweski, przekład postanowień szczegółowych i uwagi [Das neue norwegische Strafgesetzbuch. Übersetzung der besonderen Regelungen mit Bemerkungen], in: Materiały do Kodyfikacji Prawa Karnego opracowane przez Sekcję Karną Towarzystwa Prawniczego w Warszawie, Z. 1 [Materialien zur Strafrechtskodifizierung erarbeitet von der Strafrechtssektion der Juristischen Gesellschaft in Warschau, Hf. 1], Warszawa 1916.

Makowski, Wacław, Podstawy filozofii prawa karnego [Grundlagen der Strafrechtsphilosophie], Warszawa 1917.

Makowski, Wacław, Prawo karne. O przestępstwach w szczególności. Wykład porównawczy prawa karnego austriackiego, niemieckiego i rosyjskiego, obowiązującego w Polsce

[Strafrecht. Über Verbrechen im besonderen. Eine vergleichende Darstellung des in Polen geltenden österreichischen, deutschen und russischen Strafrechts], Warszawa 1924.

Makowski, Wacław, Projekt odrębny Prof. Wacława Makowskiego. Część ogólna kodeksu karnego [Professor Waclaw Makowskis eigener Entwurf. Allgemeiner Teil des Strafgesetzbuches], RPEiS 1925.

Makowski, Wacław, Przyczynek do psychologii kryminalnej (Teoria „r=p") [Beitrag zur Kriminalpsychologie (Die Theorie „r=p")], TP. Seria II 1914, Bd. 4.

Makowski, Wacław, Rozważania prawnicze z dziedziny prawa publicznego, z dziedziny prawa karnego, mowy [Rechtliche Überlegungen zum öffentlichen Recht, zum Strafrecht sowie Reden], Warszawa 1928.

Makowski, Wacław, Środki ochronne wobec recydywistów i przestępców anormalnych [Sicherungsmaßnahmen gegen Rückfälligenen und geistig abnorme Rechtsbrecher], PPiA 1911.

Makowski, Wacław, Uwagi w sprawie koniecznych zmian i uzupełnień części ogólnej projektu kodeksu karnego [Anmerkungen zu den notwendigen Änderungen und Ergänzungen des allgemeinen Teils des Strafgesetzentwurfs], RPEiS 1929.

Makowski, Wacław, W sprawie przyszłego kodeksu karnego polskiego [Zur Frage des künftigen polnischen Strafgesetzbuchs], GAiPP 1924, Nr. 18.

Makowski, Wacław, W sprawie ujednostajnienia ustawodawstwa [Zur Frage der Vereinheitlichung der Gesetzgebung], GSW 1919, Nr. 2–3.

Makowski, Wacław, Wyjaśnienie do projektu odrębnego części ogólnej kodeksu karnego [Erläuterung zum Alternativprojekt des Allgemeinen Teils des Strafgesetzbuches], RPEiS 1925.

Makowski, Wacław, Zasady walki z przestępstwem. Wykłady o prawie karnym, [Grundlagen des Kampfes gegen das Verbrechen. Vorlesungen zum Strafrecht], Warszawa 1917.

Malinowski, Edward, Dziedziczność i zmienność [Vererbung und Veränderlichkeit], Lwów 1927.

Manczarski, Stanisław, Uszkodzenia postrzałowe (Broń palna – amunicja – identyfikacja broni palnej – ocena sądowo-lekarska) [Schussverletzungen (Feuerwaffe – Munition – Identifizierung der Feuerwaffe – gerichtlich-ärztliche Überprüfung)], Warszawa 1938.

Mannzen, Walter, [Rezension], Wirschubski Gregor, Das polnische Strafgesetzbuch vom 11.7.1932 und die kriminalpolitischen Forderungen der Gegenwart, Dresden 1933, MschKrim 1933, Nr. 24.

Męciński, Aleksander, O żebractwie i włóczęgostwie ze stanowiska historycznego, socjalnoekonomicznego i prawnego [Zur Bettelei und Landstreicherei aus der historischen, sozialökonomischen und rechtlichen Sicht], Lwów 1893.

Miklaszewski, Walenty Łukasz, Badania nad małoletnimi przestępcami w Polsce [Untersuchungen an jugendlichen Verbrechern in Polen], OnD 1925, Nr. 4.

Miklaszewski, Walenty Łukasz, Występne [Fevelhafte Täter], OnD 1925, Nr. 3.

Miklaszewski, Walenty Piotr, Małoletni przestępcy w świetle badań wychowańców zakładów wychowawczo-poprawczych [Jugendliche Verbrecher im Lichte von Untersuchungen an Schützlingen in den Erziehungs- und Besserungsanstalten], Warszawa 1924.

Miklaszewski, Walenty Piotr, O małoletnich przestępcach oraz o Towarzystwie osad rolnych i przytułków rzemieślniczych. Szkic ogólny [Über jugendliche Verbrecher und Gesellschaft der Dorfsiedlungen und Handwerkshäuser für die Armen. Eine allgemeine Skizze], Warszawa 1872.

Mikulski, Antoni, Podręcznik psychologii dla użytku studentów medycyny i lekarzy [Handbuch der Psychologie zum Gebrauch für Medizinstudenten und Ärzte], Wilno 1925.

Mogilnicki, Aleksander, Dziecko i przestępstwo [Kind und Verbrechen], Warszawa 1916 (Aufl. 2: Warszawa 1925).

Mogilnicki, Aleksander, Indywidualizacja kary [Die Individualisierung der Strafe], Warszawa 1900.

Mogilnicki, Aleksander, Kary dodatkowe: kary cielesne, kary hańbiące, pozbawienie czci i praw [Nebenstrafen: körperliche Strafen, Schandstrafen, Entzug der Ehre und der Rechte], Warszawa 1907.

Mogilnicki, Aleksander, Pierwiastek zemsty w pojęciu kary [Vergeltungselement im Begriff der Strafe], TP. Seria II 1916, Bd. 6, Hf. 1–2.

Mogilnicki, Aleksander, V-ty Zjazd prawników i ekonomistów polskich we Lwowie [Fünfter Kongress Polnischer Juristen und Volkswirte in Lemberg], GSW 1912, Nr. 29.

Mogilnicki, Aleksander, Walka z przestępczością nieletnich [Der Kampf gegen Jugendkriminalität], OnD 1923, Nr. 3.

Mogilnicki, Aleksander / Rappaport, Emil Stanisław, Projekt kodeksu karnego dla ziem polskich. Zeszyt I. Część ogólna [Strafgesetzentwurf für polnische Territorien. Hf. 1. Allgemeiner Teil], Warszawa 1916.

Moldenhaver, Aleksander, O przeprowadzeniu odosobnienia w zakładach więziennych [Über die Durchführung der Einzelhaft in Strafanstalten], Bd. 1–3, Warszawa 1866–1870.

Moldenhaver, Aleksander, O zakładach karnych dla nieletnich przestępców i dzieci potrzebujących opieki [Über die Strafanstalten für jugendliche Verbrecher und Fürsorgebedürftige Kinder], PS 1871–1872.

Moldenhaver, Aleksander, Szkoła antropologiczno-kryminalna [Anthropologische Schule der Kriminologie], Niwa 1893, Nr. 3–6.

Morelowski, Julian, O więzieniach w Polsce i pracach polskich autorów w przedmiocie więzień [Über Gefängnisse in Polen und Bearbeitungen der polnischen Autoren zum Gefängiswesen], PSiA 1864, Hf. 1–2.

Morelowski, Julian, Uwagi w sprawie założenia domów pracy przymusowej i zakładów poprawczych [Anmerkungen zur Errichtung der Zwangsarbeitshäuser und der Besserungsanstalten], PSiA 1881, Hf. 11.

Motyliński, Kazimierz (Hrsg.), Pierwszy Ogólnopolski Zjazd Przedstawicieli Opieki Społecznej Samorządu Terytorialnego, Poznań 24 do 25 IX 1933. Pierwszy Ogólnopolski Zjazd Przeciwżebraczy, Poznań 24 do 26 II 1937: materiały sprawozdawcze [Erster Gesamtpolnischer Kongress der Vertreter der Sozialfürsorgebehörden der Territorialen Selbstverwaltung, Poznań 24.-25.9.1933; Erster Gesamtpolnischer Kongress zur Bekämpfung des Betteleiunwesens, Poznań 24 do 26 II 1937; Unterlagen zum Sachstand], Poznań 1937.

Mrozowski, Jan, Dochodzenie chemiczno-sądowe sfałszowanych pism [Chemisch-gerichtliche Ermittlung der gefälschten Handschriften], WF 1879.

Mydlarski, Jan / Wiązowski, Kazimierz, Badania antropologiczne przestępców [Anthropologische Untersuchungen an Verbrechern], AK 1933, Hf. 1.

N.N., Od Redakcji [Aus der Redaktion], AK 1933, Hf. 1.

N. N., Piąty Zjazd prawników i ekonomistów polskich we Lwowie [Fünfter Kongress Polnischer Juristen und Volkswirte in Lemberg], CPiE 1912, Nr. 13.

Nagler, Johannes, Die Verständigung der Strafrechtsschulen, Gerichtssaal 1907, Nr. 70.

Neymark, Edward, Organizacja więziennictwa polskiego [Organisation des polnischen Strafvollzugs], GSW 1925, Nr. 42–45.

Neymark, Edward, Pisarze prawa karnego w Polsce Odrodzonej (1918–1928) [Strafrechtler im wiedergeborenen Polen (1918–1928)], GSW 1928, Nr. 46.

Neymark, Edward, Reforma więziennictwa polskiego [Die Reform des polnischen Strafvollzugs], RPEiS 1928, Hf. 3.

Ochorowicz, Julian, Miłość, zbrodnia, wiara i moralność. Kilka studiów z psychologii kryminalnej [Liebe, Verbrechen, Glaube und Moral. Einige Studien zur Kriminalpsychologie], Warszawa 1870.

Papierkowski, Zdzisław, Fragmenty z dziedziny prawa karnego dotyczące nieletnich [Fragmente aus dem Gebiet des Jugendstrafrechts], Warszawa 1939.

Papierkowski, Zdzisław, Juliusz Makarewicz, PK 20 (1975), Nr. 3–4.

Papierkowski, Zdzisław, Przestępcy nieletni a środki zabezpieczające [Jugendliche Verbrecher und Sicherungsmaßnahmen], Pal. 1938, Nr. 5.

Peiper, Leon, Komentarz do Kodeksu karnego, prawa i wykroczeniach i przepisów wprowadzających [Kommentar zum Strafgesetzbuch, Ordnungswidrigkeitenrecht und zu den Einführungsvorschriften], Kraków 1933.

Planitz, Hans (Hrsg.), Die Rechtswissenschaft der Gegenwart in Selbstdarstellungen, Bd. 2, Leipzig 1925.

Posner, Stanisław, Seminarium prawa karnego w Halle [Strafrechtliches Seminar in Haale], GSW 1895, Nr. 46.

Prins, Adolphe, La défense sociale et les transformations du droit pénal, Paris 1910.

Quetelet Adolphe, Sur l'homme et le développement de ses facultés, ou essai de physique sociale, Vol. 1–2, Paris 1835.

Radzinowicz, Leon, Drogi więziennictwa polskiego [Wege des polnischen Strafvollzugs], GSW 1932, Nr. 50.

Radzinowicz, Leon, Materiały do badań nad ukształtowaniem się przestępczości w grupach miejscowości [Materialien zur Untersuchung der Ausgestaltung der Kriminalität in ausgewählten Gruppen von Ortschaften], PWP 1938, Nr. 2.

Radzinowicz, Leon, Podstawy nauki o więziennictwie [Grundlagen der Gefängniskunde], Warszawa 1933.

Radzinowicz, Leon, Przestępczość w Polsce w 1934 r. [Kriminalität in Polen im Jahre 1934], GS 1935, Nr. 7–8.

Radzinowicz, Leon, Przestępczość w Polsce w latach 1924–1933 (według policyjnej statystyki kryminalnej) [Kriminalität in Polen in den Jahren 1924–1933 auf der Grundlage der polizeilichen Kriminalstatistik)], AK 1935, Hf. 1–2.

Radzinowicz, Leon, Struktura przestępczości w Polsce w świetle statystyki sądowej [Struktur der Kriminalität nach der Justiz-Statistik], AK 1935, Hf. 2.

Radzinowicz, Leon, Środki zabezpieczające w teorii i praktyce [Sicherungsmaßnahmen in der Theorie und Praxis], AK 1933, Hf. 3–4.

Radzinowicz, Leon, Uwagi o zakładzie zabezpieczającym dla niepoprawnych przestępców [Bemerkungen über die Anstalt für unverbesserliche Verbrecher], GSW 1937, Nr. 19.

Radzinowicz, Leon, Wpływ warunków ekonomicznych na przestępczość w Polsce w latach 1928–1934 [Einfluss der ökonomischen Bedingungen auf die Kriminalität in Polen in den Jahren 1928–1934], CPH 21, 2 (1969).

Radzinowicz, Leon, Współczesna ewolucja antropologii kryminalnej [Die gegenwärtige Entwicklung der Kriminalanthropologie], Warszawa 1934.

Radzinowicz, Leon, Wykonanie środków zabezpieczających [Durchführung der Sicherungsmaßnahmen], PWP 1936, Hf. 10–12.

Radzinowicz, Leon, Zagadnienie kar dyscyplinarnych w nowoczesnym ustroju więziennym [Zur Frage der Disziplinarstrafen im modernen Strafvollzugssystem], PWP 1936, Hf. 1.

Radzinowicz, Leon, Zagadnienie tzw. prawa penitencjarnego. Kilka uwag w związku z artykułem p. Jerzego Śliwowskiego pt. Narodziny prawa penitencjarnego [Zur Frage des sog. Strafvollzugsrechts. Einige Bemerkungen zum Artikel vom Herrn Jerzy Śliwowski u.d.T. Geburt des Strafvollzugsrechts], GSW 1935, Nr. 15.

Rafacz, Józef, Dawne polskie prawo karne: część ogólna [Älteres polnisches Strafrecht. Allgemeiner Teil], Warszawa 1932.

Rafacz, Józef, Dawne prawo sądowe polskie w zarysie [Abriss des älteren polnischen Gerichtsrechts], Warszawa 1936.

Rappaport, Emil Stanisław, Jeszcze o karach i środkach zabezpieczających [Noch etwas über Strafen und Sicherungsmaßnahmen], GS 1935, Nr. 11.

Rappaport, Emil Stanisław, Nowy system kodyfikacji ustawodawstwa kryminalnego. Kodeks karny wykonawczy [Neues Kodifizierungssystem der Strafgesetzgebung. Strafvollzugsgesetzbuch], Warszawa 1930.

Rappaport, Emil Stanisław, Projekt wstępny ustawy o wykroczeniach, Wyd. Komisji Kodyfikacyjnej Rzeczypospolitej Polskiej. Sekcja prawa karnego [Vorentwurf des Ordnungswidrigkeitengesetzes. Ausgabe der Kodifikationskommission der Republik Polen], Warszawa 1929, Bd. 4, Hf. 4.

Rappaport, Emil Stanisław, Przegląd piśmiennictwa. Prawo karne [Überblick über das Schrifttum. Strafrecht], TP 1916, Bd. 6.

Rappaport, Emil Stanisław, Teoria i praktyka skazania warunkowego w Polsce [Theorie und Praxis der Verurteilung zur Bewährung in Polen], Pal. 1939, Nr. 2–3.

Rappaport, Emil Stanisław, Uprawnienia karne władz administracyjnych [Strafrechtliche Befugnisse der Verwaltungsbehörden], RPEiS 1921, Hf. 2.

Rappaport, Emil Stanisław, Ustawa o przebaczeniu w świetle projektów francuskich [Gesetz über die Begnadigung im Hinblick auf französische Entwürfe], Warszawa 1916.

Rappaport, Emil Stanisław, Uwagi z powodu art. prof. dr. Reinholda, Pojęcie i zakres polityki kryminalnej [Zum Artikel von Prof. Dr. Reinhold. Begriff und Umfang der Kriminalpolitik], CPiE 1921, Nr. 9–12.

Rappaport, Emil Stanisław, W obliczu reformy (Birkmeyer-Liszt-Haase) [Angesichts der Reform (Birkmeyer-Liszt-Haase)], GSW 1907, Nr. 7–12.

Rappaport, Emil Stanisław, Walka o reformę prawa karnego w Niemczech [Kampf um eine Strafrechtsreform in Deutschland], Warszawa 1909.

Rappaport, Emil Stanisław, Wybrane zagadnienia nowoczesnej polityki kryminalnej (XX wieku) [Ausgewählte Fragen der modernen Kriminalpolitik (20. Jh.)], Łódź 1960.

Rappaport, Emil Stanisław, Z powodu artykułu prof. dr. J. Makarewicza: „Z Komisji Kodyfikacyjnej. Nieletni przestępcy“ [Zum Artikel von Prof. Dr. J. Makarewicz „In der Kodifikationskommission. Jugendliche Verbrecher“], GSW 1921, Nr. 9–16.

Rappaport, Emil Stanisław, Zagadnienie kodyfikacji prawa karnego w Polsce [Zur Frage der Strafrechtskodifikation in Polen], PPiA 1920.

Rappaport, Emil Stanisław, Zagadnienie kodyfikacji wykroczeń w ustawodawstwie polskim (autoreferat sprawozdawczy) [Zur Frage der Kodifikation der Ordnungswidrigkeiten in der polnischen Gesetzgebung (berichtliches Autoreferat)], GSW 1929, Nr. 20–22.

Reinhold, Józef, Nowela o warunkowym zawieszeniu wykonania kary [Neue Fassung der bedingten Aussetzung der Strafe], Kraków 1926.

Reinhold, Józef, Pojęcie i zakres polityki kryminalnej [Begriff und Umfang der Kriminalpolitik], CPiE 1921, Nr. 5–6.

Reinhold, Józef, Projekt ustawy o młodocianych przestępcach i jego uzasadnienie [Gesetzentwurf über jugendliche Verbrecher mit der Begründung], KPCiK 1919, Nr. 3.

Reinhold, Józef, Środki zabezpieczające przeciw niepoprawnym i anormalnym przestępcom, ze szczególnym uwzględnieniem nowych projektów kodeksów karnych [Sicherungsmaßnahmen gegenüber unverbesserliche und psychisch kranke Verbrecher mit besonderer Berücksichtigung der neuen Strafgesetzentwürfen], PPiA 1912.

Reinhold, Józef, Środki zabezpieczające przeciw przestępcom polegające na przymusowym pozbawieniu wolności: część ogólna [Freiheitsentziehende Sicherungsmaßnahmen gegenüber Verbrecher. Allgemeiner Teil], Kraków 1916.

Reinhold, Józef, Środki zabezpieczające przeciw przestępcom polegające na przymusowym pozbawieniu wolności, ze szczególnym uwzględnieniem trzech projektów nowych ustaw karnych: część szczególna [Freiheitsentziehende Sicherungsmaßnahmen gegenüber Verbrecher mit besonderer Berücksichtigung der drei neuen Strafgesetzentwürfen], Kraków 1913.

Rosenblatt, Józef, Czy należy przywrócić karę chłosty? [Sollte Prügelstrafe wiederhergestellt werden?], PSiA 1888.

Rosenblatt, Józef, O obecnych szkołach prawa karnego i ich metodzie [Über gegenwärtige Strafrechtsschulen und ihre Methode], PPiA 1887.

Schönke, Adolf, Ausländisches Strafrecht. Übersicht über die wichtigsten Quellen und über das wichtigste Schrifttum, München-Berlin 1948.

Skarbek, Fryderyk, Zdanie sprawy z podróży po niektórych krajach Europy z polecenia Rządu odbytej w zamiarze zwiedzenia zakładów dla ubogich i więzień [Bericht über eine Studienreise durch mehrere Länder Europas im Auftrag der Regierung zum Zweck des Besuchs von Armenhäusern und Gefängnissen], Warszawa 1830.

Sobolewski, Władysław, Identyfikacja łusek i pocisków z krótkiej broni palnej dla celów sądowych [Die Identifikation von Hülsen und Patronen aus Handfeuerwaffen für gerichtliche Zwecke], PP 1936, Nr. 5–6.

Spasowicz, Włodzimierz, Najnowsze prądy w nauce prawa karnego [Neuste Richtungen in der Strafrechtswissenschaft], Petersburg 1892.

Spencer, Herbert, The Principles of Sociology, London 1876–1896.

Spencer, Herbert, Wstęp do socyjologii [Einführung in die Soziologie], übers. Goldberg, Henryk, Warszawa 1884.

Spencer, Herbert, Zasady socyologii [Grundsätze der Soziologie], Bd. 1–6, übers. Potocki, Józef Karol, Warszawa 1889–1891.

Starczewski, Jan, Czy i jakie są możliwości zwalczania żebractwa i włóczęgostwa [Ob und welche Möglichkeiten der Bekämpfung von Bettelei und Landstreicherei gibt es?], OS 1937, Nr. 5.

Starczewski, Jan, O kartotekę Opieki Społecznej w stolicy [Zum Fürsorgeregister in der Hauptstadt], OS 1937, Nr. 4.

Stebelski, Piotr, Nowe kierunki w nauce prawa karnego [Neue Tendenzen in der Strafrechtswissenschaft], PPiA 1893.

Strasman H., Kryminalistyka [Kriminalistik], in: Encyklopedia podręczna prawa karnego [Hand-Enzyklopädie des Strafrechts], Hrsg. Makowski, Wacław, Bd. 2, Warszawa 1934–1936.

Surmacka, Irena, Schroniska miejskie dla bezdomnych [Städtische Obdachlosenasyle], PiOS 1936, Nr. 3.

Szpakowski, Jerzy, Wskazówki do wstępnych badań kryminalno-biologicznych [Hinweise über die kriminalbiologischen Voruntersuchungen], Warszawa 1933.

Szerer, Mieczysław, Kara. Szkic socjologiczny [Die Strafe. Soziologische Skizze], Kraków 1910.

Śliwiński, Stanisław, Polskie prawo karne materialne [Polnisches materielles Strafrecht], Warszawa 1946.

Śliwowski, Jerzy, Kodeks Karny Polski w opinii obcych [Ausländische Autoren über das polnische Strafgesetzbuch], GS 1936, Nr. 7–8.

Śliwowski, Jerzy, O interwencji władzy sądowej w dziedzinie wykonania kary oraz środków zabezpieczających [Über das Eingreifen der Gerichte in den Vollzug von Strafen und Sicherungsmaßnahmen], PWP 1937, Hf. 3.

Śliwowski, Jerzy, Prawo i polityka penitencjarna [Strafvollzugsrecht und Strafvollzugspolitik], Warszawa 1982.

Śliwowski, Jerzy, Prawo karne [Strafrecht], Warszawa 1979.

Śliwowski, Jerzy, Narodziny prawa penitencjarnego [Geburt des Strafvollzugsrechts], GSW 1934, Nr. 44–45.

Śliwowski, Jerzy, Władza sędziego w dziedzinie wykonywania środków zabezpieczających i kary pozbawienia wolności [Die Macht der Richter bei Anwendung der Sicherungsmaßnahmen und der Freiheitsstrafe], Paryż 1939.

Świda, Witold, Kryminologia [Kriminologie], Warszawa 1977.

Świda, Witold, Przestępca zawodowy [Berufsverbrecher], Wilno 1932.

Świda, Witold, Zakład dla niepoprawnych w praktyce sądów polskich [Anstalt für unverbesserliche Verbrecher in der Praxis der polnischen Justiz], GS 1936, Nr. 7/8.

Tarde, Gabriel, La philosophie pénale, Paris 1890.

Vidal, Georges, Cours de droit criminel et de science pénitentiaire, Paris 1910.

Wachholz, Leon, Medycyna sądowa [Gerichtsmedizin], Kraków 1919 (Aufl. 4 : Kraków 1933).

Wachholz, Leon, Podręcznik medycyny sądowej [Handbuch der Gerichtsmedizin], Kraków 1899.

Wachholz, Leon, Rozważania o przyczynach zbrodni [Űberlegungen zur Ursachen des Verbrechens], Hrsg. und Vorwort : Widacki, Jan, Kraków 2008.

Wachholz, Leon, Sto lat istnienia medycyny sądowej w Uniwersytecie Jagiellońskim [Hundertjähriges Bestehen der Gerichtsmedizin an der Jagiellonen-Universität], PL 1905.

Wachholz, Leon / Olbrycht, Jan, Medycyna kryminalna [Kriminalmedizin], Warszawa 1924.

Wahlberg, Wilhelm Emil., Das Prinzip der Individualisierung in der Strafrechtspflege, Wien 1869.

Wirschubski, Georg, Das polnische Strafgesetzbuch vom 11.7.1932 und die kriminalpolitischen Forderungen der Gegenwart, Dresden 1933.

Wirschubski Georg, Polski kodeks karny z 11 lipca 1932 r. a wymogi współczesnej polityki kryminalnej [Das polnische Strafgesetzbuch vom 11 Juli 1932 und die kriminalpolitischen Forderungen der Gegenwart], WPP 1934, Nr. 3–4.

Wiśniacka, Romana, Psychologia zeznań świadków [Psychologie der Zeugenaussagen], AK 1933, Hf. 1.

Witwicki, Władysław, Psychologia dla użytku słuchaczów wyższych zakładów naukowych [Psychologie zum Gebrauch der Zuhörer der oberen Wissenschaftsanstalten], Bd. 1–2, Lwów – Warszawa – Kraków 1925.

Wolter, Władysław, Czynnik psychiczny w istocie przestępstwa [Psychischer Faktor im Wesen des Verbrechens], Kraków 1924.

Wolter, Władysław, Kilka uwag o metodologii nauk kryminologicznych [Einige Bemerkungen zur Methodologie der Kriminalwissenschaften], RPEiS 1933, Hf. 4.
Wolter, Władysław, Kryminologia a prawo karne [Kriminologie und Strafrecht], AK 1933, Hf. 2.
Wolter, Władysław, Nauka o przestępstwie: analiza prawnicza na podstawie przepisów części ogólnej kodeksu karnego z 1969 r. [Verbrechenslehre: rechtliche Analyse auf Grund der Vorschriften des Allgemeinen Teils des Strafgesetzbuchs von 1969], Warszawa 1973.
Wolter, Władysław, Organizacja profilaktyki kryminalnej w Polsce [Organisation der Kriminalprophylaxe in Polen], PWP 1939, Nr. 1.
Wolter, Władysław, Prawo karne: zarys wykładu systematycznego: część ogólna, 1. Ustawa karna i przestępstwo na tle Kodeksu Karnego z 1932 r. Kodeksu Karnego Wojska Polskiego z 1944 r. oraz Dekretów od 1944 do 1946 r. [Strafrecht: Abriss einer systematischen Darstellung: Allgemeiner Teil. 1. Strafgesetz und Verbrechen vor dem Hintergrund des Strafgesetzbuches von 1932 und des Militärstrafgesetzbuches von 1944 sowie der einschlägigen Dekrete von 1944–1946], Warszawa 1947.
Wolter, Władysław, Prewencja przedprzestępcza (na marginesie hiszpańskiej ustawy przeciwko włóczęgom i osobnikom aspołecznym z 4 VIII 1933) [Kriminalprävention, dargestellt anhand des spanischen Gesetzes gegen Landstreicher und Asoziale vom 4.8.1933], AK 1935, Hf. 1–2.
Wolter, Władysław, Przestępstwo i kara [Verbrechen und Strafe], in: Z cyklu: współczesne polskie prawo karne [Aus der Reihe: Gegenwärtiges polnisches Strafrecht], Warszawa 1948, Hf. 1.
Wolter, Władysław, Zarys systemu prawa karnego: część ogólna, t. 1 [Abriss des Strafrechtssystems: Allgemeiner Teil, Bd. 1], Kraków 1933.
Wolter, Władysław, Zarys systemu prawa karnego: część ogólna, t. 2. Kary i środki zabezpieczające, środki poprawcze i wychowawcze, prawo karne administracyjne, kary [Abriss des Strafrechtssystems: Allgemeiner Teil, Bd. 2. Strafen und Sicherungsmaßnahmen, Besserungs- und Erziehungsmittel, Verwaltungsstrafrecht, Strafen], Kraków 1934.
Wróblewski, Bronisław, Język prawny i prawniczy [Rechts- und Juristensprache], Kraków 1948.
Wróblewski, Bronisław, Penologia [Pönologie], in: Encyklopedia podręczna prawa karnego, [Hand-Enzyklopädie des Strafrechts], Hrsg. Makowski, Wacław, Bd. 3, Warszawa 1936–1937.
Wróblewski, Bronisław, Penologia. Socjologia kar [Pönologie. Soziologie der Strafe], Bd. 1–2, Wilno 1926.
Wróblewski, Bronisław, Polityka kryminalna [Kriminalpolitik], in: Encyklopedia podręczna prawa karnego, [Hand-Enzyklopädie des Strafrechts], Hrsg. Makowski, Wacław, Bd. 3, Warszawa 1936–1937.
Wróblewski, Bronisław, Przestępstwa tłumu [Verbrechen der Menschenmasse], Wilno 1922.
Wróblewski, Bronisław, Wstęp do polityki kryminalnej [Einführung in die Kriminalpolitik], Wilno 1922.

Wróblewski, Bronisław, Zarys polityki kryminalnej [Abriss der Kriminalpolitik], Wilno 1928.

Wróblewski, Bronisław / Świda, Witold, Sędziowski wymiar kary w Rzeczypospolitej Polskiej. Ankieta [Die richterliche Strafzumessung in der Republik Polen. Umfrage], Wilno 1939.

Wulffen, Erich, Der Sexualverbrecher. Ein Handbuch für Juristen, Verwaltungsbeamte und Aerzte, Berlin 1910.

Zielińska, Wanda Jadwiga, Znaczenie psychologicznej diagnostyki dla celów śledczych [Bedeutung der psychologischen Diagnostik für Ermittlungszwecke], Bydgoszcz 1939.

Znaniecki, Florian, The Polish Peasant in Europe and America: monograph of an immigrant group, Vol. 1–2, Boston 1918.

Znaniecki, Florian, Wstęp do socjologii [Einführung in die Soziologie], Poznań 1922.

Żochowski, Donat, Sądowa statystyka za rok 1937 [Statistik der Justiz für das Jahr 1937], AK 1939, Hf. 3.

Schrifttum

Andrejew, Igor, Podstawowe pojęcia nauki o przestępstwie [Grundbegriffe der Verbrechenslehre], Warszawa 1988.

Andrejew, Igor / Zdrójkowski, Zbigniew, Nauka prawa karnego w środowisku warszawskim w dobie Szkoły Głównej [Strafrechtswissenschaft in Warschauer Gemeinschaft in der Zeit der Freien Allgemeinen Hochschule], RUW 1964, Bd. 5, Hf. 2.

Andrzejewski, Zenon / Redzik, Adam, Leon Peiper (1865–1942) – zapomniany wybitny uczony i adwokat [Leon Peiper (1865–1942) – der vergessene Wissenschaftler und Rechtsanwalt], Pal. 2008, Nr. 1–2.

Bafia, Jerzy / Egierska, Danuta / Śmietanka, Irena, Kodeks wykroczeń: komentarz [Ordnungswidrigkeitengesetz. Kommentar], Warszawa 1974.

Bałtruszajtys, Grażyna (Hrsg.), Profesorowie Wydziału Prawa i Administracji Uniwersytetu Warszawskiego 1808–2008 [Professoren der Fakultät für Recht und Verwaltung der Warschauer Universität 1808–2008], Warszawa 2008.

Baran, Erazm, Historia Polskiego Towarzystwa Medycyny Sądowej i Kryminologii 1938–2013 [Geschichte der Polnischen Gesellschaft für Gerichtsmedizin und Kriminologie 1938–2013], AMSiK 2012.

Bardach, Juliusz, Nauka historii państwa i prawa w Królestwie Polskim doby Szkoły Głównej [Staats- und Rechtsgeschichte im Königreich Polen in der Zeit der Freien Allgemeinen Hochschule], RUW 1964, Bd. 5, Hf. 2.

Bartel, Wojciech Maria, Udział przedstawicieli środowisk akademickich w pracach Komisji Kodyfikacyjnej RP (1919–1939) [Die Teilnahme der Akademiker an den Arbeiten der Kodifikationskommission der Republik Polen (1919–1939)], KSP 1990, Nr. 23.

Becker, Peter / Wetzell, Richard F. (ed.), Criminals and Their Scientists. The History of Criminology in International Perspective, New York 2009.

Bellmann, Elisabeth, Die Internationale Kriminalistische Vereinigung (1889–1933), Frankfurt am Main 1994.

Błachut, Janina, Problemy związane z pomiarem przestępczości [Mit der Messung von Kriminalität verbundene Probleme], Warszawa - Kraków 2007.

Błachut, Janina / Gaberle, Andrzej / Krajewski, Krzysztof, Kryminologia [Kriminologie], Gdańsk 2004.

Bogucka, Maria, Dom pracy przymusowej w Gdańsku w XVII w. [Zwangsarbeitshaus in Danzig im 17. Jh.], KHKM 1986, Nr. 2.

Bohnert, Cornelia, Zu Straftheorie und Staatsverständnis im Schulenstreit der Jahrhundertwende, Pfaffenweiler 1992.

Bojarski, Tadeusz, Źródła prawa karnego [Quelen des Srafrechts] = System prawa karnego [Strafrechtliches System], Bd. 2, Warszawa 2011.

Brauneder, Wilhelm (Hrsg.), Juristen in Österreich (1200–1980), Wien 1987.

Brett, George S., Historia psychologii w opracowaniu R. S. Petersa [Geschichte der Psychologie in der Bearbeitung von R. S. Peters], Warszawa 1969.

Brzęk, Wacław, Początki kryminalistyki w Polsce [Anfänge der Kriminalistik in Polen], KHNiT 30, 2 (1985).

Buchała, Kazimierz, Koncepcja polityki kryminalnej w pracach Bronisława Wróblewskiego [Konzeption der Kriminalpolitik in den Arbeiten von Bronisław Wróblewski], SP 1983, Nr. 3.

Buczkowski, Konrad, Stan przestępczości w Polsce od roku 1918 do współczesności [Stand der Kriminalität in Polen ab 1918 bis zur Gegenwart], in: Buczkowski, Konrad et al., Społeczno-polityczne konteksty współczesnej przestępczości w Polsce [Sozial-politische Kontexte der gegenwärtigen Kriminalität in Polen], Warszawa 2013.

Bułat, Kamil et al., Kryminologia [Kriminologie], Kraków 2007.

Chlebowska, Barbara, Problematyka żebractwa wiejskiego na I Zjeździe Przeciwżebraczym [Das Problem der ländlichen Bettelei auf der I. Versammlung gegen Bettelei], ZW 2004, Nr. 9.

Chlebowska, Barbara, Żebractwo wiejskie II Rzeczypospolitej [Bettelei auf dem Land in der Zweiten Polnischen Republik], ZW 2005, Nr. 10.

Ciepły, Filip, Geneza nieleczniczych środków zabezpieczających w polskim prawie karnym [Entstehungsgeschichte der nicht – therapeutischen Sicherungsmaßnahmen im polnischen Strafrecht], PPE 2014, nr 3.

Ciepły, Filip, Środki zabezpieczające według koncepcji Juliusza Makarewicza [Sicherungsmaßnahmen nach den Ansichten von Professor Juliusz Makarewicz], in: Grześkowiak, Alicja (Hrsg.), Prawo karne w poglądach Profesora Juliusza Makarewicza [Das Strafrecht nach den Ansichten von Professor Juliusz Makarewicz], Lublin 2005.

Cieślak, Marian, Od represji do opieki (rzut oka na ewolucję zasad odpowiedzialności nieletnich) [Von der Repression zur Fürsorge – ein Blick auf die Evolution der Grundsätze der Strafmündigkeit Minderjähriger], Pal. 1973, Nr. 1.

Cieślak, Marian, Spuścizna naukowa Stanisława Śliwińskiego [Wissenschaftliches Erbe von Stanisław Śliwowski], SWNS PAN 1965, Bd. 8, Hf. 1.

Cieślak, Marian, Stefan Glaser (1895–1984), PiP 1985, Nr. 4.

Cieślak, Marian (Hrsg.), Zagadnienia prawa karnego i teorii prawa. Księga pamiątkowa ku czci profesora Władysława Woltera [Fragen des Strafrechts und der Rechtstheorie. Festschrift für Władysław Wolter], Warszawa 1959.

Conde, Francisco Munoz, Das Erbe Franz von Liszts, in: Herzog, Felix / Neumann, Ulfrid, Festschrift für Winfried Hassemer, Heidelberg 2010.

Cornil, Paul, Betrachtungen zum 50-jährigen Bestehen der Association Internationale de Droit Pénal, ZStW 1975, Nr. 87.

Czechowicz, Katarzyna, Życie i twórczość Profesora Władysława Woltera [Leben und Werk von Professor Władysław Wolter], in: Dyl, Krzysztof (Hrsg.), Seminarium z okazji 110. rocznicy urodzin Profesora Władysława Woltera [Seminar zum 110. Jahrestag der Geburt von Professor Władysław Wolter], Kraków 2007.

Daszkiewicz, Wiesław / Paluszyńska-Daszkiewicz, Krystyna, Proces karny i materialne prawo karne w Polsce w latach 1918–1939 [Strafverfahren und Strafrecht in Polen in den Jahren 1918–1939], Toruń 1965.

Dębiński, Antoni / Staszewski, Wojciech. Sz. / Wójcik, Monika (Hrsg.), Profesorowie prawa Katolickiego Uniwersytetu Lubelskiego [Professoren für Rechtswissenschaften an der Katolischen Universität Lublin], Lublin 2006 (Aufl. 2: Lublin 2008).

Draus, Jan, Uniwersytet Jana Kazimierza we Lwowie 1918–1946. Portret kresowej uczelni [Johann-Kasimir-Universität in Lemberg 1918–1946. Ein Bild der Hochschule in den polnischen Ostgebieten]. Kraków 2007.

Dyl, Krzysztof (Hrsg.), Seminarium z okazji 110. rocznicy urodzin Profesora Władysława Woltera Woltera [Seminar zum 110. Jahrestag der Geburt von Professor Władysław Wolter], Kraków 2007.

Dziadzio, Andrzej, Józef Reinhold (1884–1928) – „zapomniany“ profesor prawa karnego Uniwersytetu Jagiellońskiego [Józef Reinhold (1884–1928) – der „vergessene“ Professor für Strafrecht an der Jagiellonen-Universität], KSHPiP 2014, Nr. 7, 2.

Ehret, Susanne, Franz von Liszt und das Gesetzlichkeitsprinzip. Zugleich ein Beitrag wider die Gleichsetzung von Magna-charta-Formel und Nullum-crimen-Grundsatz, Frankfurt am Main 1996.

Flatau-Kowalska, Aleksandra, Środki zabezpieczające w prawie karnym [Sicherungsmaßnahmen im Strafrecht], Warszawa 1956.

Frommel, Monika, Franz von Liszt, NDB 1985, Bd. 14.

Frommel, Monika, Internationale Reformbewegung zwischen 1880 und 1920, in: Schönert, Jörg, Erzählte Kriminalität. Zur Typologie und Funktion von narrativen Publizistik und Literatur zwischen 1770 und 1920, Tübingen 1991.

Frommel, Monika, Präventionsmodelle in der deutschen Strafzweck-Diskussion. Beziehungen zwischen Rechtsphilosophie, Dogmatik, Rechtspolitik und Erfahrungswissenschaften, Berlin 1987.

Galassi, Silviana, Kriminologie im Deutschen Kaiserreich: Geschichte der gebrochenen Verwissenschaftlichung, Stuttgart 2004.

Gałązka, Małgorzata, Subiektywizm i indywidualizacja odpowiedzialności karnej w poglądach Juliusza Makarewicza [Subjektivismus und Individualisierung der strafrechtlichen Verantwortung nach den Ansichten von Juliusz Makarewicz], in: Grześkowiak, Alicja (Hrsg.), Prawo karne w poglądach Profesora Juliusza Makarewicza [Das Strafrecht nach den Ansichten von Professor Juliusz Makarewicz], Lublin 2005.

Gardocki, Lech, Prawo karne [Strafrecht], Warszawa 2015.

Gawin, Magdalena, Rasa i nowoczesność: historia polskiego ruchu eugenicznego (1880–1952) [Rasse und Modernität: Geschichte der polnischen Eugenik-Richtung], Warszawa 2003.

Gąsiorowski, Antoni / Topolski Jerzy (Hrsg.), Wielkopolski słownik biograficzny [Biographisches Handbuch von Großpolen], Warszawa - Poznań 1981.

Gedächtnisschrift für Franz von Liszt zur 50. Wiederkehr seines Todestages am 21. Juni 1919, ZStW 1969, Nr. 81.

Gensikowski, Piotr, Odstąpienie od wymierzenia kary w polskim prawie karnym [Das Absehen von Strafe im polnischen Strafrecht], Warszawa 2011.

Geremek, Bronisław, Litość i szubienica. Dzieje nędzy i miłosierdzia [Erbarmen und Galgen. Eine Geschichte des Elends und der Barmherzigkeit], Warszawa 1989.

Góralski, Piotr, Przekształcenia koncepcji środków zabezpieczających w polskim prawie karnym [Umgestaltung der Konzeptionen der Sicherungsmaßnahmen im polnischen Strafrecht], NKPK 2012.

Lösch, Gräfin von, Anna M., Der nackte Geist. Die Juristische Fakultät der Berliner Universität im Umbruch von 1933, Tübingen 1999.

Grata, Paweł, Polityka społeczna Drugiej Rzeczypospolitej: uwarunkowania, instytucje, działania [Sozialpolitik der Zweiten Polnischen Republik: Bedingungen, Institutionen, Maßnahmen], Rzeszów 2013.

Grodziski, Stanisław, Ludzie luźni. Studium z historii państwa i prawa polskiego [Vagabunden. Studie zur polnischen Staats- und Rechtsgeschichte], Kraków 1961.

Grodziski, Stanisław, W osiemdziesięciolecie Komisji Kodyfikacyjnej (Geneza i struktura) [Zum 80 - jährigen Jahrestag der Kodifikationskommission – Entstehungsgeschichte und Struktur], PiP 2000, Nr. 4.

Grześkowiak, Alicja, Aksjologia kodeksu karnego z 1932 roku [Die Axiologie des Strafgesetzbuches von 1932] in: Grześkowiak, Alicja / Zgoliński Igor (Hrsg.), Aksjologiczne podstawy polskiego prawa karnego w perspektywie jego ewolucji [Axiologische Grundlagen des polnischen Strafrechts aus der Perspektive seiner Entwicklung], Bydgoszcz 2017.

Grześkowiak, Alicja, Kara w poglądach Juliusza Makarewicza, [Die Strafe nach den Ansichten von Juliusz Makarewicz], in: Grześkowiak, Alicja (Hrsg.), Prawo karne w poglądach Profesora Juliusza Makarewicza [Das Strafrecht nach den Ansichten von Professor Juliusz Makarewicz], Lublin 2005.

Grześkowiak, Alicja, (Hrsg.), Kodeks karny z 1932 roku [Strafgesetzbuch von 1932], Lublin 2015.

Grześkowiak, Alicja, Nieletni w Kodeksie karnym z 1932 roku [Der Minderjährige im Strafgesetzbuch von 1932], in: Grześkowiak, Alicja (Hrsg.), Kodeks karny z 1932 roku [Strafgesetzbuch von 1932], Lublin 2015.

Grześkowiak, Alicja, Poglądy Romualda Hubego na karę [Die Ansichten über Strafe von Romuald Hube], CPH 26, 2 (1974).

Grześkowiak, Alicja, (Hrsg.), Prawo karne w poglądach Profesora Juliusza Makarewicza [Das Strafrecht nach den Ansichten von Professor Juliusz Makarewicz], Lublin 2005.

Grześkowiak, Alicja / Wiak, Krzysztof, Prawo karne [Strafrecht], Warszawa 2015.

Halicki, Krzysztof, Polska i zagraniczna literatura oraz czasopisma z kryminalistyki, kryminologii, medycyny sądowej oraz opracowania dotyczące metod walki z przestępczością w okresie dwudziestolecia międzywojennego [Polnische und ausländische monographische und Zeitschriftenliteratur zu Kriminalistik, Kriminologie, Gerichtsmedizin sowie Studien zu den Methoden der Kriminalitätsbekämpfung während der Zwischenkriegszeit], PKr 2012, Nr. 278.

Hałas, Radosław, Kara śmierci w Kodeksie karnym z 1932 r. [Die Todesstrafe im Strafgesetzbuch von 1932], in: Grześkowiak, Alicja (Hrsg.), Kodeks karny z 1932 roku [Strafgesetzbuch von 1932], Lublin 2015.

Hałas, Radosław, Zasady odpowiedzialności nieletnich według Juliusza Makarewicza [Grundsätze der Verantwortung von Minderjährigen nach Juliusz Makarewicz], in: Grześkowiak, Alicja (Hrsg.), Prawo karne w poglądach Profesora Juliusza Makarewicza [Das Strafrecht nach den Ansichten von Professor Juliusz Makarewicz], Lublin 2005.

Historia Polski w liczbach, Tom 1: Państwo, społeczeństwo [Geschichte Polens in Zahlen. Bd. 1: Staat, Gesellschaft], Hrsg. Jezierski, Andrzej / Wyczański, Andrzej, Warszawa 2003.

Hołyst, Brunon, Kryminologia [Kriminologie], Warszawa 2009.

Hypś, Sławomir, Poglądy Juliusza Makarewicza na przestępstwo [Die Ansichten von Juliusz Makarewicz über Verbrechen], in: Grześkowiak, Alicja (Hrsg.), Prawo karne w poglądach Profesora Juliusza Makarewicza [Das Strafrecht nach den Ansichten von Professor Juliusz Makarewicz], Lublin 2005.

Hypś, Sławomir, Środki probacyjne w Kodeksie karnym z 1932 r. [Die Probationsmittel im Strafgesetzbuch von 1932], in: Grześkowiak, Alicja (Hrsg.), Kodeks karny z 1932 roku [Strafgesetzbuch von 1932], Lublin 2015.

Janicka, Danuta, Aksjologiczne priorytety polskiej doktryny prawa karnego w XIX w. (w systemach Maciejowskiego, Hubego, Budzińskiego i Krzymuskiego), [Axiologische Prioritäten der polnischen Strafrechtsdoktrin im 19. Jh. (in den Systemen von Maciejowski, Hube, Budziński und Krzymuski), in: Grześkowiak, Alicja / Zgoliński Igor (Hrsg.), Aksjologiczne podstawy polskiego prawa karnego w perspektywie jego ewolucji [Axiologische Grundlagen des polnischen Strafrechts aus der Perspektive seiner Entwicklung], Bydgoszcz 2017.

Janicka, Danuta, Hube – Makarewicz – Wolter. Trzy koncepcje karania na przestrzeni stu lat [Hube – Makarewicz – Wolter. Drei Konzeptionen der Bestrafung innerhalb von 100 Jahren], AKrym 39 (2017).

Janicka, Danuta, Makarewicz a Liszt. Próba analizy porównawczej [Makarewicz und Liszt. Versuch einer vergleichenden Analyse], CPH 67, 1 (2015).

Janicka, Danuta, Makarewicz und von Liszt. Ein Beitrag zum Einfluss der soziologischen Strafrechtsschule auf die polnische Strafrechtslehre, Rechtskultur. Zeitschrift für Europäische Rechtsgeschichte 6 (2017).

Janicka, Danuta, Materielles Strafrecht, in: Löhnig, Martin / Moszyńska Anna (Hrsg.), Laboratorium für internationale gesetzgeberische Arbeit. Die Geburt der polnischen Rechtsordnung der Zwischenkriegszeit im europäischen Kontext, Wien-Köln-Weimar 2021.

Janicka, Danuta, Nauka o winie i karze w dziejach klasycznej szkoły prawa karnego w Niemczech w 1 połowie XIX wieku [Die Lehre von Schuld und Strafe in der Geschichte der klassischen Strafrechtsschule Deutschlands in der 1. Hälfte des 19. Jhs.], Toruń 1998.

Janicka, Danuta, Neuere Rechtsgeschichte in Polen in den Jahren 2002–2014, ZNR 2015, Nr. 37.

Janicka, Danuta, Niebezpieczny przestępca w doktrynie prawa karnego przełomu XIX i XX wieku [Der gemeingefährliche Verbrecher in der Strafrechtsdoktrin der Zeit um 1900], in: Kwiatkowska-Wójcikiewicz, Violetta (Hrsg.), Kuba rozpruwacz i inni [Jack der Aufschlitzer und die anderen], Toruń 2015.

Janicka, Danuta, O pionierach nauk kryminologicznych w Polsce [Pioniere der Kriminologie in Polen], CPH 68, 1 (2016).

Janicka, Danuta, O postępie badań nad historią nowoczesnej polskiej nauki prawa karnego [Zum Forschungsstand über die neuere Geschichte der polnischen Strafrechtswissenschaft], SIL 2016, Bd. 25, Hf. 3.

Janicka, Danuta, Polska myśl prawnokarna XIX–XX wieku: autorzy i ich dzieła. Od szkoły klasycznej do socjologicznej, z posłowiem Jerzego Lachowskiego [Polnische strafrechtliche Theorien im 19.–20. Jh. Autoren und ihre Werke – von der klassischen zur soziologischen Schule, mit einem Nachwort von Jerzy Lachowski], Toruń 2017.

Janicka, Danuta, Rechtliche Maßnahmen gegen Bettelei und Landstreicherei in der Neuzeit (bis zum ausgehenden 19. Jh.), in: Luts-Sootak, Marju / Schäfer, Frank L. (Hrsg.), Recht und Wirtschaft in Staat und Land. Law and Economics in Urban and Rural Environment, Bern 2020.

Janicka, Danuta, Rozkwit doktryny prawa karnego w Polsce w dwudziestoleciu międzywojennym – ośrodki, uczeni, idee [Die Zwischenkriegsjahre als Blütezeit der Strafrechtsdoktrin in Polen - Forschungszentren, Gelehrte und ihre Ideen], SDPiPP 2019, Bd. 22.

Janicka, Danuta, Spór o teorie kary w dobie klasycznej szkoły prawa karnego na ziemiach polskich i niemieckich w XIX wieku [Der Streit über die Straftheorien in der Zeit der klassischen Strafrechtsschule auf polnischem und deutschem Boden im 19. Jh.], PKHN PAU, 2000, Bd. 2.

Janicka, Danuta, Więzienia w Toruniu w XVIII-XX wieku [Gefängnisse in Thorn im 18.-20. Jh.], RT 2003.

Janiszewska, Elżbieta, Badania kryminalno-biologiczne w Polsce przedwrześniowej [Kriminalbiologische Untersuchungen in der Zweiten Polnischen Republik], PW 1959, Nr. 3.

Janiszewska-Talago, Elżbieta, Szkoła antropologiczna prawa karnego w Polsce [Anthropologische Strafrechtsschule in Polen], Warszawa 1965.

Jastrun, Tomasz, Pasożyty sumienia czy jego podnieta [Parasiten am Gewissen oder dessen Ansporn], RPN 1998, Nr. 4.

Jescheck, Hans-Heinrich, Das neue deutsche Strafrecht im Vergleich mit dem polnischen Recht, ZStW 1976, Nr. 88.

Jescheck, Hans-Heinrich / Weigend, Thomas, Lehrbuch des Strafrechts. Allgemeiner Teil, Berlin 1996.

Joham, Michael, Kriminalpsychologie. Der Blick hinter die Kulissen des Verbrechens, München 2001.

Kaenel, Peter, Die kriminalpolitische Konzeption von Carl Stooss im Rahmen der geschichtlichen Entwicklung von Kriminalpolitik und Straftheorien, Bern 1981.

Kalinowski, Stefan, Profesor Stanisław Śliwiński [Professor Stanisław Śliwiński], SI 1993, Nr. 25.

Kelly, John M., Historia zachodniej teorii prawa [Geschichte der westlichen Rechtstheorie], übers. Pietrzyk-Reeves, Dorota et al., Kraków 2006.

Kępski, Czesław, Idea miłosierdzia a dobroczynność i opieka [Die Idee der Barmherzigkeit gegenüber Wohltätigkeit sowie Fürsorge], Lublin 2002.

Kilian, Alina, Wörterbuch der Rechts- und Wirtschaftssprache, Teil 2, München 1996.

Kita, Jarosław / Pytlas Stefan, W służbie nauki. Profesorowie Uniwersytetu Łódzkiego w latach 1945–2004 [Im Dienste der Wissenschaft. Professoren der Universität Łódź in den Jahren 1945–2004], Łódź 2005.

Klaus, Witold, Relacje między biedą i wykluczeniem społecznym a przestępczością [Das Verhältnis zwischen Armut und sozialer Ausgrenzung sowie Kriminalität], in: Buczkowski, Konrad et al., Społeczno-polityczne konteksty współczesnej przestępczości w Polsce [Sozialpolitische Kontexte der modernen Kriminalität in Polen], Warszawa 2013.

Koch, Arnd, Binding vs. v. Liszt – Klassische und moderne Strafrechtsschule, in: Hilgendorf, Eric / Weitzel, Jürgen (Hrsg.), Der Strafgedanke in seiner historischen Entwicklung. Ringvorlesung zur Strafrechtsgeschichte und Strafrechtsphilosophie, Berlin 2007.

Kochanowski, Janusz, Subiektywizacja odpowiedzialności karnej (Na przykładzie kodeksu karnego z 1932 r.) [Die Subjektivierung der strafrechtlichen Verantwortung (am Beispiel des Strafgesetzbuchs von 1932)], PiP 1985, Nr. 5.

Köhler, Michael, Strafrecht. Allgemeiner Teil, Berlin 1997.

Kolarzowski, Jerzy, Definicja i funkcje polityki kryminalnej w pracach Bronisława Wróblewskiego [Definition und Funktionen der Kriminalpolitik in den Bearbeitungen von Bronisław Wróblewski], SI 31 (1996).

Kolarzowski, Jerzy, Myśl prawnicza Bronisława Wróblewskiego [Strafrechtliche Theorie von Bronisław Wróblewski], Warszawa 1996, Manuskript in: Bibliothek der Juristischen Fakultät der Warschauer Universität.

Koredczuk, Józef, Edmund Krzymuski jako neokantysta [Edmund Krzymuski als Neokantianer], AUWr 2002, Nr. 2367. Prawo CCLXXVI.

Koredczuk, Józef, Poglądy Juliusza Makarewicza na zmiany w prawie karnym niemieckim po 1939 roku [Die Ansichten von Juliusz Makarewicz über Veränderungen im deutschen Strafrecht nach 1939], AUWr Nr. 2750: Studia nad Faszyzmem i Zbrodniami Hitlerowskimi 28 (2005).

Koredczuk, Józef, Znaczenie kodeksu karnego z 1932 r. dla rozwoju nauki i prawa karnego w Polsce w XX wieku [Die Bedeutung des Strafgesetzbuches von 1932 für die Entwicklung der Wissenschaft und des Strafrechts in Polen im 20. Jh.], ZP UKSW 2011, Nr. 11, 2.

Kracik, Jan / Rożek, Michał, Hultaje, złoczyńcy, wszetecznice w dawnym Krakowie. O marginesie społecznym w XVI–XVIII w. [Spitzbuben, Übeltäter, Huren. Zur Randgruppe im 16.–18. Jh.], Kraków 1986.

Kraft, Claudia, Europa im Blick der polnischen Juristen. Rechtsordnung und juristische Profession im Spannungsfeld zwischen Nation und Europa 1918–1939, Frankfurt am Main 2002.

Krajewski, Krzysztof, Kryminologiczne podstawy prawa karnego [Kriminologische Grundsätze des Strafrechts], in: System prawa karnego, t.1: Zagadnienia ogólne [System des Strafrechts. Bd. 1: Allgemeine Fragen], Hrsg. Marek, Andrzej, Warszawa 2010.

Krajewski, Krzysztof, Przestępczość w II Rzeczpospolitej w świetle danych statystycznych [Die Kriminalität in der Zweiten Polnischen Republik im Lichte der statistischen Daten], AKrym 34 (2012).

Krajewski, Radosław, Prawo wobec kwestii żebractwa [Recht in Bezug auf die Frage der Bettelei], PolS 2008, Nr. 2.

Krajewski, Radosław, Żebractwo w ujęciu przepisów prawa karnego [Bettelei gemäß den Vorschriften des Strafrechts], PPr 2013, Nr. 5.

Krasowski, Krzysztof (Hrsg.), Zarys dziejów Wydziału Prawa Uniwersytetu w Poznaniu 1919–2004 [Abriss der Geschichte der Juristischen Fakultät der Universität in Posen], Poznań 2004.

Król, Kazimiera, Żebractwo we współczesnej Polsce jako kwestia społeczna [Betteln im gegenwärtigen Polen als soziale Frage], Rzeszów 2017.

Kuć, Małgorzata, Kryminologia [Kriminologie], Warszawa 2010.

Kusiak, Marian, Dzieje Katedry Medycyny Sądowej [Geschichte des Lehrstuhls für Gerichtsmedizin], in: Sześćsetlecie medycyny krakowskiej, t.2: Historia katedr [600. Jahrestag der Krakauer Medizin, Bd. 2: Geschichte der Lehrstühle], Kraków 1964.

Kwiatkowska-Wójcikiewicz, Violetta, Profesor Józef Jan Aleksander Bossowski – "ojciec" uniwersyteckiej kryminalistyki w Polsce [Profesor Józef Jan Aleksander Bossowski – „Vater“ der Kriminalistik an den Universitäten in Polen], in: Wójcikiewicz, Józef / Kwiatkowska-

Wójcikiewicz, Violetta (Hrsg.), Paradygmaty kryminalistyki [Paradigmen der Kriminalistik], Kraków 2016.

Kwiatkowski, Piotr, Mieczysław Szerer, in: Sto lat socjologii polskiej [Hundert Jahre polnischer Soziologie], Hrsg. Szacki, Jerzy, Warszawa 1995.

Lang-Hinrichsen, Dietrich, Birkmeyer, Karl von, NDP 1955, Nr. 2.

Lehmann, Lucyna / Maciejewski, Marek (Hrsg.), Pamięci zmarłych Profesorów i Docentów Wydziału Prawa, Administracji i Ekonomii Uniwersytetu Wrocławskiego 1945–2010 [In Gedanken an verstorbenen Professoren und Dozenten der Fakultät für Recht, Verwaltung und Wirtschaft der Universität Breslau 1945–2010], Wrocław 2010.

Leś, Ewa, Od filantropii do pomocniczości: studium porównawcze rozwoju i działalności organizacji społecznych [Von der Wohltätigkeit zum Hilfsangebot: vergleichende Studien zur Entwicklung und Tätigkeit sozialer Organisationen], Warszawa 2000.

Leś, Ewa, Zarys dobroczynności i filantropii w Polsce [Abriss der Wohltätigkeit und Philanthropie in Polen], Warszawa 2001.

Liszewska, Agnieszka / Pikulska-Radomska Anna, 70 lat Wydziału Prawa i Administracji Uniwersytetu Łódzkiego [70 Jahre der Fakultät für Recht und Verwaltung der Universität Łodź], Łódź 2015.

Lityński, Adam, Dwa kodeksy karne 1932 roku. W osiemdziesiątą rocznicę [Zwei Strafgesetzbücher von 1932 - zum 80-jährigen Jahrestag], RAiP WSH 2012, Nr. 12.

Lityński, Adam, Wydział karny Komisji Kodyfikacyjnej II Rzeczypospolitej: dzieje prac nad częścią ogólną kodeksu karnego [Die Strafrechtsabteilung der Kodifikationskommission der Zweiten Polnischen Republik – Geschichte der Arbeiten am Allgemeinen Teil des Strafgesetzbuches], Katowice 1991.

Ławnikowicz, Grzegorz, Między koniecznością państwa a pochwałą autorytaryzmu. Koncepcja państwa społecznego Wacława Makowskiego [Zwischen der Notwendigkeit des Staates und dem Lob des Autoritarismus. Konzeption des solidarischen Staates von Wacław Makowski], Lublin 2014.

Maier, Christoph T., Preaching the crusades: mendicant friars and the cross in the thirteenth century, Cambridge 2003.

Malezini, Mirosława, System kar zasadniczych i dodatkowych w Kodeksie karnym z 1932 r. [System der Haupt- und Nebenstrafen im Strafgesetzbuch von 1932], in: Grześkowiak, Alicja (Hrsg.), Kodeks karny z 1932 roku [Strafgesetzbuch von 1932], Lublin 2015.

Maludzińska, Monika, Żebracy i włóczędzy w stanisławowskiej Warszawie [Bettler und Landstreicher in Warschau der Poniatowskizeit], Warszawa 2014.

Marek, Andrzej, Prawo karne [Strafrecht], Warszawa 2011.

Marszał, Maciej / Przygodzki Jacek, Wybitni prawnicy na przestrzeni wieków [Große Juristen im Laufe der Jahrhunderte], Wrocław 2006.

Marten, Zbigniew, Zarys historii psychologii zeznań świadków [Abriss der Geschichte der Psychologie der Zeugenaussagen], in: Szpitalak, Malwina / Kasparek, Krszysztof, Psychologia sądowa [Gerichtspsychologie], Kraków 2014.

Materniak-Pawłowska, Małgorzata, Dyscypliny historycznoprawne na wydziałach prawa i administracji [Rechtshistorische Fächer an Juristischen Fakultäten], CPH 65, 2 (2013).

Mazur, Elżbieta, Dobroczynność w Warszawie XIX wieku [Wohltätigkeitsarbeit in Warschau im 19. Jh.], Warszawa 1999.

Mihajlova, Katia, Dziad wędrowny w kulturze ludowej Słowian [Der Wanderbettler in der Volkskultur der Slaven], übers. Karpińska, Hanna, Warszawa 2010.

Migdał, Jerzy / Raglewski Janusz, Kara pozbawienia wolności: zarys dziejów polskiej doktryny, prawa i praktyki penitencjarnej [Freiheitsstrafe: Abriss der Geschichte der polnischen Doktrin, des Rechts und des Strafvollzugs in der Praxis], Gdańsk 2005.

Milewski Stanisław / Redzik Adam, Themis i Pheme: czasopiśmiennictwo prawnicze w Polsce do 1939 roku [Themis und Pheme – das rechtliche Zeitschriftenwesen in Polen bis zum Jahre 1939], Warszawa 2011.

Mohyluk, Mariusz, Juliusz Makarewicz o radzieckim prawie karnym [Juliusz Makarewicz über das sowjetische Strafrecht], MI Bd. 7: Między I a III Rzecząpospolitą. Kształtowanie europejskiej kultury prawnej. Prace ofiarowane prof. zw. dr. hab. Adamowi Lityńskiemu w czterdziestolecie pracy naukowej [Zwischen der Ersten und Dritten Polnischen Republik. Enwicklung der Rechtskultur. Festschrift für Professor Adam Lityński zum 40 – jährigen Jahrestag seiner Wissenschaftsarbeit], Hrsg. Mikołajczyk, Marian / Drogoń, Andrzej, Tychy 2005.

Mohyluk, Mariusz, Wacław Makowski o radzieckim prawie karnym [Wacław Makowski über das sowjetische Strafrecht], MHI 2009, Nr. 7.

Moś U., Bronisław Wróblewski: przypadek socjologizmu polskiego [Bronisław Wróblewski: ein Sonderfall des polnischen Soziologismus], in: Szkice z historii socjologii polskiej [Bilder aus der Geschichte der polnischen Soziologie], Hrsg. Sowa, Kazimierz, Warszawa 1983.

Müller-Dietz, Heinz, Strafbegriff und Strafrechtspflege, Bonn 1968.

Naucke, Wolfgang, Die Kriminalpolitik des Marburger Programms 1882, in: Naucke, Wolfgang, Über die Zerbrechlichkeit des rechtsstaatlichen Strafrechts, Baden-Baden 2000.

Nelken, Jan, Polska myśl kryminologiczna od schyłku XIX w. do 1939 r. [Das polnische kriminologische Denken seit Ende des 19. Jhs. bis 1939], AKrym. 13 (1986).

Nelken, Jan, Z dziejów kryminologii w okresie międzywojennym (Polskie Towarzystwo Kryminologiczne 1921–1938) [Zur Geschichte der Kriminologie in der Zwischenkriegszeit (Polnische Kriminologische Gesellschaft 1921–1938)], PiP 1983, Nr. 4.

Nowikowski Ireneusz / Strzelec Paweł (Hrsg.), Karnopolityczne koncepcje profesora Juliusza Makarewicza – wczoraj i dziś (W 50. rocznicę śmierci) [Kriminalpolitische Konzeptionen von Professor Juliusz Makarewicz – gestern und heute (zum 50. Jahrestag seines Todes)], Lublin 2006.

Olbrycht, Jan, Leon Wachholz (1867–1942), in: Sześćsetlecie medycyny krakowskiej, t.1: Życiorysy [Der sechshundertste Jahrestag der Krakauer Medizin, Bd. 1: Lebensläufe], Kraków 1963.

Ostendorf, Heribert, Von der Rache zur Zweckstrafe. 100 Jahre Marburger Programm von Franz von Liszt, Frankfurt am Main 1982.

Pałczyński, Stefan, Romualda Hubego teoria działania i czynu. Studium z zakresu podstaw konstrukcyjnych pierwszego polskiego nowoczesnego systemu prawa karnego [Romuald Hubes Theorie des Handelns und der Tat. Studien zu den Grundlagen des ersten modernen Strafrechtssystems in Polen], RPEiS 2000, Bd. 2.

Pasek, Andrzej, Juliusz Makarewicz – wybitny uczony i kodyfikator polskiego prawa karnego [Juliusz Makarewicz – hervorragender Wissenschaftler und Kodifikator des polnischen Strafrechts], in: Marszał, Maciej / Przygodzki Jacek, (Hrsg.), Wybitni prawnicy na przestrzeni wieków [Hervorragende Juristen im Laufe der Jahrhunderte], Wrocław 2006.

Pasek, Andrzej, Kodeks karny z 1932 roku w opiniach autorów polskich [Das Strafgesetzbuch von 1932 nach den Ansichten der polnischen Verfasser], AUWr Nr. 2620, Prawo, Bd. CCXC, Studia Historycznoprawne, Wrocław 2004.

Pasek, Andrzej, Udział profesora Emila Stanisława Rappaporta w pracach Komisji Kodyfikacyjnej Rzeczypospolitej Polskiej [Die Teilnahme von Professor Emil Stanisław Rappaport an den Arbeiten der Kodifikationskommission der Republik Polen], AUWr Nr. 2887, Prawo, Bd. CCXCVIII, Studia Historycznoprawne, Wrocław 2006.

Pasek, Andrzej, Znaczenie profesora Wacława Makowskiego dla rozwoju polskiego prawa karnego [Die Bedeutung von Professor Wacław Makowski für die Entwicklung des polnischen Strafrechts], in: Kruszewski, Tomasz (Hrsg.), Nauka i nauczanie prawa w dziejach [Rechtswissenschaft und Rechtsunterricht in der Geschichte], Wrocław 2011.

Pawlak, Karol, Polski biograficzny słownik penitencjarny [Polnisches biographisches Handbuch des Strafvollzugs], Kalisz 2008.

Paszkowska, Marzenna, Kartka z dziejów rosyjskiej nauki prawa karnego w XIX wieku. Uczebnik ugołovnogo prava Włodzimierza Spasowicza (1829–1906) [Ein Blatt zur Geschichte der russischen Strafrechtswissenschaft im 19. Jh. Handbuch des Strafrechts von Włodzimierz Spasowicz (1929–1906)], ZP UKSW 2002, 2, 2.

Paszkowska, Marzenna, Nauka prawa karnego w środowisku „Gazety Sądowej Warszawskiej" (1873–1918) [Strafrechtswissenschaft in der Gemeinschaft der „Warschauer Gerichtszeitung" (1873–1918)], Warszawa 2010.

Paszkowska, Marzenna, Stanisław Budziński (1824–1895), in: Bałtruszajtys, Grażyna (Hrsg.), Profesorowie Wydziału Prawa i Administracji Uniwersytetu Warszawskiego 1808–2008 [Professoren der Fakultät für Recht und Verwaltung der Warschauer Universität 1808–2008], Warszawa 2008.

Patkaniowski, Michał, Koczyński Michał (1821–1903), PSB, Bd. 13, Wrocław-Warszawa-Kraków 1967–1968.

Pławski, Stanisław, Walka Juliusza Makarewicza o praworządność [Juliusz Makarewiczs Kampf um Rechtsstaatlichkeit], PiP 1960, Nr. 2.

Płaza, Stanisław, Historia prawa w Polsce na tle porównawczym, cz.3: Okres międzywojenny [Rechtsgeschichte in Polen vor dem vergleichenden Hintergrund. T. 3. Zwischenkriegszeit], Kraków 2001.

Płoszka, Adam, Żebractwo z perspektywy praw człowieka [Bettelei aus der Perspektive der Menschenrechte], PiP 2017, Nr. 6.

Pol, Krzysztof, Poczet prawników polskich [Aufstellung polnischer Juristen], Warszawa 2000.

Pol, Krzysztof, Poczet prawników polskich XIX–XX w. [Aufstellung polnischer Juristen aus dem 19.–20. Jh.], Warszawa 2011.

Poniat, Radosław, Ludzie luźni w społeczeństwie Rzeczypospolitej szlacheckiej w kontekście badań nad cyklem życia [Vagabunden in der Gesellschaft der Adelsrepublik im Kontext der Forschungen über den Lebenszyklus], RDSG 2013, Bd. 73.

Przyborowska-Klimczak, Anna (Hrsg.), Profesorowie Wydziału Prawa i Administracji UMCS 1949–2009 [Professoren der Fakultät für Recht und Verwaltung der Universität UMCS 1949–2009], Lublin 2009.

Puchejda, Adam, Odpowiedzialność i polityka wolności. Rzecz o Mieczysławie Szererze [Verantwortung und Politik der Freiheit. Űber Mieczysław Szerer], in: Szerer, Mieczysław, Śmiertelni Bogowie. Rzecz o demokracji i dyktaturze [Sterbliche Götter. Űber Demokratie und Diktatur], Warszawa 2014.

Radzinowicz, Leon, The Roots of the International Association of Criminal Law and their Significance. A Tribute and a Re-assessment on the Centenary of the IKV, Freiburg 1991.

Raś, Danuta, Przestępczość i wychowanie w dwudziestoleciu międzywojennym. Wybór tekstów [Kriminalität und Erziehung in der Zwischenkriegszeit. Auswahl von Texten], Kraków 2011.

Raś, Danuta, Uwagi o więzieniach, zapobieganiu występkom i wychowaniu młodzieży. Wybór tekstów z XVI–XX wieku [Bemerkungen über Gefängnisse, Kriminalpävention und Erziehung der Jugend. Auswahl von Texten aus dem 16.–20. Jh.], Kraków 2011.

Redzik, Adam, Działalność dydaktyczna Profesora Juliusza Makarewicza [Lehrtätigkeit von Professor Juliusz Makarewicz], in: Nowikowski Ireneusz / Strzelec Paweł (Hrsg.), Karnopolityczne koncepcje profesora Juliusza Makarewicza – wczoraj i dziś. (W 50. rocznicę śmierci) [Kriminalpolitische Konzeptionen von Professor Juliusz Makarewicz – gestern und heute (zum 50. Jahrestag seines Todes)], Lublin 2006.

Redzik, Adam, Emil Stanisław Rappaport (1877-1965), GłP 5, 2 (2022).

Redzik, Adam, Ludwik Dworzak (1900–1940?) – najbliższy uczeń Juliusza Makarewicza [Ludwik Dworzak (1900–1940?) – der nächste Schüler von Juliusz Makarewicz], in: Nowikowski, Ireneusz (Hrsg.), Problemy stosowania prawa sądowego. Księga ofiarowana Profesorowi Edwardowi Skrętowiczowi [Probleme der Rechtsanwendung. Festschrift für Professor Edward Skrętowicz], Lublin 2007.

Redzik, Adam, Profesor Juliusz Makarewicz – życie i dzieło [Professor Juliusz Makarewicz – Leben und Werk], in: Grześkowiak, Alicja (Hrsg.), Prawo karne w poglądach Profesora Juliusza Makarewicza [Das Strafrecht nach den Ansichten von Professor Juliusz Makarewicz], Lublin 2005.

Redzik, Adam, Profesor dr Piotr Stebelski (1857–1923). Z dziejów nauki i nauczania prawa karnego na Uniwersytecie Jana Kazimierza we Lwowie [Profesor Dr. Piotr Stebelski (1857–1923). Zur Geschichte der Strafrechtswissenschaft und des Strafrechtsunterrichts an der Johann-Kasimir-Universität in Lemberg], in: Mikołajczyk, Marian et al. (Hrsg.), O prawie i jego dziejach księgi dwie: studia ofiarowane Profesorowi Adamowi Lityńskiemu w czterdziestolecie pracy naukowej i siedemdziesięciolecie urodzin [Zwei Bücher über das Recht und seine Geschichte. Studien für Professor Adam Lityński zum 40 - jährigen Jahrestag seiner Wissenschaftsarbeit und zum 70. Geburtstag], Bd. 1, Białystok–Katowice 2010.

Redzik, Adam, Wydział Prawa Uniwersytetu Lwowskiego w latach 1939–1946 [Die Juristische Fakultät an der Universität Lemberg in den Jahren 1939–1946], Lublin 2006.

Rejman, Genowefa, Juliusz Makarewicz - polski uczony na przełomie XIX i XX wieku (1872–1955) [Juliusz Makarewicz - der polnische Wissenschaftler an der Wende vom 19. zum 20. Jh. (1872–1955], in: Grześkowiak, Alicja (Hrsg.), Prawo karne w poglądach Profesora Juliusza Makarewicza [Das Strafrecht nach den Ansichten von Professor Juliusz Makarewicz], Lublin 2005.

Rejman, Genowefa, Wykłady prof. Stanisława Śliwińskiego w okresie tajnego nauczania (polskie prawo karne materialne) [Vorlesungen von Professor Stanisław Śliwiński in der Zeit des konspirativen Unterrichts (polnisches materielles Strafrecht)], SI 1993, Nr. 25.

Rodak, Mateusz (Hrsg.), Margines społeczny Drugiej Rzeczypospolitej [Sozialle Randgruppen der Zweiten Polnischen Republik], Warszawa 2013.

Rodak, Mateusz, Międzywojenna polska debata kryminologiczna - poszukiwanie społecznych przyczyn przestępczości i sposobów jej zwalczania [Polnische Debatte über Kriminologie in der Zwischenkriegszeit - die Suche nach soziallen Ursachen der Kriminalität und nach Mitteln ihrer Bekämpfung], AKrym 31 (2009).

Rodak, Mateusz, Pospolitacy, cuwaksi, powrotowcy: osadzeni w Więzieniu Karnym Warszawa-Mokotów (1918–1939) [>Pospolitacy, cuwaksi, powrotowcy<. (Arten der) Gefängnisinsassenen im Strafgefängnis Warszawa-Mokotów (1918–1939)], Warszawa 2017.

Rosner, Anna, Romuald Jan Ferdynand Hube (1803–1890), in: Bałtruszajtys, Grażyna (Hrsg.), Profesorowie Wydziału Prawa i Administracji Uniwersytetu Warszawskiego 1808–2008 [Professoren der Fakultät für Recht und Verwaltung der Warschauer Universität 1808–2008], Warszawa 2008.

Rzepa, Teresa / Żaba, Ryszard, Leon Wernic jako zwolennik i propagator eugeniki [Leon Wernic als Anhänger und Verbreiter der Eugenik], PPiN 2013, 22, 1.

Salmonowicz, Stanisław, O dziejach nauki prawa w Polsce. Problemy i perspektywy badawcze [Über die Geschichte der Rechtswissenschaft in Polen. Probleme und Forschungsperspektiven], CPH 50, 1 (1998).

Salmonowicz, Stanisław, Kilka uwag o recepcji Cezarego Beccarii (1738–1794) jako karnisty w Polsce. Uwagi w dwustulecie zgonu [Einige Anmerkungen zur Rezeption von Cesare Beccaria als Strafrechtler in Polen. Zum 200. Jahrestag seines Todes], in: Dawne prawo i myśl prawnicza. Prace historyczno-prawne poświęcone pamięci Wojciecha Marii Bartla [Älteres Recht und rechtliches Denken. Rechtshistorische Aufsätze in Gedanken an Wojciech Maria Bartel], Hrsg. Malec, Jerzy / Uruszczak, Wacław, Kraków 1995.

Salmonowicz, Stanisław / Zdrójkowski, Zbigniew, Uwagi o programie badań nad historią prawa karnego w Polsce [Anmerkungen zum Programm der Recherchen zur Strafrechtsgeschichte in Polen], KSP 1981, Nr. 14.

Schmidt, Eberhard, Anselm von Feuerbach und Franz von Liszt, MschKrim 1942, Nr. 33.

Schmidt-Recla, Adrian / Steinberg, Holger, Eine publizistische Debatte als Geburtsstunde des „Marburger Programms", ZStW 2007, Nr. 119.

Schnur, Roman, Einflüsse des deutschen und österreichischen Rechts in Polen, Berlin - New York 1985.

Seidl, Ralf, Der Streit um den Strafzweck zur Zeit der Weimarer Republik, Bern - Frankfurt am Main 1974.

Sendecki, Piotr, Adwokat profesor Zdzisław Papierkowski (1903–1980) - w 110 rocznicę urodzin [Der Anwalt und Professor Zdzisław Papierkowski (1903–1980) - zum 110. Jahrestag seiner Geburt], Pal. 2013, Nr. 3–4.

Skrętowicz, Edward / Strzelec Paweł, Ostatnie lata życia Profesora Juliusza Makarewicza [Letzte Lebensjahre von Professor Juliusz Makarewicz], in: Nowikowski Ireneusz / Strzelec Paweł (Hrsg.), Karnopolityczne koncepcje profesora Juliusza Makarewicza - wczoraj i dziś (W 50. rocznicę śmierci) [Kriminalpolitische Konzeptionen von Professor Juliusz Makarewicz - gestern und heute (zum 50. Jahrestag seines Todes)], Lublin 2006.

Skubała-Tokarska, Zofia, Społeczna rola Wolnej Wszechnicy Polskiej [Gesellschaftliche Rolle der Freien Allgemeinen Hochschule in Warschau], Wrocław 1967.

Sobociński, Władysław, Hube Romuald Jan Ferdynand (1803–1890), PSB, Bd. 10, Wrocław-Warszawa-Kraków 1962–1964.

Sobociński, Władysław, Maciejowski Franciszek (1798–1873), PSB, Bd. 19, Wrocław-Warszawa-Kraków 1974.

Sobociński, Władysław, Miklaszewski Walenty Piotr, PSB, Bd. 21, Wrocław-Warszawa-Kraków-Gdańsk 1976.

Sobociński, Władysław, Wydział Prawa w Uniwersytecie Warszawskim (1816–1831) i w Szkole Głównej (1862–1869) [Juristische Fakultät an der Warschauer Universität (1816–1831) und an der Hauptschule in Warschau (1862–1869)], Warszawa 1963.

Sójka -Zielińska, Katarzyna, Historia prawa [Rechtsgeschichte], Warszawa 2015.

Sójka -Zielińska, Katarzyna, Kartka z dziejów polskiej myśli prawnokarnej XIX w. Projekt kodeksu karnego S. Budzińskiego [Ein Blatt zur Geschichte der polnischen strafrechtlichen Theorien des 19. Jh. Entwurf des Strafgesetzbuchs von S. Budziński], SI 1991, Vol. 19.

Stäcker, Therese, Die Franz von Liszt-Schule und ihre Auswirkungen auf die deutsche Strafrechtswissenschaft, Baden-Baden 2012.

Stelmach Jerzy / Uruszczak Wacław (Hrsg.), Uniwersytet Jagielloński, Złota księga Wydziału Prawa i Administracji (600-lecie odnowienia Akademii Krakowskiej) [Jagiellonen - Universität. Das goldene Buch der Fakultät für Recht und Verwaltung (Sechshundert Jahre der Erneuerung der Krakauer Akademie)], Kraków 2000.

Stoiber, Edmund, Zur Renaissance der Sicherungsverwahrung, Festschrift für Friedrich-Christian Schroeder zum 70. Geburtstag, Heidelberg 2006.

Surdacki, Marian, Opieka społeczna w Polsce do końca XVIII wieku [Sozialfürsorge in Polen bis zum Ende des 18. Jh.], Lublin 2015.

Sygit, Bogusław, Historia prawa kryminalnego [Geschichte des Kriminalrechts], Toruń 2007.

Szeleszczuk, Damian, Juliusza Makarewicza wizja prawa karnego [Gesamtkonzept des Strafrechts von Juliusz Makarewicz], in: Grześkowiak, Alicja (Hrsg.), Prawo karne w poglądach Profesora Juliusza Makarewicza [Das Strafrecht nach den Ansichten von Professor Juliusz Makarewicz], Lublin 2005.

Śliwowski, Jerzy, Kodeks karzący Królestwa Polskiego (1818 r.): historia jego powstania i próba krytycznej analizy [Das Strafgesetzbuch des Königreichs Polen von 1818: Geschichte seiner Entstehung und Versuch einer kritischen Analyse], Warszawa 1958.

Świda, Witold (Hrsg.), Kryminologia [Kriminologie], Warszawa 1977.

Świda, Witold, Prawo karne [Strafrecht], Warszawa 1989.

Tarkowski, Mikołaj, Wydział Prawa i Nauk Społecznych Uniwersytetu Stefana Batorego w Wilnie w latach 1919–1939 [Fakultät für Recht und Sozialwissenschaften an der Stefan-Batory Universität in Wilna in den Jahren 1919–1939], Gdańsk 2015.

Tokarczyk, Roman, Klasycy praw natury [Klassiker der Naturrechte], Lublin 1988.

Tomkowski, Jan, Dzieje myśli [Geschichte der Gedanken], Warszawa 1997.

Turkowski, Tadeusz, Budziński Stanisław (1824–1895), PSB, Bd. 3, Kraków 1937.

Vormbaum, Thomas, Texte zur Strafrechtstheorie der Neuzeit, Bd.1: 17. und 18. Jahrhundert, Baden-Baden 1993.

Vormbaum, Thomas / Rentrop, Kathrin (Hrsg.), Reform des Strafgesetzbuches. Sammlung der Reformentwürfe, Bd. 1: 1909 bis 1919, Bd. 2: 1922 bis 1939, Berlin 2008.

Warylewski, Jarosław, Juliusz Makarewicz – uczony, kodyfikator i polityk [Juliusz Makarewicz – Wissenschaftler, Kodifikator und Politiker], Pal. 1999, Nr. 5–6.

Warylewski, Jarosław, Kara. Podstawy filozoficzne i historyczne [Die Strafe. Philosophische und historische Grundlagen], Gdańsk 2007.

Warylewski, Jarosław, Kierunki i szkoły w nauce prawa karnego [Tendenzen und Schulen in der Strafrechtswissenschaft], in: System prawa karnego, T. 1: Zagadnienia ogólne [Strafrechtssystem, Bd. 1: Allgemeine Fragen], Hrsg. Marek, Andrzej, Warszawa 2010.

Warylewski, Jarosław, Prawo karne. Część ogólna [Strafrecht. Allgemeiner Teil], Warszawa 2015.

Wąsowicz, Marek, Juliusz Makarewicz – uczony i kodyfikator [Juliusz Makarewicz – Wissenschaftler und Kodifikator], SI 1993, Bd. 26.

Wąsowicz, Marek, Kara w polskiej myśli prawniczej w XIX wieku [Strafe in den polnischen strafrechtlichen Theorien im 19. Jh.], CPH 39, 1 (1987).

Wąsowicz, Marek, Nurt socjologiczny w polskiej myśli prawnokarnej [Soziologische Richtung in polnischen strafrechtlichen Theorien], Warszawa 1989.

Widacki, Jan, Szkice z dziejów prawa karnego i kryminologii w Krakowie: myśli i ludzie [Bilder aus der Geschichte des Strafrechts und der Kriminologie in Krakau: Gedanken und Menschen], Kraków 2014.

Wincławski, Włodzimierz, Słownik Biograficzny Socjologii Polskiej [Biographisches Wörterbuch der polnischen Soziologie], Bd. 2 (I–M), Toruń 2004.

Witkowski, Wojciech, Aleksander This i Jan Kanty Wołowski: wybitni prawnicy Królestwa Polskiego [Aleksander This und Jan Kanty Wołowski: hervorragende Juristen des Königreichs Polen], Lublin 2001.

Wojciechowska, Janina, Juliusz Makarewicz (1872–1955). Kariera naukowa i polityczna [Juliusz Makarewicz (1872–1955). Wissenschaftliche und politische Laufbahn], PPK 1992, Bd. 7.

Wojtowicz, Jerzy, Fryderyk Florian Skarbek: uczony, pisarz, patriota [Fryderyk Florian Skarbek – Wissenschaftler, Schrittsteller, Patriot], Toruń 1980.

Wolter, Władysław, Krzymuski Edmund Karol Feliks (1851–1928), PSB, Bd. 15, Wrocław-Warszawa-Kraków 1970.

Wolter, Władysław, Nauka prawa karnego od drugiej połowy XIX wieku. Jej początki – klasycyzm – nowe kierunki [Strafrechtswissenschaft seit der zweiten Hälfte des 19.Jh. Ihre Anfänge – Klassizismus – neue Richtungen], in: Patkaniowski, Michał (Hrsg.), Studia z dziejów Wydziału Prawa UJ [Studien zur Geschichte der Juristischen Fakultät der Jagiellonen-Universität], Zeszyty Naukowe Uniwersytetu Jagiellońskiego Prace Prawnicze 1964, Bd. 18.

Wolter, Władysław, O założeniach filozoficznych poglądów Juliusza Makarewicza [Über die philosophischen Grundsätze der Ansichten von Juliusz Makarewicz], PiP 1966, Nr. 2.

Wróbel, Włodzimierz, Edmund Radwan Krzymuski (1851–1928), in: Stelmach, Jerzy / Uruszczak, Wacław (Hrsg.), Złota księga Wydziału Prawa i Administracji (600-lecie odnowienia Akademii Krakowskiej) [Das goldene Buch der Fakultät für Recht und Verwaltung (Sechshundert Jahre der Erneuerung der Krakauer Akademie)], Kraków 2000.

Wróbel, Włodzimierz / Zoll, Andrzej, Polskie prawo karne: część ogólna [Polnisches Strafrecht: Allgemeiner Teil], Kraków 2013.

Zabłocka, Maria, Franciszek Maciejowski (1798–1873), in: Bałtruszajtys, Grażyna (Hrsg.), Profesorowie Wydziału Prawa i Administracji Uniwersytetu Warszawskiego 1808–2008 [Professoren der Fakultät für Recht und Verwaltung der Warschauer Universität 1808–2008], Warszawa 2008.

Zalewski, Wojciech, Przestępca „niepoprawny" jako problem polityki kryminalnej [Der „unverbesserliche" Verbrecher als Problem der Kriminalpolitik], Gdańsk 2010.

Zamiara, Karolina, Leon Wachholz – twórca nowoczesnej polskiej medycyny sądowej [Leon Wachholz – Schöpfer der modernen polnischen Gerichtsmedizin], FP 2010, Nr. 6.

Zębik, Andrzej, Poglądy Romualda Hubego na przestępstwo, winę i karę [Die Ansichten über Verbrechen, Schuld und Strafe von Romuald Hube], AUL, Folia Iuridica, 1988, Nr. 35.

Zębik, Andrzej, Przestępstwo, wina i kara w poglądach Edmunda Krzymuskiego [Verbrechen, Schuld und Strafe nach den Ansichten von Professor Edmund Krzymuski], AUL, Folia Iuridica, 1985, Nr. 22.

Żukowski, Przemysław M., Profesorowie Wydziału Prawa Uniwersytetu Jagiellońskiego 1780–2012 [Professoren der Juristischen Fakultät der Jagiellonen-Universität 1780–2012], Bd.2, Hrsg. Malec, Dorota, Kraków 2014.